보육교사론

정옥분 · 김경은 · 김미진 · 노성향
박연정 · 엄세진 · 임정하 · 정순화 공저

학지사

머/리/말

2004년「영유아보육법」개정으로 보육교사 국가자격증 제도가 실시된 지도 10여 년이 지났다. 그럼에도 보육교사의 전문성이나 자격, 역할 등에 대한 사회적 인식은 아직도 많은 도전을 받고 있다. 이는 영유아보육이 어머니가 일하러 나가는 빈민가정의 자녀를 돌보아 주는 탁아의 형태로 시작되었고, 그래서 누구든 일정한 자격 없이도 보육교사의 역할을 할 수 있다는 생각이 만연해 있기 때문이다.

"교육의 질은 교사의 질을 능가할 수 없다"는 말이 시사하듯이, 교육에서 그 어떤 요소보다도 교사의 자질은 중요하다. 특히 영유아기는 인간발달의 기초가 형성되는 결정적 시기이며, 영유아에 대한 교육적 · 양육적 지원은 이후의 발달에 지대한 영향을 미친다. 그러므로 영유아의 잠재력을 최대한으로 발휘할 수 있도록 도와주기 위해서는 보육교사의 전문성이 무엇보다 필요하다. 이러한 인식하에 국가적 차원에서 보육교사의 자격을 강화하고 보육교사의 전문성을 신장시키기 위해 많은 노력이 이루어지고 있으며, '한국표준직업분류'에서도 보육교사를 종전의 '서비스 종사자'에서 '전문가 및 관련종사자'로 분류하고 있다.

또한 다른 교사와 달리 보육교사는 영유아의 전인발달에 필요한 교육적 역할뿐 아니라 부모를 대신하여 양육적 역할, 즉 제2의 부모역할을 수행해야 하는 직업적 특성을 가지고 있다. 보육의 궁극적인 목적은 단순히 영유아의 발달을 지원하는 것에서 나아가 부모의 양육역할을 지원함으로써 사회복지를 실현하는 것이다. 그러므로 보육교사의 전문적 지식이나 기술 못지않게 인성적 자질은 필수적인 덕목으로 요구된다. 이 같은 보육교사의 전문성과 인성 함양의 필요성을 인식하여 2014년부터 ‘보육교사론’이 보육교사 자격증 취득을 위한 필수교과목으로 지정되기에 이르렀다.

이 책은 보육교사의 전문성과 인성 함양의 중요성을 고려하여 보육교사가 되고자 하는 지원자나 현장에서 보육을 담당하고 있는 교사들이 반드시 알고 있어야 할 정보와 역할, 나아가 보육교사들이 극복해 나가야 할 과제들을 중심으로 총 15장으로 구성되어 있다.

제1장에서 제3장까지는 보육교사직에 입문하기 위해서 반드시 알고 있어야 하는 정보와 갖추어야 하는 자질에 관련된 내용으로 구성하였다. 여기에는 현대사회 보육교사직의 의미와 보육교사가 지켜야 할 직업윤리, 보육교사의 역할 및 자질, 자격 등을 포함하였다. 제4장에서 제7장까지는 영유아의 보육과 교육을 담당하기 위해 보육교사가 알아야 할 영유아 발달의 특성과 각 발달단계에 요구되는 보육교사의 역할로 구성하였다. 즉, 영아기, 걸음마기, 유아기로 구분하여 이들 각 단계의 신체, 인지, 사회정서 발달의 특성과 이를 지원하는 데 필요한 보육교사의 역할을 구체적으로 제시하였다. 또한 영유아기에 발생할 수 있는 발달문제에 대해 소개하고, 보육교사로서 이를 어떻게 다루어야 할 것인지에 대해서 설명하였다. 제8장에서 제12장까지는 어린이집 및 지역사회 내 보육교사의 직무를 중심으로 설명하였다. 즉, 일과운영, 환경관리, 어린이집 구성원으로서의 역할을 설명하고, 영유아 부모와의 협력 및 지역사회와의 협력에 대해 다루었다. 끝으로 제13장에서 제15장까지는 보육교사의 성장과 발전을 위해 필요한 내용으로 구성하였다. 여기에는 보육교사의 발달과 자기관리, 보육교사의 평가와 지원, 그리고 보육교사직이 전문적 직업으로 성장하기 위해 해결해야 할 과제들을 제시하였다.

이 책에서는 현재와 미래의 보육교사들이 보육교사직의 가치와 역할에 대해 잘 파악하여 이를 적절히 수행하도록 지원하고자 하였다. 따라서 우리는 이 책이 현장에서 실무를 수행하고 있는 보육교사들 및 이를 준비하고 있는 예비보육교사들에게 도움이 되기를 바란다. 그리고 이 책이 나오기까지 많은 도움을 주신 학지사 김진환 사장님과 편집부 여러분의 노고에 감사를 드린다.

2015년 8월

저자

차/례

제1장
현대사회와 보육교사

우리나라에서 자녀양육은 전통적으로 어머니가 담당하는 역할이었다. 따라서 영유아보육의 출발점은 어머니가 일하러 나가는 빈민가정의 자녀를 돌보아 주는 선별적 복지의 형태로 시작되었다. 그러나 점차 맞벌이가족이 증가하면서 자녀양육의 책임을 가정에서 전적으로 감당하는 것이 불가능해졌으며, 현대사회에서 영유아보육은 보편적 아동복지를 실현하는 중요한 방법으로 부각되고 있다. 영유아기는 인간발달의 기초가 형성되는 결정적 시기다. 따라서 영유아에 대한 교육적·양육적 지원은 이후의 발달에 지대한 영향을 미친다. 특히 다른 교사와 달리 보육교사는 영유아의 전인적 발달에 필요한 교육적 역할뿐 아니라 부모를 대신하여 양육적 역할, 즉 제2의 부모역할을 수행해야 하는 직업적 특성을 가지고 있다. 이에 따라 누구든 특별한 자격이 없이도 영유아들을 돌볼 수 있다는 기존의 인식이 변화하기 시작하였으며, 탁아의 기능만을 수행했던 과거의 보육교사와는 달리 현대사회에서 보육교사는 그 어느 때보다도 자격이나 역할 등 여러 측면에서 많은 도전을 받고 있다.

현대사회에서 보육교사직이 갖는 의미를 논의하기 위해서는 무엇보다도 먼저 보육교사직에 대한 포괄적인 이해가 선행되어야 할 것이다. 이 장에서는 먼저 보육교사의 개념에 대해 살펴보고, 다음으로 보육교사의 필요성 및 직업적 특성, 보육교사됨의 동기에 대해 살펴보고자 한다.

1. 보육교사의 개념

보육교사에 대한 개념 정의를 위해 먼저 전반적인 교사의 의미에 근거하여 보육교사의 의미를 살펴보고, 나아가 「영유아보육법」상 보육교사의 의미와 전문직으로서 보육교사의 의미에 대해 살펴보고자 한다.

1) 교사와 보육교사

사전적인 의미에서 교사(教師)는 본받을, 가르칠, 훈계하는 의미의 '교(教)'와 스승, 선생님, 본받을 어른을 의미하는 '사(師)'가 합쳐진 것으로, 가르치는 사람을 의미한다. 그러므로 교사에 대한 개념 정의는 무엇을 가르쳐야 하는지와 같은 가르치는 내용을 중심으로 교사의 자질적인 측면을 강조하는 경우와 가르치기 위한 사람으로서 갖추어야 할 형식적인 요건을 강조하는 경우로 구분해 볼 수 있다.

우리나라의 국어사전(국립국어원, 2014)에는 교사의 의미를 "주로 초등학교 · 중학교 · 고등학교 따위에서 일정한 자격을 가지고 학생을 가르치는 사람"으로 정의하고 있다. 이는 교사로서의 형식적인 요건을 강조한 정의라고 볼 수 있다. 임재택(1996)은 보육교사로서의 형식적인 요건을 강조하여 보육교사를 영유아보육 또는 유아교육 분야에서 영유아의 보호와 교육에 필요한 자질을 갖추기 위해 일정 기간 교육과 훈련을 받고 법적인 자격요건을 가진 직업인으로 정의하였다. 따라서 이러한 관점에서 본다면 보육교사는 영유아의 보호와 교육에 필요한 일정한 자격을 갖추고 어린이집에서 영유아를 가르치는 사람으로 정의할 수 있다.

이처럼 형식적인 요건과는 달리 자질적인 측면을 강조하는 관점에서 본다면 교육의 본래 목적은 '사람임(Menschsein)'을 '사람됨(Menschwerden)'으로 이끄는 일이다. 즉, 교육의 궁극적인 목적은 교사와 학생 간의 상호작용을 통해 인간화 교육의 초석을 마련하는 것으로 볼 수 있다. 전통적인 교육이 교육자가 의도했던 목적과 목표에 따라 인간을 일정한 모습으로 만들어 가는 것이라면, 유기적 · 실존적 교육관에서는 인간을 마음대로 주물러지는 소재로 보지 않고 인간성에 내재하고 있는 법칙에 따라 내면적 · 본질적으로 발전해 나가도록 도와주는 것을 교육이라고 본다. 이 두 교육관은 이념상으로는 대립하지만, 방법론적으로는 모두 인간의 지속적 · 계획적 형성 가능성을 전제로 한다(강선보, 1983).

최근 교육의 민주화, 자율화를 지향하는 교육의 시대적 흐름에 따라 자율성을 강조하는 교육관이 주목을 받고 있고, 이는 영유아보육에서도 예외가 아니다. Rousseau가 주장한 것처럼, 아동은 무한한 가능성을 가진 독립적인 인격체로서 스스로 학습할 수 있는 잠재력을 가지고 있다. 그러나 아동이 무한한 가능성을 가지고 있다고 해서 교사가 방관자적인 역할만 하는 것이 바람직한 것은 아니다. 상호작용자로서 교사는 아동과의 상호작용을 통해 타고난 잠재력을 최대한으로 발휘할 수 있도록 도와줄 필요가 있다. Montessori도 유아가 환경 내의 규칙들을 스스로 터득하고 자율적으로 학습해 나가기 위해서는 준비된 환경과 자율성의 보장이 필요하지만, 이것만으로 충분한 것은 아니라고 하였다. 유아가 본래 가지고 있는 자연적인 잠재력을 이끌어 내는 데 있어서 안내자이자 지원자로서 교사의 역할을 강조한 것이다. 그러므로 이러한 관점에서 본다면 보육교사는 영유아와의 상호작용을 통해 영유아의 본성에 내재하고 있는 법칙에 따라 발달이 최적화될 수 있도록 안내해 주고 도와주는 사람으로 정의할 수 있다.

Jean Jacques Rousseau

Maria Montessori

2) 영유아보육법상의 보육교사

우리나라에서 보육교사 제도가 정착되기까지 그 역사는 그다지 길지 않다. 우리나라의 영유아보육은 1921년 태화기독교사회관에서 빈민구제사업의 일환으로 빈민가정의 자녀를 맡아서 돌보아 준 것에서 출발한다. 따라서 보육이라는 용어 대신 부모가 맡긴 자녀를 보호한다는 탁아(託兒)라는 용어를 사용하였으며, 탁아시설의 운영은 특별한 자격이 없이도 누구나 할 수 있는 것이었다. 1961년 제정된 「아동복리법」에서도 탁아에 종사하는 인력에 대한 별도의 조항은 마련되지 않았으며, 1981년 「아동복지법」으로 전면 개정되어서도 별도의 자격기준은 마련되지 않았다. 최근까지 보육교사가 전문직으로 인식되지 못하는 점도 바로 이러한 맥락에서 이해할 수 있다.

이후 1982년 제정된 「유아교육진흥법」에서는 영유아의 연령에 따라 영아반을 담당하는 '보육사' 제도를 규정함으로써 교사 자격을 유아교사와 보육사로 이원화하고 별도의 자격제도를 운영하였다(〈표 1-1〉 참조). 이처럼 별도의 자격제도가 운영되기 시작했으나, 보육사라는 명칭이 말해 주듯이 이는 어디까지나 보호하고 돌보

〈표 1-1〉 **유아원 교직원의 자격 규정(「유아교육진흥법」)**

유아교육진흥법
제14조(새마을유아원 교직원의 종별 자격)
① 새마을유아원에는 원장 및 교사와 보육사(영아반을 설치한 새마을유아원에 한한다)를 두되 필요한 경우에는 원감 및 사무직원을 둘 수 있다.
② 원장은 명예직으로 할 수 있다.
③ 명예직인 원장은 유아교육에 대한 지식과 열의가 있는 자로서 대통령령이 정하는 자격기준에 해당하는 자이어야 한다.
④ 원장·원감과 교사는 각각 교육법에 의한 유치원의 원장·원감 및 교사의 자격을 가진 자이어야 한다.
⑤ 보육사의 자격은 대통령령으로 정한다.

유아교육진흥법 시행령
제12조(유아원 교직원의 자격 등)
① 유아교육기관에는 반마다 교사 1인 이상을 두어야 한다. 다만 영아반에는 보육사 1인 이상을 두어야 한다.
② 보육사는 아동복지법 시행령 별표 2에 의한 보육사 3급 이상의 자격을 가진 자이어야 한다.

아 준다는 측면만을 강조하는 것이었다. 즉, 유아교사는 유아를 대상으로 교육을, 보육사는 영아를 대상으로 보호를 강조하는 형태로 이분화가 이루어진 것이다.

1991년 「영유아보육법」이 제정·시행되면서 보육교사는 교사로서 지위를 인정받게 되었다. 「영유아보육법」의 제정으로 지금까지 여러 정부 부처에서 분산·관리되어 온 보육업무를 보건사회부에서 일원화하여 관장하게 되었고, 이를 계기로 보육교사는 '보육시설종사자'의 일원으로서 지위를 인정받게 되었다. 또한 보육은 보호하고 돌보아 준다는 기존 '양육(care)'의 개념에 '교육(education)'의 기능까지를 통합하여 보호하고 돌보아 줌과 동시에 전인적인 발달을 도모하기 위한 교육의 개념을 포함하는 '보육(educare)'의 개념으로 변화하였다. 그러나 이는 어디까지나 국가에서 자격증을 교부하는 것이 아니라 소정의 교육과정을 이수한 경우 이를 인정해 주는 제도였다.

이후 2005년부터는 보육교사에 대한 국가자격증제도가 시행되고 보육교사의 전문성을 강화하기 위한 승급교육이나 직무교육 등 재교육이 강화되기 시작하였다. 이전까지는 보육교사가 1, 2급으로 구분되어 있었으나, 종전의 1급이 2급으로, 2급이 3급으로 자격기준이 강화되고, 1급 보육교사제도가 신설되었다. 또한 1년 과정의 보육교사교육원에서 이수해야 할 교과목을 강화함으로써 보육교사의 전문성을

〈표 1-2〉 **보육교직원의 정의(「영유아보육법」)**

영유아보육법
제2조(정의)
1. "영유아"란 6세 미만의 취학 전 아동을 말한다.
·
·
·
5. "보육교직원"이란 어린이집 영유아의 보육, 건강관리 및 보호자와의 상담, 그 밖에 어린이집의 관리 · 운영 등의 업무를 담당하는 자로서 어린이집의 원장 및 보육교사와 그 밖의 직원을 말한다.

높이고자 하였다. 그리고 2011년에는 '보육시설종사자'에서 '보육교직원'으로 명칭이 변경되었다(〈표 1-2〉 참조).

지금까지 살펴보았듯이, 초기에는 보육교사에 대한 명칭이 별도로 존재하지 않았으나 「유아교육진흥법」에서는 '보육사'로, 이후 「영유아보육법」에서는 '보육시설종사자'에서 다시 '보육교직원'으로 명칭이 변경되어 왔다. 그리고 현행 「영유아보육법」에서는 보육교사를 보육교직원의 일원으로, 6세 미만의 영유아를 건강하고 안전하게 보호 · 양육하고 영유아의 발달특성에 맞는 교육을 제공하는 어린이집 및 가정양육시설에 종사하는 교사로 정의하였다.

3) 전문직으로서의 보육교사

Lilian G. Katz

보육교사직의 전문직 여부에 대해서는 많은 논란이 이루어졌다. 혹자는 보육교사직의 짧은 훈련기간, 낮은 사회적 지위, 전문직으로서의 정체감 부족 등 여러 요인들에 근거하여 보육교사가 전문직이 아니라고 주장하는 반면, 다른 한편으로 보육교사는 그 역할 수행에서 다른 교육 영역과는 특별한 지식체계를 필요로 하는 등 다양한 측면에서 전문성을 지니고 있다고 주장한다(Feeney, Christiansen, & Moravcik, 1983). Katz(1988)는 전문직으로서 갖추어야 할 기준으로 사회적 필요성, 이타성, 자율성, 윤리강령, 대상과 적정 거리 유지, 과업 수행 기준, 지속적 훈련, 전문적 지식의 여덟 가지 요인을 제시하였다(〈표 1-3〉 참조). 이러한 기준에서 본다면 보육교사직은 전문직으로서의 기준을 상당히 충족시킨다고 볼 수 있다.

〈표 1-3〉 **전문직의 기준**

- 사회적 필요성: 사회의 유지에 필요하다.
- 이타성: 자신의 이익보다 이타주의적인 봉사정신을 필요로 한다.
- 자율성: 자신의 철학과 신념에 따라 자율적으로 판단하고 행동한다.
- 윤리강령: 윤리강령이 있고 이에 근거해 구성원을 징계한다.
- 대상과 적정 거리 유지: 공정한 관계형성을 위해 대상과 적정 거리를 유지한다.
- 과업 수행 기준: 전문적 지식을 근거로 과업 수행이 이루어진다.
- 지속적 훈련: 지속적인 훈련을 필요로 한다.
- 전문적 지식: 전문적 지식의 습득이 필요하다.

"교직은 아직 전문직이 아니다. 그러나 교직은 전문직이어야 한다"(정범모, 1962)는 주장처럼, 보육교사의 직업적 위상은 전문직 여부에 대한 논쟁 여부와 무관하게 전문직이어야 한다. 이는 보육의 질을 향상시키는 것과 밀접한 관련이 있기 때문이다. 연구 결과, 보육교사의 전문성 인식수준은 보육교사로서의 역할 수행(황경애, 김현주, 2005), 직무만족도(강란혜, 2006)와 관련이 있을 뿐 아니라 보육교사의 동기부여적 자아개념과도 관련성이 있는 것으로 나타났다(허린강, 이완정, 2011). 동기부여적 자아개념은 조직 속에서 리더나 조직 특성 혹은 개인 특성에 의해 개인이 스스로 동기를 부여받음으로써 형성된 자아개념이며(Shamir, House, & Arthur, 1993), 이는 직무만족도에 지대한 영향을 미치는 요인이다.

이러한 인식하에 국가적 차원에서 보육교사의 자격을 강화하고 교사보수교육제도를 실시하는 등 보육교사의 전문성을 신장시키기 위해 많은 노력이 이루어졌다. 또한 한편에서는 보육교사의 전문성을 신장시키는 데에는 정부의 노력뿐 아니라 보육교사 스스로가 보육교사로서 자신의 직업에 대한 성찰과 전문성을 신장시키기 위한 노력이 이루어질 때 전문직으로서 보육교사의 지위는 더욱 향상될 수 있다는 인식이 확산되기 시작하였다. 그러나 보육교사의 전문성은 교사 개인의 노력만으로 성취하기는 어려운 일이며 이를 지원해 주는 여러 환경요인에 좌우된다고 볼 수 있다. 따라서 최근에는 전문성 발달에 장기적인 영향을 미치는 전문성 지원환경에 대해 많은 논의가 이루어지고 있다. 전문성 지원환경이란 교사가 지속적으로 자기성장을 통해서 전문성을 발달시키고 질적 수준을 향상시킴으로써 효율적인 교사 역할을 수행할 수 있도록 지원하는 환경을 의미한다.

Fullan과 Hargreaves(1992)는 보육교사의 전문성 발달과 관련하여 지식과 기술, 자기이해, 생태적 측면 등 세 가지 요소를 제시하였다. 첫째, 지식과 기술은 보육교사에게 적절한 교수기술과 지식을 요구하고 이를 학습할 기회를 제공해야 한다는 것이다. 둘째, 보육교사의 교수행동은 신념과 밀접하게 관련되어 있기 때문에 전문적인 보육교사가 되기 위해서는 보육교사 자신에 대한 이해와 개인적 자질을 개발할 기회가 제공되어야 한다는 것이다. 셋째, 생태적 측면은 직무환경 조성의 중요성을 의미하는 것으로, 보육교사의 성장과 발달은 근무환경과 분위기에 좌우된다는 것이다. 이처럼 전문성 발달과 관련된 세 가지 요소는 전문성이 단지 지식과 기술에 국한된 문제가 아니라 교사 자신에 대한 이해와 개인적인 자질을 포함하는 포괄적인 개념임을 말해 준다.

이러한 세 가지 요소 가운데 전문적 지식과 기술을 습득하기 위한 노력은 비교적 많이 이루어지고 있다. 이는 주로 영유아보육교사의 지속적인 성장을 도울 수 있도록 교사교육, 연수 등의 참석 기회를 제공함으로써 이루어진다. 또한 최근에는 기존의 교사교육뿐 아니라 레지오 에밀리아에서 장학담당자(페다고지스타)가 전문적 지식을 바탕으로 교수학습뿐 아니라 정서적 지원을 제공하듯이 전문지식을 가진 장학담당자의 지원을 통해 보육교사의 전문성과 자율성을 증진시키고자 하는 장학모델 개발도 이루어지고 있다(심정선, 2012). 그리고 생태적 측면에서 적절한 자원과 지지적인 근무환경, 긍정적인 어린이집 분위기는 보육교사의 전문성을 신장시킬 수 있는 주요 요인으로 인식되고 있다. 특히 원장의 심리적 지지는 영유아보육교사의 전문성 지원환경에서 중요한 요인으로 인식된다. 나아가, 보육교사가 경험하는 심리적 스트레스의 상당 부분은 부모와의 상호작용에서 비롯되므로 부모교육을 통해 보육교사와 부모 간에 신뢰를 쌓고 부모로부터 심리적 지지를 받을 수 있도록 지원이 이루어지고 있다. 그러나 이러한 노력에 비해 보육교사의 자기이해나 개인적 자질을 향상시키기 위한 노력은 상대적으로 부족한 실정이다.

보육의 궁극적인 목표는 영유아의 전인 발달을 돕는 것이고, 보육은 다른 교육기관에서 이루어지는 교육과 달리 일정한 교재나 학습내용 없이 보육교사에 의해 주관적으로 진행된다는 점에서 보육교사의 전문적 지식이나 기술 못지않게 인성적 자질은 더욱더 중요한 문제가 된다. 즉, 가르치기 위한 사람으로서 갖추어야 할 형식적인 요건 못지않게 자질적인 측면이 강조된다. 2005년 개정된 「영유아보육법」에서도 보육교사의 자질에 대해 자애로움, 공감능력, 희망적이고 긍정적인 사고, 원만하고 조화로운 대인관계 능력, 심신의 건강 등의 개인적 자질과 아울러 전문지식, 교육기술, 보육에 자부심을 갖는 전문적인 자질을 갖추어야 한다고 명시하였다. 이러한 인식을 반영하여 '한국표준직업분류'에서도 보육교사를 종전의 '서비스 종사자'에서 '전문가 및 관련종사자'로 분류하였다. 또한 2014년 개정되어 2015년부터 시행되는 '한국표준교육분류'의 주요 개정 내용 가운데 하나도 기존 분류에서는 3세부터 초등학교 이전 유아만을 분류대상으로 하였으나, 영유아 중 0~2세는 '영아 발달'로, 3세부터 초등학교 이전 유아는 '유아 교육 · 보육'으로 취학 전 단계를 확장하여 분류하였다.

보육교사에 대한 이러한 관점을 종합해 보면, 보육교사는 전문적 지식 · 기술과 개인적 자질을 갖추고 6세 미만의 영유아를 건강하고 안전하게 보호 · 양육하며, 영유아의 발달이 최적화될 수 있도록 발달특성에 맞는 교육을 제공하는 어린이집 및 가정양육시설에 종사하는 교사로 정의할 수 있다.

2. 보육교사의 필요성

보육과정은 영유아기가 인지 · 정서 · 사회성발달의 기초능력이 형성되는 중요한 시기임을 전제로 한다. 그러므로 보육활동의 주체인 보육교사가 영유아의 발달에 미치는 영향은 지대하다. 또한 맞벌이가족의 증가와 최근의 저출산율에 비추어 볼 때 부모의 양육역할 지원과 사회복지의 실현이라는 측면에서도 보육교사의 필요성이 부각되고 있다.

1) 영유아의 발달지원

Betty Bardige

Segal, Bardige, Woika와 Leinfelder(2011)는 보육의 중요한 목표를 첫째, 영유아의 안전과 건강을 위해 적절한 학습환경을 보장하고, 둘째, 신체적 · 인지적 발달을 촉진시키며, 셋째, 사회정서발달을 촉진시키고, 넷째, 가족을 지원하는 것이라고 하였다. 즉, 어디까지나 보육의 일차적 목표는 영유아의 발달을 지원하는 것이다. 보육에서 '발달에 적절한 개입(developmentally appropriate practice: DAP)' 전략(사진 참조)이 제시된 것도 바로 이러한 이유에서이며, 우리나라의 보육과정도 신체운동 · 건강, 의사소통, 사회관계, 예술경험, 자연탐구 등 영유아의 균형 있는 발달을 도모하는 데 초점을 맞추고 있다.

보육교사는 이러한 보육의 목표를 실행에 옮기는 주체다. "교육의 질은 교사의 질을 넘지 못한다"는 말이 시사하듯이, 영유아보육의 질을 결정하는 가장 중요한 변

▶ 발달에 적절한 개입(DAP)에서는 아동발달이론, 아동의 개인적 강점과 욕구, 아동의 문화적 배경에 근거하여 교사나 자녀양육자가 아동의 사회정서 · 인지 · 신체발달을 향상시키는 것을 목표로 한다.

수로서 보육교사는 영유아의 인지 · 정서 · 사회성발달에 지대한 영향을 미친다. 보육교사가 영유아의 인지발달에 기여하는 정도는 특히 인지발달을 위한 물리적 · 심리적 자극이 절대적으로 부족한 저소득층 영유아에게서 더욱더 크다. 또한 맞벌이 가족과 외동아 출산이 증가하고 있는 현실에서 보육교사는 영유아와의 상호작용을 통해 기본적인 신뢰감 형성과 이후의 사회성발달에 영향을 미친다. 점차 어린이집을 이용하는 연령대가 낮아지면서 대리부모이자 애착형성자로서 보육교사에 대한 관심도 증가하고 있다.

Jay Belsky

영아가 가정이 아닌 어린이집에서 대리양육을 받는 것이 영아의 애착형성에 부정적 영향을 미치는 것은 아닌지에 대해 많은 논란이 이루어졌다. 영아기의 보육 경험이 영유아발달에 미치는 영향에 대한 연구 결과, 생후 1년 이내에 시작된 보육 경험이 영아의 불안정애착이나 불복종행동 및 공격성을 증가시키는 등 문제행동과 관련이 있는 것으로 나타났다(Belsky, 2001). 이러한 연구 결과는 많은 부모로 하여금 영아를 어린이집에 맡기는 것에 대해 죄책감을 갖게 하였다.

그러나 이와는 달리 양호한 보육환경에서는 오히려 조기보육이 영유아발달에 득이 된다는 연구 결과도 제시되었다(신지연, 2004; Howes, Rodning, Galluzzo, & Myers, 1988; Howes & Ritchie, 1999). 영아가 어머니와 불안정애착을 형성하고 있다 할지라도 이와는 별개로 교사와 안정애착을 형성할 수도 있으며, 이러한 교사와의 애착이 어머니와의 애착관계를 상당 부분 보완해 준다는 것이다. 즉, 어머니와 불안정애착을 형성하였다 하더라도 보육교사와 안정된 애착을 형성한 영아는 보다 활동적으로 놀이에 참여하고 또래와의 관계형성 수준도 높은 것으로 나타났다.

▶ 어린 영아가 유대감과 안정감을 형성할 수 있도록 지속적으로 동일한 교사로부터 양육을 보장해 주는 중심인물제도

또한 타인에 대한 감정이입이 더 잘 이루어지고, 성취지향적인 행동을 보이는 것으로 나타났다. 나아가, 보육교사의 성인애착이 유아의 문제행동에까지 영향을 미친다는 연구 결과(김명희, 박혜경, 2014)가 제시되기도 하였다.

이러한 연구 결과는 애착형성에 있어 보육교사의 중요성을 말해 준다. Howes와 Ritchie(1999)는 영아와 교사 간 애착형성의 주요 요인으로 상호작용 시간의 양과 일대일 개별적 상호작용, 교사의 적절한 개입에 대한 인식, 교사의 민감성 등을 꼽았다. 따라서 현 시점에서 조기보육 자체에 대한 부정적인 관점을 제기하기보다는 보육교사의 자질을 향상시키고, 이를 통해 영아와의 상호작용의 질을 향상시키려는 노력이 필요하다. 조기보육 자체보다도 교사가 자주 바뀌거나 비일관적인 보육활동에 장시간 노출시키는 것이 어린 영아에게 더 문제라는 것이다. 양육의 연속성을 제공하고 부모와의 분리로 인한 불안감을 감소시키기 위해 어린이집에서 어린 영아에게 특정한 영아와 교사, 부모와의 친숙한 상호작용을 돕도록 연결자 역할을 하는 '중심인물제도(key person approach)'(사진 참조)를 시행하고 있는 것도 바로 이러한 이유다.

2) 부모의 양육지원

지금까지 영유아보육이 질적·양적 측면에서 확대되어 온 것은 여성취업과 그 맥을 같이하고 있다. 미국에서 1828년 보스턴 유아학교(Boston Infant School)가 설립되고 여러 다양한 보육시설이 설립되기 시작한 것도 여성취업을 지원하기 위해서였다. 우리나라에서 1991년 「영유아보육법」이 제정된 것도 이러한 시대적 배경에 근거하고 있다.

이처럼 맞벌이가정이 증가하고 영유아가 낮 시간의 대부분을 어린이집에서 보내게 됨에 따라 대리부모역할을 담당하게 된 보육교사의 필요성은 더욱더 부각되었다. 또한 성장과정에서 자연스럽게 부모역할을 익히고 배워 왔던 과거의 확대가족과는 달리 가족형태가 핵가족화되면서 부모역할에 대한 학습이 이루어지지 않고 준비되지 못한 부모들이 늘고 있다. 이들에게 보육교사는 종전의 확대가족에서 조부모가 수행하던 양육역할을 대신하는 대리양육자이자 조력자로서의 역할을 하고 있으므로, 우수한 보육교사의 필요성은 그 어느 때보다도 절실하다. 특히 어린 자녀와 헤어질 때 강한 정서적 압박과 높은 수준의 불안, 즉 모성분리불안(maternal separation anxiety)을 보이는 취업모들의 경우 일반적으로 둔감한 양육태도를 보이며 이들의 자녀도 회피애착 유형으로 나타난다(Stifter, Coulehan, & Fish, 1993)는 점에서 전문가로서 자질을 갖춘 보육교사의 역할은 중요한 의미를 갖는다.

일반적으로 많은 사람들은 어린이집의 확충이 어머니의 권리를 우선시하는 것이라고 생각하며, 동시에 어머니의 권리와 영유아의 권리는 상충되는 것이라고 생각한다. 게다가 우리 문화에서는 어디까지나 영아를 가족 내에서 부모나 가족원이 양육하는 것이 가장 바람직하다고 생각한다. 이로 인해 다른 선진국과는 달리 자녀출산 및 양육기의 여성이 취업을 포기함으로써 우리나라에서만 특징적으로 나타나는 M자형 취업패턴([그림 1-1] 참조)이나 조부모 세대의 노년의 여유를 박탈하는 것은 심각한 문제로 부각되고 있다. 따라서 영유아의 권리를 보호해 줌과 동시에 가족의 대처능력을 지원해 줌으로써 어머니의 권리와 영유아의 권리가 동시에 존중될 수 있는 양질의 보육문화를 만들어 나가는 데 있어서 전문적 지식과 인성적 자질을 갖춘 보육교사의 필요성이 그 어느 때보다도 절실하다.

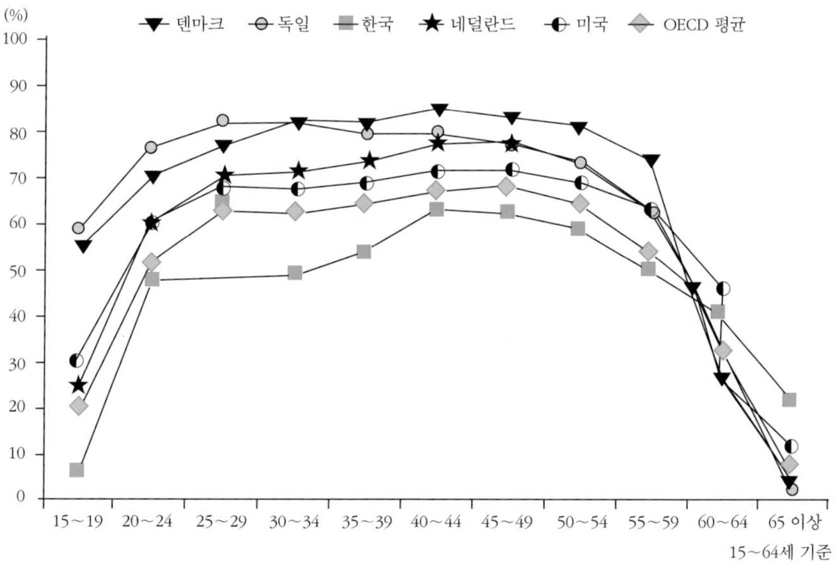

[그림 1-1] 각국의 연령별 여성경제활동 참가율

출처: 주간동아(2013. 6. 10.). 두 토끼 잡는 여성경제활동. http://weekly.donga.com/docs/magazine/weekly/2013/06/07/201306070500010/201306070500010_1.html에서 인출.

3) 사회복지의 실현

출생 이후 가장 빠른 속도로 발달이 이루어지는 영유아를 대상으로 한 교육은 이후 어떤 시기의 교육보다도 투자효과가 높다고 볼 수 있다. 그러므로 영유아의 양육과 교육을 담당하는 보육교사는 사회복지 제공의 측면에서도 중요한 의미를 갖는다.

우리나라의 '어린이 헌장'에는 모든 아동은 건강하게 자랄 권리가 있음을 명시하고 있으나 이러한 권리가 모든 아동에게 보장되고 있는 것은 아니다. 이는 특히 가정환경이 열악한 저소득층 아동에게는 더욱더 그러하다. 1965년 존슨 행정부가 '빈곤과의 전쟁'(사진 참조)이라는 정책을 표방하고 저소득층 자녀에게 교육과 건강서비스를 제공하기 위한 목적으로 헤드스타트 사업(사진 참조)을 실시한 것이나 우리나라의 드림스타트 사업(사진 참조)은 이러한 맥락으로 이해할 수 있다. 또한 최근 국가적인 차원의 관심을 불러일으키고 있는 저출산율은 정부차원에서 보육에 대한 개입의 필요성을 절실히 요구하고 있다. 정부는 부모의 양육부담을 덜어 주기 위해 다양한 어린이집을 제공하는 것에서 나아가 무상보육을 실시함으로써 출산율을 높이기 위해 노력하고 있다.

▶ '빈곤과의 전쟁'을 선포한 미국의 린든 존슨 전 대통령이 1964년 빈곤 지역을 방문하여 한 가족을 만나고 있는 모습

▶ 저소득층 자녀를 대상으로 한 미국의 헤드스타트 프로그램에서 교육을 받고 있는 아동

▶ 취약계층 아동을 위한 맞춤형 지원서비스인 우리나라의 드림스타트 사업의 로고

그러나 아무리 시설이 좋고 다양한 어린이집이 무상으로 제공된다 하더라도 보육교사의 수준이 이에 미치지 못한다면 부모는 어린이집에 자녀를 맡기지 않을 것이다. 따라서 영유아의 발달지원이나 부모역할을 지원해 주기는 어려울 것이며, 결과적으로 사회적인 복지효과도 기대하기 어려울 것이다. 그러므로 현 시점에서 가장 필요로 하는 것은 자격을 갖추고 동시에 인성을 갖춘 참된 보육교사의 존재다.

3. 보육교사의 직업적 특성

보육교사의 직업적 특성을 살펴보기 위해 먼저 교직의 특성을 살펴보고, 이를 근거로 교직 가운데 가장 어린 영유아를 대상으로 교육하는 보육교사직의 직업적 특성을 살펴보고자 한다.

1) 교직의 특성

Abraham Maslow

국어사전(국립국어원, 2014)에는 직업을 "생계를 유지하기 위하여 자신의 적성과 능력에 따라 일정 기간 동안 계속하여 종사하는 일"이라고 정의하고 있다. 이는 다분히 생계유지와 자아실현의 측면을 강조한 정의라고 볼 수 있다. 이러한 직업에 대한 정의는 Maslow(1954)의 욕구위계이론의 관점에서도 설명할 수 있다. 욕구위계이론에서 낮은 수준의 욕구가 해결되어야 보다 상위의 욕구를 성취할 수 있다고 하듯이, 직업에서 인간의 생리적 욕구와 안전의 욕구를 충족시켜 주며, 그러한 욕구가 해결됨으로써 가장 상위의 욕구인 자아실현의 욕구도 가능해진다는 것이다. 그러나 이러한 생계수단이나 자아실현의 수단으로서 직업의 의미뿐 아니라 현대사회에서는 사회구성원으로서의 역할을 수행하는 사회적 의미도 중요하다. 즉, 생계유지를 위한 경제적 측면, 자아실현과 관련된 심리적 측면 외에도 사회에 봉사·공헌하는 사회적 측면도 직업에서 중요한 의미를 갖는다.

교사의 법적 용어는 교원이며, 그 일을 업으로 하는 직업을 교직이라고 한다. 교직은 하나의 직업이라는 점에서는 다른 직업과 유사한 특성을 갖는다. 그러나 다른 직업과는 구별되는 다음과 같은 독립적인 특성을 가지고 있다(정일환, 권상혁, 1995). 첫째, 교직은 인간을 대상으로 하는 직업이다. 둘째, 교직은 주로 인간의 정신생활을 대상으로 하는 직업이다. 셋째, 교직은 무한한 가능성을 지닌 미성숙자를 대상으로 하는 직업이다. 넷째, 교직은 국가와 사회에 대한 소명의식과 헌신적인 자세를 요구하는 봉사직이다. 다섯째, 교직은 국가와 민족의 미래에 지대한 영향을 미치는 공적 사업의 성격을 지닌 직업이다. 이러한 교직의 직업적 특성은 전반적인 직업의 특성 가운데 사회에 봉사·공헌하는 사회적 의미를 보다 강조한 것으로 볼 수 있다.

교직에서 사회적 의미가 강조된 것은 전통적으로 직업관이 성직관에 근거하고 있기 때문이다. 교직관은 성직관, 노동직관, 전문직관으로 구분할 수 있다. 성직관은 교직을 성직으로 보는 관점이고, 노동직관은 교직을 노동직의 하나로 간주하여 교사를 교육노동자로 보는 관점이며, 전문직관은 전문적 지식과 기술을 토대로 자율성을 최대한 보장받는 직업으로 간주하는 관점이다. 이 가운데 성직관은 역사적으로 가장 오래된 교직관이다. 중세사회에서 교직이 독립된 직업이 아니라 성직자가 겸하여 맡고 있었기 때문에 교직을 성직이라 간주하는 전통이 지금까지도 지속되고 있는 것이다. 동양문화권에서 스승을 존경의 대상으로 여겨 '군사부일체(君師父一體)'라는 말이 생겨난 것도 천직이나 성직으로서 소명감을 가지고 가르치는 스승의 모습을 강조하였기 때문이다.

오늘날과 같은 물질만능사회에서도 사회봉사적 의미를 강조하는 성직관은 교직관에서 가장 큰 비중을 차지한다. 물질적 가치보다 정신적 가치를 더 중시하고 미래 사회의 동량을 길러 내는 참된 교사의 모습은 다른 직업과는 차별화되는 교직의 특성으로 볼 수 있다. 그러나 급변하는 현대사회에서 아동의 발달을 최대한으로 신장시켜 주기 위해서는 이와 동시에 노동직이나 전문직으로서 교직의 특성도 간과할 수 없는 부분이다.

2) 보육교사직의 특성

보육교사가 보육교사로서의 직무를 성공적으로 수행하기 위해서는 보육교사직의 직업적 특성을 파악하는 것이 필요하다. 보육교사직의 특성은 앞서 살펴본 교직의 특성을 공유한다고 볼 수 있다. 또한 유아를 대상으로 한다는 점에서는 유아교사와 동일하므로 보육교사직의 특성을 살펴보기에 앞서 유아교사직의 특성을 살펴보면 다음과 같다(Katz & Goffin, 1990).

첫째, 유아교사는 유아의 다양한 정서적 · 사회적 · 신체적 · 인지적 욕구와 발달과업을 충족시켜야 하기 때문에 유아교사가 수행해야 할 역할은 광범위하고 역할경계선이 명확하지 않다.

둘째, 유아교육기관은 교육의 목적, 목표 등이 다른 다양한 유아교육 프로그램을 실시하고 있기 때문에, 교사의 임무와 교육이념도 실시하는 프로그램에 따라 달라진다.

셋째, 학습자가 어릴수록 신체적 · 정신적 · 사회적으로 교사에 대한 의존도가 높기 때문에 유아기는 대인관계와 물리적 환경에 잠재되어 있는 위험에 취약하다. 그러므로 유아의 전인 발달을 도와줄 수 있는 환경을 조성하고 보호할 수 있는 자질을 갖춘 교사를 필요로 한다.

넷째, 유아는 생애 처음으로 공적 집단의 일원이 되어 단체생활에 적응해 나가야 하므로 유아교사는 유아가 분리불안을 극복하는 것을 도와주고, 유아교육기관의 일과에 적응하는 것을 도와주어, 가정에서 유아교육기관으로의 전환을 용이하게 해주어야 한다.

다섯째, 유아교사는 유아의 전인발달을 비롯한 여러 광범위한 쟁점에 대하여 부모와 직접적으로 정서적 관계를 맺으며 상호 협력한다.

여섯째, 유아는 교사에 대한 의존도가 높으므로 유아교사는 내면화된 윤리강령에 의해 행동해야 한다.

일곱째, 유아교육과정은 통합 운영되므로 유아교사는 유아의 발달과 흥미를 고려하여 교육과정을 고안하여야 한다.

이와 같은 유아교사의 직업적 특성은 보육교사에게도 적용된다. 그러나 보육교사는 유아교사에 비해 보다 어린 연령대의 영아를 대상으로 한다는 점에서 역할경계선은 더욱더 불분명하다. 교사에 대한 의존도도 더 높을 뿐 아니라 일과 적응에도 더 큰 어려움이 있기 때문에 부모와의 긴밀한 협력이 유아교사에 비해 더 중시된다. 또한 유아교사는 법률적 근거가 「초 · 중등교육법」인 데 반해, 보육교사는 「영유아보육법」에 근거하고 있다. 이러한 차이는 보육의 대상에 어린 연령대의 영아가 포함되므로 교육 못지않게 보호의 역할이 강조되는 보육교사의 직업적 특성에 따른 것이다. 즉, 보육교사가 유아교사와 차별화되는 가장 중요한 특성은 바로 교육과 양육 및 보호의 역할 간에 균형을 이루는 것이다. 이러한 사실을 토대로 보육교사의 직업적 특성을 살펴보면 다음과 같다.

첫째, 보육교사는 대리부모의 역할을 수행해야 하는 직업적 특성을 갖는다. 보육교사는 교사에 대한 의존도가 높고 환경적 위험에 취약한 영유아를 보육의 대상으로 삼기 때문에 이들의 다양한 욕구를 충족시키기 위해서는 제2의 부모역할을 수행해야 한다. 따라서 보육교사는 유아교사보다 부모역할과의 경계선이 명확하지 않고 보호자로서의 역할이 우선되는 직업적 특성을 갖는다.

둘째, 보육교사는 애착의 안전기지로서의 역할을 수행해야 하는 직업적 특성을 갖는다. 영아기는 특정인에게 애착이 형성되고 분리불안이 나타나는 시기이므로 보육교사는 영아와 안정애착을 형성함으로써 분리불안을 극복하는 것을 도와주고, 어린이집의 일상적인 일과에 적응하는 것을 도와주며, 이후의 사회성발달을 도와주는 직업적 특성을 갖는다.

셋째, 보육교사는 다양한 정보를 부모와 공유해야 하는 직업적 특성을 갖는다. 보육교사는 언어능력이 발달하지 않은 영유아를 대상으로 한다. 따라서 영유아의 전인발달을 도모하기 위해서는 어린이집에서 영유아의 행동을 면밀히 관찰하고, 이들 정보를 부모에게 제공함과 동시에 부모와 긴밀한 유대관계를 형성함으로써 영유아의 일상생활이나 신체발달, 질병 등 다양한 정보를 공유해야 하는 직업적 특성을 갖는다.

넷째, 보육교사는 영유아의 발달을 촉진시켜 주기 위해 각 발달단계에 대한 여러 전문적인 지식과 기술을 습득해야 하는 전문직으로서의 직업적 특성을 갖는다. 교직의 특성상 전문적인 지식을 갖추는 것은 필수적이지만 특히 보육교사는 발달의 기본적인 틀이 형성되고 가변성이 큰 영유아를 대상으로 하므로 전문적인 지식을 더욱더 필요로 하는 직업적 특성을 갖는다.

다섯째, 보육교사는 영유아의 전인발달을 도모하는 직업적 특성을 갖는다. 보육교사는 영유아에게 보호와 동시에 교육적 역할을 제공함으로써 신체, 인지, 사회정서 영역의 균형 잡힌 발달을 도모한다. 따라서 특정 영역이 아닌 여러 영역에 걸쳐 광범위한 지식을 바탕으로 영유아의 전인발달을 돕는 직업적 특성을 갖는다.

4. 보육교사됨의 동기

한 개인이 직업을 선택하는 데 있어서 동기의 영향을 받으므로, 보육교사직을 선택하는 데 있어서도 동기의 영향을 받는다.

1) 교직선택의 동기

Kalleberg(1977)는 직업이 갖는 가치를 직업의 특성이나 보상의 종류에 따라 내재적 직업가치(intrinsic work value)와 외재적 직업가치(extrinsic work value)로 구분하였다. 내재적 직업가치가 일 자체에 의미를 부여하는 것과 관련된 것이라면, 외재적 직업가치는 임금 등 직업에 따른 물질적 보상이나 조건과 관련된 것이다. 직업의 의미에서 생계유지라는 경제적 의미가 충족되어야 자아실현적 의미에 관심을 가지듯이 이러한 동기체계에는 일반적으로 위계관계가 존재한다. 그러나 이러한 가치 가운데 외재적 가치를 중요시한다고 해서 반드시 내재적 가치를 중요시하지 않는다는 것은 아니다. 또한 직업선택에서 생계유지라는 직업의 외재적 동기를 전적으로 배제할 수는 없으나 다른 내재적 만족감이 이를 상쇄할 수도 있다고 한다.

이러한 직업선택의 동기는 교직에도 적용된다. Lortie(2003)는 여러 다양한 직업 가운데 교직이 갖는 매력적인 특성에 대해 지속적인 인간 상호관계, 봉사, 계속성, 물질적 이득, 근무시간의 융통성과 같은 다섯 가지 유인가를 제시하였다. 첫째, 인간 상호관계는 교직만큼 젊은이들과 지속적인 상호작용을 하는 직업은 드물다는 것이다. 특히 어린아이들과 상호작용을 하고 싶은 욕구는 가장 높은 반응을 얻었을 정도로 이는 교직의 매력적인 특성으로 거론된다. 둘째, 많은 사람은 교직을 봉사의 기회로 생각하고 이를 명예롭게 생각한다. 셋째, 사람들은 학교에 애착을 갖고, 학교를 좋아하며, 학교와 같은 상황에서 일하기를 좋아하는데, 교직은 이러한 관심을 유지시킬 수 있는 매력적인 직업이다. 넷째, 교직은 직업안정성과 물질적 이득을 부여한다. 다섯째, 교직은 근무시간에서 다소 융통성이 있다.

이처럼 교직의 매력적 특성으로 물질적 이득과 근무시간의 융통성과 같은 외재적 가치가 주요 교직선택의 동기로 작용하고는 있으나, 인간 상호관계, 봉사와 계속성과 같은 특성에 우선적인 가치를 두는 것은 어디까지나 교직선택에서 내재적 동기가 강함을 보여 주는 것이다. 이러한 결과는 교직이 전통적으로 성직관에 근거하고 있고 따라서 사회적 의미가 강조되는 직업이라는 사실에 영향을 받은 것으로 볼 수 있다.

2) 보육교사직 선택의 동기

보육교사직을 선택하는 데 있어서도 교직선택과 유사한 동기가 작용한다. Huberman(1993)은 직업선택의 동기에 근거하여 유아교사가 되고자 하는 동기를 능동적 동기, 수동적 동기, 물질적 동기의 세 가지 유형으로 구분하고, 영유아교사가 되고자 한 동기를 조사한 결과, '어린이와의 상호작용이 좋아서'와 같은 능동적 동기가 가장 높은 비율을 차지한다고 하였다. Johnston, McKeown과 McEwen(1999)도 영유아를 가르치는 일을 선택하는 데 영향을 미치는 요인으로 어린이와 함께하기, 사회공헌, 지식전달 등과 같은 내재적 · 능동적 동기가 우선적으로 작용한다고 하였다.

국내 연구에서도 입학 동기를 중심으로 한 연구에서 유아교육과에 입학한 주요 동기는 '영유아를 좋아하기 때문에'(고동섭, 2001), 호기심과 흥미, 적성, 취업 전망, 주위의 추천(조경자, 이현숙, 2005) 등으로 나타났다. 영유아교사가 되려는 이유에서 '아이들이 좋아서'가 가장 높은 비율을 차지했으며, 교사가 되면 좋은 점으로도 '아이들과 함께 할 수 있음' '하고 싶은 일을 할 수 있음'을 지적하였다(유미림, 탁수연, 2010). 이러한 연구 결과는 유아교사직을 희망하는 이유 가운데 내재적 동기와 외재적 동기가 공존하지만 내재적 동기가 보다 우선됨을 보여 준다.

보육교사직을 선택한 이유로도 '보람 있는 직업이기 때문에' '아이들이 좋아서' '적성에 맞아서' 등으로 나타났다(서경숙, 2007). 보육교사교육원 졸업생을 대상으로 한 연구에서도 졸업생들의 입학 동기는 자격증 취득을 위한 개인적인 목적이 강하지만 사회에 봉사하려는 사회복지 목적과 자아실현의 목적도 강하게 나타났다(신은희, 2003). 온라인 보육기관에서 보육교사 자격취득 과정 수강생을 대상으로 한 연구에서는 교육생의 배경변인에 따라 자격취득 동기가 달랐다. 즉, 소득이 낮은 집단에서는 생계를 위한 자격취득 동기가 높았고, 학력이 낮은 집단에서는 높은 집단보다 보육교사 자격취득을 통한 자아실현 욕구가 강한 것으로 나타났다(이민진, 이완정, 2014). 또한 보육교사의 직업선택 동기 가운데 자신의 적성에 따라 보육교사직을 선택했을 경우 역할수행에 긍정적 영향을 미치는 것으로 나타났다(이수정, 2008). 즉, 직업선택의 동기 가운데 내재적 동기가 크게 작용할 경우 보육교사의 직업만족도나 역할수행 수준이 보다 높게 나타났다. 이러한 연구 결과에 비추어 볼 때에 보육교사가 되고자 하는 동기 가운데 외재적 동기도 작용하지만 내재적 동기가 강하게 작용하는 것은 고무적인 현상이다. 이러한 내재적 동기는 바로 보육교사직이 외적 보상이 열악함에도 불구하고 이를 지속적으로 수행하게 하는 보호요인으로 작용하고 있다.

보육교사직은 단순히 자신의 직업을 선택하는 것에서 나아가 영유아의 이후의 삶에 지대한 영향을 미칠 수 있다는 점에서 다른 직업과 차별화된다. 그러므로 외재적 가치에 초점을 두고 보육교사직을 선택하는 것은 특히 지양해야 할 것이다. 또한 단순히 아이들을 돌보는 일이 즐거울 것이라는 환상이나 착각 속에서 직업을 선택하는 것도 자제해야 할 것이다. 영유아를 대상으로 하는 보육교사직을 선택함에 있어 무엇보다도 자신의 적성에 비추어 선택하는 것이 필요하며, 이를 위해 사전에 보육교사의 역할 등에 대한 충분한 정보를 제공해 주는 것이 필요하다.

제2장

보육교사의 역할과 자질 및 직업윤리

내 생애에 가장 중요한 날은 앤 맨스필드 설리반 선생님께서 오신 바로 그날이다.

–헬렌 켈러

헬렌 켈러는 스승인 설리반이 자신의 기적 실현을 가능하게 해 준 사람이라고 하며, 끝까지 자신을 포기하지 않았던 설리반 선생의 가르침에 감사하였다. 보육에 종사하는 교사는 가장 나이가 어린 영아와 유아의 보호와 교육을 담당한다. 배우는 사람에게 미치는 교사의 영향력은 배우는 사람의 연령이 어릴수록 크기 때문에, 보육교사는 헬렌 켈러에게 있어 설리반의 존재만큼이나 영유아의 성장과 발달에 중요한 존재다.

교사는 어떤 자질을 가지고 있어야 하며, 어떤 역할을 담당해야 하는가? 보육의 질은 보육교사의 전문성에 달려 있으며, 전문성은 교사역할의 중요성과 가치를 인정하는 것에서부터 시작된다. 아무리 좋은 보육환경과 보육프로그램을 가지고 있다고 할지라도 그것을 운영하는 교사가 전문성을 갖추고 있지 않다면 보육의 효과를 기대하기는 어려울 것이다. 따라서 영유아에게 질 높은 서비스를 제공해 주기 위해서 보육교직원은 전문성과 직업윤리를 반드시 갖추어야 하고, 보육교사로서의 올바른 인성과 역할 또한 제대로 인식하고 있어야 한다. 이 장에서는 보육교사의 역할과 자질, 그리고 직업윤리에 관해 살펴보고자 한다.

1. 보육교사의 역할

「영유아보육법」 제2조(정의)에 의하면 '보육교직원'이란 어린이집 영유아의 보육, 건강관리 및 보호자와의 상담, 그 밖에 어린이집의 관리 · 운영 등의 업무를 담당하는 자로서 어린이집의 원장 및 보육교사와 그 밖의 직원을 말한다. 역할은 개인이 사회에서 차지하는 특정한 위치를 결정하는 수단이고 동시에 사회에서 인정되는 포괄적인 행동 유형이다. 「영유아보육법」 제18조(보육교직원의 직무)에 따르면, 보육교사는 영유아를 보육하고 어린이집의 원장이 불가피한 사유로 직무를 수행할 수 없을 때에는 그 직무를 대행한다. 「영유아보육법」에 명시되어 있는 '보육'이란 영유아를 건강하고 안전하게 보호 · 양육하고 영유아의 발달특성에 맞는 교육을 제공하는 어린이집 및 가정양육 지원에 관한 사회복지서비스를 말한다(보건복지부, 2014c).

역할이란, "자기가 마땅히 하여야 할 맡은 바 직책이나 임무"(네이버 국어사전, 2015)라고 정의되고, 각 지위와 연관된 활동들이 모여서 형성되며, 그 지위를 차지하는 사람에 의해 수행되는 것이다. 이는 사회구성원으로부터 공통적으로 기대되는 행동유형이고, 특정한 지위에 있는 사람들이 의식적으로 수행하고 다른 사람들에게도 인정을 받고 있는 포괄적인 행동양식이다. 「영유아보육법」에 의하면, 보육교사의 역할은 영유아가 전인적으로 성장하고 발달할 수 있도록 영유아의 기본적인 욕구를 충족시켜 주고, 보호하며, 교육프로그램을 계획하고 교육활동을 수행하는 동시에 관찰 · 평가하는 역할을 수행하는 것임을 알 수 있다.

「영유아보육법」 도입 초기에 보육교사에게는 영유아에게 건강 · 보호 · 안전 등을 제공하는 양육자의 역할이 강조되었고, 보육이 보편화되면서 보호와 양육의 역할에서 나아가 교수자의 역할이 강조되었으며, 최근에 와서는 포괄적 보육의 개념이 논의되면서 지역사회와 가족과 연계할 수 있는 역할도 요구되고 있다.

보육의 질적 수준에 영향을 미치는 요인에 대한 많은 연구들(이경선, 2000; 최희양, 2001)은 보육관련 구성원들 중 보육교사가 보육의 질을 설명해 주는 가장 중요한 요인이라고 밝히고 있다. 보육교사가 수행해야 하는 역할에 대한 학자들의 의견을 살펴보면, Saracho(1988)는 보육교사의 역할을 교육과정 설계자로서의 역할, 일과활동 계획 및 수행자로서의 역할, 상담 · 조언자의 역할, 영유아의 학습과 교수 실제에 대한 연구를 수행할 수 있는 실천가로서의 역할, 행정업무 및 관리자로서의 역할 등

Bernard Spodek

으로 제시하였다. Spodek와 Saracho(1993)는 보육교사의 역할은 보호와 교육을 효과적으로 수행하는 데 있으며, 양육자의 역할, 교수자의 역할, 교류자의 역할 등이 있다고 하였다. Estes(2004)는 보육교사의 역할을 크게 양육자로서의 역할, 촉진자로서의 역할, 관찰자로서의 역할, 그리고 전문적인 지지자로서의 역할로 구분하였다.

유희정과 이미화(2004)는 보육교사의 역할에 대한 여러 학자들의 견해를 종합해 보면 보호와 양육, 보육과정 운영 및 교수, 영유아의 평가 및 안내, 상담 및 정서적 지원, 촉진, 훈육, 반성적 실천 등과 같은 역할이 포함되어 있다고 하였다. 보육교사의 역할과 관련한 「영유아보육법」 제29조는 "보육교사는 영유아의 신체 · 정서 · 언어 · 사회성 · 인지발달을 도모하기 위해 표준보육과정에 의거한 보육을 실행하고 영유아의 발달 상황을 종합적으로 관찰 평가한 생활기록부를 작성해야 한다"라고 명시하고 있다. 이를 근거로 김은설 등(2009)은 보육교사의 업무를 공동업무와 개별업무로 나누어 제시하였다. 이 분류에 따르면, 보육교사의 공동업무는 기관의 공간 및 환경구성, 기관행사 준비 및 평가인증 대비, 실외놀이공간의 관리 등이고, 보육교사 개인별 고유 업무는 자신의 담당학급 운영을 위한 보육활동의 진행 및 준비, 보육활동일지 작성, 교실 환경구성 및 청결관리, 영유아 관찰일지 및 일일보고서 작성, 학부모 상담 등이 있다. 이러한 여러 견해를 바탕으로 보육교사의 역할을 다음과 같이 정리해 볼 수 있다.

1) 양육자로서의 역할

보육교사는 영유아의 건강을 돌보고 안전을 지켜 주어야 하며, 신체적 · 심리적 요구에 대해 민감하게 반응해 주는 역할을 해야 한다. 기본적인 양육자로서 보육교사는 영유아가 신체적 · 심리적 욕구를 안전하게 충족시킬 수 있도록 도움을 주어야 한다. 예를 들어, 영유아가 대근육 활동을 안전하게 수행할 수 있도록 놀이실에 부드럽고 탄력성 있는 바닥재를 깔아 주거나 교사가 관찰할 수 있는 안전한 환경에서 놀이를 할 수 있도록 놀이기구를 배치하는 등 세심한 주의를 기울여야 한다.

교사가 민감하고 책임감 있게 영유아와 상호작용을 하면 영유아는 안정감을 갖게 된다. 이러한 안정감과 신뢰감은 영유아의 독립성을 증진시키고 인내심이 있는 아동으로 성장하게 하며 영유아가 호기심이나 학습 등에 정서적 에너지를 사용할 수 있게 해 준다. 따라서 영유아의 긍정적인 발달을 지원해 주기 위해서 보육교사는 개별 영유아와 상호작용하는 시간을 가지고 친밀한 양육자의 역할을 수행해야 한다(Honig, 2002a). 영유아가 신체적 · 정서적으로 건강하고 안전하게 보육되고 있다고 지각하기 위해서는 보육교사가 부모를 대신할 만큼의 헌신적이고 친밀한 양육자의 역할을 수행해야 한다. 영유아와의 친밀한 상호작용을 위해서 보육교사는 영유아에게 관심과 애정을 표현하며, 적절한 정서적 몰입과 유대관계를 지속해야 하며(De Shipper, Stolk, & Schuengel, 2006), 애착을 형성해 나가야 한다.

2) 교수자로서의 역할

보육교사는 영유아의 발달에 적합한 보육과정을 계획하고 적절한 학습환경을 제공하며 영유아가 흥미를 가질 수 있도록 학습내용을 계획하고 조직해야 한다. 교수자로서 교사의 역할은 계획자, 교육운영자, 관찰 · 기록 · 평가자, 촉진자로서의 역할이 있다.

(1) 계획자

교육프로그램 계획자로서 보육교사의 역할은 교수의 중요한 측면 중 하나다. 보육교사는 표준보육과정, 영유아의 발달수준, 부모나 지역사회의 요구 등을 고려하여 영유아의 발달에 적합한 교육계획을 수립하고, 교육과정을 설계할 수 있는 능력을 가지고 있어야 한다. 영유아를 대상으로 보육프로그램을 운영하는 교사가 교육활동과 프로그램을 계획할 때, 영유아의 요구, 발달수준 등을 고려할 수 있다면 영유아는 수준 높은 보육프로그램을 제공받을 수 있고, 교사는 질적 수준이 높은 프로그램을 제공해 줄 수 있다.

▶ 보육교사가 영유아를 대상으로 교육프로그램을 진행하고 있다.

(2) 교육운영자

보육교사는 체계적이고 균형 잡힌 계획에 근거하여 교육프로그램을 운영하고 활동을 전개해 나가야 하며, 영유아의 개인차를 고려한 수준별 과정을 적용시키고 영유아와 긍정적인 상호작용을 도모하는 역할을 할 수 있어야 한다. 전문적인 교사는 영유아에 관한 지식과 기술, 그리고 교수능력을 유지하고 확장시켜 나갈 수 있는 전문성을 갖춘 교사를 의미한다. 보육교사가 영유아의 발달수준에 적합한 양질의 프로그램을 진행할 수 있고, 효과적인 교수-학습방법으로 프로그램을 운영한다면 질 높은 보육환경이 제공될 것이다.

(3) 관찰 · 기록 · 평가자

보육교사가 영유아를 제대로 보호하고 교육하기 위해서는 영유아의 발달수준이나 개인적인 요구를 파악하고 있어야 한다. 영유아에 대한 주의 깊은 관찰은 신체활동, 인지, 사회정서 등과 관련해서 중요한 정보를 제공한다. 그리고 관찰은 아동의 현재 발달상황에 대한 보고뿐만 아니라 미래의 학습 경험에 대한 결정에도 중요한 정보를 제공한다. 이러한 관찰에 대한 정보는 가족에게도 큰 도움을 줄 수 있다. 따라서 관찰자로서의 교사는 영유아 행동에 방해되지 않도록 주의 깊게 관찰을 시도해야 한다. 이를 위해 교사는 자연스러운 상황 안에서 다양한 방법(예: 녹음기, 비디오카메라 등)을 사용하여 영유아가 아직 하지 못하는 것보다는 잘하는 행동에 우선적으로 초점을 두고 관찰해야 한다.

또한 관찰 시 영유아의 건강상태, 하루일과 등을 고려하고, 말과 행동에 대해서도 매우 상세하게 기록해야 한다. 보육교사는 영유아의 하루일과를 관찰하고 기록한 것을 바탕으로 영유아를 평가하는 역할도 해야 한다. 영유아에 대한 평가를 통해 영유아의 발달수준을 알 수 있고, 보육교사의 교육계획 수행을 점검하는 데도 도움을 받을 수 있다.

(4) 촉진자

보육교사는 영유아에게 애정과 관심을 가지고 영유아의 행동에 적절하게 반응해 주고, 적합한 활동과 경험을 제공함으로써 영유아가 자신과 주변에 대해 배울 수 있도록 도와야 한다(Bredekamp & Copple, 1997). 이를 위해 영유아의 정서상태를 잘 파악하고, 영유아의 개별성을 인정하고 이를 통해 영유아가 스스로 의사결정을 하도록 지원해야 한다. 보육교사가 영유아의 자아실현 발달을 지원하기 위해서는 영유아를 수용하고, 영유아의 말과 행동을 격려하며, 좋은 경청자가 되어야 한다. 동시에 특별한 도움이 필요한 영유아에게는 적절한 지원을 제공해 주며, 영유아의 문제해결을 위해 조언자의 역할과 중재자의 역할을 수행해야 한다. 보육교사는 영유아를 대상으로 지식을 가르치려고 애쓰기보다 영유아 스스로 경험과 체험을 통해 배울 수 있게 하고, 동시에 영유아의 행동을 강화하고 지지하는 역할을 수행해야 하는 것이다.

교사와 영아 간 상호작용 유형을 제시한 Schickedanz, York, Stewart와 White(1990)는 상징놀이를 촉진시키기 위한 교사와 영아 간의 상호작용 유형을 지지, 모방, 칭찬, 비지시적 제안, 지시적 제안, 모델링의 여섯 가지로 나누었다. 첫째, 지지는 교사가 영아의 놀이를 보며 영아가 무엇을 하고 있는지 관심을 가지고 옆에서 지켜보며 상황을 이야기로 표현해 주는 것이다. 예를 들어, 영아가 차 소리를 내며 자동차를 밀고 있을 때 교사는 "선생님은 네 트럭이 오는 소리를 들었어" 라고 말해 주는 것이다. 둘째, 모방은 양육자가 영아의 행동을 그대로 모방하는 것이다. 예를 들어, 영아가 소리 내며 자동차를 밀 때 양육자는 다른 트럭을 가져와 영아 옆에서 소리를 내며 밀거나, 영아가 컵의 물을 마시는 흉내를 낼 때 교사도 다른 컵을 들고 와 마시는 행동을 하는 것이다. 이러한 관심은 영아에게 놀이가 가치 있는 일이라는 것을 느끼게 한다. 셋째, 칭찬은 교사가 영아의 상징놀이 행동을 칭찬함으로써 상징놀이를 강화하는 것이다. 예를 들어, 영아가 인형에게 우유를 먹이고 있을 때(사진 참조) "참 맛있겠구나" 라고 하거나, 영아가 접시들을 상 위에 나열해 놓을 때 "참 맛있는 저녁 식사를 준비했구나" 라고 칭찬해 준다. 넷째, 비지시적 제안을 통해 영아의 상징놀이를 촉진할 수 있다. 예를 들어, 영아가 인형을 가지고 놀고 있을 때 "내 생각에는 아기(이 말이, 이 사람)가 배가 고픈 것 같은데" 라고 하거나, 영아가 차를 밀고 가다가 잠깐 섰을 때, "차에 기름이 떨어졌니?" 라고 말함으로써 새로운 놀이를 유도하는 것이다. 다섯째, 지시적 제안을 통해 놀이를 확장시킬 수 있다. 예를 들어, 버터 크기의 블록을 가지고 "우리 이것을 버터라고 하자" 라고 말할 수 있다. 여섯째, 모델링에서 교사는 상징놀이의 모델이 되는 행동을 영아에게 보여 줄 수 있다. 예를 들어, 옷을 벗은 인형을 상자에 넣고 천을 가지고 목욕시키는 가상행동을 보여 준다. 또 인형을 차에 태우고 인형이 말하는 것처럼 목소리를 바꾸어 "나 쇼핑 갔다 올게. 이따 봐" 라고 말하고 또 다른 인형으로 "잘 다녀와요" 라고 함으로써 가상행동을 보여 줄 수 있다. Gowen (1995)은 영아의 상징놀이의 질을 높이고 여러 발달 영역에 긍정적인 효과를 가져오게 하기 위해서, 성인은 영아와 상호작용을 하기 전에 먼저 영아의

놀이를 관찰하면서 그들의 발달수준과 놀이 형태, 개인차를 살펴보고 영아의 발달단계에 맞는 가장 적당한 방법으로 놀이에 참여하고 개입해야 한다고 하였다. 그러나 놀이의 줄거리를 바꾸거나 상징놀이를 촉진시키려는 의도를 영아가 따라오지 못했을 때 교사는 자신들의 생각을 강요해서는 안 된다고 하였다.

3) 교류자로서의 역할

포괄적 보육의 개념이 도입되고 영유아를 둘러싸고 있는 환경의 중요성이 강조되면서 부모 및 지역사회 교류자로서 보육교사의 역할이 강조되고 있다. 영유아의 일과는 대부분 어린이집에서 이루어지지만 보육교사와 부모의 양육행동이 일관성이 있어야 영유아가 안정적으로 성장할 수 있으므로, 보육교사는 부모와 지속적인 의사소통을 통해 영유아와 가정의 요구를 파악해야 한다. 가족과의 상호작용에서 어린이집에 대한 정보를 제공하고, 부모로부터 영유아의 요구를 충족시키는 적절한 방법에 대한 정보를 제공받는 등 지속적인 연계를 유지하는 것이 중요하다. 이를 위해 부모교육 프로그램을 계획하고 운영하며 부모참여 프로그램을 실시하는 것이 도움이 된다. 동시에 부모에게 육아에 대한 가이드라인을 제공하거나 영유아의 연령에 따른 발달과정에 대한 전문상담과 부모교육 등을 제공하는 것도 효율적인 방법이 될 수 있다.

보육교사는 가족과의 교류뿐 아니라 지역사회에 어린이집의 프로그램을 소개하고 지역사회의 자원을 파악하여 지역사회로부터 지원을 얻어 낼 수 있는 역할을 수행할 수 있어야 한다. 지역사회와의 연계와 협력은 보육의 질과 전문성 확보에 매우 유용하다. 보육정보센터, 사회복지기관, 관공서, 경찰서와 소방서 등 지역사회 시설과 상호 협조를 통한 교육활동 구성은 보육프로그램 운영에 활력을 주는 역할을 할 수 있다.

4) 일상생활 모델로서의 역할

보육교사는 하루 종일 어린이집에서 영유아와 상호작용하기 때문에 영유아와 함께하는 시간이 길고 영유아의 생활에 밀접히 연관되어 있다. Watson, Nixon, Wilson과 Capage(1999)가 제시한 교사의 각 영역별 역할을 살펴보면 다음과 같다. 무엇보다 보육교사는 일상생활 속에서 영유아의 생활을 지도하고 문제를 해결하는 과정을 통해 자연스럽게 영유아의 모델이 되기 때문에, 영유아가 모방을 하더라도 부끄럽지 않을 행동과 말로 영유아를 지도하며 영유아에게 긍정적인 태도를 보임으로써 바람직한 동일시 대상이 되어 주어야 한다. 이러한 모방의 과정을 통해 보육교사는 영유아의 사회화를 담당하는 역할을 수행하는 것이다. 보육교사는 영유아에게 사회에서 요구하는 규범, 가치관, 태도를 내면화시킴으로써 다른 사람과 더불어 살아 나갈 수 있는 능력을 길러 주는 역할을 수행할 수 있다.

〈표 2-1〉은 영유아 보육을 돕기 위한 각 영역별 교사의 역할에 관한 내용이다.

〈표 2-1〉 **영유아 보육을 돕기 위한 각 영역별 교사의 역할**

기능영역	영아	교사
안전	안전한 환경	영아를 위하여 안전한 환경 제공하기
건강	건강과 영양	건강과 영양 향상시키기
학습환경	자극을 주는 학습환경에 대한 접근	적절한 자극을 주는 학습환경을 계획하고 조성하기
신체	신체운동과 감각의 발달 및 협응	신체발달에 자극을 주는 시설과 상호작용 제공하기
인지	사고 발달과 문제해결 능력 발달	적절한 인지적 자극 제공하기
의사소통	언어적 · 비언어적 의사소통	영아와 성인의 상호작용을 통해서 의사소통의 모델이 되기
창의성	눈에 보이는 것, 소리, 자료의 탐색	영아의 독특한 탐색과 창조적 활동 격려하기
자아	정서적 안정감	사랑, 애정, 안정감을 표현하기
사회	사회적 상호작용과 사회적 인식	긍정적인 사회적 상호작용을 자극하고 모델이 되기
생활지도	바람직한 행동	일과 규칙, 일상적인 계획을 설정하고 지속시키며, 영아의 자기통제 능력을 육성하기
가족	가정환경과 어린이집 환경 간의 일관성	영아에 대한 경험과 상호 관심사를 나눔으로써 부모와 의사소통하기
프로그램 운영	일관성 있고, 적절하며, 질 높은 프로그램 참여	양질의 프로그램을 계획 · 조정하고, 실행하기
전문성	적절한 보육	계속적으로 배우려는 태도와 행동을 유지하고 수행하기

2. 보육교사의 자질

자질의 사전적 의미는 타고난 성품이나 소질, 어떤 분야의 일에 대한 능력이나 실력 정도를 의미한다. 보육교사가 자신의 역할을 성공적으로 수행하려면 적절한 자질을 가지고 있어야 하는데, 자질을 갖춘 보육교사는 아동의 민감성을 촉진시키고 긍정적인 발달을 도모할 수 있다(Harms, Clifford, & Cryer, 1998). 보육교사의 자질에 대한 연구에서는 영유아 놀이지도 및 교수 능력을 가장 중요한 요인이라고 하였고, 보호 및 육아 능력도 중요한 요인으로 고려하고 있다(김지은, 안선희, 2009). 허혜경과 박인숙(2010), 한국보육시설연합회(2002)에서는 보육교사의 자질을 개인적 자질과 전문적 자질로 구분하였다. 개인적 자질로는 영유아에 대한 사랑, 신체적 · 정신적 건강, 성실, 열정, 자기개발, 원만한 인간관계를 제시하였고, 전문적 자질로는 교양 · 전문적 지식, 교육기술, 교직에 대한 태도로 구분하였다. 이러한 선행연구들을 바탕으로 보육교사가 양육과 교육자로서 바람직한 역할을 수행하기 위해서는 갖추어야 할 기본적인 자질은 크게 인성적 특성인 인간적 자질과 보육교사로서 역할을 수행하기 위해 갖추어야 할 전문적인 능력인 전문적 자질로 구분될 수 있다.

1) 인간적 자질

보육교사의 역할은 보호적 역할에서 시작하였기 때문에 보육교사의 자질에 대한 초기의 관점은 개인적 인성에 중점을 두었다. 최근에 와서 교육의 기능이 강조되면서 교사의 개인적 자질보다 전문적 자질이 강조되는 경향이 있으나, 교육뿐만 아니라 영유아의 보호를 담당하고 있는 보육교사의 역할을 생각해 보면 교사의 인간적 자질은 아무리 강조해도 지나치지 않다. 급변하는 현대사회의 가장 큰 문제를 인간성 상실과 소외로 생각하는 시각을 가지고 있는 사람들은 교육이 단순히 지식의 전달과 경험을 제공하는 데 머무르는 것이 아니라 영유아에게 바람직한 인격을 형성시켜 주어야 한다는 생각을 가지고 있다. 그리고 영유아의 바람직한 인격 형성을 위해서는 무엇보다 먼저 어린이집에서 이들과 상호작용하는 일차적인 환경인 보육교사가 바람직한 인간적 자질을 갖추어야 됨을 강조하고 있다.

보육교사의 인간적 자질로는 영유아를 사랑하는 마음, 신체적 · 정신적 건강, 긍정적 자아감, 공평함, 원만한 성격 등이 있는데, 이를 구체적으로 살펴보면 다음과 같다.

첫째, 보육교사는 영유아를 사랑하는 따뜻한 마음을 지녀야 한다. 보육교사와 함께하는 영유아는 항상 미소 짓고 있는 모습이 아니라 상황에 따라 보육교사를 지치게 하는 영유아가 있기도 하고 보육교사와 상호작용이 쉽게 되지 않아 보육교사의 인내심을 필요로 하는 영유아가 있기도 하다. 그럼에도 불구하고 교사는 모든 상황에서 영유아를 이해하고 사랑하는 따뜻한 마음을 가지고 있어야 한다.

둘째, 보육교사는 신체적·정신적으로 건강해야 한다. 영유아는 보육교사가 신체적 돌봄을 제공해야 하는 대상으로 보육교사는 상황에 따라 영유아를 안아 주고 씻기는 등 몸을 움직이는 상호작용을 해야 한다. 뿐만 아니라 보육교사가 매일매일 베이비 마사지를 하는 것은 영유아에게 정서적 안정감을 줄 수 있고, 영유아와 간단한 신체활동을 함께 하는 것은 영유아의 두뇌발달에 도움이 된다(Honig, 2002b). 즉, 활동량이 풍부한 영유아를 제대로 보육하고 영유아기에 적절한 보육을 제공해 주기 위해서는 무엇보다 보육교사의 신체적 건강이 요구된다.

셋째, 보육교사는 긍정적으로 사고해야 한다. 보육교사는 하루 종일 영유아와 생활을 함께하기 때문에 보육교사의 사고방식은 영유아에게 직접적으로 영향을 미칠 수 있다. 영유아기에 긍정적으로 사고하는 것은 영유아의 인성발달에 직접적인 영향을 미치므로 보육교사가 긍정적인 사고를 가지고 영유아를 지도하는 것은 가장 중요한 자질 중 하나라고 볼 수 있다. 보육교사가 긍정적인 사고를 가지고 자신의 일을 즐기고 만족한다면 영유아에게 정서적으로 안정된 보육이 제공될 것이다.

넷째, 보육교사는 공평함을 가지고 있어야 한다. 어린이집에서 영유아와 상호작용하는 보육교사가 자신의 선호와 감정에 따라 영유아를 대한다면 이러한 분위기 때문에 영유아가 상처받을 수도 있다. 보육교사는 모든 영유아에게 평등하게 기회를 제공해 주고, 자신의 선호와 무관하게 모든 영유아에게 전문적인 서비스를 제공해야 한다.

다섯째, 보육교사는 원만한 인간관계를 형성해야 한다. 2012년 보건복지부와 육아정책연구소에서 실시한 전국보육실태조사에 의하면, 평균적으로 어린이집당 교사 수가 5~6명 정도라고 파악된다. 소규모의 집단 구성원이 하루 종일 일상생활을 함께 공유해야 하는 어린이집의 특성상 구성원 간의 인간관계는 다른 어떤 조직보다 중요하다고 볼 수 있다. 보육교사는 동료교사와 원장 그리고 다른 보육교직원과 상호작용하는 데 어려움이 없어야 하며, 동시에 학부모와도 서로 신뢰하며 존중하는 관계를 유지할 수 있어야 한다. 이를 위해 타인의 입장에서 생각하고 효율적으로 의사소통하는 능력을 키우는 등 여러 가지 노력을 해야 한다.

이 외에도 보육교사는 온화하고 명랑하며 영유아의 마음을 수용할 줄 아는 성품, 친근감, 생동감, 성실함, 관용, 낙천성, 융통성, 창의성, 추진력, 열정, 인내심, 정서적 안정감 그리고 독창성 등의 인간적 자질이 필요하다.

2) 전문적 자질

보육교사는 통찰력과 지식을 가지고 영유아를 교육하는 역할을 수행하는 사람이다. 교육적인 환경을 계획하고 학습자료를 준비하고, 교육목표를 달성하기 위해 적절한 교육활동을 선택하여 실시하며, 적합한 교수방법을 선택하고, 영유아를 관찰하고 평가하고 부모를 면담하고 상담하는 등 여러 가지 역할을 수행한다. 보육교사가 이런 역할을 수행하기 위해서 필요한 자질이 전문적 자질이라고 볼 수 있다. 보육교사에게 필요한 전문적 자질을 크게 보육활동에 필요한 전문적 지식, 교육과정 및 교수에 대한 전문적 지식, 보육교사로서의 소명의식과 직업에 대한 바른 태도로 나누어 자세히 살펴보고자 한다.

첫째, 보육교사는 보육활동에 필요한 전문적 지식을 가지고 있어야 한다. 영유아 보육에 종사하고 있는 보육교사를 대상으로 보육교사가 지각한 전문적 자질에 대해 조사한 연구(안선희, 김지은, 2010)에 의하면, 보육교사는 영유아발달과 건강 · 영양 · 안전에 대한 지식을 갖추어야 하고, 영유아와 상호작용하는 능력과 영유아의 반응에 대한 민감성이 필요하다. 보육교사는 자신이 보호하고 교육하는 대상인 영유아의 성장과 발달에 대한 체계적인 지식을 가지고 있어야 하며, 발달영역별로 영유아를 이해할 수 있는 지식을 가지고 다양하게 영유아에게 접근할 수 있어야 한다. 영유아에 대한 이해를 집단 간 차이와 개인의 발달영역별 차이를 함께 고려해서 볼 수 있다면 보다 완벽한 교육활동을 계획하고 수행하는 데 도움이 될 수 있다. 즉, 보육교사는 영유아의 신체발달, 감각운동 능력, 언어발달, 문제해결 능력, 인지발달, 정서발달, 사회성발달, 긍정적인 자아개념 등의 발달을 도와줄 수 있는 능력, 개인차에 따라 적절한 교육을 할 수 있는 능력, 영유아를 정확하게 관찰 · 평가하고 이를 교육계획에 적용시키는 능력을 가지고 있어야 한다. 특히 영아가 전적으로 의존하는 성인, 즉 부모 또는 교사의 역할은 영아교육에 결정적인 영향을 미치는 요인이 된다. 교사가 어떠한 감각적 자극을 제공하고 어떤 환경에서 무엇을 말해 주는가에 따라 영아의 경험 내용은 전혀 달라질 수 있다. 이러한 점에서 영아반 교사는 양육자의 역할과 교육자의 역할을 동시에 수행할 수 있어야 한다. 즉, 따뜻한 온정적 태도와 교사로서의 전문가적 행동이 함께 어우러져 통합될 수 있을 때 가장 바람직한 역할을 수행하게 될 것이다. 이를 위해 보육과정 운영을 위한 영유아의 발달에 대한 이해가 선행되어야 한다.

둘째, 보육교사는 교육과정 및 교수에 대한 전문적 지식을 가지고 있어야 한다. 보육교사의 중요한 역할 중 하나는 영유아를 대상으로 가르치는 일이며, 보육교사의 전문성 확보를 위해 교수에 대한 지식은 필수적이다. Saracho(1988)에 따르면, 보육교사에게는 교육프로그램을 계획하고 수행하는 능력, 교육활동을 선택하고 적절한 교수법과 매체를 이용하여 수행하는 능력 등이 요구된다. 보육교사는 균형 있는 활동 계획 및 제공, 영유아의 건강, 영양, 안전 고려, 적절한 상호작용, 개방적인 상호작용, 효과적인 교육실의 환경구성, 상황에 따른 수업 내용 및 방법의 조절, 영유아의 체계적인 관찰·기록, 특별한 요구를 가진 영유아에 대한 이해, 행사 기획 및 실행 등의 구체적인 보육프로그램에 대한 지식과 효율적인 교수방법에 대한 지식을 가지고 있어야 한다. 보육학은 조작적·실험적 학문체계와는 달리 활용 의욕을 중시하는 대인서비스 과학이기 때문에 현장에서 직접 영유아들과 함께 일하는 보육교사들의 체험과 교육 경험을 바탕으로 한 연구와 이에 대한 체계화가 요구된다. 이를 위해서는 졸업 전 학부교육은 물론 졸업 후 끊임없는 연수와 세미나를 통한 자기연마와 전문성의 고양이 필요하다.

셋째, 보육교사로서의 소명의식과 직업에 대한 바른 태도를 가지고 있어야 한다. 보육교사는 그 역할의 중요성이나 업무의 양에 비해 보수나 사회적 지위가 매우 낮은 편이다. 따라서 보육교사가 보육교사로서의 소명의식과 직업에 대한 바른 태도가 없다면 영유아를 보육하는 일에 오랫동안 종사하기 어려울 것이다. 그러나 영유아를 보육하는 일은 미래의 인적 자원을 양성하는 매우 의미 있는 일이고, 공공성을 띠고 있고, 인간과 관련된 업무이며, 고도의 지식과 기술을 필요로 하는 업무이므로 보육교사 스스로 보수보다는 직업에 대한 사명감과 바른 태도를 가지는 것이 필요하다. 동시에 보육교사는 지속적으로 교사의 전문성을 강화하기 위해서 꾸준히 자기계발을 해야 한다. 지속적으로 보육교사 연수나 세미나에 참여하여 새로운 지식 및 기술을 수업에 적용하고, 자기장학을 통해 스스로의 교육상황을 점검하는 등 자기계발에 최선을 다해야 된다.

3. 보육교사의 직업윤리

'직업윤리'라는 말은 직업과 윤리라는 독립된 단어의 합성어다. 먼저, '직업(職業)'이란 단어 자체는 사회의 일원으로서 노동(arbeit 또는 work)을 중심으로 하여 개인에게 주어진 역할인 직분을 통칭하는 '직(職)'과 생업을 뜻하는 '업(業)'이 합쳐진 것이다. 직업을 의미하는 영어의 vocation이나 독일어 beruf와 berufung은 하늘이 인간에게 부여한 소명의식을 포함하고 있는 천직(calling)의 의미가 강하고, 비영리적인 전문직을 표현하는 영어의 profession과 더불어 occupation과 business, 독일어의 beschäftigung이나 geschäft는 행위에 대한 경제적 보상의 색채가 강하다. 즉, 직업은 생계성, 사회성, 봉사성의 특성을 지닌 지속적인 활동으로 볼 수 있다. 이와 같이 외국어의 경우 직업이라는 말이 인간 행위의 가치성에 따라 그 쓰임의 범주가 명확하게 다른 반면에, 우리말은 이 두 가지 범주의 의미를 포괄하고 있다(성기중, 1987). 직업은 한 개인의 생계유지와 사회적 지위와 역할 부여, 사회봉사, 자아실현 등의 기회를 제공한다.

두 번째 단어인 '윤리'란 우리말 사전에 보면, "사람이 지켜야 할 도리, 곧 실제의 도덕 규범이 되는 원리"(이희승 편, 1994)라고 기술되어 있다. 한자어 '倫理'의 '倫'은 '사람의 무리 혹은 질서'를 뜻하며, '理'는 '옥을 다듬다'라는 말에서 유래하여 다스릴 '리' 혹은 이치 '리'라는 의미를 가지고 있다. 그래서 倫理는 사람과 사람 사이에 올바른 질서로서의 도리를 밝혀 주는 것이라 할 수 있다. 서양에서 윤리(ethics)라는 말은 어떠한 특정 장소에서 관습적으로 익숙해 있는 것을 의미하는 그리스어의 형용사 *ēthikē*에서 유래하며, 라틴어의 *ethice*로 발전하였다. 여기서 에티케는 일종의 생활관습으로 사람이 살아가는 데 필요한 도리로 이해된다. 윤리에 대한 이러한 이해의 접근은 다음과 같은 세 가지 측면에서 광의적으로 해석할 수 있다. 첫째, 윤리는 행위 혹은 행위과정 그리고 그들의 의미와 관련되어 있고, 둘째, 윤리는 규범을 지키기 위한 특정한 양식으로 이해할 수 있으며, 셋째, 윤리는 다른 사람과의 사회적 상호작용을 이행하거나 불이행했을 경우 개인적으로 존중을 받거나 제재를 받는 과정을 거친다. 윤리라는 말과 거의 동일하게 사용하고 있는 '도덕(moral)'은 라틴어의 *mos* 또는 *mores*에서 유래한 것으로 습관, 사회적 습관 또는 사회적 합의를 의미한다(심의보, 1995).

직업윤리는 사회에서 직업인에게 요구하는 직업적 양심이나 사회적 규범의 하나로 윤리적 이해와 관심을 직업생활이라는 특수한 상황에 적용한 것이라 볼 수 있다. 이처럼 직업과 관련한 인간의 사회적 역할 수행 과정에서 지켜야 할 내적 · 외적 행위규범이라 볼 수 있는 직업윤리는 직업과 직능에 따라 엄연히 특수성과 상이성이 존재한다. 더불어 직업인 각자가 가지고 있는 보편적 · 잠재적 직업의식이나 직업관이 다르기 때문에 직업윤리에 대한 인식과 수용은 차이가 있을 뿐만 아니라 획일화할 수 있는 것도 아니다(김병숙, 2007).

보육교사는 보육활동과 교사역할 수행과정에서 영유아의 존엄성과 개인차를 인정하고 영유아의 입장을 이해하며 신념과 규범을 통해 문제를 해결하는 자세를 가져야 한다. 보육교사의 윤리의식은 영유아의 가치관 형성에 영향을 미치기 때문에 보육교사는 영유아가 올바른 가치관을 습득할 수 있는 대상이 되어야 된다.

직업윤리는 한 직업세계에서 직업의 지속과 번영을 위해 요구되는 관습화된 행동규범이며, 사람이 마땅히 행하고 지켜야 할 도리와 이에 대한 비판적 숙고다(김은설, 박수연, 2010). 보육교사의 윤리는 교사가 교직생활에서 지켜야 하는 실천의 규범이라 할 수 있고, 윤리는 올바르고 정당하며 공정한 가치에 대한 문제를 다루는 것으로 보기 때문에 보육교사에게 강조되어야 할 자질 중 하나다. 직업윤리는 전문직업인 스스로가 자신에게 부과하는 일정한 규범으로, 단체에 소속된 전문직업인이 업무를 실행하고 추진해 나감에 있어 자신과 사회에 대해 지켜야 할 내용을 자율적으로 규정하는 것이 보통이다. 보육교사도 사회적으로 인정받고 가정생활에 개입할 수 있는 전문직이 되기 위해서는 보육교사 스스로가 자신에게 부과하는 일정한 규범이 있어야 한다. 외국과 우리나라의 윤리강령을 살펴보면 다음과 같다.

1) 미국의 보육교사 윤리강령

미국 유아교육협회(National Association for the Education of Young Children: NAEYC, 2005)에서 제정한 보육교사의 윤리강령은 영유아, 가정, 동료 간, 지역사회와 공동체에 대한 윤리적 책임 모두 네 부분으로 나뉘어 있다. 그 세부 내용은 〈표 2-2〉와 같다.

〈표 2-2〉 미국 NAEYC에서 제정한 보육교사의 윤리강령

장	구분	세부 내용
제1장	영유아에 대한 윤리적 책임	영유아들에게 안전하고 건전하며 반응적인 환경을 제공한다. ① 영유아의 발달지원 ② 개인차 존중 ③ 협동적 삶과 일하는 방식을 배울 수 있도록 지원 ④ 건강, 자기인식, 능력, 자기가치, 쾌활성을 증진시켜 주기 위해 노력한다.
제2장	가정에 대한 윤리적 책임	가정과 영유아를 담당하는 전문가는 영유아의 복지에 대해 공통적 이해관계를 가지며 영유아의 발달을 강화하는 방향으로 가정과 유아학교가 협조할 것과 그 책임의 중요성을 인정한다.
제3장	동료에 대한 윤리적 책임	유아교육에 관한 협동적 직무환경을 조성하고 인간에 대한 존엄성과 직업에 대한 만족도를 높이기 위해 노력하며 긍정적인 관계를 형성한다. 생산적인 직무 수행을 지원하고 직업적 요구사항을 충족시킬 수 있는 직무환경과 동료관계를 형성하고 유지한다.
제4장	지역사회와 공동체에 대한 윤리적 책임	영유아 프로그램은 가정은 물론 영유아 복지를 담당하는 기타 기관들이 소재한 지역사회 내에서 운영된다. 따라서 지역사회 욕구를 충족시킬 수 있는 프로그램을 제공하고 영유아에 대해 책임을 나누는 기관이나 전문가들과 협조하며 필요한 프로그램을 개발하는 책임을 진다. 또한 영유아 발달에 관한 지식을 지닌 전문가로서 어떠한 상황하에서도 영유아의 복지와 보호를 위한 대변인으로서의 역할을 수행할 의무를 진다.

2) 일본의 보육교사 윤리강령

일본 보육교사의 윤리강령은 영유아와의 관계, 부모 및 동료와의 관계뿐 아니라 지역사회와의 관계에서 보육교사가 지켜야 하는 윤리를 강조하고 있다(김은설, 박수연, 2010). 먼저, 영유아와의 관계에서는 영유아의 최선의 이익 존중, 영유아의 발달 보장, 영유아 · 보호자의 욕구 수용이 있다. 영유아의 최선의 이익 존중은 영유아 개개인의 최선의 이익을 가장 우선적으로 생각하고 보육을 통해 영유아의 복지를 적극적으로 증진하기 위해 노력하는 것이다. 영유아의 발달 보장은 보호와 교육이 일체가 된 보육을 통해 영유아 개개인의 심신이 건강하고 안전하며 정서적으로도 안정된 생활을 할 수 있도록 환경을 갖추어 주고 삶에 대한 기쁨과 힘을 기르는 것을 기본으로 하여 영유아의 건전한 성장을 지원하는 것이다. 영유아 · 보호자의 욕구 수용은 보육과 자녀양육을 지원하는 활동을 통해 영유아의 욕구를 파악하여 영유아의 입장을 수용하고 자녀를 양육하고 있는 모든 보호자의 욕구를 파악하여 수용하

는 것도 중요한 보육교사의 역할로 생각하고 행동한다.

부모와의 관계는 보육자와의 협력과 프라이버시의 보호가 있다. 보육자와의 협력은 영유아와 보호자의 현재 상황과 의향을 파악하여 보호자와 보다 좋은 협력관계를 구축하면서 자녀를 키우고 양육하는 것을 지원하는 것이다. 프라이버시의 보호는 개개인의 프라이버시를 보호하기 위해 보육을 통해 알게 된 개인의 정보나 비밀을 지키는 것을 말한다.

동료와의 관계는 팀워크와 자기평가에 관한 것이다. 보육교사는 직장에서의 팀워크나 관련된 전문직과의 연계를 소중히 한다. 또한 보육을 행함에 있어 언제나 영유아의 시점에서 자기평가를 게을리하지 않으며 보육의 질을 향상시키기 위해 노력해야 한다.

지역사회와의 관계에는 지역의 영유아양육 지원이 있는데, 이 항목은 보육교사가 지역 주민이나 관계기관과 함께 영유아양육을 지원하고 그들과 네트워크를 형성하여 지역에서 영유아를 양육할 수 있는 환경을 조성하기 위해 노력하는 것이다. 이 외에도 전문직으로서의 책무가 있는데, 이는 연수나 자기수련을 통해 언제나 자신의 인간성과 전문성 향상을 위해 노력하고 전문직으로서의 책무를 다하는 것을 말한다.

3) 캐나다의 보육교사 윤리강령

캐나다에서는 2000년 보육교사 윤리강령이 개발되었다. 미국과 마찬가지로 일선 보육교사를 대상으로 설문조사를 실시하여 보육교사가 윤리강령 조항에 대해 동의할 수 있도록 유도하였다. 윤리강령을 개발한 뒤에는 보육교사를 대상으로 윤리강령에 대해 교육을 실시하였고, 시대의 변화에 적합하게 일부 조항을 주기적으로 개정하였다. 윤리강령은 캐나다 보육협회(The Canadian Child Care Federation: CCCF)에서 제정하였다. 캐나다 보육협회의 홈페이지에 보육교사가 윤리적 문제에 직면했을 때 의사결정에 도움이 되는 여덟 가지 원칙이 간략하게 제시되어 있다(〈표 2-3〉 참조).

〈표 2-3〉 **캐나다 보육협회에서 제시하고 있는 보육교사 윤리강령의 여덟 가지 원칙**

원칙 1. 보육교사는 모든 영유아의 건강과 안녕을 증진시켜야 한다.

원칙 2. 보육교사는 영유아 개개인의 욕구를 충족시킬 수 있도록 완벽하게 계획된 환경 안에서 영유아의 잠재력이 발현될 수 있게 해야 하고, 영유아의 사회적 · 정서적 · 신체적 · 인지적 발달을 증진시켜야 한다.

원칙 3. 보육교사는 보육과정의 모든 측면에서 모든 영유아를 고려하고 있음을 증명해야 한다.

원칙 4. 보육교사는 부모가 영유아 양육에 일차적인 책임이 있다는 점을 인정하고, 부모가 이러한 책임을 다하기 위해 노력하는 모든 행위를 지원하며 부모와 긴밀하게 협력해야 한다.

원칙 5. 보육교사는 영유아와 가족의 복지를 지원하기 위해 동료 보육교직원 및 지역사회 내 다른 복지전문가들과 긴밀하게 협력해야 한다.

원칙 6. 보육교사는 서로 신뢰하고 보호하며 협력하는 관계를 수립하여 인권을 향상시키고, 각 인간의 개별성과 고유한 가치를 존중하는 방식으로 일해야 한다.

원칙 7. 보육교사는 지속적으로 보육관련 지식과 기술, 자의식을 쌓고 역량을 키워 나가야 한다.

원칙 8. 보육교사는 다른 사람들과 전문적인 관계에서 신뢰할 수 있고 성실해야 한다.

4) 호주의 보육교사 윤리강령

Early Childhood Australia
A voice for young children

호주의 보육교사 윤리강령은 1990년 호주 영유아교육 및 보육협회(The National Working Party of the Early Childhood Australia)에서 제정하였다. 1990년에는 영유아에 대한 윤리(14항목), 가족에 대한 윤리(10항목), 동료에 대한 윤리(7항목), 지역사회에 대한 윤리(6항목), 전문가로서 자신에 대한 윤리(9항목) 모두 5영역 48항목이었는데, 2006년 개정되어 현재는 영유아에 대한 윤리(12항목), 가족에 대한 윤리(10항목), 동료에 대한 윤리(6항목), 지역사회에 대한 윤리(6항목), 학생에 대한 윤리(7항목), 고용주에 대한 윤리(3항목), 전문가로서 자신에 대한 윤리(9항목), 연구자로서의 윤리(7항목) 모두 8영역 60항목으로 구성되었다.

미국과 일본, 캐나다, 호주 윤리강령의 공통점은 현장에 있는 보육교사를 대상으로 설문조사를 실시하여, 윤리강령을 이해하고 준수해야 하는 보육교사가 윤리강령의 조항에 대해 이해하고 동의할 수 있는 과정을 거쳤다는 것이다. 그리고 윤리강령을 개발한 뒤에는 보육교사를 대상으로 윤리강령의 조항을 인지하게 하는 교육을 실시하여 현장의 보육교사가 조항을 제대로 실천할 수 있도록 하였고, 주기적으로 조항의 일부를 개정하여 보육환경의 시대적인 변화를 반영하였다. 이와 함께, 윤리강령 조항은 영유아발달과 영유아교육에 대한 지식, 영유아를 양육하는 가정, 동료, 지역사회 공동체와의 관계에서 유발되는 직무에 대한 책임 등 보육교사가 전문가로서의 기능을 할 수 있는 문항이 공통적으로 포함되어 있다.

5) 우리나라의 보육교사 윤리강령

미국, 캐나다, 호주 및 일본 윤리강령의 공통점은 보육교사가 영유아발달과 영유아교육에 대한 지식, 영유아를 양육하는 가정, 동료, 지역사회 및 공동체와의 관계에서 유발되는 직무에 대해 책임을 다하면서 전문가로서의 노력과 성장을 지속할 것을 다짐하고 있다는 것이다. 우리나라에서는 2010년 한국보육시설연합회와 육아정책연구소가 공동으로 보육교사와 보육시설장의 윤리강령을 개발하였다. 이 연구에서는 보육교사 481명을 대상으로 설문조사를 실시하였고 전문가의 자문을 거쳐 윤리강령을 개발하였다. 우리나라 보육교사 윤리강령은 4개 장(영유아에 대한 윤리, 가정에 대한 윤리, 동료에 대한 윤리, 사회에 대한 윤리)과 선언문으로 구성된다. 영유아에 대한 윤리는 11개의 항목으로 구성되어 있다. 이 항목들을 '유엔아동권리협약'에 의거한 영유아의 기본권인 아동생존권, 보호권, 발달권, 참여권으로 구분하여 구성하였다. 가정에 대한 윤리는 각 가정의 양육가치와 의사를 존중할 것을 우선으로 제시하고, 가정에 대한 정보 제공과 참여 유도를 강조하고 있다. 동료에 대한 윤리는 어린이집원장의 보육교사에 대한 윤리와, 보육교사가 원장 및 동료 교사에 대해 갖는 윤리적 측면을 제시하고 있다. 사회에 대한 윤리에서는 보육은 무엇보다도 질적으로 훌륭하고 좋은 서비스를 제공하는 것이 가장 중요한 책임임을 명시하고 있다(한국보육시설연합회, 육아정책연구소, 2010).

제3장

보육교사의 자격

보육교사는 어린이집에서 영유아보육을 직접적으로 담당하는 보육교직원으로서, 자격기준을 갖춘 경우에만 보육교사직을 수행할 수 있다. 실제 보육현장에서 보육교사가 맡는 역할은 대리양육자로서의 역할, 영유아 관찰자로서의 역할, 발달 촉진자로서의 역할, 전문적 지지자로서의 역할 등이 있으며, 이러한 역할을 제대로 수행하기 위해서는 기본 자질을 갖춰야 하고, 이런 자질을 보육교사 국가자격증을 발급받는 과정에서 함양하게 된다. 보육교사의 자격기준은 점차 강화되어 자격을 부여받는 것에서 자격증을 발급받는 것으로 바뀌었고, 등급은 2등급에서 3등급으로 세분화되었으며, 자격요건을 충족하기 위한 경력기준도 강화되었고, 이수해야 할 교과목 및 학점 수도 늘어났다. 2014년부터는 교과목이 일부 변경되어 '보육교사론'이 선택과목에서 필수과목이 되었고, '특수아동지도'는 '특수아동이해'와 '장애아지도' 과목으로, '아동음악과 동작'은 '아동음악'과 '아동동작' 과목으로, '아동수 · 과학지도'는 '아동수학지도'와 '아동과학지도' 과목으로 나뉘어졌다. 이처럼 보육교사의 자격기준이 강화된 것은 보육교사직이 영유아를 대상으로 하는 것인 만큼 보다 세밀한 자격기준을 충족시키는 것이 필요하다는 근거하에 변화된 것이라고 볼 수 있다. 이 장에서는 보육교사의 자격을 중심으로 자격기준에는 어떤 것이 있으며, 자격관리는 어떻게 이루어지는지, 그리고 보육교사의 보수교육에는 어떤 것이 있는지 살펴보고자 한다.

1. 보육교사의 자격기준

보육교사직을 수행하기 위해서는 자격요건을 갖추어야 하며, 보육교사 등급에 따라 자격기준이 세분화되어 있다. 보육교사 자격증은 1, 2, 3급으로 구분되어 있고, 자격증 신청을 위한 구비 서류는 등급에 따라 차이가 있다. 보육교사 자격증 취득을 위해서는 보육실습을 마쳐야 한다. 또한 이수해야 하는 보육관련 교과목은 전문대학 또는 동등 이상의 학교와 교육훈련시설에 따라 다르다. 여기서는 보육교사의 자격요건 및 자격증 관련 사항 등에 대해 알아볼 것이다.

1) 보육교사의 자격요건

보육교사는 「영유아보육법」 제21조 및 시행령 제21조 [별표 1]에 해당하는 자로서, 보건복지부장관이 검정·수여하는 자격증을 발급받은 자를 말한다. 즉, 보육교사로 근무하기 위해서는 보건복지부장관이 수여하는 보육교사 국가자격증을 발급받아야 한다. 「영유아보육법」 개정에 따라 보육교사의 자격 및 경력기준은 계속해서 강화되고 있으며, 2014년 현재 보육교사의 등급별 자격기준은 〈표 3-1〉에 제시된 바와 같다.

〈표 3-1〉 **보육교사 등급별 자격기준**

등급	자격 기준
보육교사 1급	1. 보육교사 2급 자격을 취득한 후 3년 이상의 보육업무 경력이 있는 사람으로서 보건복지부장관이 정하는 승급교육을 받은 사람
	2. 보육교사 2급 자격을 취득한 후 보육관련 대학원[1]에서 석사학위 이상을 취득하고 1년 이상 보육업무 경력이 있는 사람으로서 보건복지부장관이 정하는 승급교육을 받은 사람
보육교사 2급	1. 전문대학 또는 이와 같은 수준 이상의 학교에서 보건복지부령으로 정하는 보육관련 교과목 및 학점을 이수하고 졸업한 사람
	2. 보육교사 3급 자격을 취득한 후 2년 이상의 보육업무 경력이 있는 사람으로서 보건복지부장관이 정하는 승급교육을 받은 사람

1) 보육관련 대학원이라 함은 학과(전공) 및 학위명에 '보육, (영)유아, 아동'의 단어가 포함된 대학원을 말하며, 이에 해당되지 않을 경우 보육관련 교과목 이수기준으로 인정한다(보육관련 교과목 최소 15학점 이상 이수 여부를 확인하여 인정함).

보육교사 3급	고등학교 또는 이와 같은 수준 이상의 학교를 졸업한 사람으로서 보건복지부령으로 정하는 교육훈련시설에서 정해진 교육과정을 수료한 사람

출처: 보건복지부(2014b). 2014년도 보육사업안내.

보육실태조사(보건복지부, 2012)에 따르면, 보육교사의 최초 자격 취득기관은 전문대학이 45.1%로 가장 높았고, 다음이 보육교사교육원(28.5%), 4년제 대학(19.3%), 사이버대학(5%), 학점은행제(1.8%) 순으로 나타났다. 4년제 대학의 비율은 2009년 대비 약 7%(12.5%, 2009) 증가하였다. 전공별로는 유아교육학이 42%로 가장 높았고, 다음이 아동(복지)학(16.5%), 보육학(13.5%), 사회복지학(12.9%) 순으로 나타났다.

2) 보육교사의 자격검정 및 자격증 발급

보육교사의 자격검정은 무시험을 원칙으로 하며, 자격검정 및 자격증 발급 · 재발급에 관한 업무는 한국보육진흥원에서 맡고 있다(사진 참조). 보육교사의 자격검정은 「영유아보육법 시행령」 제21조 [별표 1]에 의한 자격기준을 갖추었는지 여부를 신청자가 제출한 서류를 심사하여 검정한다. 자격검정은 자격신청 시의 자격기준(「영유아보육법 시행령」 [별표 1])에 따라 검정하는 것이 원칙이나, 「영유아보육법」 부칙 〈법률 제7152호〉에 따라 2005년 1월 29일 이전까지의 종전 규정(종전 시행규칙 제8조 제1항 [별표 3])에 의한 보육교사 자격기준을 갖춘 자에 대해서는 종전 규정에 따라 자격을 검정한다.

▶ 한국보육진흥원 홈페이지

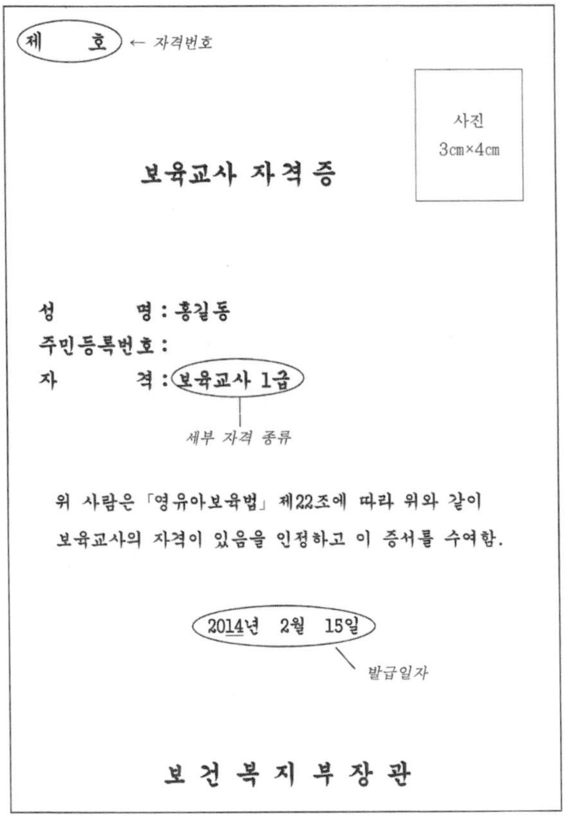
제 호 ← 자격번호

사진
3cm×4cm

보육교사 자격증

성 명 : 홍길동
주민등록번호 :
자 격 : 보육교사 1급
세부 자격 종류

위 사람은 「영유아보육법」 제22조에 따라 위와 같이
보육교사의 자격이 있음을 인정하고 이 증서를 수여함.

2014년 2월 15일
발급일자

보 건 복 지 부 장 관

[그림 3-1] 보육교사 자격증

출처: 보건복지부(2014b). 2014년도 보육사업안내.

보육교사 자격증([그림 3-1] 참조)은 보육교사 1급, 보육교사 2급, 보육교사 3급으로 구분되어 있다. 보육교사 자격증을 발급받고자 하는 자는 보육인력 국가자격증 홈페이지(http://chrd. childcare.go.kr)에 접속하여 회원가입 후 자격증 발급 신청서를 작성하면 된다. 신청서 작성을 완료한 후에는 자격증 발급수수료(1만 원)를 결제하고 자격을 증명하는 구비 서류를 한국보육진흥원에 등기우편으로 송부한다. 자격증 신청은 인터넷 신청만 가능하며, 인터넷 신청을 하였더라도 구비 서류는 등기우편으로 제출해야 한다. 자격증 신청 이후 진행 현황은 홈페이지 접속 후 '나의 진행 현황' 화면에서 조회가 가능하다. 보육교사 자격증 발급 신청 및 교부 절차는 [그림 3-2]와 같다.

보육교사 자격증 발급을 위한 구비서류는 보육교사의 등급에 따라 다르며, 보육교사 자격증 발급 신청서(인터넷 접수 완료 후 출력)—사진 파일(인터넷 접수: 해상도 200dpi, 235×315pixel, jpg 또는 gif)—는 등급에 상관없이 공통으로 제출해야 하는 구비 서류다(〈표 3-2〉 참조). 〈표 3-2〉에 명시된 구비 서류 이외에 자격취득을 위한 서류 보완이 필요할 경우 「민원사무 처리에 관한 법률」에 근거하여 추가로 서류 제출을 요청할 수 있다. 또한 기타 종전법에 의해 보육교사 자격을 갖춘 사람 등은 어린이집 원장 · 보육교사 자격검정 업무편람을 참고하면 된다. 한편 자격증 분실 및 훼손, 성명 변경, 주민등록번호 변경, 자격인정시점 변경 등의 사유가 발생한 경우에는 자격증 재발급 신청을 할 수 있다.

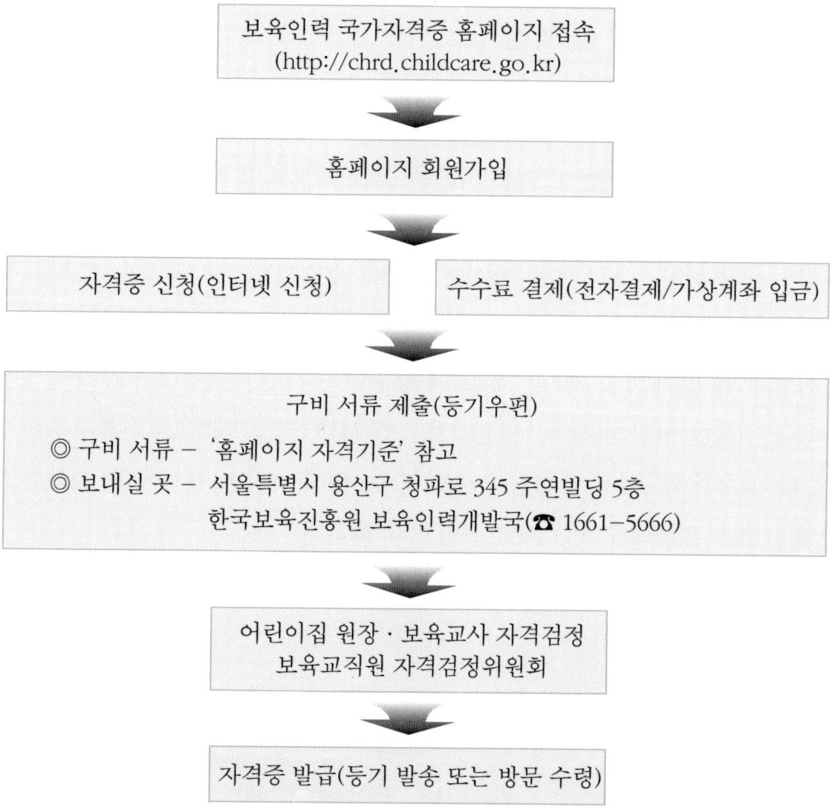

[그림 3-2] 자격증 발급 신청 및 교부 절차

출처: 보건복지부(2014b). 2014년도 보육사업안내.

〈표 3-2〉 **보육교사 자격증 신청을 위한 구비 서류**

종류	구비 서류
보육교사 1급	① 보육교사 2급 자격증 사본 ② 보육업무 3년 이상 경력증명서 ③ 승급교육 이수증명서
	① 보육교사 2급 자격증 사본 ② 석사학위증명서 ③ 보육업무 1년 이상 경력증명서 ④ 승급교육 이수증명서
보육교사 2급	① 최종학교 졸업증명서 ② 최종학교 성적증명서 ③ 보육실습확인서
	① 보육교사 3급 자격증 사본 ② 보육업무 2년 이상 경력증명서 ③ 승급교육 이수증명서
보육교사 3급	① 최종학교 졸업증명서 ② 교육훈련시설 수료증 원본 – 수료증명서 원본으로도 제출 가능 ③ 보육실습확인서: – 보육실습기관 인가증 사본 – 보육실습 지도교사 자격증 사본 ④ 교육훈련시설 성적증명서

출처: 보건복지부(2014b). 2014년도 보육사업안내.

3) 보육관련 교과목 및 학점

보육교사 자격증 취득을 위하여 전문대학 또는 이와 동등 이상의 학교에서 이수하여야 하는 보육관련 교과목 및 학점 기준은 「영유아보육법 시행규칙」 제12조 제1항 [별표 4]에 명시되어 있다(〈표 3-3〉 참조). 이 규정에 따르면, 보육관련 교과목 중 총 17과목 51학점 이상을 이수하고 졸업하는 경우 보육교사 2급 자격을 취득할 수 있다. 단, 동법 제21조 제2항 제1호에 해당하는 사람으로서 2014년 1월 1일 전에 입학한 사람과 동법 제21조 제2항 제2호에 해당하는 사람으로서 2014년 3월 1일 전에 학위를 취득한 사람의 경우 「영유아보육법 시행규칙」 부칙 〈보건복지부령 제92호〉 제3조(보육관련 교과목 및 학점에 관한 경과조치)에 따라 이수해야 할 보육관련 교과목 및 학점은 종전의 규정(12과목 35학점)에 따른다.

한편 교육훈련시설에서는 보육교사 양성교육과정을 통해 보육교사를 배출하며,

〈표 3-3〉 **대학 등에서 이수하여야 하는 보육관련 교과목 및 학점**

영역	교과목	이수과목(학점)
보육필수	아동복지(론), 보육학개론, 영아발달, 유아발달, 보육과정, 보육교사론	6과목(18학점) 필수
발달 및 지도	인간행동과 사회환경, 아동관찰 및 행동연구, 아동생활지도, 아동상담(론), 특수아동이해, 장애아지도	1과목(3학점) 이상 선택
영유아교육	놀이지도, 언어지도, 아동문학, 아동음악, 아동동작, 아동미술, 아동수학지도, 아동과학지도, 영유아프로그램 개발과 평가, 영유아교수방법(론)	6과목(18학점) 이상 선택
건강 · 영양 및 안전	아동건강교육, 아동간호학, 아동안전관리, 아동영양학, 정신건강(론)	2과목(6학점) 이상 선택
가족 및 지역사회 협력 등	부모교육(론), 가족복지(론), 가족관계(론), 지역사회복지(론), 보육정책(론), 어린이집운영과 관리	1과목(3학점) 이상 선택
보육실습	보육실습	1과목(3학점) 필수
전 체	17과목(51학점) 이상	

※ 각 과목은 3학점을 기준으로 하며 최소 2학점 이상이어야 함.
※ 교과목명이 서로 다르더라도 교과목의 내용이 유사하면 동일하다고 인정받고자 하는 경우, 동일 교과목 심의를 보육교직원 자격검정위원회로 요청하여 동일과목으로 인정받아야 하며, 심의절차는 자격검정위원회 운영규정에 따름. 단, 심의결과는 당해 대학에만 인정되고, 타 대학은 미적용(당해 사건에 개별적 효력만 인정).
출처: 보건복지부(2014b). 2014년도 보육사업안내.

〈표 3-4〉 **교육훈련시설에서 이수하여야 하는 보육관련 교과목 및 학점**

영역	교과목 [학점]	이수과목(학점)
보육기초	아동복지(론)[3], 보육학개론[3], 보육과정[3]	3과목(9학점) 필수
발달 및 지도	아동발달(론)[3], 인간행동과 사회환경[3], 아동생활지도[3], 아동상담(론)[3], 특수아동지도(특수교육학)[3], 영유아보육의 실제[3], 방과후아동지도[2]	7과목(20학점) 필수
영유아교육	놀이지도[3], 언어지도[2], 아동음악과 동작[2], 아동미술[2], 아동 수학·과학지도[2], 교재교구개발[3], 영유아교수방법(론)[3]	7과목(17학점) 필수
건강·영양 및 안전	아동간호학[2], 아동안전관리[2], 아동영양학[2]	2과목(4학점) 이상 선택
가족 및 지역사회 협력 등	부모교육[3], 지역사회복지[3], 보육정책[2], 어린이집운영과 관리[3], 정보화교육[2]	5과목(13학점) 필수
보육실습	보육실습[2]	1과목(2학점) 필수
전 체	25과목(65학점) 이상	

※ 비고: 1) 각 과목당 평가점수가 70점 이상인 경우에만 이수한 것으로 인정.
2) 학점당 시간은 15시간을 기준으로 하되, 보육실습시간은 4주 이상, 연속하여 160시간 이상으로 함.
3) 보육실습은 시행규칙 [별표 4]의 보육실습에 관한 기준을 준용.
출처: 보건복지부(2014b). 2014년도 보육사업안내.

교육훈련시설의 교육과정은 〈표 3-4〉와 같다. 보육교사 양성교육과정의 교육대상은 고졸 이상의 학력을 갖고 교육생으로 등록한 자로서, 교육훈련 기간은 975시간 이상(실습 160시간 별도)이고, 이수해야 할 교과목은 25과목(65학점) 이상이다. 교과목별 종합평가기준은 교과목별 시험 80%(중간평가 40%, 기말평가 40%), 교과목별 출결상황 및 근태 20%로, 시험과 출결상황 및 근태를 종합하여 평가한다. 수료인정을 위해서는 교육훈련교과목 중 이수하여야 할 이수시간별 총 시간의 80% 이상을 수강하고, 과목별 교육훈련 성적이 70점 이상이 되어야 한다. 전체 출석시간 80% 미달자는 제적처리한다.

4) 보육실습 기준

보육실습은 현장실습과 이론수업으로 구성된 '보육실습'이라는 교과목으로 이수하는 것이 원칙이고, 보육실습 교과목은 반드시 3학점 이상으로 이수하여야 하며

(교육훈련시설의 경우 보육실습 교육과정은 2학점(30시간)으로 편성 · 운영), 평가점수가 80점 이상(B학점)인 경우에만 인정한다. 따라서 성적증명서를 통하여 교과목 및 평가점수 확인이 가능하여야 한다. 단, 교과목 명칭이 다르더라도 유사교과목[2)]을 이수한 경우 실습기관과 실습기간의 조건을 만족하면 보육실습 교과목을 이수한 것으로 인정한다.

보육실습이 이루어지는 실습기관은 정원 15인 이상인 어린이집 또는 교육과정과 방과후 과정을 운영하는 유치원(교육청에 방과후 과정 운영 유치원으로 등록되어야 함)을 말한다. 실습기간은 4주, 160시간을 원칙으로 하며, 실습은 연속하여 평일 오전 9시부터 오후 7시 사이에 한 경우에만 인정하고 그 외의 시간에 한 실습은 인정하지 않는다. 단, 야간대학, 한국방송통신대학, 원격대학의 경우에는 보육실습을 2회에 나누어 실시할 수 있다.

실습은 보육실습 교과목이 개설된 학기(직전후 방학 포함)에 실시하여야 하는데, 2009년 2월까지의 보육실습 이수자에 한하여 4주 160시간의 실습기간에 대한 해석 기준 중 연속실습, 1일 실습시간에 대한 예외를 인정할 수 있다. 또한 실습 지도교사는 보육교사 1급 또는 유치원 정교사 1급 자격증을 소지한 사람이어야 하고, 실습 지도교사 1명당 보육실습생 3명 이내로 지도하여야 한다. 보육실습 후 보육교사 자격증 발급신청 시 보육실습확인서를 제출하여야 하는데, 2005년 이전 보육실습 이수자, 2006년 보육실습 이수자, 2007년~2013년 2월 말 보육실습 이수자, 2013년 3월 1일 이후 보육실습 이수자에 따라 보육실습확인서 양식이 다르다. [그림 3-3]은 2013년 3월 1일 이후 보육실습 이수자의 보육실습확인서 양식이다.

보 육 실 습 확 인 서

1. 실습 이수자 기본사항

이 름	주민등록번호	양성교육기관명

2. 실습기관

실습기관명		실습기관 보육정원	
기관종류		최초인가일	
주소			
연락처			

3. 실습 지도교사

이 름	자격 종류	자격번호

4. 실습 기간

실습기간	년 월 일 ~ 년 월 일(주간)
실습시간	총 시간(매주 요일 ~ 요일까지, 오전 시 ~ 오후 시)

위 사람은 영유아보육법시행규칙 제12조제1항에 의한 보육실습을 충실히 이수하였음을 확인합니다.

년 월 일

어린이집 원장 (서명 또는 인)

학과장 (서명 또는 인)

※ 첨부서류
1. 실습기관 시설인가증 사본 1부 2. 보육실습 지도교사 자격증 사본 1부

※ 「어린이집지원시스템」을 통하여 보육실습확인서를 출력한 경우 첨부서류를 제출하지 않아도 됨 (단, 유치원은 양성교육기관에서 양식제공)

※ 기관종류 : 어린이집, 교육과정과 방과후 과정을 운영하는 유치원 중 선택
자격종류 : 보육교사 1급, 유치원 정교사 1급 중 선택

[그림 3-3] 보육실습확인서 양식

출처: 보건복지부(2014b). 2014년도 보육사업안내.

2) 유사교과목 인정 범위: 보육현장실습, 교육실습.

2013년 3월 1일 이후 어린이집에서 보육실습을 이수하는 경우, 어린이집지원시스템에 보육실습 내용을 등록하고 제출하도록 하고 있다. 보육실습 내용 등록방법은 어린이집지원시스템 → [교육관리] → [보육실습생관리] → [등록]에서 보육실습생 정보와 실습 지도교사 정보입력 → [저장]하여 등록 완료하는 것이다. 보육실습 내용 제출방법은 어린이집지원시스템 → [교육관리] → [보육실습생관리] → 대상자 조회 후 [선택] → [제출](메시지창 확인) → [확인]하여 제출 완료하는 것이다. 한편 야간대학, 한국방송통신대학, 원격대학에서 실습을 2회로 나누어 실시한 경우에는 보육실습생 등록 및 제출을 각각 해야 하고, 제출된 내용은 자격취득을 위한 정보로 전송되므로 제출 이후에는 수정이 불가능하다.

2. 보육교사의 자격관리

보육교사를 포함한 보육교직원의 임면 및 경력에 관한 사항은 시장 · 군수 · 구청장이 관리하도록 되어 있다. 어린이집은 보육교사의 채용, 휴직, 출산휴가, 육아휴직, 퇴직 등의 사항을 보육통합정보시스템에 입력하고 보육교사의 임면 및 경력과 관련하여 구청에 보고하여야 한다. 또한 보육교사의 자격정지 및 취소 처분도 관할 시장 · 군수 · 구청장이 하며, 이와 관련한 세부기준이 정해져 있다.

1) 보육교사 채용 및 임면보고

보육교사는 「영유아보육법 시행령」 제21조 [별표 1]의 보육교사 자격기준에 해당하는 자로서 보육교사 국가자격증을 발급받은 자를 채용하는 것이 원칙이나, 자격증 발급신청을 하고 자격검정이 완료되어 자격증 발급이 예정된 자(자격번호가 부여된 자)는 자격증을 발급받은 것으로 보고 채용할 수 있다. 한편 보육교사의 출산휴가, 육아휴직, 장기병가 등의 사유 발생 시 채용하는 대체교사도 보육교사 자격기준을 갖춘 자이어야 한다.

보육교사를 채용할 경우에는 인사기록카드, 주민등록등본, 채용신체검사서, 국가자격증 사본을 제출받아 자격의 적격여부를 판단하고 관련 서류를 보관하여야 한다. 또한 「아동 · 청소년의 성보호에 관한 법률」 제56조에 따라 채용하고자 하는 자의 성범죄 경력 조회를 관할 경찰서에 요청하고 결과서를 관할 구에 임면보고 시 인

사기록카드, 채용신체검사서, 자격증 사본과 함께 제출하여야 한다. 성범죄 경력 조회 부분은 강화되어 현재 관할 시장 · 군수 · 구청장은 「아동 · 청소년의 성보호에 관한 법률」 제57조에 따라 임면보고된 보육교직원에 대하여 '성범죄 경력자의 취업 점검 · 확인 (연간) 계획'을 수립하고 연 2회(상 · 하반기) 이상 점검 · 확인 실시하며 시 · 도에서 취합하여 보건복지부로 보고하도록 되어 있다. 한편 아동학대가 사회적 문제로 떠오르면서 2015년부터는 성범죄 경력 조회 시 아동학대 관련 범죄 경력 조회도 함께 하도록 하고 있고, 조회 결과 어린이집에 취업이 제한되는 자는 채용에서 배제하여야 하며, 근무 중인 자에 대해서는 해임하여야 한다.

보육교사의 채용, 휴직, 출산휴가, 육아휴직, 1개월 이상의 장기병가 · 연수 · 휴

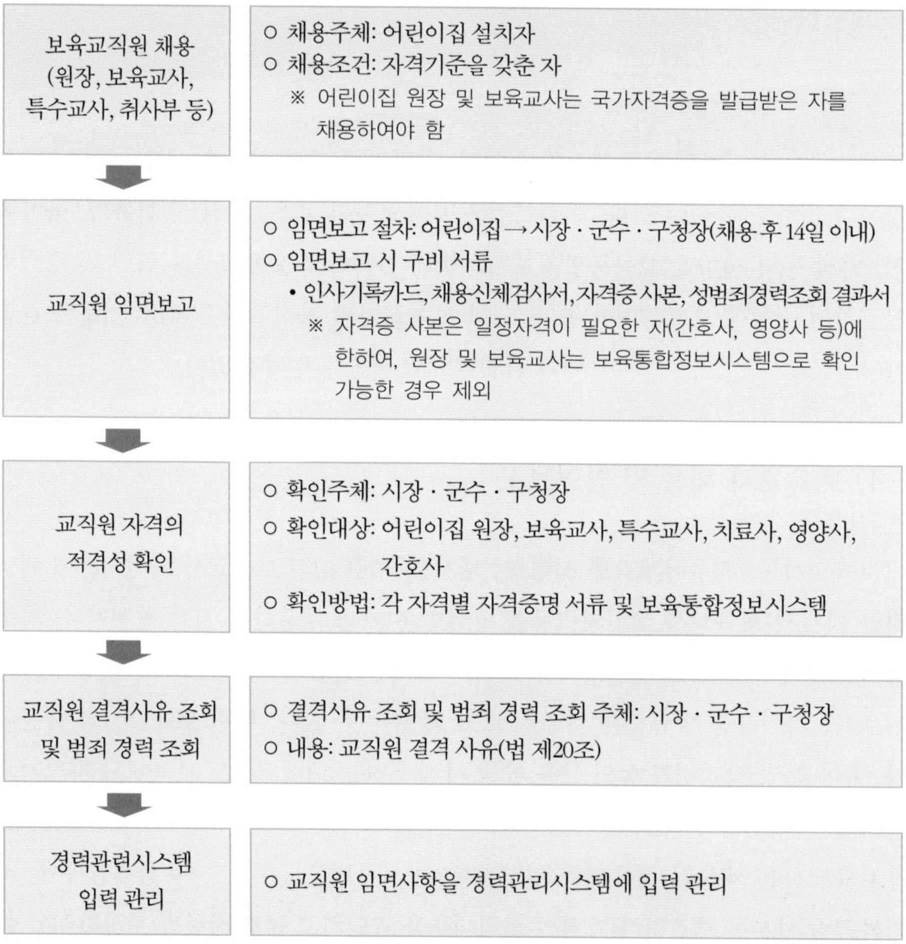

[그림 3-4] 보육교직원 채용 및 임면보고 절차

출처: 보건복지부(2014b). 2014년도 보육사업안내.

가, 퇴직 등의 상황이 발생하면 어린이집 원장은 보육통합정보시스템에 임면사항을 즉시 등록하고, 이를 14일 이내에 관할 시장 · 군수 · 구청장에게 보고한다. 또한 보육교사 등의 출산휴가, 육아휴직, 장기병가 등의 사유 발생 시 영유아보육을 담당하기 위해 채용된 대체교사에 대한 임면사항도 관할 시장 · 군수 · 구청장에게 보고하여야 한다. 한편 근로계약에 의하여 어린이집 운영시간(07:30~19:30) 중 정규 보육교사(담임)를 대신해서 일정시간을 근무하는 보육교사, 누리과정 보조교사 등은 근무일수(주 또는 월), 1일 근무시간이 명시된 근로계약서를 첨부하여 시장 · 군수 · 구청장에게 시간제 보육교사로 임면보고하여야 한다.

보육교사를 포함한 보육교직원의 채용 및 임면보고 절차는 [그림 3-4]와 같다.

2) 보육교사 경력관리

2005년 1월 30일 「영유아보육법」 개정으로 보육교직원의 임면 및 경력에 관한 사항을 시장 · 군수 · 구청장이 관리하게 되었고(법 제20조), 2005년 7월 31일 경력관리시스템이 도입되었다. 보육교사 임면보고를 받은 시장 · 군수 · 구청장은 교직원 자격 및 결격사유에 이상이 없는 자에 대해서 경력관리시스템(보육통합정보시스템)에 임면사항을 입력하고 관리한다. 보육교사의 출산휴가, 육아휴직, 자격정지, 자격취소, 퇴직 등의 사항도 경력관리시스템에 입력 · 관리하며, 보육교사의 출산휴가, 육아휴직 등의 사유 발생 시 영유아보육을 위해 채용된 대체교사 및 시간제 보육교사에 대한 임면사항도 경력관리시스템에 입력하고 관리한다.

보육교사가 경력(재직)증명서를 발급받고자 하는 경우 시장 · 군수 · 구청장은 경력관리프로그램에 의하여 이를 발급한다([그림 3-5] 참조).

한편 경력관리시스템 도입 이전 어린이집에 근무한 경력이 있는 자가 해당 경력을 인정받기 위해서는 어린이집에 근무한 사실

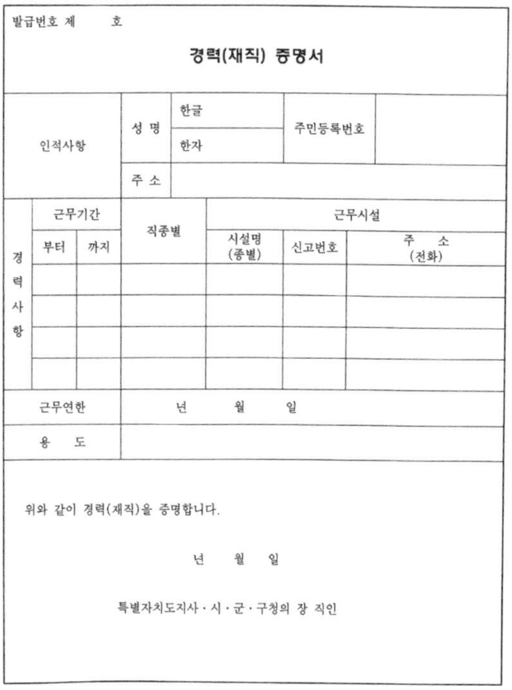
발급번호 제 호

경력(재직) 증명서

인적사항	성 명	한글	주민등록번호	
		한자		
	주 소			

경력사항	근무기간		직종별	근무시설		
	부터	까지		시설명 (종별)	신고번호	주 소 (전화)

근무연한	년 월 일
용 도	

위와 같이 경력(재직)을 증명합니다.

년 월 일

특별자치도지사 · 시 · 군 · 구청의 장 직인

[그림 3-5] 경력(재직)증명서 양식

을 공적으로 증명할 수 있는 서류[3]를 관할 시장·군수·구청장에게 제출한다. 또한 경력관리시스템 도입 이전 어린이집에 근무한 경력증명서의 발급을 요청할 경우에 시장·군수·구청장은 제출된 서류 및 근무 시기별 경력 인정 기준에 따라 해당 경력을 인정하고, 경력관리시스템에 입력·관리하고 경력증명서를 발급한다.

3) 보육교사 자격정지 및 취소

보육교사의 자격정지 및 취소 처분은 관할 시장·군수·구청장이 할 수 있다. 자격정지 처분의 세부기준에 따른 일반원칙은 다음과 같다. 첫째, 위반행위의 횟수에 따른 자격정지 기준은 그 위반행위가 있기 이전 최근 3년간 같은 위반행위로 자격정지 처분을 받은 경우에 적용한다. 둘째, 위반행위가 둘 이상인 경우에는 그중 무거운 처분기준의 1/2까지 늘릴 수 있되, 이 경우 각 처분기준을 합산한 기간이나 1년을 초과할 수 없다. 셋째, 특별자치도지사·시장·군수·구청장은 위반행위의 동기·내용 및 횟수 등을 고려하여 자격정지 기간을 1/2의 범위에서 늘리거나 줄일 수 있고, 다만 늘리는 경우에도 1년을 초과할 수 없다. 보육교사의 자격정지 개별기준은 〈표 3-5〉에 제시된 바와 같다.

〈표 3-5〉 **보육교사 자격정지 개별기준**

위반행위	근거 법조문	처분기준		
		1차 위반	2차 위반	3차 위반
가. 보육교사가 업무 수행 중 그 자격과 관련하여 고의나 중대한 과실로 다음의 어느 하나의 손해를 입힌 경우	법 제47조 제1호			
1) 영유아에게 중대한 생명·신체 또는 정신적 손해를 입힌 경우		자격정지 1년	자격정지 1년	자격정지 1년
2) 비위생적인 급식을 제공하거나 영유아 안전 보호를 태만히 하여 영유아에게 생명·신체 또는 정신적 손해를 입힌 경우		자격정지 6개월	자격정지 1년	자격정지 1년
3) 그 밖의 경우		자격정지 2개월	자격정지 4개월	자격정지 6개월
나. 법 제23조의 2에 따른 보수교육을 연속하여 3회 이상 받지 아니한 경우	법 제47조 제2호	자격정지 1개월	자격정지 3개월	자격정지 6개월

출처: 보건복지부(2014b). 2014년도 보육사업안내.

3) 보육교사 등의 경우(어린이집 원장 별도): 건강보험, 국민연금, 고용보험료 납입영수증, 소득세원천징수부, 처우개선비를 지급받은 관련 서류, 급여계좌입금 관련 영수증 또는 금융거래 통장사본, 그 밖에 교직원 임면보고서 등 경력을 공적으로 확인할 수 있는 서류.

보육교사의 자격정지 처분을 하고자 하는 경우 시장 · 군수 · 구청장은 법 제49조 규정에 의하여 청문을 실시하여야 한다. 단, 청문대상자가 정당한 사유 없이 이에 응하지 아니하거나 청문이 사실상 불가능한 경우에는 제외한다. 청문 결과 등을 바탕으로 시장 · 군수 · 구청장은 보육교사의 자격정지 기간을 결정한다. 법 20조에 따라 자격정지 기간 중 어린이집에 근무할 수 없으며, 자격정지 사유가 발생한 해당 자격만 정지한다. 보육교직원의 자격정지 절차도는 [그림 3-6]과 같다.

자격정지 사유 발생	•「영유아보육법」 제46조 내지 제47조 규정에 의한 어린이집 원장 · 보육교사의 자격정지 사유 발생
행정처분 여부의 결정	• 사유의 경중을 판단하여 행정처분을 부과할 것인지에 대한 여부 결정
청문의 통지	• 청문 개시 10일 전까지 통지 • 청문의 내용에는 처분을 하고자 하는 내용 및 법적 근거, 청문주재자의 소속 · 직위 · 성명, 청문의 일시 및 장소, 청문에 응하지 아니하는 경우의 처리 등의 내용이 포함되어야 함
청문 실시	•「행정절차법」의 규정을 준수하여 청문 실시
자격정지 기간의 결정	• 시장 · 군수 · 구청장은 위반행위의 동기 · 내용 및 횟수 등을 참작하여 1/2범위 내에서 경감 · 가중 가능
자격정지 처분	• 처분을 하고자 하는 원인이 되는 사실과 처분의 내용 및 법적 근거 등 처분의 이유를 명확히 제시하고, 문서로 시행
사후조치	• 어린이집 대표자: 원장의 자격정지 시 그 직을 대리할 어린이집 원장을 두어야 함 • 어린이집 원장: 보육교사의 자격정지 기간 동안 그 업무를 대행할 보육교사를 채용하여야 함 • 보육통합정보시스템에 자격정지 처분 사항 입력 • 전국 시 · 도지사 및 시장 · 군수 · 구청장에게 자격정지 결정사항 통보, 자격정지자가 채용되는 사례가 없도록 관리 • 한국보육진흥원에 자격정지 결정사항 공문 통보(성명, 생년월일, 정지시작 · 종료일, 처분근거 법조문)

[그림 3-6] 보육교직원 자격정지 절차도

출처: 보건복지부(2014b). 2014년도 보육사업안내.

한편 자격취소 사유를 살펴보면, 거짓 또는 그 밖의 부정한 방법으로 자격증을 취득한 경우, 자격취득자가 업무 수행 중 당해 자격과 관련하여 고의 또는 중대한 과실로 손해를 가하고 금고 이상의 형을 선고받은 경우, 「아동복지법」 제17조의 금지행위[4]를 하여 같은 법 제71조 제1항에 따른 처벌을 받은 경우(보육교사와 어린이집 원장 둘 다 취득한 경우에는 두 자격 모두 취소), 다른 사람에게 자기의 성명이나 어린이집의 명칭을 사용하여 어린이집의 원장 또는 보육교사의 업무를 수행하게 하거나 자격증을 대여한 경우(법 제22조의 2 위반)를 포함한다. 또한 자격정지 처분기간 종료 후 3년 이내에 자격정지 처분에 해당하는 행위를 한 경우, 자격정지 처분을 받고도 동 기간 내에 자격증을 사용하여 자격관련 업무를 행한 경우, 자격정지 처분을 3회 이상 받은 경우, 거짓이나 그 밖의 부정한 방법으로 보조금을 교부받거나 보조금을 유용하여 금고 이상의 형을 선고받은 경우를 포함한다. 보육교직원의 자격취소 관련 일반절차는 [그림 3-7]과 같다.

자격취소 사유 발생	• 원장 및 보육교사의 자격취소 사유 발생(법 제48조 위반)
사실 여부 확인 (시 · 군 · 구)	• 시 · 군 · 구 보육담당자는 어린이집 지도 · 점검 등을 통하여 사실 여부를 확인하고 필요할 경우 관련자의 확인서 등을 확보
청문 통지 및 실시 (시 · 군 · 구)	• 청문 실시 10일 전 당사자에게 청문 출석 통지 • 행정절차법의 규정을 준수하여 청문 실시
자격취소 처분 (시 · 군 · 구)	• 자격취소 사유, 청문 실시 결과를 근거로 자격취소 여부 결정 및 처분
자격취소 처분 통지 및 사후조치 (시 · 군 · 구)	• 당사자에게 자격취소 처분 결정 통지 • 보육통합정보시스템에 자격취소 처분사항 입력 • 전국 시 · 도지사 및 시장 · 군수 · 구청장에게 자격취소 결정사항 통보, 자격취소자가 채용되는 사례가 없도록 관리 • 한국보육진흥원에 자격취소 결정 사항 통보, 사후관리 철저 지시 (성명, 생년월일 자격번호, 자격취소일, 처분근거 법조문)

[그림 3-7] 보육교직원 자격취소 일반절차

출처: 보건복지부(2014b). 2014년도 보육사업안내.

3. 보육교사의 보수교육

현직에 종사하는 보육교사는 일정 연한이 되면 보수교육을 받아야 한다. 보수교육에는 직무교육과 승급교육이 있다. 직무교육은 다시 일반직무교육과 특별직무교육으로 구분되고, 승급교육은 2급 승급교육과 1급 승급교육으로 구분된다.

1) 보육교사 보수교육의 종류와 내용

보수교육은 현직 보육교직원을 대상으로 자질 향상을 위해 실시하는 교육이다. 보육교사와 원장은 정기적으로 받는 직무교육 이외에 보육교사의 경우는 상위 등급의 자격(3급 → 2급, 2급 → 1급)을 취득하기 위해 받는 승급교육이, 원장의 경우는 어린이집 원장의 자격을 갖추기 위해 받아야 하는 사전직무교육이 있다.

보육교사의 직무교육은 일반직무교육과 특별직무교육으로 나뉜다. 일반직무교육의 경우 현직 보육교사는 보육업무 경력이 만 2년이 경과한 경우와 직무교육을 받은 해부터 2년이 경과한 해에 직무교육을 받아야 한다. 보육교사가 일반직무교육을 받아야 하는 연도에 교육을 받지 못한 경우에는 다음 연도 12월 31일까지 받아야 하며, 특별직무교육을 받은 경우 일반직무교육을 받은 것으로 인정한다. 특별직무교육의 경우 영아 · 장애아 · 방과후 보육을 담당하고자 하는 보육교사 및 어린이집 원장은 영아 · 장애아 · 방과후 보육 직무교육을 받을 수 있다. 또한 영아 · 장애

4) 「아동복지법」 제17조의 금지행위
- 아동의 신체에 손상을 주는 학대행위
- 아동에게 성적 수치심을 주는 성희롱, 성폭행 등의 학대행위
- 아동의 정신건강 및 발달에 해를 끼치는 정서적 학대행위
- 자신의 보호 · 감독을 받는 아동을 유기하거나 의식주를 포함한 기본적 보호 · 양육 · 치료 및 교육을 소홀히 하는 방임행위
- 아동을 타인에게 매매하는 행위
- 아동에게 음행을 시키거나 음행을 매개하는 행위
- 장애를 가진 아동을 공중에 관람시키는 행위
- 아동에게 구걸을 시키거나 아동을 이용하여 구걸하는 행위
- 공중의 오락 또는 흥행을 목적으로 아동의 건강 또는 안전에 유해한 곡예를 시키는 행위
- 정당한 권한을 가진 알선기관 외의 자가 아동의 양육을 알선하고 금품을 취득하거나 금품을 요구 또는 약속하는 행위
- 아동을 위하여 증여 또는 급여된 금품을 그 목적 외의 용도에 사용하는 행위

아 · 방과후 보육을 담당하고 있는 일반직무교육 대상자는 영아 · 장애아 · 방과후 보육 직무교육을 받을 수 있다. 한편 영아 · 장애아 · 방과후 담당 보육교사로 근무하고자 하는 자는 사전에 특별직무교육을 받아야 하는 것이 원칙이나, 불가피하게 받지 못한 경우에는 채용 후 6개월 이내에 받아야 한다.

보육교사의 승급교육은 3급 자격을 소지한 보육교사가 2급 자격을 취득하기 위해, 그리고 2급 자격을 소지한 보육교사가 1급 자격을 취득하기 위해 받아야 하는 교육이다. 보육교사 3급 자격을 취득한 후 보육업무 경력이 만 1년이 경과한 자는 2급 승급교육을 받을 수 있고, 보육교사 2급 자격을 취득한 후 보육업무 경력이 만 2년이 경과한 자는 1급 승급교육을 받을 수 있다. 단, 보육교사 2급 자격을 취득한 후 보육관련 대학원에서 석사학위 이상을 취득한 자는 보육업무 경력이 만 6개월이 경과한 경우 1급 승급교육을 받을 수 있다. 보육교사 직무교육 및 승급교육의 대상 및 시간은 〈표 3-6〉과 같다.

보육교사의 보수교육 내용은 일반직무교육의 경우 6영역, 특별직무교육 및 승급교육의 경우 7영역으로 구성되어 있다. 6영역에는 보육기초, 발달 및 지도, 영유아교육, 영유아의 건강 · 영양 및 안전, 가족 및 지역사회 협력, 보육사업의 운영이 포함되어 있고, 7영역에는 6영역에 기타 영역이 포함된다. 일반직무교육 및 특별직무교육을 포함하는 보육교사의 직무교육 내용은 〈표 3-7〉에, 승급교육 내용은 〈표 3-8〉에 제시되어 있다.

〈표 3-6〉 **보육교사 보수교육의 종류 및 대상**

교육구분			대상	시간	비고
직무교육	일반직무교육	보육교사	현직에 종사하고 있는 보육교사로서 보육업무 경력이 만 2년을 경과한 자와 보육교사 직무교육(승급교육 포함)을 받은 해부터 만 2년이 경과한 자	40시간	매 3년마다
	특별직무교육	영아보육	영아보육을 담당하고 있는 일반직무교육 대상자와 영아보육을 담당하고자 하는 보육교사 및 어린이집 원장	40시간	이수하고자 하는 자
		장애아보육	장애아보육을 담당하고 있는 일반직무교육 대상자와 장애아보육을 담당하고자 하는 보육교사 및 어린이집 원장	40시간	이수하고자 하는 자
		방과후보육	방과후보육을 담당하고 있는 일반직무교육 대상자와 방과후보육을 담당하고자 하는 보육교사 및 어린이집 원장	40시간	이수하고자 하는 자

승급교육	2급 승급교육	보육교사 3급의 자격을 취득한 후 보육업무 경력이 만 1년이 경과한 자	80시간	이수하고자 하는 자
	1급 승급교육	보육교사 2급의 자격을 취득한 후 보육업무 경력이 만 2년이 경과한 자 및 보육교사 2급의 자격을 취득한 후 보육관련 대학원에서 석사학위를 취득한 경우 보육업무 경력이 만 6개월이 경과한 자	80시간	이수하고자 하는 자

※ 어린이집에서 특수교사나 치료사로 근무하는 자도 일반·특별직무교육 대상자로서 보수교육을 이수하여 한다(일반직무교육이나 특별직무교육 중 선택적으로 이수할 수 있음).

※ 보수교육을 연속하여 3회 이상 받지 아니하는 경우 자격이 정지될 수 있으므로 보수교육 대상자는 필히 보수교육을 이수하여야 한다.

출처: 보건복지부(2014b). 2014년도 보육사업안내.

〈표 3-7〉 **보육교사 직무교육의 내용**

영역	직무교육					
	일반직무교육		특별직무교육			
	교과목	시간	영아보육	장애아보육	방과후보육	시간
보육 기초	• 보육정책 동향 이해 • 아동학대와 아동권리 이해 • 보육교사의 역할과 윤리(필)	6시간	• 현대사회 변화와 영아보육 • 영아보육과정의 이해 • 성·가정폭력 방지교육(아동학대 내용 포함)	• 장애인복지와 보육정책 • 장애아보육과정의 이해 • 성·가정폭력 방지교육(아동학대 내용 포함)	• 현대사회 변화와 방과후보육 • 방과후보육의 이해 • 성·가정폭력 방지교육(아동학대 내용 포함)	4시간
발달 및 지도	• 관찰일지 작성 및 발달검사의 활용 • 영유아기 뇌발달의 이해와 조기교육 • 영유아 부적응행동 지도 • 장애아 통합환경에서의 교수실행 및 참여 지원	8시간	• 영아발달의 특성 • 영아 일상생활지도 • 영아 행동관찰과 평가 • 영아 감각 및 대·소근육 발달 지도	• 장애아발달의 특성 • 장애아 진단과 평가 • 장애아 일상생활 지도 • 장애아 감각통합과 신체활동 지도	• 아동발달 • 아동 일상생활 지도 • 문제행동 수정과 지도	6시간

영유아 교육	• 표준보육과정의 이해 • 연령별 보육프로그램의 운영 • 다양한 보육프로그램의 이해 • 교구 · 교재의 개발과 활용 • 영유아를 위한 교수-학습방법의 실제	10시간	• 놀이를 통한 사회성발달 • 놀이를 통한 정서발달 • 놀이를 통한 언어발달 • 놀이를 통한 인지발달 • 프로그램 및 교재 · 교구 개발 • 표준보육과정	• 놀이 및 사회성 지도 • 장애아 의사소통 지도 • 장애아 음악치료 • 장애아 미술치료 • 프로그램 및 교재 · 교구 개발 • 표준보육과정	• 학습 및 과제 지도 • 놀이 및 사회성 지도 • 아동언어교육 • 아동독서교육 • 아동예체능교육 • 프로그램 및 교재 · 교구 개발 • 표준보육과정	8시간
영유아의 건강 · 영양 및 안전	• 영유아 건강관리 • 영유아 영양과 급식관리 실제 • 안전관리와 응급처치(필)	6시간	• 영아 보건 · 안전관리(필) • 영아 영양관리 및 식생활지도	• 장애아 보건 · 안전관리(필) • 장애아 영양관리 및 식생활지도	• 초등학생 보건 · 안전관리(필) • 초등학생 영양관리 및 식생활지도	6시간
가족 및 지역 사회 협력	• 부모-교사 의사소통 방법의 이해와 실제 • 다문화가정 영유아 보육의 실제 • 지역사회 자원 연계 방법	6시간	• 부모교육, 상담, 협력 • 지역사회와의 협력 • 평가인증	• 부모교육, 상담, 협력 • 지역사회와의 협력 • 평가인증	• 부모교육, 상담, 협력 • 지역사회와의 협력 • 평가인증	4시간
보육 사업의 운영	• 보육실습지도의 실제 • 원내 교사교육의 계획과 실행	4시간	• 영아보육교사의 역할과 자세(필) • 어린이집운영과 관리 • 정보화교육	• 장애아보육교사의 역할과 자세(필) • 어린이집운영과 관리 • 정보화교육	• 방과후보육교사의 역할과 자세(필) • 어린이집운영과 관리 • 정보화교육	8시간
기타			• 인간관계 및 리더십 훈련 • 영아보육 세미나 및 사례발표	• 인간관계 및 리더십 훈련 • 장애아보육 세미나 및 사례발표	• 인간관계 및 리더십 훈련 • 방과후보육 세미나 및 사례발표	4시간
계	20과목	40시간	20과목	20과목	20과목	40시간

출처: 보건복지부(2014b). 2014년도 보육사업안내.

〈표 3-8〉 **보육교사의 승급교육 내용**

영역	승급교육			
	2급		1급	
	교과목	시간	교과목	시간
보육 기초	• 사회 변화와 보육 • 아동학대와 아동권리 이해 • 보육교사의 역할과 윤리	12시간	• 「영유아보육법」과 보육 관련법의 이해 • 아동학대와 아동권리 이해 • 보육교사의 역할과 윤리	12시간
발달 및 지도	• 영유아 행동관찰과 관찰일지 작성법 • 영유아 인지 · 언어발달 이해와 기초학습 • 영유아 정서 · 사회성발달 이해 • 장애아 조기중재와 통합보육	16시간	• 영유아 행동관찰과 관찰기록법 • 영유아 인지 · 언어발달 이해와 조기교육 • 발달영역별 지체 및 지도	12시간
영유아 교육	• 표준보육과정의 이해 • 연령별 보육프로그램(0~1세) • 연령별 보육프로그램(2세) • 연령별 보육프로그램(3~5세) • 보육계획과 보육일지 작성 실제	20시간	• 영유아보육프로그램의 기초 • 영유아보육프로그램의 계획과 운영 • 실내외 환경구성 원리와 실제 • 영유아를 위한 교수-학습방법의 실제 • 보육계획과 보육일지 작성 실제	20시간
건강 · 영양 및 안전	• 영유아 건강생활지도 • 영유아 식생활지도와 위생 • 안전사고 상황별 응급처치와 안전교육	12시간	• 영유아 질병과 대응 • 영유아 급식과 위생 • 안전사고 상황별 응급처치와 안전관리	12시간
가족 및 지역 사회 협력 등	• 부모면담 방법 • 다문화교육 • 지역사회 연계의 실제	12시간	• 부모참여프로그램 구성과 운영 • 부모-자녀 관계의 이해 • 다문화가정 영유아 지원방법	12시간
보육 사업의 운영	• 영유아반 운영관리 • 평가인증의 이해(2) • 보육정보화시스템의 이해와 활용(2)	8시간	• 보육실습지도의 실제 • 평가인증의 이해 • 보육정보화시스템의 이해와 활용	12시간
기타	• 평가시험		• 평가시험	
계	21과목	80시간	20과목	80시간

※ 비고: 각 과목은 4시간으로 배치하도록 함(단, 평가인증의 이해와 보육정보화시스템의 이해와 활용은 각 2시간으로 배치함).

출처: 보건복지부(2014b). 2014년도 보육사업안내.

2) 보육교사 보수교육의 절차

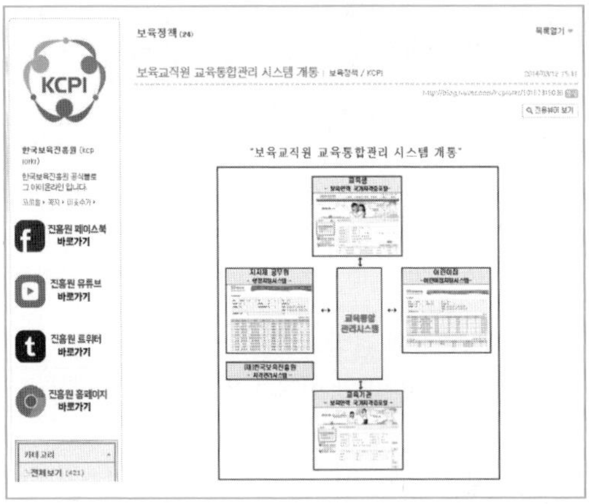

▶ 한국보육진흥원 공식 블로그에 소개된 교육통합관리 시스템

2014년부터는 교육통합관리시스템(사진 참조)을 통해 보수교육의 수요조사, 대상자 선정(시 · 군 · 구), 대상자 승인(시 · 도), 이수자 명단 통보(교육기관) 등이 진행되므로 이를 활용하도록 하고 있다. 시 · 도지사는 「영유아보육법」 제51조 및 시행령 제26조에 따라 관할 지역 보육교직원 및 어린이집 원장 사전직무교육 이수 희망자에 대한 보수교육을 실시하여야 한다.

보수교육은 대학(전문대학 포함), 보육교사교육원 등의 전문기관에 위탁하여 실시할 수 있다. 구체적으로 살펴보면, 시 · 도지사는 보육관련 학과가 설치된 대학(전문대학 포함) 또는 이와 동등 이상의 학교, 법 제21조 제2항 제2호에 의한 보육교사 양성 교육훈련시설(보육교사교육원), 「정부출연연구기관 등의 설립 · 운영 및 육성에 관한 법률」에 의하여 설립된 정부출연연구기관, 보육관련 비영리 법인 · 단체, 육아종합지원센터와 같은 전문기관에 보수교육의 실시를 위탁할 수 있다. 위탁절차는 보수교육 실시 수탁기관 공모 계획 수립 → 보수교육 실시 위탁공고 및 접수 → 수탁기관의 선정 및 위탁계약서 체결 → 보수교육 실시 전문기관 선정 공고로 진행된다. 한편 시 · 도지사는 수탁기관이 법 제36조 및 영 제24조의 규정에 의한 보조금을 목적 외의 용도에 사용한 경우, 법 제36조 및 영 제24조의 규정에 따른 보조금을 거짓이나 그 밖의 부정한 방법으로 교부받은 경우, 규칙 제20조의 규정에 의한 보수교육의 실시기준에 위반하여 보수교육을 실시한 경우, 교육자격 미달자에게 보수교육을 실시하고 수료증을 발급하거나 교육수료 인정기준 미달자에게 수료증을 발급한 경우에는 시행규칙 제22조에 근거하여 보수교육 실시의 위탁을 취소할 수 있다.

3) 보육교사 보수교육의 실시

보수교육은 대상자 선정, 교육 실시, 교육 평가, 수료증 발급 및 교육 이수자 명단 통보 과정으로 진행된다. 우선 시 · 도지사는 관내 시 · 군 · 구로 하여금 보수교육

실시 전문기관의 교육과정별 교육 개시 전까지 보수교육 대상자를 선정한다. 시장 · 군수 · 구청장은 자체 계획에 따라 현직 교직원 중에서 보수교육 대상자를 선정하되 다음 기준에 따라 선정한다. 첫째, 일반직무교육은 의무 이수 대상자를 우선으로 선정한다. 둘째, 1급 보육교사 승급교육의 경우 2급 자격 취득 후 교육 개시일 전까지 보육업무 경력이 만 2년이 경과한 자 중에서 선정한다. 단, 2급 자격을 취득한 후 보육관련 대학원에서 석사학위 이상을 취득한 경우에는 보육업무 경력 만 6개월이 경과한 자 중에서 선정한다. 셋째, 2급 보육교사 승급교육의 경우 3급 자격 취득 후 교육 개시일 전까지 보육업무 경력이 만 1년이 경과한 자 중에서 선정한다. 넷째, 어린이집 원장 사전직무교육의 경우는 원장 자격취득을 위한 경력요건을 충족한 사람과 신청 당시, 자격 취득을 위한 경력요건이 만 1년 이내로 남은 사람을 우선적으로 선정한다. 한편 시 · 도지사는 교육과정별 보수교육 대상자를 최종 확정하고 보수교육 실시기관에 통보하여 대상자가 적절히 교육을 받을 수 있도록 한다. 또한 시 · 도지사는 보수교육 대상자를 보수교육 실시 전문기관에서 선정할 수 있도록 할 수 있으나, 현직 교직원 중에서 보수교육을 받을 수 있는 자격을 갖춘 자를 선정하도록 관리 · 감독하여야 한다. 그리고 어린이집 원장 또는 어린이집을 설치 · 운영하는 자는 특별한 사정이 없는 한 보육교사 등 보육교직원이 보수교육을 이수할 수 있도록 지원 · 허락하여야 한다.

보수교육 실시 전문기관은 시 · 도지사로부터 통보받은 과정별 보수교육 대상자에게 보수교육을 실시한다. 또한 법 제20조 및 시행규칙 제20조의 규정에 따라 보건복지부장관이 정하는 교과목 및 교육시간을 기준으로 교육내용을 편성 · 운영한다. 보수교육 실시 전문기관은 교육생을 대상으로 다음 기준에 따라 보수교육 이수 여부를 평가한다. 첫째, 이수기준은 해당 교육시간을 모두 출석한 경우에만 이수한 것으로 인정한다. 단, 보육교직원 일반직무교육 대상자가 육아종합지원센터와 어린이집안전공제회가 실시하는 아동학대 및 안전관리교육을 수료한 경우, 동일연도 내 보수교육 과목 중 해당과목을 이수한 것으로 인정한다. 둘째, 본인 또는 배우자의 직계혈족 및 형제자매의 사망 · 사고 또는 결혼, 본인의 사고 · 질병 등으로 인한 결석의 경우에는 교육시간의 최대 10% 범위에서 출석한 것으로 인정하되, 출석을 인정받기 위해서는 반드시 관련 서류(재적등본, 주민등록등본, 사망신고서, 진단서 등 사유서)를 제출하여야 한다. 한편 승급교육 및 어린이집 원장 사전직무교육은 출석시간을 충족하고 평가시험에서 80점 이상을 획득한 경우에 교육을 이수한 것으로 인정한다.

보수교육을 수료한 경우 보수교육 실시 전문기관은 해당자에게 보수교육 수료증을 발급하여야 하고, 수료자 명단을 시 · 도지사에게 통보하여야 한다. 또한 보수교육 실시 전문기관은 보수교육 실시에 관한 기록을 작성하여 작성한 날부터 2년 동안 보존하여야 한다. 한편 보수교육을 전문기관에서 받기 어려운 경우 인터넷 방식의 온라인 보수교육을 받을 수 있으며, 이 경우 온라인 보수교육을 받은 자는 「영유아보육법」에 의한 보수교육을 받은 것으로 인정한다.

보수교육 비용은 2014년 기준 교육생 1인당 직무교육의 경우 6만 원, 승급교육의 경우 12만 원이고, 현직 보육교직원이 직무교육 및 승급교육을 이수한 경우 예산의 범위 내에서 국가 및 지방자치단체에서 보수교육 비용을 지원한다. 지원절차를 구체적으로 살펴보면, 시 · 도지사 또는 시장 · 군수 · 구청장은 현직교직원의 보수교육 비용을 보수교육 실시 전문기관에 지원한다. 보수교육 실시 전문기관은 당해 시 · 도 또는 시 · 군 · 구에 국고보조금 신청서를 작성하여 제출하되, 교육 이수자 명단을 첨부하여 제출하여야 한다. 또한 시 · 도지사 또는 시장 · 군수 · 구청장은 지역 여건에 따라 교육생에게 보수교육비를 교육기관에 선 납부하도록 하고, 보수교육을 이수한 경우에 교육비용을 환급하는 방법으로 지원할 수 있다. 시 · 도지사는 매년 3월말까지 보수교육 실시 전문기관 선정 현황을 보건복지부장관에게 보고하여야 하고, 반기별로 보수교육 실시 현황 및 예산 집행 현황도 보건복지부장관에게 보고하여야 한다.

제4장
영아기의 발달과 보육교사의 역할

영아기는 발달의 여러 영역에서 급속한 성장이 이루어지는 시기다. 영아기 동안 신체적 성장은 놀라운 속도로 진행된다. 두뇌발달 또한 생후 어느 시기보다도 급격하게 이루어진다. 뇌와 신경계 그리고 근육의 발달과 병행하여 새로운 운동기능도 발달한다. 영아기 동안 인지적 성장도 급속도로 이루어지는데, 몇 가지 반사능력만을 가지고 태어난 신생아는 점점 목적의식을 가지고 행동하는 존재로 변화한다. 영아기의 인지발달에는 시각적 · 청각적 자극 등이 필요하며, 특히 언어적 상호작용이 매우 중요한 역할을 한다. 영아기에 이루어지는 가장 중요한 형태의 사회적 발달이 애착이다. 영아가 건강하게 성장하기 위해서는 성인의 관심과 보호가 절대적으로 필요하며, 영아와 양육자 간에 형성되는 애착관계는 영아의 안전기지로서 이후의 사회정서발달에 지대한 영향을 미치게 된다. 이 장에서는 영아기의 신체발달과 인지발달, 사회정서발달의 전반적인 특성들을 살펴보고, 이에 기초하여 각각의 발달에 따른 보육교사의 역할을 살펴보고자 한다.

1. 영아기의 신체발달과 보육교사의 역할

영아기는 인간의 일생에서 신체적 성장이 가장 빠른 속도로 이루어지는 시기다. 그러므로 보육교사는 영아의 신체발달을 최적화하기 위해 다양한 역할을 수행해야 한다.

1) 영아기의 신체발달

출생 후 첫 1년간은 신체와 뇌의 성장이 급속도로 이루어진다. 운동능력의 발달로 고개조차 가누지 못하던 신생아가 기동성 있는 인물로 변하는 시기도 영아기다. 또한 영아기 동안 감각과 지각능력도 급속도로 발달한다.

(1) 신체적 성장

생후 첫 1년간의 특징은 빠른 신체적 성장이라 할 수 있다. 출생 후 몇 개월간은 매일 30g씩 체중이 늘고 매월 2～3cm씩 키가 큰다. 건강한 영아의 경우 신장은 1년 동안 1.5배, 체중은 3배 정도 증가한다. 두 돌 무렵이 되면 신장은 성인의 절반가량이 되고 체중은 출생 시의 4배가 된다.

수태에서 출생까지는 신체 부위 중 머리 부분이 가장 빠른 속도로 성장해서 신생아의 머리 크기는 성인의 70%에 이른다. 출생 후 첫 1년간은 몸통이 가장 빠른 성장을 보여서 이 기간 동안에 증가한 신장의 60%에 해당된다. 출생 후 1년부터 청년기에 이르는 동안에는 다리가 가장 빠른 속도로 성장하여 이 기간 동안 이루어진 신장 증가량의 60% 이상을 차지한다(Eichorn, 1979). 신생아는 머리 크기가 신체에서 차지하는 비율이 1/4이나 된다. 그러나 첫 2년간 신체의 다른 부분이 성장해서 두 돌 무렵에는 신체의 1/5, 성인이 되면 1/8을 차지한다. 출생 시에 신체의 다른 부위에 비해 머리가 큰 것은 두미(cephalocadual)발달의 원칙 때문이다. 또한 근원(proximodistal) 발달의 원칙에 의해서 몸통이 먼저 성장하고, 그다음으로 팔다리 그리고 손발의 순서로 발달이 이루어진다.

영아의 골격은 성인의 골격보다 크기가 작고 수도 적을 뿐만 아니라 매우 유연하고 부드럽다. 손발, 손목, 발목을 예로 들면 출생 시 뼈의 수가 성인보다 훨씬 적다. 손목뼈의 경우 성인은 9개인 데 반해 첫돌 무렵에는 3개뿐이다(사진 참조). 또한 영아의 부드러운 뼈는 점점 단단해지는데, 이를 경화(硬化) 또는 골화(骨化)라고 한다. 사춘기가 될 때까지 꾸준히 경화(ossification) 현상이 일어나는데, 그 순서는 두미발달의 원칙과 근원발달의 원칙을 따른다. 예를 들면, 손이나 손목의 뼈가 다리나 발의 뼈보다 먼저 단단해진다(Tanner, 1990). 두개골의 뼈는 봉합이 채 이루어지지 않아 머리에는 여섯 개의 숫구멍이 남아 있다. 여섯 개의 숫구멍 중 두 개는 우리 눈으로 관찰할 수 있는데, 대천문과 소천문이 그것이다([그림 4-1] 참조). 두개골이 단단해지면서 두 돌이 되기 전에 숫구멍은 무기물로 채워진다.

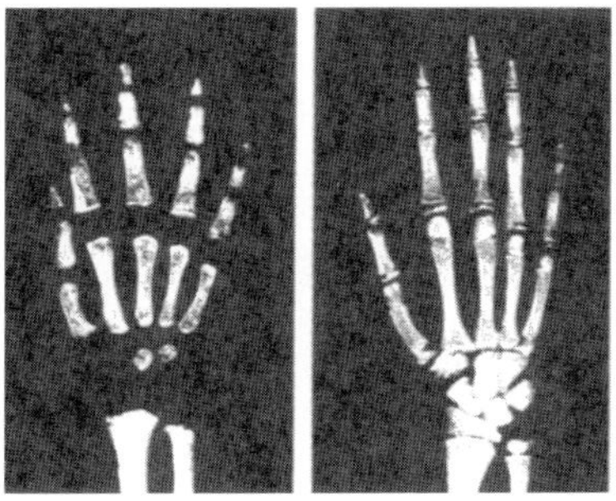

▶ A는 첫돌 무렵의 손의 골격 사진이고, B는 12세 무렵의 손의 골격 사진이다.

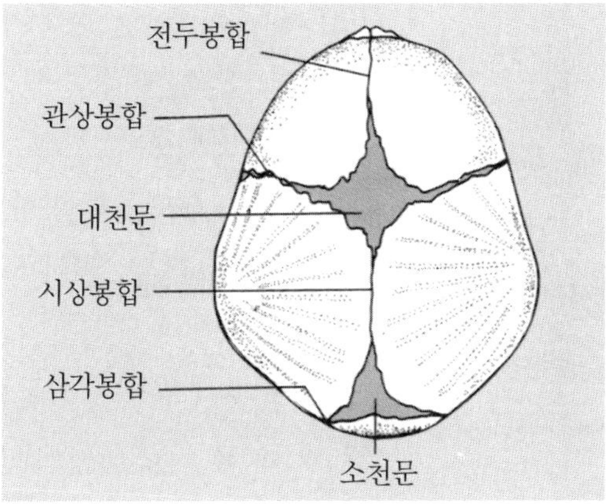

[그림 4-1] 대천문과 소천문

(2) 뇌와 신경계의 발달

영아기에는 뇌의 발달도 급속도로 이루어진다. 출생 시 뇌의 무게는 평균 300~400g으로 성인 뇌무게의 1/4에 달하지만, 출생 후 6개월경에는 1/2, 두 돌 무렵에는 3/4에 달한다. 따라서 영아기를 뇌의 성장급등기(brain growth spurt)라고 부른다.

① 뇌의 구조와 기능

뇌의 각 부위([그림 4-2] 참조)는 발달하는 시기가 각기 다르다. 반사운동과 신체기능을 통제하는 뇌간(brainstem)은 출생 시 이미 완전한 기능을 한다. 뇌간의 가장 기본적인 기능은 호흡, 심혈관 활동, 수면, 의식과 관계된다. 뇌의 또 다른 부위는 출생 시에도 기능을 하지만, 출생 후에도 계속해서 발달하고 재편성된다. 감각정보가 대뇌피질(cerebral cortex)에 전달되도록 하는 시상(thalamus), 운동기능과 자세조정을 관장하는 소뇌(cerebellum), 기억을 관장하는 해마(hippocampus) 등이 여기에 속한다. 사고나 추론 같은 복잡한 인지능력을 관장하는 대뇌피질은 출생 시에 발달이 가장 덜 된 부위다.

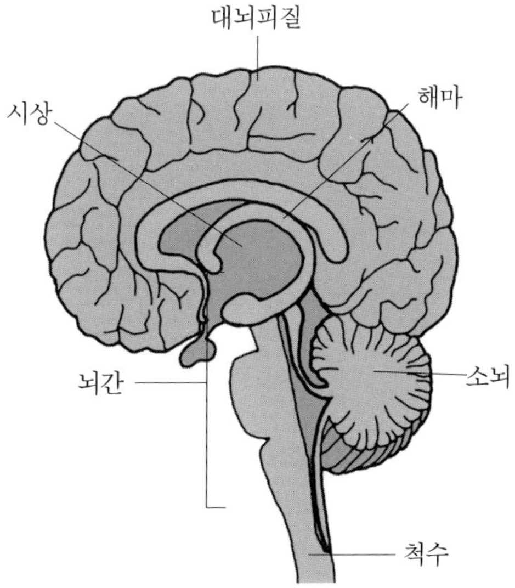

[그림 4-2] 뇌의 구조

출생 후 대뇌피질은 다음과 같이 발달을 계속

Mark H. Johnson

한다(Johnson, 1998). 첫째, 뉴런의 크기가 증가하고 구조가 점점 복잡해진다. 둘째, 신경섬유 주위에 미엘린으로 불리는 지방물질이 형성된다. 셋째, 뉴런 간의 시냅스[1] 수가 증가한다. 넷째, 대뇌피질과 뇌의 다른 영역—특히 시상, 소뇌, 해마—간의 연결이 증가한다. 다섯째, 대뇌피질의 여러 영역이 점점 세분화된 기능을 담당하게 된다.

영아기의 뇌 발달은 생물학적 요인뿐 아니라 환경요인의 영향도 받는다. 예를 들면, 영아기 동안의 심한 영양실조는 뉴런의 수, 크기, 구조, 수초화의 속도, 시냅스의 형성에 영향을 미치고, 심각한 뇌손상을 초래한다(Morgan & Gibson, 1991). 또한 영아의 뇌는 경험에 의해 구조나 기능이 수정될 수 있는 유연성 또는 가소성(plasticity)이 뛰어나다. 따라서 지적 · 사회적 자극이 풍부한 환경에서 성장한 영아와 결핍된 환경에서 성장한 영아는 뇌의 구조와 무게에서 큰 차이를 보인다(Gottlieb, 1991; Kolb, 1995).

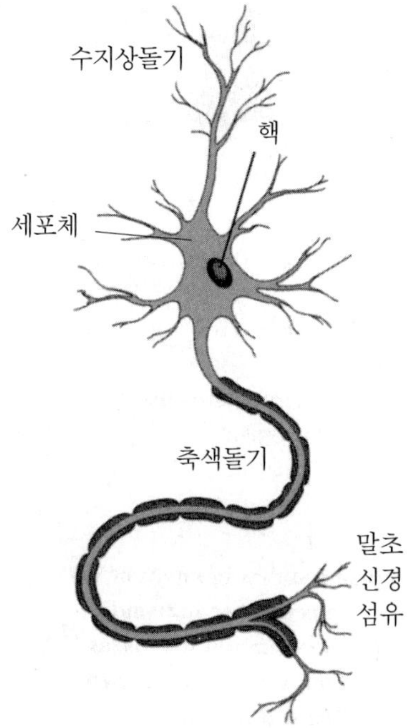

[그림 4-3] 뉴런의 구조

② 신경계의 발달

신경계는 신경원(neuron, 神經元)과 신경교(glia, 神經膠)라는 두 종류의 기본 세포로 구성되어 있다.[2] 신경교 세포는 신경원 세포에 영양을 공급하고, 신경계를 결합시키는 접착제 역할을 한다. 신경원 세포, 즉 뉴런은 뇌의 한 부분에서 다른 부분으로, 또는 신체의 한 부분에서 다른 부분으로 정보를 받아들이고 전달하는 역할을 한다. 뉴런은 세포체(cell body), 수지상돌기(dendrites), 축색돌기(axon) 그리고 말초신경섬유(terminal fibers)로 구성되어 있다([그림 4-3] 참조). 나뭇가지 모양의 수지상돌기는 신경전류[3]를 받아들이는 역할을 한다. 세포체에 연결되

1) 신경세포의 자극전달부.
2) 신경원 세포와 신경교 세포를 구분하지 않고 흔히 뉴런을 신경세포라고 부른다.
3) 신경섬유를 따라 전도되는 화학적 · 전기적 변화.

어 있는 관모양의 축색돌기[4]는 세포체로부터 다른 세포로 정보를 전달하는데, 그 길이가 1m나 되며 전선의 절연재처럼 미엘린(myelin)[5]이라 불리는 지방성 물질이 그 둘레에 막을 형성한다(사진 참조). 미엘린은 뉴런을 보호할 뿐만 아니라 신경전류의 전달속도를 증가시킨다(Buttermore, Thaxton, & Bhat, 2013).

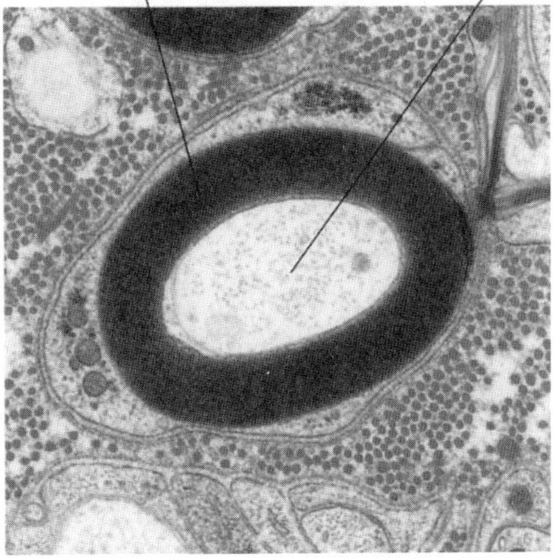

▶ 수초화된 신경섬유(갈색의 미엘린 막이 흰색의 축색돌기를 둘러싸고 있다.)

영아는 성인보다 더 많은 수의 뉴런과 시냅스를 갖고 있다. 그 이유는 다른 뉴런과 성공적으로 연결되는 뉴런은 그렇지 못한 뉴런을 밀쳐내기 때문이다. 그렇게 해서 뉴런의 약 절반가량이 소멸된다(Janowsky & Finlay, 1986). 이때 살아남은 뉴런은 수백 개의 시냅스를 형성하는데, 이 과정에서도 역시 뉴런이 적절한 자극을 받지 못하면 소멸된다(Huttenlocher, 1994).

인간이 평생 갖게 될 1,000～2,000억 개의 뉴런은 임신 6개월경에 이미 형성된다(Kolb & Fantie, 1989; Rakic, 1991). 뉴런이 출생 후 더 생성되지 않는다고 한다면 뇌의 급속한 성장은 무엇에 의해 이루어지는가? 이는 글리아(신경교)라고 불리는 두 번째 신경세포의 발달에 의해 이루어진다. 글리아는 뉴런의 수보다 훨씬 많으며 일생을 통해 계속 형성된다(Tanner, 1990). 글리아의 가장 중요한 기능은 수초화(myelination)인데, 수초화는 미엘린이라 불리는 지방성 물질이 축색돌기 둘레에 막을 형성하는 것으로, 이 또한 뇌의 성장에 영향을 미친다(Fischer & Rose, 1995). 뉴런과 뉴런을 연결해 주는 시냅스의 형성도 뇌의 성장급등기 동안 급속하게 이루어져서 신경망이 점점 복잡해진다(Janowsky & Finlay, 1986; [그림 4-4] 참조).

4) 신경초 속을 지나는 신경섬유.
5) 수초(髓鞘)를 조직하는 지방성의 물질.

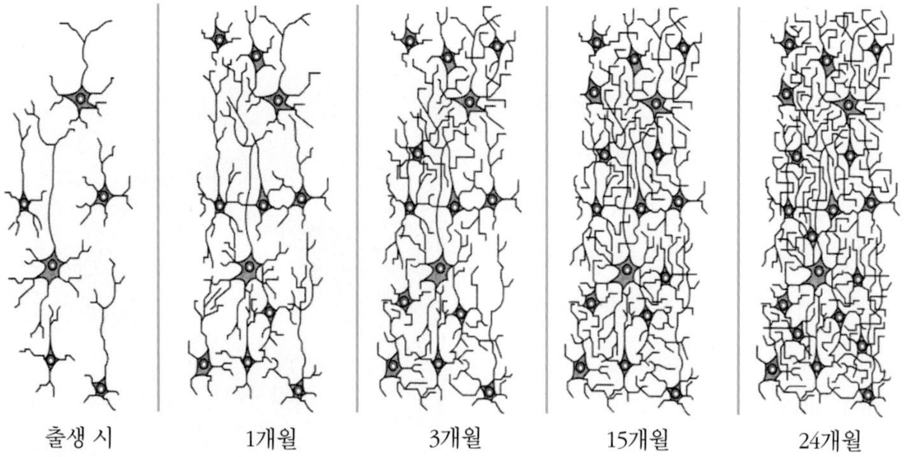

[그림 4-4] 뉴런은 영아기에 점점 복잡하게 연결된다.

출처: Feldman, R. S. (2001). *Child development* (2nd ed.). NJ: Prentice-Hall.

③ **대뇌피질의 발달**

대뇌피질은 인간고유의 정신기능을 하는 곳으로 뇌 무게의 80% 이상을 차지한다. 대뇌피질은 네 영역으로 구분되어 있다([그림 4-5] 참조). 전두엽(frontal lobe)은 사고와 운동기능, 후두엽(occipital lobe)은 시각, 측두엽(temporal lobe)은 청각, 두정엽(parietal lobe)은 신체감각을 관장한다.

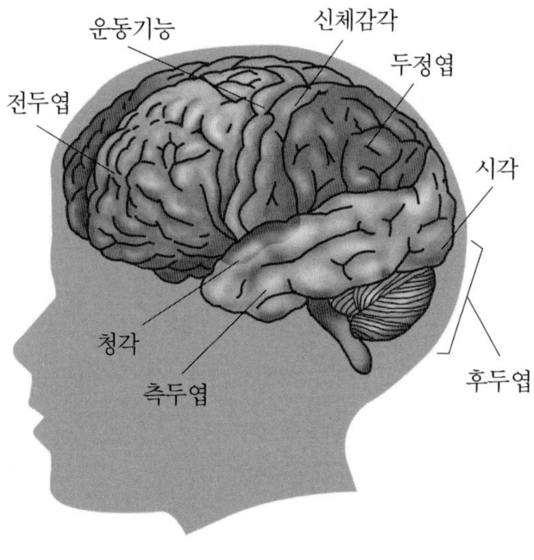

[그림 4-5] 대뇌피질의 구조와 기능

대뇌피질은 또한 두 개의 반구로 구분된다. 좌반구와 우반구는 모양은 똑같지만 각기 다른 기능을 수행하고, 신체의 각기 다른 영역을 통제한다. 좌반구는 신체의 오른쪽 부분을 통제하는데, 언어능력, 청각, 의사결정, 기쁨과 같은 긍정적 정서의 표현 등을 관장한다. 반면, 우반구는 신체의 왼쪽 부분을 통제하는데, 공간지각 능력(거리지각, 지도 읽기, 기하학적 도형에 대한 이해 등), 촉각, 음악과 같은 비언어적 소리, 슬픔과 같은 부정적 정서의 표현 등을 관장한다(Fox et al., 1995).

(3) 감각과 지각의 발달

인간은 환경을 탐색하는 데 다른 어떤 감각기관보다 시각에 더 많이 의존한다. 즉, 감각정보의 80%가 시각을 통해서 들어온다. 그럼에도 불구하고 시각은 영아의 감각능력 중 가장 늦게 발달한다. 출생 후 몇 개월 동안 영아의 시력은 심한 근시현상을 보이지만, 첫돌 무렵에는 시력이 좋아져서 정상 시력을 갖게 된다(Banks & Salapatek, 1983; Dobson & Teller, 1978). 특히 영아가 몸을 움직일 수 있게 되면 그만큼 위험에 처할 가능성도 커지는데, 생후 6개월경에 발달하는 것으로 보이는 깊이지각은 영아가 가구에 부딪히거나 침대나 계단에서 굴러 떨어지는 것을 막는 데 도움이 된다. 소리가 나는 근원을 찾으려는 반응처럼 영아의 듣는 능력은 보는 능력과 동시에 발달하며, 양자를 협응시키려는 반응을 보인다. 또한 듣는 능력에 문제가 있으면 이후의 언어발달에도 영향을 미치게 된다.

영아는 여러 가지 다양한 냄새를 식별할 수 있다. 여러 가지 냄새를 묻힌 면봉을 영아의 코에 대고 반응을 살펴본 연구(Crook, 1987; Steiner, 1979)에서, 영아는 바나나 냄새나 딸기 냄새에는 기분 좋은 표정을 짓고, 생선 냄새에는 약간 싫어하는 반응을, 썩은 달걀 냄새에는 고개를 돌리거나 얼굴을 찡그리는 반응을 보였다. 더욱 놀라운 사실은 한 연구(MacFarlane, 1975)에서 생후 6일 된 신생아에게 엄마 젖냄새를 묻힌 수건과 한 번도 사용하지 않은 깨끗한 수건을 양쪽에서 제시했더니 신생아는 엄마 젖냄새가 나는 쪽으로 고개를 돌린 것으로 나타났다(사진 참조).

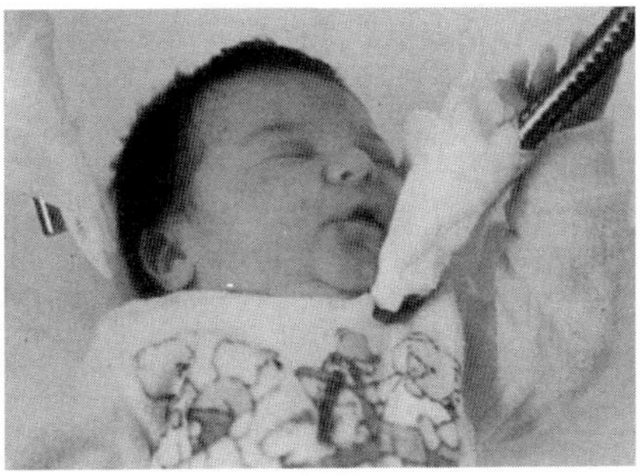

▶ 생후 1주일 된 신생아가 어머니 젖냄새에 반응을 보이고 있다.

신생아도 단맛, 신맛, 쓴맛, 짠맛을 구별하고(Rosenstein & Oster, 1988), 2~3개월경에는 특정한 맛에 대한 기호나 거부현상도 보인다. 촉각은 영아가 성인과 관계를 형성하는 데 매우 중요한 역할을 한다. 아기를 쓰다듬거나 아기의 가슴에 가만히 손을 올려놓으면 우는 아기를 달랠 수 있고, 등을 토닥토닥 두드려 주면 아기를 재울 수 있다.

(4) 운동기능의 발달

운동기능은 편의상 특정 운동에 사용되는 근육의 크기(대근육 또는 소근육)와 신체부위에 따라 대근육 운동과 소근육 운동으로 구분된다. 대근육 운동은 기기, 서기, 뛰기, 걷기, 한 발로 서 있기와 같이 팔, 다리, 몸통과 같은 대근육을 사용하는 운동을 말한다. 출생 시 신생아는 고개도 못 가누지만 생후 1개월이면 엎드린 자세에서 고개를 들 수 있다. 3개월경에는 가슴을 들 수 있으며, 3~4개월경에는 뒤집기를 할 수 있다(사진 참조). 7개월경에는 혼자 앉을 수 있고, 12~14개월경에는 혼자 설 수 있다. 12개월경에는 붙잡고 걸을 수 있으며, 15개월경에는 혼자 걸을 수 있다(사진 참조). 18개월경에는 계단을 오를 수 있고(사진 참조), 자전거 타기를 할 수 있다. 18~24개월경에는 달리기, 뒤로 걷기, 공차기(사진 참조), 공 던지기, 뜀뛰기 등을 할 수 있다.

소근육 운동은 손을 뻗쳐 물건 잡기, 손가락으로 물건 집기, 끼적거리기와 같이 몸의 소근육을 사용하는 운동을 말한다. 소근육 운동기능은 근원발달의 원칙에 의해 팔과 손 그리고 손가락의 순으로 발달한다. 출생 시의 신생아에게는 잡기반사 능

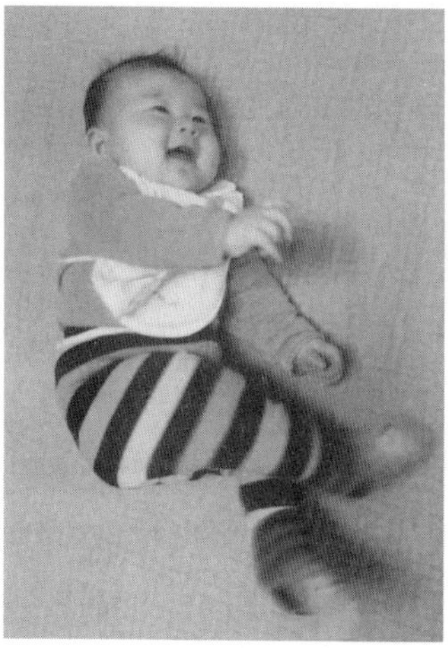

▶ 영아가 뒤집기를 시도하고 있다.

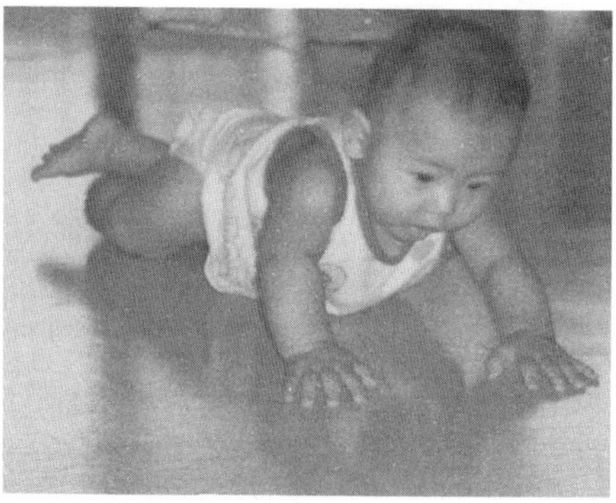

▶ 영아가 기기를 시도하고 있다.

▶ 7개월경에는 혼자 앉을 수 있다.

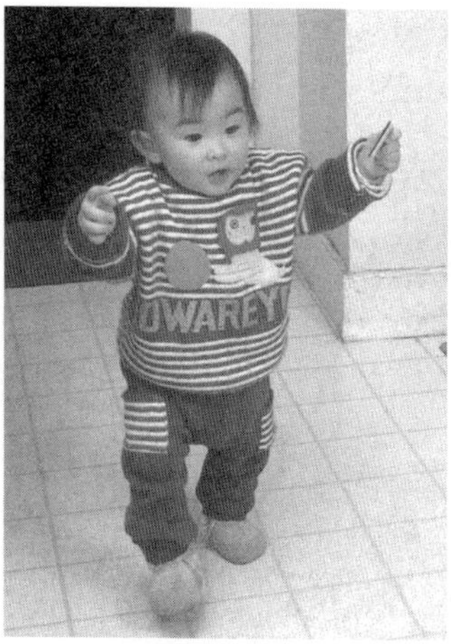

▶ 영아가 첫 걸음마를 하고 있다.

▶ 18개월경에는 계단을 오를 수 있다.

▶ 영아가 공차기를 하고 있다.

력이 있지만, 그것을 통제하는 능력은 없다. 6개월이 되어야 매달려 있는 물체를 팔을 뻗어 잡을 수 있다(Bower, 1979). 8~9개월경에는 자기 앞으로 던져 준 물체를 잡으려고 해 보지만 놓치고, 첫돌이 지나서야 제대로 잡을 수 있다(Von Hofsten, 1983). 실이나 동전 같은 작은 물체를 집기 위해 처음에 영아는 손 전체, 특히 손바닥을 사용한다. 그러다가 10개월이 지나면서 엄지와 집게손가락을 사용해서 작은 물체를 집을 수 있게 된다.

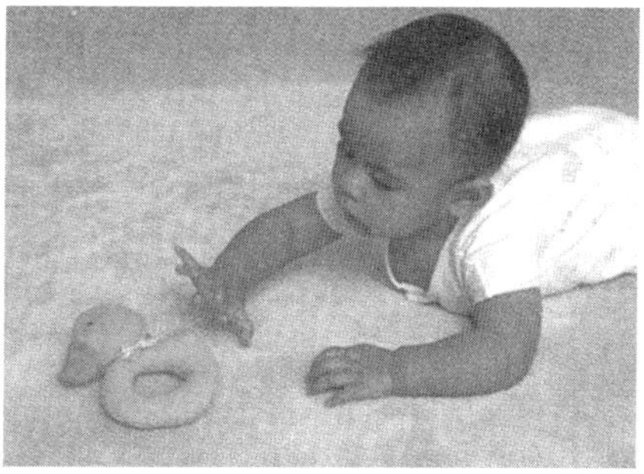

▶ 4개월이 되면 영아는 제법 정확하게 물체를 향해 팔을 뻗을 수 있다.

2) 신체발달과 보육교사의 역할

가정 내 영아의 보호자가 부모라면 보육교사는 기관 내 영아의 보호자 역할, 즉 제2의 부모로서의 역할을 수행한다. 보육교사는 영아의 건강한 신체발달을 촉진시키기 위해 다양한 활동을 계획하고, 안전한 환경을 조성하며, 영아의 요구에 민감하게 반응하고, 영아의 행동반경을 살피는 전문가로서의 역할을 수행해야 한다.

(1) 영아기의 신체발달 특성에 대한 이해

영아발달은 연령에 따라 차이를 보이며, 동일 연령이라 하더라도 수준차 및 개인차가 크게 나타난다. 특히 영아기 신체발달은 제1의 성장급등기라고 할 정도로 발달이 급속도로 진행되므로 영아기의 발달특성에 대해 보육교사가 정확히 이해하고 영아에게 적절한 피드백을 제공하는 것이 중요하다.

영아기에는 두미발달 및 근원발달의 원칙에 따라 목을 가누고, 기고, 앉고, 서고, 걷게 되는 일련의 신체발달이 이루어지고 이에 따라 운동능력도 발전해 나간다. 발달은 일정한 순서에 따라 진행되지만 개인차가 존재함을 염두에 두고 개인별 발달속도의 차이를 수용하는 것이 필요하다. 특히 보육교사는 정기적인 신체검사를 통해 영아의 신장과 체중을 기록하고(사진 참조), 발달적 변화를 체크하며, 이를 부모에게 알려 주고, 특이사항에 대해서는 전문가와 의견을 나누는 것이 필요하다.

▶ 보육교사가 영아의 신장을 측정하고 있다.

(2) 풍부한 감각자극의 제공

영아기는 감각운동발달의 기초가 되는 시기이므로, 보육교사는 영아가 여러 가지 감각적 경험을 할 수 있도록 보육환경을 제공하는 것이 필요하다. 즉, 일상생활 속에서 접할 수 있는 감각 경험을 통해 오감을 발달시킬 수 있도록 환경을 구성해 주어야 한다. 예를 들어, 시각발달과 관련하여서는 색에 대한 지각이 다소 늦게 발달하므로 처음에는 흑백의 대비를 이루는 모빌부터 제공하고 추후 컬러모빌로 교체해 주는 것이 필요하다. 청각과 관련하여서는 높낮이를 조절하며 많은 이야기를 들려주는 것이 이후 언어발달을 촉진시키는 데 도움이 된다. 또한 다양한 맛보기와 냄새 맡기를 통해 미각 및 후각 발달을 촉진시킬 수 있고, 신체접촉을 통해 촉각의 발달을 도울 수 있다. 특히 안아 주기, 쓰다듬어 주기, 뽀뽀하기 등과 같은 신체접촉은 영아의 안정애착 형성에도 긍정적인 영향을 미치므로 가능한 한 영아와 보육교사 간 많은 신체접촉이 필요하다.

(3) 운동기능 향상을 위한 환경 제공

영아는 신체를 이용한 놀이에 참여함으로써 운동능력을 향상시켜 나간다. 보육교사는 영아의 운동능력을 촉진하기 위해 다양한 활동을 계획하고, 여러 종류의 놀잇감을 제공하는 것이 필요하다. 예를 들어, 잡기, 넣기, 밀고 당기기와 같은 놀잇감과 매트, 스펀지 블록, 오르내리는 기구 등의 신체활동 교구를 제공함으로써 영아의 대근육과 소근육 활동을 촉진시킬 수 있다(사진 참조).

▶ 영아가 유니바를 이용하여 걷기 활동을 하고 있다.

보육교사는 영아가 몸을 움직일 때 신체 부분을 언어로 표현해 주고, 영아가 흥미를 갖고 활동에 참여할 수 있도록 격려하는 것이 필요하다. 또한 실내·외의 공간을 영아가 가급적 자유롭게 움직일 수 있도록 활용하고 배려해야 한다. 영아의 성별 및 월령에 따라 운동능력에서 개인차가 존재하므로 영아들의 운동능력을 단순 비교하기보다는 영아 개개인별 운동기능 향상 정도를 체크하고, 부족한 부분을 보완할 수 있는 방안을 모색하는 것이 필요하다.

(4) 안전하고 위생적인 환경 제공

영아기는 면역력이 약한 시기이므로 질병에 걸리지 않도록 주의가 필요하다. 따라서 보육교사는 영아가 건강하게 생활하도록 위생적이고 안전한 환경을 제공하여야 한다. 또한 수시로 영아를 관찰하며 개인별 발달상태를 점검하는 것이 요구된다. 예를 들어, 등 · 하원 시 영아의 건강상태를 살피고, 필요한 경우 보호자와 함께 영아의 건강과 관련하여 이야기를 나누며, 영아가 어린이집에서 일과를 보내는 동안에도 수시로 건강상태를 체크하여야 한다. 특히 전염성이 강한 질환의 경우 다른 영아들에게 감염되는 것을 미연에 방지하기 위해 격리가 이루어져야 할 것이다.

갓 태어난 영아는 대부분의 시간을 먹고, 자고, 배변활동을 하며 보낸다. 이런 영아에게 있어 수유 및 기저귀 갈이 시간은 상당히 중요한 의미가 있다. 보육교사는 수유 및 기저귀 갈이 시간의 활동에 적절히 반응하고 위생에 대해 주의해야 한다. 특히 여러 아이들이 사용하는 기저귀 갈이대는 항상 청결한 상태를 유지해야 한다(사진 참조). 기저귀 갈이 후 보육교사는 손 씻기를 철저히 하는 등 개인위생에도 신경을 써야 한다.

▶ 기저귀 갈이대는 사용 후 소독하여 항상 청결상태를 유지해야 한다.

한편 보육교사는 영아가 잠자는 동안에도 수시로 영아의 상태를 살피는 것이 필요하다. 영아돌연사증후군과 관련하여 엎드려 재우는 것을 피해야 하며, 푹신푹신한 요에 눕히는 것도 주의가 요구된다. 안전한 보육환경을 제공하기 위하여 출입문에는 손 끼임 방지장치를 마련하고, 모서리 및 코너 보호대를 설치하며, 날카로운 놀잇감, 집어삼킬 수 있는 놀잇감 등은 비치하지 않아야 한다. 욕실에는 미끄럼방지 장치를 해 두고, 온수의 최대 온도를 미리 설정해 두는 것이 필요하다. 또한 보육교사는 안전점검표를 정기적으로 체크하며 안전사고 예방을 위해 주의를 기울여야 한다.

2. 영아기의 인지발달과 보육교사의 역할

영아기에 급속하게 이루어지는 뇌의 발달은 인지발달에 지대한 영향을 미치게 된다. 몇 가지 반사능력만을 가지고 태어난 신생아는 점점 목적의식을 가지고 행동하는 존재로 바뀐다. 그러므로 보육교사는 영아의 인지발달을 위해 풍부한 감각적 자극을 제공하는 등 충분한 지원을 해 주어야 한다.

1) 영아기의 인지발달

Piaget는 인지발달단계에서 영아기를 감각운동기라고 명명하였다. 이 시기에 영아는 자극에 자동적으로 반응하는 '반사적 유기체(reflexive organism)'에서 점차 자신의 행동을 통제할 수 있고 사고할 수 있는 '생각하는 유기체(reflective organism)'로 변화한다고 하였다.

(1) 감각운동기

감각운동기에 영아의 세상에 대한 인식은 자신이 직접 보고, 듣고, 느끼고, 행동하는 것에 의존한다. 즉, 감각기관을 통해 받아들인 정보가 인지발달의 중요한 내용이 된다. Piaget는 감각운동기를 6개의 하위단계로 구분하였다. 반사운동(Reflex Activity: 출생~1개월) 단계에서 영아는 세상에 대한 지식을 습득하는 일차적 자원으로서 빨기, 잡기, 큰소리에 반응하기와 같은 반사적 행동에 의존한다. 일차 순환반응(Primary Circular Reactions: 1~4개월) 단계에서 영아의 관심은 외부의 대상보다는 자신의 신체에 있고, '순환반응'이라는 용어가 의미하듯이 빨기, 잡기와 같은 감각운동을 반복한다. 이차 순환반응(Secondary Circular Reactions: 4~8개월) 단계에서 영아는 자신의 신체가 아닌 외부의 사건과 대상에 열중한다. 이차 순환반응의 협응(Coordination of Secondary Circular Reactions: 8~12개월) 단계에서 영아의 관심은 주위 환경에 있으며, 동시에 자신의 목표를 달성하기 위해 두 가지 행동을 협응하게 된다. 이 단계에서 영아는 대상영속성(object permanence)의 개념을 획득하게 되는데, 대상영속성은 물체가 눈에 보이지 않거나 소리가 들리지 않더라도 그 물체가 계속 존재한다는 것을 아는 것이다. 삼차 순환반응(Tertiary Circular Reactions: 12~18개월) 단계에서 영아는 실험적 사고에 열중한다. 즉, 영아는 새로운 원인과 결과 간의 관계를 가설화한다. 끝으로, 정신적 표상(Mental Representation: 18~24개월) 단계에서는 영아의 지적 능력이 놀랄 정도로 크게 성장한다. 영아는 이제 눈앞에서 사라진 사물이나 사건들을 정신적으로 그려 내기 시작하고, 행동을 하기 전에 머릿속에서 먼저 생각을 한 후에 행동한다.

(2) 기억발달

영아에게 기억능력이 존재하는가의 문제에서 재인기억과 회상기억을 구별하는 것은 매우 중요하다. 영아도 이전에 본 자극을 알아볼 수 있는가? 재인기억(recognition memory)의 존재를 확인하기 위한 가장 보편적인 방법은 습관화-탈습관화 방법이다. 습관화(habituation)는 어떤 자극이 여러 번 반복하여 제시되면, 그 자극에 대해 반응하는 강도가 감소하는 것을 말한다. 탈습관화(dishabituation)는 새로운 자극이 제시되면 다시 관심을 보이는 것을 말한다.

Cohen과 Younger(1984)는 6주와 14주 된 영아에게 습관화가 형성될 때까지 같은 각도를 반복해서 보여 주었다. 그 후에 습관화 자극과 함께 다른 방향으로 회전시킨 같은 각도, 습관화 자극과 같은 방향의 다른 각도, 다른 방향으로 회전시킨 다른 각도 등의 세 가지 자극을 제시하였다. [그림 4-6]에서 보듯이, 6주된 영아는 각각의 선을 기억을 했지만, 두 선이 만나 이루는 각도는 기억하지 못하는 것으로 보였다. 그러나

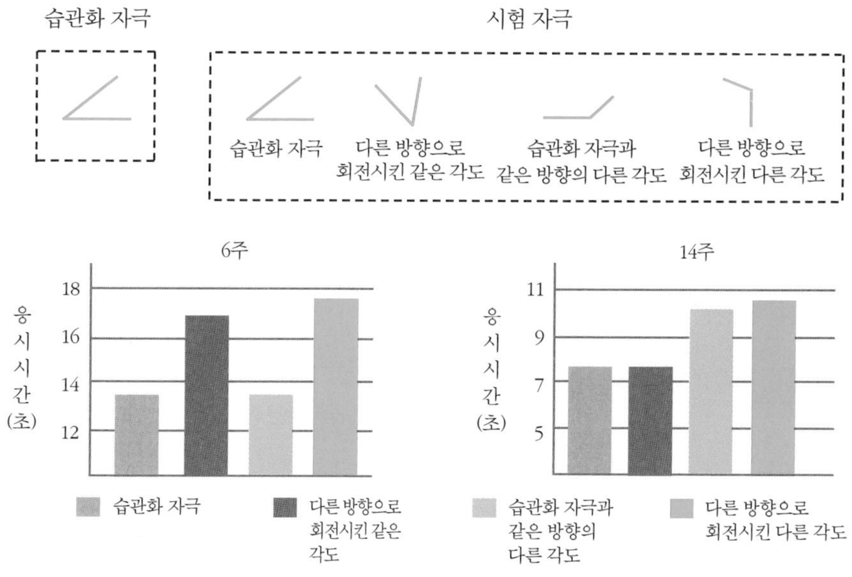

[그림 4-6] 영아의 각도에 대한 기억

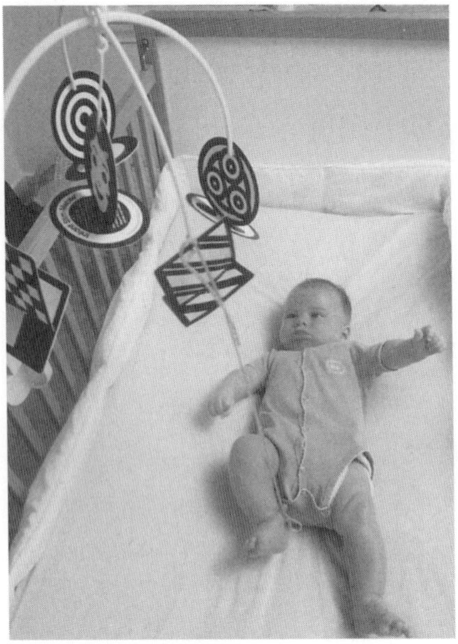

14주된 영아는 각도를 기억하는 것으로 나타났다.

Rovee-Collier(1987)는 3개월 된 영아를 대상으로 아기의 침대에 모빌을 달아 놓고 모빌이 매달려 있는 틀과 영아의 한쪽 발을 리본으로 묶어 놓았다(사진 참조). 영아는 발을 차면 모빌이 움직이게 된다는 것을 곧 알아차리게 되었다. 몇 주일 후에 영아를 같은 침대로 다시 데리고 왔는데, 이번에는 발을 리본으로 묶지 않았다. 그럼에도 불구하고 대부분의 영아들은 발을 차는 시늉을 했는데, 이것은 발로 차면 모빌이 움직인다는 것을 기억했다는 증거다. 그리고 모양이 약간 다른 모빌을 매달아 놓았더니 영아는 그것을 차지 않았지만, 이전의 모빌을 다시 매달아 놓자 영아는 그것을 기억하고 발로 차기 시작했다. 이처럼 영아는 일찍부터 상당한 재인기억 능력을 가지고 있는 것으로 보인다.

단순한 형태의 회상기억(recall memory)은 영아기 초에도 가능하다(Mandler, 1988, 1990). 예를 들어, 영아가 좋아하는 장난감을 항상 같은 곳에 두었다가 치워 버리면, 7개월된 영아는 '어!' 하고 놀란 표정을 보이는데, 이것은 영아가 그 장소에 있던 물건을 기억하고 있음을 입증하는 것이다. 첫돌 무렵이면 대부분의 영아는 대상영속성 개념을 습득하기 시작하는데, 이는 영아기에 회상기억이 존재한다는 중요한 증거로 볼 수 있다. 지연모방 능력도 영아가 회상기억 능력을 갖고 있음을 보여 주는 것이다. Bauer와 Mandler(1992)의 '인형 목욕시키기' 실험(사진 참조)에서 13개월 된 영아는 인형을 통 속에 집어넣고, 스펀지에 비누칠을 해서 인형을 씻기고, 수건으로 인형의 몸을 말리는 일련의 행동을 빠짐없이 그대로 재연하였다.

(3) 언어발달

영아는 단어를 표현하기 오래전부터 울음이나 표정, 몸짓 등 비언어적인 행동을 통하여 의사소통을 꾀하며, 이는 점차 분명한 단어나 문장으로 발전해 나간다. 언어발달의 첫 단계는 울음이다. 울음은 영아가 자신의 욕구를 표현할 수 있는 유일한 의사소통 수단이다. 2~3개월경에 나타나는 옹알이는 언어와 유사한 최초의 말소리다. 이는 신체적 성숙으로 인해 나타나는 근육활동의 결과이며, 농아도 처음에는 옹알이를 한다. 생후 1년경이 되면 영아는 분명하게 이해할 수 있는 단어를 사용할 수 있으며, 그 단어가 자신의 생각을 표현하는 수단이 된다. 하나의 단어가 전체 문장을 대신하므로, 영아는 그들 부모의 이해를 돕기 위해 얼굴표정이나 몸짓을 함께 사용한다. 2세경이 되면 영아는 문장을 만들기 위해 두 개 이상의 단어를 연결시킬 수 있다. 두 단어 문장은 한 단어 문장에 비해 보다 정교하고 명료하다. 두 단어를 결합시키는 것은 보편적으로 50개 정도의 단어를 말할 수 있을 때 가능하다. 초기의 결합 형태는 명사와 동사의 결합으로 이루어지는 전문식(telegraphic) 문장이며 자기중심적인 특성을 갖는다.

▶ 언어발달의 첫 단계에서 영아는 울음으로 의사 전달을 한다.

2) 인지발달과 보육교사의 역할

영아의 인지발달은 언어발달과 함께 촉진되며, 성인 보호자 및 유능한 또래를 통해 더욱 발달한다. 어린이집에서 성장하는 영아는 보육교사 및 또래 친구들과 함께 시간을 보내는 과정에서 모방과 관찰학습을 통해 많은 어휘를 획득하며 인지능력을 발달시켜 나간다.

(1) 언어적 자극 제공

영아기는 언어발달의 결정적 시기다. 언어발달은 유전적으로 프로그램화된 기제에 따라 이루어지기도 하지만, 모방이나 강화 등 학습의 영향도 받는다. 그러므로 보육교사는 영아의 언어발달 촉진자로서 중요한 역할을 수행한다. 보육교사는 영아가 알아듣지 못하더라도 가능한 한 말로 반응하며 풍부한 언어자극을 제공해야 한다. 영아는 소리자극에 관심을 보이므로 보육교사는 말하는 것 이외에도 노래를 불러 주거나 소리 나는 놀잇감을 제공하는 것이 필요하다. 그리고 영아가 옹알이를 시도하는 경우 눈을 맞추고 따뜻한 목소리로 반응하며 보다 확장된 어휘를 사용함으로써 언어발달을 촉진시키기 위해 노력해야 한다.

또한 영아의 언어발달을 자극하기 위해 다양한 종류의 동화책을 제공하는 것도 효과적이다. 여러 가지 촉감을 느낄 수 있는 헝겊책, 그림이 입체적으로 나와 있는 팝업북, 한 방향으로 펼쳐 볼 수 있는 병풍책 등 다양한 형태의 동화책을 제공하고, 끼적거리기 활동을 할 수 있는 화이트보드, 종이, 보드, 색연필 등을 제공함으로써 영아의 흥미를 유발하고 책에 대한 관심이 언어발달로까지 이어질 수 있도록 유도하는 것이 필요하다.

(2) 다양한 탐색활동 제공

Piaget에 의하면, 영아기는 감각운동기로서 영아는 감각적 자극에 반응하는 과정을 통해 인지가 발달된다. 이 시기의 영아는 자신의 신체로부터 외부 세계로 관심을 확대해 나가며 탐색활동을 시도한다. 영아의 기질에 따라 탐색활동 반경이 다르므로 보육교사는 개인별 특성을 고려하여 탐색활동을 확장해 주도록 노력해야 한다.

▶ 영아들이 낙엽을 뿌려 보며 가을을 느끼고 있다.

생애 첫 1년은 구강기적 욕구가 강한 시기이므로 입을 통해 모든 사물을 이해하고자 한다. 따라서 보육교사는 안전상의 주의가 요구되는 놀잇감은 영아 주변에 배치하지 않도록 한다. 즉, 영아의 기도를 통과할 정도로 작은 물건은 보육실에 놓지 않아야 한다. 또한 여러 영아들이 사용하는 놀잇감은 정기적으로 세척하고, 가능한 한 개인별로 놀잇감을 제공하는 것이 바람직하다.

▶ 영아들이 식물의 성장과정을 관찰하고 있다.

또한 보육교사는 영아가 자연환경을 탐색할 기회를 충분히 제공해야 한다. 산책활동, 견학활동 및 실내활동을 통해 동식물의 성장과정을 관찰하고 자연의 변화과정을 체험하며 자연과 생명의 소중함을 느끼도록 해 주어야 한다. 산책활동을 통해 영아는 새싹이 돋고 잎이 무성해지는 과정을 거쳐 잎이 떨어지고 나뭇가지만 남는 과정을 보게 되며, 이를 통해 나무의 성장 및 계절의 변화를 인식할 수 있다(사진 참조). 한편 동물원 견학활동 및 실내에서 곤충, 물고기, 거북이 등의 동물이나 토마토, 고추 등의 식물을 키우는 과정을 통해서도 자연의 섭리를 익힐 수 있는 기회를 가질 수 있다(사진 참조).

(3) 놀이활동 및 놀잇감 제공

인지발달이론의 관점에서 보면, 놀이는 새롭고 복잡한 사건이나 사물을 배우는 방법이다. 즉, 영아는 놀이활동을 통해 인지발달을 촉진시켜 나갈 수 있다. 감각운동기인 영아기에는 주로 기능놀이를 하는데, 딸랑이를 흔들거나 자동차를 앞뒤로 굴리는 것과 같이 단순히 반복적으로 근육을 움직이는 놀이를 한다. 또한 영아기에는 혼자놀이를 즐기며 또래 간 상호작용이 드문 편이다. 그러므로 보육교사는 영아에게 놀잇감을 통해 감각자극을 제공함으로써 인지발달을 촉진시킬 수 있다. 여러 가지 색, 모양, 질감을 탐색할 수 있는 놀잇감이나 소리를 탐색할 수 있는 악기류의 놀잇감을 제공하고, 충분한 시간을 두고 영아가 놀잇감을 갖고 놀 수 있도록 해 주어야 한다. 영아용 놀잇감으로는 시중에 판매되는 교구 이외에도 가정용 생활용품을 활용할 수도 있다.

또한 모양 맞추기, 컵 쌓기, 퍼즐, 블록 등은 영아의 인지발달을 촉진시킬 수 있는 대표적인 놀잇감이다(사진 참조). 특히 블록은 영아용과 유아용이 구분되어 있으며, 유아용으로 갈수록 크기가 작아지는 경향이 있다. 퍼즐 또한 유아용으로 갈수록 더 많이 분할되어 있는 것을 볼 수 있다. 동일 연령의 영아라도 월령에 따라 개인별 관심도와 수준에 따라 즐겨 사용하는 놀잇감이 다르므로 보육교사는 개별 영아의 요구를 잘 파악하여 놀잇감을 제공하는 것이 필요하다. 한편 영아기 후반에는 놀이활동에서 또래 친구들과의 생활을 통해 어휘를 확장해 가고 문제해결 능력을 키워 나간다. 자율성의 욕구가 커지면서 스스로 해 보려는 모습을 많이 보이게 되는데, 이때 보육교사는 영아를 격려하고 영아 스스로 해 볼 수 있는 기회를 충분히 주는 것이 필요하다.

▶ 영아가 모양 맞추기 교구를 이용하여 활동하고 있다.

3. 영아기의 사회정서발달과 보육교사의 역할

영아기는 사회정서발달의 근간이 이루어지는 시기다. 보육교사는 영아의 정서발달을 위한 환경조성과 아울러 이들의 기질 차이를 고려하여 부모를 대신하는 애착의 대상으로서의 역할을 수행해야 한다.

1) 영아기의 사회정서발달

출생 직후 신생아도 기쁨이나 슬픔과 같은 기본 정서를 가지고 태어나지만 연령이 증가함에 따라 점차 분화된 정서를 나타내게 된다. 또한 출생 직후의 신생아도 각기 다른 기질적 특성을 보이며, 영아의 기질과 부모의 양육방식 간의 조화는 애착 형성에 영향을 미친다.

(1) 정서의 발달

정서발달에 대한 학자들의 견해는 다소 차이가 있으나, 대부분의 학자들은 기쁨이나 슬픔과 같은 정서는 출생 시부터 존재한다고 믿는다. 연령이 증가함에 따라 영아는 점차 분화된 정서표현이 가능하며, 다른 사람의 정서를 이해하고 자신의 정서를 적절하게 규제할 수 있는 능력을 가지게 된다.

① 정서표현 능력의 발달

기쁨, 분노, 공포 등의 일차정서는 출생 시부터 표현된다. 기쁨은 미소나 웃음 등으로 표현되며, 건강한 영아일수록 기쁨의 표현이 명확하고 빈번하게 나타난다. 출생 직후에 나타나는 배냇 미소는 선천적 · 반사적인 것으로, 이는 깊은 수면이나 부드러운 감촉 등과 같은 내적 상태에서 비롯된 반응이다. 웃음은 미소와 마찬가지로 기쁨의 표현이다. 웃음은 3~4개월경 강한 자극 후에 나타나며, 웃음을 유발하기 위해서는 미소를 유발하기 위한 자극보다 더 강한 자극이 필요하다. 우리의 주변 환경에는 분노를 일으키는 자극이 많으며, 분노의 표현은 자신이 원하는 바를 쉽게 만족시키는 방법이므로 가장 보편적으로 나타나는 정서다. 출생 초기 영아는 배고픔이나 고통 등의 자극으로 인해 불쾌한 경험을 많이 하게 되며, 이를 울음으로 표현한다. 이후에는 자신이 가지고 있는 것을 빼앗기거나 자신이 하고 싶은 것을 제지받을 때 생기는 욕구의 좌절 때문에 분노의 정서가 나타난다. 이는 특히 어머니가 이러한 상황을 방치했을 경우 더욱 강하게 나타나며, 배가 고프거나 아플 때 더욱 빈번하게 나타난다. 공포는 신체적 · 심리적 위험에 대한 반응으로 나타난다. 출생 초기에는 대부분의 영아는 부모로부터 보호를 받고 있으므로, 공포의 감정을 유발하는 자극물이 주변에 별로 없다. 심한 고통이나 큰 소리, 새로운 사람이나 장소, 높은 장소나 어둠, 다른 사람과의 위협적인 상호작용은 공포를 유발하는 선천적인 요인이다.

이차정서는 일차정서보다 늦게 나타나고, 보다 복잡한 인지능력을 필요로 한다(Lewis, Alessandri, & Sullivan, 1992). Lewis, Stanger와 Sullivan(1989)에 의하면, 자아의 인식이 이차정서에 있어 필수적이라고 한다. 즉, 당황, 수치심, 죄책감, 질투, 자긍심 등의 이차정서는 영아가 거울이나 사진으로 자신을 알아보기 전에는 출현하지 않는 것으로 보인다. 한 연구(Lewis & Brooks, 1978)에서, 9~24개월 된 영아 96명을 대상으로 코에 입술연지를 찍고서 거울 앞에 세워 놓고 영아가 어떤 반응을 보이는지를 관찰하였다(사진 참조). 그 결과, 1세 미만의 영아는 한 명도 자기 코를 만지는 반응을 보이지 않았지만, 첫돌이 지난 영아는 대부분 자기 코를 만지는 반응을 보였다.

② 정서이해 능력의 발달

6개월경에 영아는 정서와 관련된 표정을 분간하기 시작한다. 즉, 행복해서 미소 짓는 얼굴과 불편해서 찡그린 얼굴을 구분할 줄 안다(Ludemann, 1991; Ludemann & Nelson, 1988). 6개월이 지나면서 영아는 정서를 구분할 수 있을 뿐만 아니라, 다른 사람의 정서에 의해서 영향을 받는다(Bornstein, 1995).

성인과 마찬가지로 영아는 다른 사람의 정서를 자기 행동의 길잡이로 삼는다(Mumme, Fernald, & Herrera, 1996; Repacholi, 1998). 익숙하지 않거나 모호한 상황에서 마치 그 상황을 해석하는 데 도움을 얻으려는 듯이 부모를 바라보는 사회적 참조(social referencing) 현상이 나타나는 것은 바로 부모의 표정이 영아가 어떻게 반응해야 하는가에 대한 길잡이 역할을 하기 때문이다(Feinman, Roberts, Hsieh, Sawyer, & Swanson, 1992; Rosen, Adamson, & Bakeman, 1992).

③ 정서규제 능력의 발달

어떤 사회에서든 특정 상황에서 어떤 정서는 표현해도 괜찮지만 어떤 정서는 표현해서는 안 된다는 규칙이 있다. 예를 들면, 마음에 들지 않는 선물을 받았을 때, 실망감을 보이는 대신 기뻐하며 고맙다는 인사를 해야 한다는 것이 그것이다(Gross & Ballif, 1991; Harris, 1989).

불쾌한 자극을 피하거나 관심을 다른 곳으로 돌려 부정적 정서 유발을 감소시

키는 일은 어린 영아에게는 매우 어려운 일이다(Mangelsdorf, Shapiro, & Marzolf, 1995). 그러나 첫돌 무렵에 영아는 벌써 자기 몸을 앞뒤로 흔들거나 눈을 가리거나(사진 참조) 입술을 깨물거나 불쾌한 사건이나 사람들을 피함으로써 부정적 정서 유발을 감소시키는 책략을 발달시킨다(Kopp, 1989; Mangelsdorf et al., 1995). 18개월이 되면 영아는 부정적 정서를 숨길 줄 알고, 20개월경에는 넘어졌을 때에 어머니가 함께 있을 때만 울음을 터뜨린다. 3세가 되면 자기 감정을 더 잘 숨길 수 있게 된다.

(2) 기질의 발달

영아는 출생 직후부터 각기 다른 기질적 특성을 보인다. 어떤 영아는 쾌활하고 명랑한 반면, 어떤 영아는 잘 울고 자주 보챈다. 또 어떤 영아는 조용하고 행동이 느린 반면, 어떤 영아는 활기차고 행동이 민첩하다. 기질이 어떤 특성으로 구성되어 있는가에 관해서는 학자들마다 견해에 차이를 보인다. 기질연구의 대표적인 학자인 Thomas와 Chess는 영아의 기질을 순한(easy) 기질, 까다로운(difficult) 기질, 반응이 느린(slow-to-warm-up) 기질 등 세 가지 유형으로 구분하였다.

Alexander Thomas

Stella Chess

Thomas와 Chess는 기질과 환경이 상호작용하여 바람직한 결과를 산출한다는 '조화의 적합성(goodness-of-fit)' 모델을 제시하였다. 즉, 부모가 영아의 기질에 따라 양육행동을 조절한다면 그 결과는 보다 조화로운 관계가 된다. 반면, 영아의 기질과 부모의 양육행동이 조화를 이루지 못하면, 부모나 영아 모두 갈등을 경험하게 된다는 것이다(사진 참조). 그러나 사실상 많은 부모들은 까다로운 영아에게 쉽게 화를 내고 처벌적 훈육을 하게 되는데, 이것이 '조화의 부적합성(poorness-of-fit)'의 예다(van den Boom, 1995). 이런 경우 영아는 까다로운 기질을 계속 유지하고 사춘기에 많은 문제행동을 보였다(Chess & Thomas, 1984).

▶ 까다로운 영아의 부모가 인내심을 가지고 영아의 요구에 민감하게 대처하면 그 결과는 보다 조화로운 관계가 될 것이다.

▶ 영아의 기질과 부모의 양육행동이 조화를 이루지 못하면, 부모나 영아 모두 갈등을 경험하게 될 것이다.

우리나라 아동의 기질적 특성과 부모의 훈육방법에 관한 연구(문혁준, 2000)에 따르면, 까다로운 기질을 가진 아동의 부모는 순한 기질을 가진 아동의 부모에 비해 비효율적인 훈육방법을 사용하며, 자녀훈육 시 보다 과잉반응을 보였다. 이는 까다로운 영아의 어머니는 순한 영아의 어머니보다 강압적 통제를 더 많이 보이는 반면, 애정적 태도는 적게 보인다는 선행연구(임양미, 1994; 최영희, 1993)와도 일치하는 결과다.

(3) 애착의 발달

영아가 특정 인물에게 애착을 형성하게 되면 그 사람과 있을 때 기쁨을 느끼고, 불안한 상황에서 그의 존재로 인해 위안을 받는다. 영아기에 형성된 애착은 이후 인지 · 정서 · 사회성발달에 중요한 영향을 미친다(Thompson, 1998). 안정애착을 형성한 영아는 유아기에도 자신감, 호기심, 타인과의 관계에서 긍정적인 성향을 보이는 것으로 나타났다. 또한 아동기에 접어들어서도 도전적인 과제를 잘 해결하고, 좌절을 잘 참아내며, 문제행동을 덜 보이는 것으로 나타났다.

① 애착의 유형

Marry Ainsworth

Ainsworth(1983)는 여덟 가지 에피소드로 구성된 낯선 상황 실험을 실시하여 애착 유형을 세 가지로 구분하였다. 연구대상의 65% 정도를 차지한 안정애착(secure attachment) 유형은 주위를 탐색하기 위해 어머니로부터 쉽게 떨어졌다. 그러나 낯선 사람보다 어머니에게 더 관심을 보이며, 어머니와 함께 놀 때 밀접한 관계를 유지했다. 또한 어머니와 분리되었을 때에도 어떤 방법으로든 능동적으로 위안을 찾고 다시 탐색과정으로 나아갔다. 이들은 어머니가 돌아오면 반갑게 맞이하며, 쉽게 편안해졌다. 연구대상의 20% 정도를 차지한 회피애착(avoidant attachment) 유형은 어머니에게 반응을 별로 보이지 않았다. 이들은 어머니가 방을 떠나도 울지 않았고, 어머니가 돌아와도 무시하거나 회피했다. 어머니와의 관계에서 친밀감을 추구하지 않으며, 어머니에게 낯선 사람과 비슷한 반응을 보였다. 연구대상의 10~15%를 차지한 저항애착(resistant attachment) 유형은 어머니가 방을 떠나기 전부터 불안해하고, 어머니 옆에 붙어서 탐색을 별로 하지 않았다. 어머니가 방을 나가면 심한 분리불안을 보였다. 어머니가 돌아오면 접촉하려고 시도는 하지만, 안아 주어도 어머니로부터 안정감을 얻지 못하고 분노를 보이면서 내려 달라고 소리를 지르거나 어머니를 밀어내는 양면성을 보였다.

이후 Main과 Solomon(1986, 1990)은 이상과 같은 세 가지 애착 유형에 혼란애착(disorganized attachment) 유형을 추가하였다. 이 유형은 회피애착과 저항애착이 결합된 불안정애착의 가장 심한 형태로, 어머니와 재결합했을 때 얼어붙은 표정으로 어머니에게 접근하거나 어머니가 안아 주어도 먼 곳을 쳐다보는 반응을 보였다.

② 낯가림과 분리불안

영아가 특정 인물과 애착을 형성했다는 증거로 나타나는 현상이 낯가림과 분리불안이다. 영아가 특정인과 애착을 형성하게 되면, 낯선 사람이 다가오거나 부모가 낯선 사람에게 자신을 맡기면 큰 소리로 우는데, 이런 반응을 낯가림이라고 한다. 낯가림은 낯선 사람 그 자체에 대한 반응이 아니고, 영아가 익숙해 있는 얼굴과 낯선 얼굴의 불일치에 대해 보이는 반응이다. 즉, 일단 영아가 친숙한 사람에 대한 도식을 형성하게 되면 이를 낯선 사람과 비교하게 되며, 그 차이가 큰 경우에는 혼란스러움을 경험한다는 것이다. 낯가림은 6~8개월경에 나타나기 시작해서 돌 전후에 최고조에 달했다가 서서히 감소한다.

낯가림이 낯선 사람에 대한 불안에서 비롯된 것이라면, 친숙한 사람과의 분리 또한 불안의 근원이 된다. 분리불안은 영아가 부모나 애착을 느끼는 대상과 분리될 때 느끼는 불안을 의미한다. 분리불안은 돌 전후에 나타나기 시작해서 20~24개월경에 없어진다. 안정애착을 형성한 영아는 불안정애착을 형성한 영아보다 분리불안 반응을 덜 보이는 경향이 있으며, 어머니를 탐색을 위한 안전기지로 삼고 주변 환경에 대한 탐색활동을 하게 된다.

2) 사회정서발달과 보육교사의 역할

보육교사는 어린이집 내에서 영아의 주양육자로서 영아와 보육교사 간에 어떤 애착관계를 형성하느냐에 따라 영아는 보다 안정된 혹은 불안정한 생활을 하게 되기도 한다. 이처럼 보육교사는 영아의 사회정서발달에 중요한 역할을 한다고 볼 수 있다.

(1) 정서표현 및 이해 촉진

영아기 초에는 대체로 울음을 통해 의사표현을 하다가 점차 다양한 정서표현을 하게 된다. 정서발달을 위해 보육교사는 영아가 나타내는 정서를 인정해 주고 적절하게 반응해 주어야 한다. 즉, 보육교사는 영아의 정서상태를 정확히 관찰하고, 영아의 정서표현에 민감하게 반응해 주며, 영아의 정서조절 능력 향상을 위해 적절히 지도하는 것이 중요하다. 특히 부정적 정서표현에 공감과 위로를 통해 안정감을 느낄 수 있도록 하며, 나아가 정서조절 능력의 함양을 통해 보다 바람직한 방향으로 정서를 표현할 수 있도록 지도하는 것이 필요하다.

영아는 사회적 참조 현상을 통해 모호한 상황에서 보육교사의 얼굴표정을 길잡이로 삼아 어떻게 반응해야 하는지를 파악한다. 이처럼 보육교사는 영아가 정서를 이해하고 표현하는 데 본보기 역할을 하므로 영아에게 정확한 지침을 제공해 주도록 노력해야 한다.

(2) 기질의 이해

영아마다 타고난 기질이 다르므로 자극에 반응하는 양식에는 개인차가 존재한다. 일반적으로 순한 기질의 영아에 비해 까다로운 기질의 영아를 보육하는 데 있어서 보육교사는 어려움을 경험한다. 어린이집에는 순한 기질의 영아뿐 아니라 느린 기질, 까다로운 기질을 가진 다양한 영아들이 있으므로, 각각의 기질 특성에 맞게 보육이 이루어져야 할 것이다.

'조화의 적합성' 모델에 따르면, 영아의 기질과 부모의 양육행동이 얼마나 조화를 이루는가에 따라 영아의 이상적 발달이 이루어진다고 한다. 오랜 시간 어린이집에서 생활하는 영아에게는 부모를 대신하여 보육교사의 양육행동이 영아발달에 영향을 미친다고 볼 수 있다. 다시 말해서, 영아의 기질과 보육교사의 양육행동이 조화를 이룬다면 영아는 이상적으로 발달할 수 있으나 그렇지 않은 경우 갈등을 경험할 수 있다. 따라서 보육교사는 영아 개개인의 기질을 정확히 파악하고 이와 조화를 이룰 수 있는 방식으로 영아를 돌보는 것이 필요하다.

(3) 안정된 애착형성

영아기는 특히 애착형성의 중요한 시기라고 할 수 있다. 영아가 태어나서 처음으로 형성하는 사회적 관계인 부모-자녀 간의 애착관계는 어린이집에 오게 되면서 교사-영아 간의 관계로 확장되는 것이 보편적인 과정이다. 그러나 어린이집이라는 낯선 환경에서 처음으로 생활하게 되는 영아는 적응에 어려움을 경험하며 부모와의 분리를 불안으로 느끼기도 한다. 특히 불안정애착을 형성한 영아의 경우 분리불안의 정도가 심하다고 할 수 있다. 이는 특히 맞벌이가정이 증가하면서 더욱 심각한 문제로 대두되고 있다. 그러므로 보육교사는 영아의 신호를 신속하게 지각하고, 정확하게 해석하며, 이에 즉각적으로 반응하도록 주의를 기울여야 한다. 민감한 양육행동은 안정애착 형성을 위해 부모뿐 아니라 보육교사에게도 요구되는 특성이다.

영아기의 애착형성에서 접촉은 중요한 요소로 작용하므로, 보육교사는 안아 주기, 쓰다듬어 주기 등의 신체 접촉을 통해 영아가 안정감을 갖도록 하는 것이 필요하다. 장시간 부모와 떨어져 기관에서 생활한다는 것이 영아에게는 큰 어려움으로 느껴질 수 있으므로 보다 안정되고 편안한 분위기에서 생활할 수 있도록 보육교사는 가정과 같은 안락한 환경, 부모와 같은 따뜻한 마음을 영아에게 표현해 주는 것이 필요하다.

(4) 자기인식 능력 촉진

영아의 자기인식 능력을 향상시키기 위해 보육교사는 개별적인 침구, 서랍장, 신발장 등 개인 물품에 영아의 얼굴사진 및 이름을 붙여 자신을 인식하도록 도와주는 것이 필요하다. 또한 보육교사는 영아와의 상호작용에서 영아의 이름을 자주 불러 주고, 보육실에 영아의 눈높이에 맞게끔 거울을 부착하여 영아가 자신을 독립적인 존재로 인식할 수 있도록 해 주어야 한다(사진 참조). 영아는 이러한 자기인식 능력을 기초로 시간이 경과하면서 점차 자신이 타인과 다른 존재라는 것을 인식하게 된다. 이러한 인식을 기초로 보육교사는 영아가 자율적으로 다른 사람과의 관계형성을 해 나갈 수 있도록 격려해 주는 것이 필요하다.

▶ 영아용 거울은 안전거울로 영아의 눈높이에 맞게 부착하여야 한다.

제5장

걸음마기의 발달과 보육교사의 역할

걸음마기에도 발달의 여러 영역에서 지속적으로 급속한 성장이 이루어진다. 뛰어다닐 수 있을 만큼 빠른 속도로 신체발달이 이루어지고, 운동능력도 보다 발전하게 된다. 걸음마가 가능해지면서 지금까지 의존적이고 무기력하던 영아는 보다 적극적이고 호기심이 많은 존재로 변화하게 된다. 걸음마기의 인지발달은 전개념적 사고에 국한되지만, 이 시기에 발달하는 왕성한 호기심의 정서는 주변 환경에 대한 탐색과 사물에 대한 지식 습득의 중요한 근원이 된다. 또한 다른 사람과 의사소통이 가능할 만큼 언어능력도 급격하게 발달한다. 걸음마기에는 자율성의 발달로 인해 무엇이든지 자기 스스로 해결하고자 하는 욕구가 강하게 나타난다. 정서표현이나 조절능력뿐 아니라 인식능력도 보다 발달하게 되며, 또래관계에 관심을 가지게 되면서 사회적인 관계가 보다 확장되는 시기이기도 하다. 이 시기의 놀이는 유아의 인지발달뿐 아니라 사회정서발달에 중요한 수단이 된다. 이 장에서는 걸음마기의 신체발달과 인지발달, 사회정서발달의 전반적인 특성들을 살펴보고, 이에 기초하여 각각의 발달에 따른 보육교사의 역할을 살펴보고자 한다.

1. 걸음마기의 신체발달과 보육교사의 역할

걸음마가 가능해지면서 유아의 운동능력도 보다 확장되고 정교하게 발달해 나간다. 그러므로 보육교사는 유아의 신체발달을 지원하기 위해 안전한 탐색환경을 제공하는 등 여러 가지 역할을 수행해야 한다.

1) 걸음마기의 신체발달

걸음마기에도 영아기처럼 빠른 속도는 아니지만 꾸준한 신체적 성장과 운동기능의 발달이 이루어진다.

(1) 신체적 성장

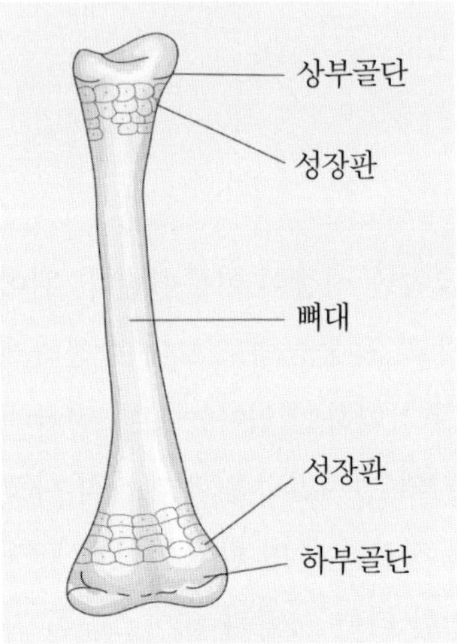

[그림 5-1] 장골(長骨)의 상부 골단과 하부 골단

출처: Tanner, J. M. (1990). *Foetus into man: Physical growth from conception to maturity* (2nd ed.). Cambridge, MA: Harvard University Press.

걸음마기의 신체적 성숙도를 측정하는 가장 좋은 방법은 골격연령(skeletal age)을 이용하는 것이다. 태아의 골격은 연골조직으로부터 형성된다. 임신 6주부터 연골조직은 점점 단단해지는데, 이것을 경화현상이라고 한다. 일단 기본 골격이 형성되면 출생 직전에 골단(骨端)[1]이라 불리는 성장센터가 나타나는데, 경화과정은 이 성장센터에서 시작된다. 팔다리의 뼈와 같이 긴뼈(長骨)에는 골단이 양쪽 끝에 나타나며([그림 5-1] 참조), 성장이 완성되면 골단은 점점 가늘어지고 마침내 사라진다.

[그림 5-2]에서 보듯이, 뼈를 방사선으로 촬영하여 골단의 수가 얼마나 많은지, 또 골단이 얼마나 서로 합착(合着)되어 있는지에 근거하여 골격연령을 측정할 수 있다. 이때 자신의 생활연령보다 골격연령이 어린 것으로 나타나면 앞으로 키가 더 자랄 가능성이 있는 것으로 본다. 예를 들어, 14세 아동의 골격연령이 11세로 측정된다면, 이 아동은 앞으로 3년 정도 더 성장할 수 있다는 것이다.

1) 뼈의 말단: 뼈의 성장을 맡고 있는 긴 관상골(管狀骨)의 양끝을 가리키는데, 이것은 골화(骨化)의 중심으로 성장기에는 연골(軟骨)로 둘러싸여 있다.

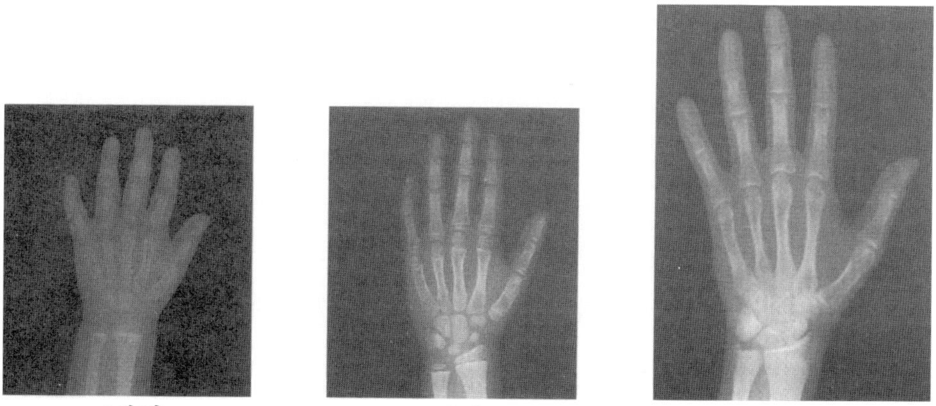

2세 반 6세 반 14세 반

[그림 5-2] 각기 다른 연령에서 골격의 성숙도를 보여 주는 손목뼈의 방사선 사진

2세 반에는 손목뼈, 손가락 끝, 팔뼈 사이에 넓은 간격이 있다. 6세 반에는 이 간격이 상당히 좁혀졌다. 14세 반에는 손목뼈와 팔뼈(長骨)가 서로 완전히 합착되어 있다.

출처: Tanner, J. M., Whitehouse, R. H., Cameron, N., Marshall, W. A., Healy, M. J. R., & Goldstein, H. (Eds.). (1983). *Assessment of skeletal maturity and prediction of adult height* (2nd ed.). London: Academic Press.

(2) 운동기능의 발달

대근육 운동능력도 지속적으로 발전하여, 영아는 첫돌을 전후해서 걷기 시작하고, 2~3세 사이에 달리기 시작한다(Cratty, 1986). 영아가 걸을 수 있게 되면 바로 계단을 오를 수 있다. 처음 계단을 오를 때에는 한쪽 발을 먼저 올려놓고 그다음 다른 쪽 발을 그 옆에 놓는다. 그리고 다음 계단으로 올라간다. 그러나 걸음마기에는 발을 번갈아 가면서 계단을 오른다. 계단을 내려오는 것은 올라가는 것보다 균형을 잡기가 더 어렵기 때문에 4세 이전에는 발을 번갈아 가면서 계단을 내려오지 못한다(사진 참조). 운동장에서 하는 놀이 중 사다리 오르기나 정글짐 놀이에서도 계단 오르내리기 기술이 그대로 적용된다.

▶ 4세 이전에는 발을 번갈아 가면서 계단을 내려오지 못한다.

소근육 운동도 점차 정교하게 발달해 나간다. 3세 이전에도 유아는 엄지와 검지로 매우 작은 물체를 집을 수 있지만 여전히 서투른 편이다. 소근육 운동기술의 대표적인 예가 그림 그리기인데, 그림 그리기에서 나타나는 연령의 변화는 뇌와 소근육이 성숙하였음을 반영한다(Kellogg, 1970). 영아기에 아무렇게나 끼적거리던 것과는 달리 걸음마기에는 수직 또는 지그재그로 나름대로 패턴을 보이며 끼적거린다. 3세경에는 원, 정사각형, 직사각형, 삼각형, 십자 모양, X자 모양을 그릴 수 있다.

2) 신체발달과 보육교사의 역할

걸음마기의 신체발달은 생후 1년 동안의 발달과 비교했을 때 급진적이지 않기 때문에 교사의 관심을 다소 덜 받을 수도 있다. 그러나 걸음마기에도 여전히 신체발달이 왕성하게 진행되고 있기 때문에 이를 위한 보육교사의 역할이 매우 중요하다.

(1) 신체조절 및 균형감 기르기

걸음마기의 신체발달에서 보육교사의 가장 기본적인 역할은 유아의 신체적 욕구에 민감하게 반응하는 것이다. 걸음마기는 발달에서 개인차가 큰 시기이므로 유아의 개별적인 특성과 발달 속도에 맞는 활동을 제공해야 한다. 생후 2년이 지나면 유아는 정지된 상태에서 완전히 균형을 잡을 수 있게 되므로 보육교사는 유아가 균형감각을 증진시키는 데 도움이 되는 놀이기구를 제공하거나 신체조절능력을 키울 수 있는 활동을 제공해 주어야 한다.

▶ 유아가 평균대 위에서 균형을 잡는 연습을 하고 있다.

이 시기에 영아는 평균대 위에서 균형을 잡을 수 있지만 혼자서 평균대 위를 걷는 것은 어렵기 때문에 교사의 도움을 필요로 한다(사진 참조). 보육교사가 걸음마기 유아와 신체적 상호작용을 할 때는 같은 연령이라도 월령에 따라서 발달의 차이가 크고, 영아 개인의 기질이나 성격 등 개인적 특성이 다르다는 것을 고려하여 상호작용 방법을 다양하게 사용하는 것이 필요하다.

(2) 발달에 적합한 활동 지원

걸음마기 유아는 걷기에는 능숙하나 아직까지 대근육과 소근육의 발달이 미숙하다. 그러므로 보육교사는 대근육과 소근육이 발달할 수 있도록 적절한 활동을 지원해야 한다. 정글짐이나 놀이터 활동 같은 놀이 환경을 제공하거나 어린이집 인근 놀이터를 활용하여 달리기, 뛰뛰기 등의 대근육 발달을 도울 수 있다(사진 참조).

▶ 보육교사는 놀이 환경을 제공함으로써 신체발달을 지원해 줄 수 있다.

▶ 유아가 안전가위를 사용하는 연습을 하고 있다.

또한 블록조립이나 가위 등의 조작교구를 이용함으로써 소근육 발달을 도울 수 있다. 걸음마기 유아는 세분화된 동작기술이 미숙하고 기구를 이용하여 신체활동을 하는 것에 익숙하지 않기 때문에 보육교사는 주의 깊게 관찰하고 필요한 상황에서는 신체활동을 지원해 주어야 한다. 동시에 익숙하지 않은 소근육 활동을 할 때에는 다치지 않도록 안전가위를 사용하거나 연령에 적합한 도구를 사용하도록 지도해야 한다(사진 참조).

(3) 안전한 놀이 공간 제공

걸음마기 유아는 자신의 향상된 신체적 능력을 과신하면서 뛰고 올라가기 등의 신체활동을 자주 시도하지만 아직까지 이러한 활동을 안전하게 할 수 있을 만큼 균형 잡힌 신체가 아니다. 따라서 교사는 유아가 다양한 신체활동을 안전하게 할 수 있도록 오르내리는 기구 밑에 부드럽고 탄력 있는 바닥재를 깔아 주어 안전사고에 대비해야 한다(사진 참조). 또한 실내외 놀이기구를 안전하게 설치하고 관리하여 유아가 안전하게 신체활동을 할 수 있도록 배려해야 한다.

▶ 안전사고에 대비하여 실내활동 공간에는 부드러운 바닥재를 깔아 주어야 한다.

(4) 건강검진과 예방접종

걸음마기에는 신체성장 속도가 조금씩 느려지고 신장은 성인의 1/2에 해당된다. 신체비율 또한 머리 크기가 신생아기의 1:4에서 1:5로 변화한다. 대뇌의 무게는 성

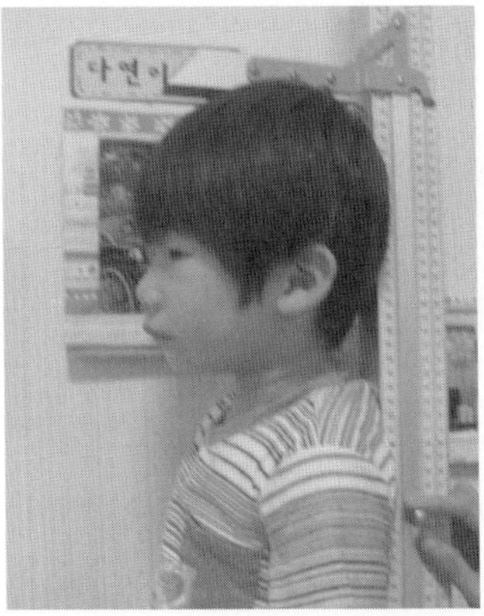

▶ 정기적인 건강검진은 유아의 정상적인 발달의 주요한 지표로 사용된다.

인의 4/5에 도달하게 되고, 대부분의 유아가 20개의 유치를 모두 갖게 된다. 보육교사는 이러한 유아의 신체적 특징과 변화를 잘 파악하고 유아가 질병에 걸리지 않도록 예방에 힘써야 한다. 보편적으로 신장과 체중은 건강상태를 나타내는 중요한 지표로 사용되므로 어린이집에서 주기적으로 유아의 신장과 체중을 측정하고 기록을 보관해야 한다(사진 참조). 동시에 가정과 연계하여 1년에 1회 이상 병원에서 건강검진을 받게 하고 그 자료를 보관하며 발달시기에 적절하게 예방접종을 받게 하는 것이 필요하다.

(5) 올바른 식습관 형성과 적절한 휴식 제공

대부분의 유아는 30개월경이면 유치가 거의 완성되므로 치아를 이용해서 다양한 음식의 맛을 접할 수 있게 된다. 빵, 과자, 초콜릿 등 달고 자극적인 음식물을 접해 본 유아들은 특정한 맛에 대해 편협한 선호도를 가지게 된다. 그 결과 다양한 음식을 섭취하기보다는 기호에 맞는 음식만을 섭취하게 되어 영양 불균형과 배변문제도 생길 수 있으므로 이 시기에 식습관을 바르게 형성하는 것은 매우 중요하다. 보육교사는 유아들에게 다양한 맛을 경험하게 하고, 개별 음식물이 가지고 있는 영양분과 맛에 대한 이야기나 건강을 위해서는 모든 영양분을 골고루 섭취해야 한다는 이야기를 나누는 것이 올바른 식습관 형성에 도움이 된다(사진 참조).

균형 있는 신체발달을 위해서는 골고루 음식을 섭취하고 바르게 식사를 하는 식습관 형성과 함께 일과에 따라 규칙적으로 낮잠을 자고 휴식을 취하는 생리적 욕구의 충족도 필요하다. 보육교사는 친밀하고 신뢰감 있는 개별적인 관계를 형성하고 유아의 생리적 욕구에 민감하게 반응해 주어야 한다. 동시에 이 시기에 가장 중요한 과업 중 하나라고 볼 수 있는 배변훈련도 지도해 주어야 한다. 유아가 보육교사와의 상호작용을 통해 자신의 기본적인 욕구를 충족시키게 되면 보육교사를 보다 더 신뢰하게 되고, 배변, 식사, 수면 등 일상생활과 관련된 과제 수행에 보다 더 적극적일 수 있을 것이다.

▶ 보육교사가 요리활동 시간에 개별 음식물의 영양분과 다양한 맛에 대해 이야기를 나누고 경험하게 하는 것은 유아의 올바른 식습관 형성에 도움이 된다.

2. 걸음마기의 인지발달과 보육교사의 역할

걸음마기에는 인지적 성장과 언어발달이 빠른 속도로 이루어진다. 보육교사는 자율성이 발달하는 이 시기의 특성을 고려하여 유아 스스로 인지발달을 주도하도록 배려하는 등 여러 가지 역할을 수행해야 한다.

1) 걸음마기의 인지발달

걸음마기에는 아직 실제와 실제가 아닌 것을 완전히 구분할 수 없으며, 자기중심적인 사고를 하는 특성을 지닌다. 걸음마기의 이러한 사고의 특성을 Piaget는 전조작기 중에서 전개념적 사고기로 설명하였다.

(1) 전개념적 사고기

걸음마기의 유아는 환경 내의 대상을 상징화하고 이를 내면화시키는 과정에서 성숙한 개념을 발달시키지 못하는 전개념적 사고의 특징을 보인다.

① 상징적 사고

Piaget(1962)에 의하면, 전조작기의 가장 중요한 인지적 성취는 상징적 사고(symbolic thought)의 출현이라고 한다. 감각운동기의 말기가 되면 영아의 사고는 더 이상 자신의 행동이나 감각에 의존하지 않는다. 대신 정신적 표상, 지연모방, 상징놀이 등이 가능해진다. 상징(symbol)은 어떤 다른 것을 나타내는 징표를 말한다. 예를 들어, 국기는 국가를 상징하고, 악수는 우정을 상징하며, 두개골과 두 개의 대퇴골을 교차시킨 그림()은 죽음과 위험을 상징한다. 상징의 사용은 문제해결의 속도를 증가시키고, 시행착오를 감소시킨다. 상징적 사고의 가장 매혹적인 결과 중의 하나는 가상놀이다. 가상놀이란 가상적인 사물이나 상황을 실제 사물이나 상황으로 상징화하는 놀이를 말한다. 상징적 사고를 하기에는 충분한 나이이지만, 아직 현실과 환상을 구분하기에는 너무 어린 나이인 걸음마기에 유아가 가장 좋아하는 활동이 가상놀이다(사진 참조). 걸

▶ 유아들이 커피잔과 받침접시 등을 가지고 소꿉놀이를 하고 있다.

음마기 동안 가상놀이는 점점 더 빈번해지고, 연령이 증가하면서 점점 더 복잡해진다(Rubin, Fein, & Vandenberg, 1983).

② 자기중심적 사고

▶ 자기중심적 사고로 인해 유아는 자신이 술래를 볼 수 없으면 술래도 자신을 볼 수 없다고 생각한다.

자기중심적 사고(egocentric thought)는 다른 사람의 관점을 고려하지 못하는 데에 기인한다. 유아는 우주의 모든 현상을 자기중심적으로 생각하는데, 자신이 좋아하는 것을 다른 사람도 좋아하고, 자신이 느끼는 것을 다른 사람도 느끼며, 자신이 알고 있는 것을 다른 사람도 알고 있다고 생각한다. 그래서 어머니의 생일 선물로 자신이 좋아하는 피카츄 인형을 고르거나, 숨바꼭질 놀이를 할 때 자신이 술래를 볼 수 없으면 술래도 자신을 볼 수 없다고 생각한다(사진 참조).

걸음마기에 갖는 자기중심적 사고를 보여 주는 매우 유명한 실험으로 Piaget와 Inhelder(1956)의 '세 개의 산 실험(three mountains experiment)'이 있다. [그림 5-3]에서 보듯이, 색깔, 크기, 모양이 상이한 세 개의 산모형을 만들어 탁자 위에 올려놓고, 한 의자에 인형을 앉히고, 또 다른 의자에 유아를 앉게 한다. 몇 개의 사진을 제시하고서 유아가 본 것을 나타내는 사진과 인형이 본 것을 나타내는 사진을 선택하게 한다. 걸음마기의 유아는 자신이 본 것을 나타내는 사진은 잘 고르지만, 인형이 본 것을 나타내는 사진을 고르라고 했을 때도 자신이 본 것과 똑같은 사진을 선택한다.

[그림 5-3] Piaget의 '세 개의 산' 실험

③ 물활론적 사고

유아들은 물활론(animism)적 사고를 한다. 즉, 생명이 없는 대상에게 생명과 감정을 부여한다. 예를 들면, 태양은 자기가 원해서 밝게 빛나고, 종이를 가위로 자르면 종이가 아플 것이라고 생각한다. 탁자에 부딪혀 넘어진 유아는 탁자를 손바닥으로 때리면서 "때찌"라고 말하는데, 이것은 탁자가 일부러 자기를 넘어뜨렸다고 믿기 때문이다. 물활론적 사고는 4~5세가 되면 감소하기 시작한다(Bullock, 1985).

④ 인공론적 사고

물활론적 사고와 관련이 있는 현상이 인공론(artificialism)적 사고다. 유아는 자기중심적 사고의 특성으로 인해 세상의 모든 사물이나 자연현상이 사람의 필요에 의해서 만들어진 것이며, 자신을 위해 존재한다고 생각한다. 유아는 사람들이 집이나 교회를 짓듯이 해와 달도 우리를 비추게 하기 위해 사람들이 하늘에 만들어 두었다고 믿는다.

⑤ 전환적 추론

전환적 추론(transductive reasoning)은 한 특정 사건으로부터 다른 특정 사건을 추론하는 것이다. 예를 들어, 낮에는 항상 낮잠을 자던 Piaget의 딸 Lucienne이 어느 날에는 낮잠을 자지 않았다. Lucienne은 "내가 낮잠을 자지 않았기 때문에 아직 낮이 아니에요"라고 말했다. 여기서 Lucienne은 '낮잠'이라는 특정 사건이 '낮'이라는 특정 사건을 결정짓는 원인이 되는 것으로 추론하고 있다.

또 다른 예로, 한 유아가 동생을 미워한다는 사실과 동생이 아프다는 두 가지 사실을 자기가 동생을 미워해서 동생이 아프게 되었다는 인과관계로 연결시킨다. 특히 어떤 두 가지 현상이 시간적으로 근접해서 발생하면 두 현상 간에 아무런 관계가 없는데도 유아는 인과관계가 있는 것으로 생각한다.

(2) 언어발달

걸음마기 사고의 특성은 상징을 사용할 수 있는 능력이며, 가장 중요한 상징적 표현의 수단은 언어다.

① 단어의 발달

걸음마기에 사용하는 단어의 수는 200~300개 정도다. 유아가 초기에 습득하는 단어의 종류에서는 개인차가 나타난다(Nelson, 1973). 어떤 유아들은 초기에 사용하

▶ 유아가 사용하는 첫 단어는 대부분의 경우 사물의 이름이다.

▶ "엄마, 인형에게 어떤 옷을 입힐까요?"는 표현적 언어양식의 예다.

는 단어가 대부분 사람이나 사물을 가리키는 것으로(예: 엄마, 곰돌이 등), 언어를 주로 사물의 이름을 붙이는 데 사용한다(사진 참조). 반면, 어떤 유아들은 좀 더 다양한 형태의 개인적 · 사회적 단어를 사용하는데(예: 고맙습니다, 안 해 등), 이러한 유아들은 언어를 주로 사회적 상호작용에서 주의를 환기시키는 도구로 사용한다(사진 참조). 전자의 유아들이 주로 사용하는 단어를 '참조적 양식(referential style)'이라 하고, 후자의 유아들이 주로 사용하는 단어를 '표현적 양식(expressive style)'이라 한다.

이러한 언어양식은 문화에 따라서도 차이를 보인다. 즉, 우리나라와 같이 대인 간 화목을 중시하는 아시아 문화권의 유아들은 미국과 같은 서구 문화권의 유아들보다 표현적 양식의 단어를 훨씬 빨리 습득한다(Choi & Gopnik, 1995). 우리나라 유아들이 초기에 말하는 전형적인 단어의 예를 들면 〈표 5-1〉과 같다.

〈표 5-1〉 **유아 초기에 사용하는 우리말 단어의 예**

분류		언어 표현
명사	사람	엄마, 아빠, 아가, 형아, 함니(할머니), 언니, 하버지(할아버지), 아움마(아줌마)
	신체	꼬(코), 발, 눙(눈), 머이(머리)
	의류	꼬까, 신바(신발)
	음식	무(물), 우유, 맘마, 밥바(밥), 아탕(사탕)
	장난감	빵빵(차), 꽁(공)
동사 · 형용사	동사	쉬, 가자, 까주(까 줘), 안줘, 없다, 때치, 안해, 앉아, 응가, 찌져(찢어 주세요), 씨셔(씻어 주세요), 어부바, 줘, 안녕, 장가(잘가), 빠이빠이
	형용사	미워, 시어(싫어), 아포(아퍼), 아뜨(뜨겁다), 아차(차갑다), 무서(무서워)

출처: 조성윤(1992). 한국 유아의 언어습득과 그 발달과정에 대한 고찰. 단국대학교 대학원 석사학위논문.

② 문법의 발달

우리말에서 문법적 형태소가 활발하게 나타나는 연령은 약 2~3세경이다. 이 시기에는 시제형 형태소나 주격 조사 '가' 등이 출현하기 시작한다. 한 단어 문장이나 두 단어 문장 또는 두 단어 이상의 문장은 모든 유아가 비슷한 시기에 사용하게 되지만, 격조사나 기타 어미들, 보조 어간들과 같은 문법적 형태소의 획득 순서와 시기에는 유아에 따라 어느 정도 차이가 있다(조명한, 1982).

언어발달 단계에서 가장 먼저 나타나는 형태소는 '엄마야'와 같은 호칭 어미와 '내꺼야'와 같은 문장 어미다. 다음으로 '같이, -랑, -하고, -도'와 같은 공존격을 나타내는 형태소 및 장소격(처소격이나 목적격 조사)을 나타내는 형태소가 출현한다. 주격 조사인 '가'와 '는'은 그 이후에 출현하며, 보통 주격 조사 '가'를 '는'보다 먼저 사용한다. 그다음으로 기타 격조사들이 출현하며, 과거, 현재, 미래를 나타내는 시제 형태소와 수동형태가 사용된다.

걸음마기에는 점차 의문문이나 부정문의 형태도 사용할 수 있게 되며, 자신들의 생각이나 욕구를 표현하는 데도 융통성을 갖게 된다. 보통 2세경이면 "이게 뭐야?"라는 질문을 끊임없이 하고, "먹어?"와 같이 말끝을 올려서 질문을 나타낸다. 부모가 질문을 귀찮게 여기지 않고 인내심을 가지고 반응하면, 자연스럽게 언어적 상호작용이 이루어질 수 있고, 이를 통해 유아의 언어능력이나 지적 능력의 발달을 도울 수 있다. 유아는 점차 다양한 의문사를 사용하게 되어 4세경이면 '뭐, 어디, 누가, 언제, 왜, 어떻게'와 같은 의문사를 모두 사용할 수 있다. 부정문도 2세경부터 나타나는데, 초기에는 '안-' 형태를 많이 사용한다. 예를 들어, "안 먹어" "안 아파" "안 예뻐" 등이 있다(신경혜, 1994).

③ 문장의 발달

유아가 문법적 형태소를 획득함에 따라 전문식 표현이 감소하고 말의 길이가 점차 길어진다. 일반적으로 만 1세 반에서 4세 정도까지는 말의 길이가 유아의 구문론적 발달 정도를 나타낸다(Newcombe, 1996). 우리나라 3~5세 아동을 대상으로 한 연구(권경연, 1980)에서도 연령이 증가함에 따라 문장의 평균 길이는 3단어에서 5단어로, 형태소 수는 8개에서 18개로 점차 증가하였다.

2) 인지발달과 보육교사의 역할

걸음마기 유아는 사건이나 사물에 대한 타인의 관점을 수용하기 어렵고, 자신의 직접 지각에 의해 모든 것을 판단하므로 보육교사는 유아가 직접 경험할 수 있는 기회를 제공하는 것이 필요하다.

(1) 탐구적 태도 격려하기

▶ 유아가 호기심을 가지고 주변의 사물을 관찰을 하고 있다.

걸음마기 유아는 일상생활에서의 다양한 경험을 통해 정보를 수집하고 감각을 발달시키며 인지가 발달된다. 이 시기의 유아는 본질적으로 호기심이 많아, 탐색 · 발견 등을 통해 자신의 세계를 넓혀 가고자 하는 동기가 강하다. 유아는 주변의 여러 가지 사물과 자연환경을 지각하고 호기심을 가지며, 일단 관심을 가지는 대상이 나타나면 지속적으로 관심을 나타낸다.

따라서 걸음마기 유아와 함께 생활하는 보육교사는 이런 발달특성에 대한 이해를 바탕으로, 단편적인 지식 제공자가 아니라 유아가 스스로 인지발달을 주도해 나갈 수 있도록 지원해 주는 촉진자의 역할을 수행해야 한다. 보육교사는 유아가 관심을 가지는 문제에 대해 적극적으로 반응해 주고 유아의 질문에 적극적으로 대답해 주면서 유아가 주변의 사물에 대해 스스로 지적 호기심을 충족시키는 과정을 격려해 주어야 한다. 이러한 과정을 통해 유아는 세상에 대한 호기심을 충족시켜 나가고 인지발달이 이루어진다.

(2) 언어적 · 비언어적 상호작용 확대

걸음마기 유아는 자신이 보고 경험한 것을 표현하고 동시에 자신의 감정과 생각을 보육교사와 상호작용을 통해 교환하고자 노력한다. 이 시기는 언어발달이 급속도로 진행되는 시기이기 때문에 보육교사와의 상호작용 과정은 유아의 언어발달을 증진시키는 과정이 되기도 한다.

보육교사는 유아가 지속적으로 앎의 세계를 확장하도록 자극하는 역할을 해야 하고 동시에 유아가 사고를 확장하고 다양한 생각을 하는 데 도움이 되도록 개방형 질문을 하는 등 유아의 인지발달을 돕기 위해 노력해야 한다.

보육교사는 언어적 상호작용뿐 아니라 비언어적 신호에도 언제나 민감하게 반응해야 한다. 특히 언어적 표현능력이 부족한 개개인을 잘 관찰하여 다음과 같이 유아의 사고와 경험을 격려하고 자극하는 역할을 해 주어야 한다.

▶ 보육교사는 개방형 질문을 통해 유아가 다양한 사고를 하는 데 도움을 줄 수 있다.

적절한 개입의 예

(교사는 유아들을 동그란 책상에 앉히고 준비해 놓은 종이로 만든 오징어[다리가 없는]를 보여 준다.)

교사: (색종이를 나눠 준다. 아이들이 색종이를 잡고 가만히 있자) 자, 선생님 잘 봐. (색종이를 두 손으로 잡고 길게 찢으면서) 색종이를 찢어 봐. 이렇게. (찢은 종이를 책상 위에 놓고 맨 윗부분을 풀칠한다.) 그리고 여기다가 풀칠을 해. (아이들을 보며) 친구들도 해 보세요.

수호: (아직 손가락에 힘이 없어서 색종이 반은 찢어서 책상 위에 내려놓고 풀을 붙이려고 한다.)

정원: (색종이를 자르지 않고 통째로 붙이려 한다.)

교사: (수호가 크게 자른 색종이를 가리키며) 수호야, 이거 다리 할 거야? 너무 크다. 좀 가늘게 다시 잘라 볼까? (너무 크게 자른 색종이를 수호 손에 다시 쥐어 준다.)

수호: (색종이를 잡고 선생님을 쳐다본다.)

교사: (색종이를 잡고 있는 수호 손 위에 교사의 손을 대며) 여기 잘라 보자. (하면서 교사는 수호의 손 위를 포개서 수호와 함께 색종이를 가늘게 자른다.) 그래, 이렇게 자르는 거야. 수호야, 그럼 여기다 풀칠해 봐.

(3) 체계적인 관찰 및 기록

보육교사가 걸음마기 유아의 발달을 격려하고 추후 교육활동에 반영하기 위해서는 유아의 현재 상태를 정확히 파악하는 것이 필요하다. 그러므로 학습일지(현장학습 기록장, 관찰일지, 보육일지), 체계적 기록(체크리스트, 평정척도, 사건표집), 일화기록 등을 통해 유아를 관찰하고, 이들의 작품을 수집하며, 활동상황을 사진으로 찍어서 정리해 두는 것이 필요하다(사진 참조). 이러한 과정을 통해 수집된 자료를 체계적으로 정리하고 분석하여 보육과정을 계획·운영·평가하면 유아의 인지발달을 적절하게 지원할 수 있다.

▶ 걸음마기 유아의 작품을 수집하고 관찰하는 것은 발달을 이해하는 데 많은 도움이 된다.

3. 걸음마기의 사회정서발달과 보육교사의 역할

걸음마기에는 영아기에 비해 정서가 보다 다양하게 분화된다. 놀이는 유아가 정서를 표현하고 사회적 관계를 확장해 나가는 중요한 매개가 된다. 그러므로 보육교사는 유아의 사회정서발달을 위해 적절한 놀이환경을 지원하는 등 다양한 역할을 수행해야 한다.

1) 걸음마기의 사회정서발달

걸음마기의 정서는 기존의 정서를 근간으로 보다 다양한 정서가 분화되고 정서인식이나 조절능력도 보다 발전한다. 놀이는 걸음마기 유아의 사회정서발달에 매우 중요한 역할을 하며, 이 무렵에 유아는 남녀 간의 차이를 이해하기 시작한다.

(1) 정서의 발달

걸음마기의 유아는 공포와 분노 등 사회적으로 중요한 정서상태를 유발하는 요인이나 표현 방법에서 영아와는 차이를 보인다. 그리고 호기심의 정서도 강하게 나타난다.

영아기에 겪게 되는 낯가림이나 분리불안 외에도 걸음마기의 유아는 수많은 것에 대해 공포를 느끼게 된다. 즉, 어둠이나 큰 소리, 새로운 상황에 대해 공포를 보이게 된다. 밤에 부모가 옆에 없거나 집 이외의 장소에서 잠을 깨었을 때 부모가 없으면 공포를 보이게 되며, 천둥소리에도 심한 공포를 보이게 된다. 공포는 과거의 경험과 직결된 것이 많아, 차에 다친 경험이 있는 유아는 달리는 차에 대해 공포반응을 보이게 된다. 또한 걸음마기에는 상상력이 발달하여 자신이 직접 경험하지 않은 사건에 대해서도 공포감을 보이게 된다. 일반적으로 불안은 부모와 분리된 상황이거나 낯선 장소에서 느낄 수 있으나, 영아기와는 달리 걸음마기에는 자신의 상상을 통해서도 불안을 느낄 수 있다. 손아래 동생을 보는 것도 어머니의 사랑을 빼앗길 수 있다고 생각하여 불안을 느끼게 하는 요인이 된다.

걸음마기 유아에게는 하고자 하는 일을 못하게 하거나, 어떤 일을 강요하거나, 부모가 관심을 가져 주지 않는 것 등이 분노를 유발하는 요인이 된다. 분노는 떼쓰기(사진 참조), 고집부리기, 말 안 듣기, 폭발행동 등으로 표출된다. 분노의 감정은 또래나 형제와의 관계에서 자주 나타난다. 생활의 중심이 놀이집단으로 옮겨 감에 따라 또래집단과 충돌이 일어나기도 하며, 동생을 보게 되면서 부모가 동생에게 보이는 사랑에 대해 질투심을 보이기도 한다. 이러한 질투심은 퇴행행동이나 공격성을 유발하기도 한다.

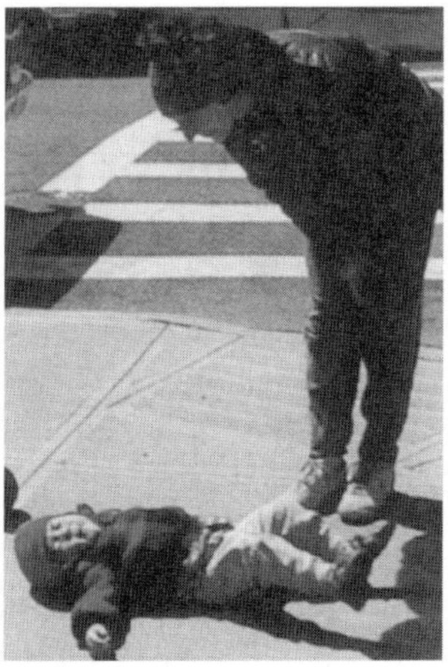
▶ 유아가 땅바닥에 드러누워 떼를 쓰고 있다.

호기심의 정서는 특히 걸음마기에 강하게 나타난다. 이 시기는 주위 인물이나 사물에 대한 호기심이 가장 왕성하게 나타나며, 눈에 띄는 것마다 '왜'라는 질문을 끊임없이 하는 질문의 시기다. 이는 자신의 신체나 성과 관련된 것들을 통해 나타나기도 한다. 이 시기는 성에 대한 호기심이 특히 커서 인형놀이를 통해 이를 자주 극화시키며, 자신의 생식기를 가지고 장난을 치기도 한다. 아동이 자신의 성이나 다른 성과 관련된 것에 대해 관심을 갖는 것은 정상적인 과정이다. 그러나 지나치게 심한 경우에는 놀이에 몰두하게 도와줌으로써 이로부터 벗어나게 해 주는 것이 바람직하다.

(2) 놀이

"놀면서 배운다"는 말도 있듯이, 놀이는 유아의 생활일 뿐만 아니라 유아가 여러 가지 지식을 획득하는 수단이기도 하다. 놀이는 또한 또래와의 관계를 확장시키고 신체발달을 돕는 다양한 기능을 가지고 있다.

① 놀이 이론

놀이를 설명하는 이론에는 정신분석이론, 사회학습이론, 인지발달이론 등이 있다. 정신분석이론에서는 놀이의 기능을 유아의 심리적 갈등을 완화시켜 주고 욕구를 충족시켜 주는 것으로 보았다. 놀이는 일상생활의 긴장상태를 여러 아동과의 관계를 통해 조절하거나 이를 사회적으로 인정된 방법으로 발산하는 기회를 제공해 준다. 또한 유아는 놀이를 통해 자연스럽게 자신이 지닌 심리적 문제를 표현하며 자신이 가진 부정적인 감정을 투사한다. 특히 다른 물건이나 사람인 것처럼 가장하고 놀이를 하는 가상놀이(사진 참조)에서는 이러한 투사를 통한 정화작용의 효과가 훨씬 크게 나타난다. 걸음마기에는 가상놀이가 점차 증가하므로 놀이를 통한 정화작용이 더욱더 중요한 의미를 갖게 된다.

사회학습이론의 관점에서 보면, 놀이는 사회적 관계를 형성하고, 사회성을 발달시켜 나가는 방법이다. 2세까지는 사회화된 놀이가 빈번하게 나타나지 않으나, 걸음마기에 접어들면 지금까지의 감각운동적 놀이에서 보다 사회화된 놀이로 발전한다. 유아의 사회성발달 수준에 따라 놀이 형태도 달라진다. 유아는 관찰학습이나 모방과정을 통해 사회적 기술을 습득하게 된다. 즉, 유아가 강화받은 놀이는 점차 빈번해지고, 강화받지 못한 놀이는 점차 감소하게 된다.

인지발달이론의 관점에서 보면, 놀이는 새롭고 복잡한 사건이나 사물을 배우는 방법이다. "일만 하고 놀 줄 모르면 아이를 바보로 만든다"라는 말처럼, 놀이는 인지발달에 절대적인 영향을 미친다. 유아는 놀이를 통해 새로운 개념이나 기술을 습득하고, 생각과 행동을 통합해 나가며, 문제해결 능력을 키울 수 있다. 이를 반영하듯 인지발달이론에서는 인지발달단계와 병행하여 놀이가 이루어진다고 한다(Piaget, 1962; Smilansky, 1968). 즉, 감각운동기에는 기능놀이를 주로 하고, 전조작기에는 구성놀이나 가상놀이를 주로 하며, 구체적 조작기에는 규칙 있는 게임을 주로 한다고 한다.

② 놀이 유형

놀이의 유형은 인지적 수준과 사회적 수준으로 구분할 수 있다. Smilansky(1968)는 놀이를 인지적 수준에 따라 기능놀이(functional play), 구성놀이(constructive play), 가상놀이(pretend play) 그리고 규칙 있는 게임(games with rules)의 네 가지 형태로 구분하였다. 영아기에는 딸랑이를 흔들거나 자동차를 앞뒤로 굴리는 것과 같이 단순히 반복적으로 근육을 움직이는 기능놀이가 주를 이룬다. 블록 쌓기, 그림 자르기, 그림 붙이기와 같이 무엇인가를 만들어 내는 구성놀이와 병원놀이, 소꿉놀이 등의 가상놀이는 걸음마기에 나타나기 시작하여 유아기에 활발하게 이루어진다. 윷놀이, 줄넘기놀이, 숨바꼭질과 같은 규칙 있는 게임놀이는 유아기 말에 나타나기 시작해서 아동기 말에 절정을 이룬다(Rubin & Krasnor, 1980).

Mildred Parten

Parten(1933)은 사회적 상호작용이 얼마나 많이 이루어지느냐에 따라 놀이를 다음과 같이 여섯 가지 유형으로 구분하였다. 첫째, 몰입되지 않은 놀이(unoccupied play)는 영아가 놀고 있지 않는 것처럼 보이지만, 주변의 일에 흥미를 보이며 주로 자신의 신체를 가지고 노는 것이다. 둘째, 방관자적 놀이(on-looker behavior)는 대부분의 시간을 다른 유아가 노는 것을 관찰하면서 보내며, 유아가 그들에게 말을 하거나 질문을 하거나 제안은 하지만 자신이 직접 놀이에 끼어들지 않고 계속 관찰하는 방관자적 입장에 있는 형태다. 셋째, 혼자놀이(solitary play)는 곁에 있는 유아와 상호작용을 하기보다는 혼자 장난감을 가지고 노는 것이다. 넷째, 평행놀이(parallel play)는 같은 공간에서 다른 유아와 같거나 유사한 성질의 장난감을 가지고 놀지만 상호 간에 특별한 교류가 없고, 이들과 가까워지려는 어떠한 노력도 보이지 않는 형태다. 다섯째,

연합놀이(associative play)는 둘 이상의 아동이 함께 공통적인 활동을 하고, 장난감을 빌려 주고 빌리기도 하면서 놀이를 하지만 각자의 방식대로 행동하며, 놀이에서 리더나 일정한 목표, 역할분담은 없는 형태다. 마지막으로, 협동놀이(cooperative play)는 아동이 한 가지 활동을 함께하고, 서로 도우며, 조직된 집단으로 편을 이루어 놀이를 하는 형태다. 규칙에 따라 놀이가 이루어지며 리더나 공동의 목표, 일정한 역할분담이 존재한다. [그림 5-4]는 놀이의 여러 가지 유형에 관한 것이다.

방관자적 놀이

혼자놀이

평행놀이

연합놀이

협동놀이

[그림 5-4] 놀이의 여러 가지 유형

Parten(1933)은 연령이 증가하면서 놀이는 보다 상호작용에 근거한 사회화된 형태로 발전한다고 하였다. 그러나 이러한 놀이의 발달단계에 대해서는 비판적인 견해도 있다. 이들은 혼자 노는 유아가 사회적 적응이 안 된다는 표시가 아니라 오히려 독립심과 성숙함을 나타내는 것일 수도 있다고 본다. 또한 평행놀이를 통해서도 유아는 옆에 있는 다른 유아의 놀이를 흉내 냄으로써 배우게 되며, 이러한 비언어적 상호작용은 이후의 연합놀이나 협동놀이에서 나타나는 언어적 상호작용이나 사회적 협응의 밑거름이 된다는 것이다(Eckerman, Davis, & Didow, 1989). 특히 현대사회와 같이 형제 수가 적고, TV 시청 시간이 많으며, 단순한 장난감보다 정교한 장난감, 특히 오락 게임기나 컴퓨터가 보편화된 사회에서는 혼자놀이의 비중이 점차 증가하게 된다.

2) 사회정서발달과 보육교사의 역할

어린이집에서 교사와 유아의 상호작용은 유아의 자율성발달이나 사회정서발달뿐 아니라 이후 전반적인 발달의 기초가 된다는 점에서 중요한 의미가 있다.

(1) 자율성의 격려

걸음마기 유아는 자의식의 발달과 자기중심적인 사고의 발달로 무엇이든 스스로 자기 힘으로 하고자 하는 욕구가 강하게 나타난다. 이 시기의 유아는 독립된 존재로서 자신을 인식하고 자신의 능력을 시험하며, "내가 할 거야" "내 거야"라는 말로 자신의 의사를 강하게 표현한다. 그러므로 보육교사는 다소 시간이 걸리더라도 유아가 스스로 할 수 있도록 기다려 주는 것이 필요하다. 유아와의 상호작용 시 교사는 유아의 독립성과 자율성에 수용적인 태도를 취해야 한다. 이러한 교사의 반응은 영아의 자율성발달에 도움이 된다.

(2) 사회적 상호작용 지도

걸음마기 유아는 자신의 요구를 관철시킬 수 있도록 타인의 의견을 조절하고 설득하는 방법을 배워 나간다. 애교, 웃음, 울음 등의 다양한 방식으로 자신의 요구를 관철시키려고 노력한다. 다양한 시도의 과정에서 타인의 반응을 보면서 자신의 행동방식을 선택하게 되고 자신의 요구를 수용해 준 상대방의 성향에 따라 지속적으로 동일한 방식으로 자신의 요구를 관철하고자 한다. 예를 들어, 친구와 놀잇감 때

적절한 개입의 예

(성욱이가 등원한다. 교사는 성욱이의 겉옷을 벗겨 준다.)

교사: 성욱아, 선생님이 옷 벗겨 줄게.

성욱: (옷을 잡으며) 으응~ 아냐.

교사: 성욱이가 스스로 옷 벗을 거예요?

성욱: (고개를 끄덕이며 겉옷 점퍼의 단추를 풀려고 하지만 잘 되지 않는다.)

교사: 성욱아, 성욱이 혼자 하기 어렵지? 선생님이 단추 푸는 것만 도와줄게. (성욱이 겉옷 단추를 풀러 준다.) 야, 다 풀렸네……. 이제 성욱이가 벗어 보세요.

성욱: (옷을 벗는다.)

교사: (성욱이가 벗은 옷을 접어 성욱이에게 준다.) 성욱이 옷 성욱이 서랍에 넣어 주세요.

성욱: (옷을 받아들고 자신의 서랍에 넣는다.)

문에 갈등상황이 생겼을 때 힘겨루기로 이 상황을 해결했던 유아들은 부정적 기술을 일반화하게 될 수 있을 것이다. 또한 걸음마기 유아는 언어표현 능력이 미숙하고 사회적 상호작용 기술이 부족하여 공격적인 방법으로 자신의 의사를 표현하기도 한다. 그러므로 보육교사는 충분히 시간을 가지고 유아의 이야기를 듣고 행동을 주시한 뒤, 격려의 말과 행동으로 유아의 긍정적인 시도를 칭찬해 주고 적절한 상호작용 방법을 지도해 주어야 한다.

(3) 정서인식 및 표현 지도

걸음마기는 자신의 감정을 표현하는 것에 익숙해지는 시기다. 이 시기 보육교사는 걸음마기 유아가 적절한 방법으로 스스로의 감정을 인식하고 표현하는 방식을 알 수 있도록 언어, 표정, 행동을 통해 다양한 반응을 해 주어야 한다. 무엇인가 스스로 이루어 냈을 때는 자랑스러움과 기쁨을 표현할 것이고, 해서는 안 되는 일을 했거나 실수를 했을 때는 죄책감이나 수치심을 느낄 수 있다. 이때 보육교사는 유아의 긍정적인 표현방식을 강화시켜 주고, 부정적 정서를 나타낼 경우에는 그 원인을 없애 주거나 부정적 정서를 적절한 방법으로 표현하는 모습을 모델로 보여 줄 수 있다.

걸음마기에는 자신의 정서를 인식하고 표현하기 시작하면서 동시에 타인의 정서에 관심을 가지고 이들의 정서를 인식하고 공감하기 시작한다. 또래집단과 함께 놀이하는 시간이 조금씩 늘어나면서 공감능력 또한 커지기 시작하지만 개인차가 있기 때문에 보육교사의 지도가 필요하다. 보육교사는 동화책을 읽어 주고 주인공의 입장에서 생각해 보게 하거나, 친구의 표정을 보고 기분이 어떨지 맞추어 보는 활동 등을 통해 유아가 타인의 정서를 인식하고 공감하는 능력을 키워 갈 수 있도록 지도해 주어야 한다(사진 참조).

▶ 걸음마기 영아에게 동화책을 읽어 주고 주인공의 입장에서 생각하게 하거나, 친구의 기분을 맞춰 보는 활동은 정서지도에 도움이 된다.

(4) 정서적 안정감 제공하기

걸음마기는 자신의 의견을 언어로 의사소통하기 시작하는 시기이므로 보육교사가 영아와 눈높이를 맞추어 이야기를 나누고, 영아의 말을 주의 깊게 들어주며, 영아의 호기심에 민감하게 반응하고, 영아의 감정을 수용해 주면, 영아는 보육교사에게 신뢰감을 느끼고 어린이집에서 정서적 안정감을 느낄 수 있을 것이다.

동시에 보육교사는 유아가 보이는 각종 신호와 단서에 대한 식별 능력이 있어야 한다. 보육교사가 유아와 상호작용을 하다 보면 동일한 상황에서도 유아들이 각자 다르게 반응하는 것을 종종 접하게 된다. 예를 들어, 낯선 상황이나 사람에 대해 수용적이고 적응력이 뛰어난 유아가 있는가 하면, 상황 변화에 대해 적응이 늦고 거부적인 유아도 있다. 이렇게 유아가 동일한 상황에서 다르게 반응하는 것은 개인차에서 비롯된 것이다. 따라서 보육교사가 유아의 이러한 개인차를 제대로 파악하고 이를 고려해 행동한다면, 유아는 언제나 정서적으로 안정감을 느낄 수 있을 것이다.

제6장

유아기의 발달과 보육교사의 역할

유아기에는 신체의 크기나 모습에서 현저한 변화가 나타난다. 이에 따라 눈과 손의 협응능력뿐 아니라 대근육 운동과 소근육 운동능력이 급속도로 발달하면서 식사와 옷 입기, 배변훈련 등의 신변처리 활동을 스스로 수행할 수 있게 된다. 유아기는 눈앞에 존재하지 않는 대상을 기억할 수 있는 표상능력이 발달하고 상상과 환상이 풍부해지는 시기다. 그리고 주변 환경에 대한 탐색이 활발하게 이루어지고 많은 어휘와 문법을 습득함으로써 다른 사람과의 의사소통도 보다 활발해진다. 이러한 능력을 기초로 발달하는 놀이는 유아기의 중요한 과업이 된다. 유아는 놀이를 통해 자신이 습득한 지식을 실제로 적용해 보고 발전시켜 나가며, 일상생활에서의 긴장감을 해소시켜 나간다. 또한 유아기는 영아기나 걸음마기에 비해 대인관계의 폭이 넓어지고 다양해지는 시기다. 활동반경이 넓어짐에 따라 유아기에는 인간 상호관계에 따른 정서적 긴장이 심하게 나타난다. 이 장에서는 유아기의 신체발달, 인지발달, 사회정서발달의 전반적인 특성들을 살펴보고, 이에 기초하여 각각의 발달에 따른 보육교사의 역할을 살펴보고자 한다.

1. 유아기의 신체발달과 보육교사의 역할

유아기에는 영아기에 비해 속도는 완만하지만 꾸준히 신체적 성장이 이루어지고,

대근육과 소근육 운동능력도 꾸준히 발달한다. 그러므로 보육교사는 초등학교 준비를 위한 신변처리 능력을 지원하는 등 다양한 역할을 수행해야 한다.

1) 유아기의 신체발달

유아기의 신체적 변화 가운데 가장 눈에 띄는 변화는 신체의 크기나 모습에서의 변화다. 영아기의 신체적 특징이던 큰 머리, 둥글고 통통한 얼굴, 불룩 나온 배, 짧은 사지 등의 모습은 유아에게서 더 이상 찾아볼 수 없다. 이러한 신체적 변화에 따라 유아는 새로운 운동능력을 발달시키게 된다.

(1) 신체적 성장

영아기만큼 빠른 속도는 아니지만 유아기에도 신장과 체중이 꾸준히 증가한다. 2세부터 6세까지 매년 신장은 7cm, 체중은 2kg씩 증가하여 6세가 되면 평균 신장이 115cm, 체중이 20kg 정도가 된다. 그리고 남아가 여아보다 신장이 조금 더 크다. 유아기에는 성장속도가 둔화됨에 따라 먹는 양도 적어져서, 부모들은 자녀가 밥을 잘 안 먹는다고 애를 태우기도 한다. 이때 강제로 밥을 먹이는 것보다 배고플 때에만 먹게 하는 것이 유아가 필요한 만큼의 열량을 섭취할 수 있게 한다(Johnson & Birch, 1994). 유아기에는 건강을 유지하고 골격의 성장을 촉진하기 위해 균형 잡힌 식사를 해야 한다. 여러 가지 식품을 골고루 섭취하고, 특히 칼슘과 무기질, 철분, 비타민 C, 단백질 섭취를 늘려야 한다.

▶ 신체의 비율과 체지방의 구성비율이 1세와 5세 사이에 극적으로 변한다. 신체에 비해 머리가 크고 통통하던 영아가 다리가 길어지면서 홀쭉한 모습으로 변한다.

신장과 체중의 꾸준한 증가는 신체비율의 변화를 초래한다. 여전히 머리가 신체에 비해 큰 편이지만, 유아기 말이 되면 하체가 길어지면서 머리가 무겁고 커 보이는 모습에서 벗어나게 된다. 유아기에는 체지방도 꾸준히 감소한다(Rallison, 1986). 전체적으로 통통하던 영아의 모습에서 길고 홀쭉한 모습으로 변한다(사진 참조). 신체 각 부분의 각기 다른 성장속도는 유아의 신체비율을 극적으로 변하게 한다.

(2) 운동기능의 발달

유아기에 들어서면서 대근육 운동뿐만 아니라 소근육 운동기술이 급속도로 발달한다. 영아기에 걸음마를 배운 영아는 유아기에 와서는 달리기, 뛰기, 공 던지기, 자전거 타기, 그네 타기 등을 할 수 있다. 유아가 할 수 있는 여러 가지 대근육 운동기술은 체중의 중심(center of gravity)이 아래로 옮겨 가면서 증대한다. 머리 크기가 신체의 1/4을 차지하는 신생아의 경우 체중의 중심이 흉골 바로 아래에 위치해 있어 매우 높은 쪽에 있는 편이다. 그러나 유아기에는 머리 크기가 신체에서 차지하는 비율이 작아지면서 체중의 중심이 배꼽 아래로 내려간다(Lowrey, 1978). 체중의 중심이 높으면 균형을 잡기가 매우 힘들다. 그래서 머리가 큰 영아기에는 걷다가 잘 넘어진다(사진 참조).

▶ 머리가 큰 영아기에는 균형을 잡기가 힘들어 빨리 걸으면 넘어지기 쉽다.

3세경의 유아는 잘 달리지만 달리면서 방향을 바꾸지는 못한다. 일단 달리기를 멈춘 다음 방향을 바꾸고 다시 달리기 시작한다. 그러나 5세경에는 계속 달리면서 방향을 바꿀 수 있으며, 갑자기 멈추어도 앞으로 넘어지지 않는다. 3세 유아는 한 발을 다른 발 앞에 갖다 대면서 땅에 그려진 직선 위를 일자로 걸을 수 있다. 4세에는 직선보다 걷기 어려운 곡선 위를 걸을 수 있다. 평균대 위를 걷는 것은 더욱더 어렵다. 평균대 위를 걸을 때는 체중을 양쪽 다리에 적절히 실으면서 한 발을 다른 발 앞에 갖다 놓아야 한다(사진 참조). 어린 유아들은 평균대에서 몇 번씩 내려와서 균형을 취한 다음 다시 평균대로 올라가 끝까지 간다(Cratty, 1986).

유아기에는 눈과 손의 협응과 소근육의 통제능력도 급속히 발달하기 때문에 손의 사용이 점점 정교해진다. 그러나 대근육 운동기술보다 소근육 운동기술을 습득하는 것이 훨씬 더 어렵다. 우유를 흘리지 않고 잔에 따르기, 수저로 밥 먹기, 연필로 글씨 쓰기, 크레용으로 색칠하기, 가위로 오리기, 단추 채우기, 구두끈 매기(사진 참조) 등은 유아에게 상당히 어려운 작업이다. 일반적으로 소근육 운동기술은 여아가 앞서는 반면, 대근육 운동기술은 남아가 우세하다.

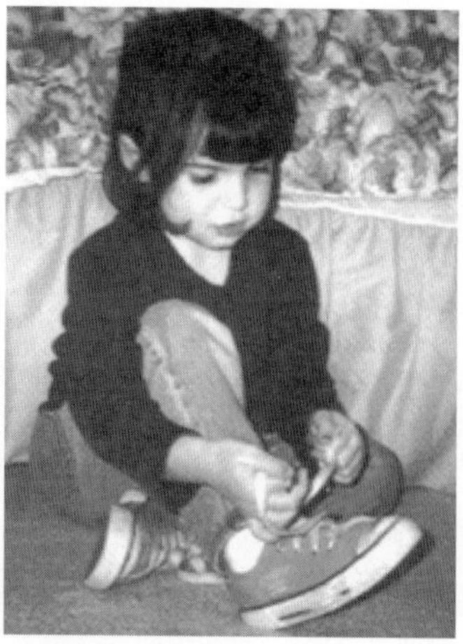

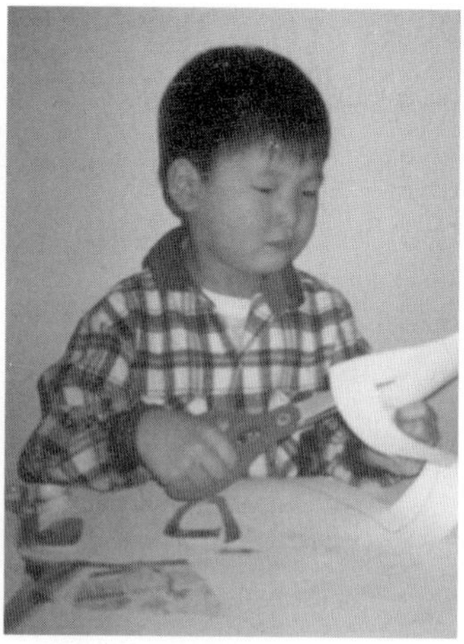

2) 신체발달과 보육교사의 역할

대근육과 소근육 운동능력이 급속도로 발달하고 눈과 손의 협응능력이 빠르게 발달하는 유아기의 신체발달 특성을 고려하여 보육교사는 기본적인 습관 형성이나 신변처리 능력 향상을 위한 다양한 지원을 해야 한다.

(1) 대근육 · 소근육 활동 촉진

유아기가 되면서 여러 가지 대근육 운동기술이 발달하며, 대근육을 사용한 다양한 신체활동을 통해 유아는 자신의 신체에 대해 긍정적인 인식을 가질 수 있다. 다양한 종류의 기구나 시설을 이용한 활동을 경험하면서 유아는 유연성과 신체조절력, 균형감각이 발달하게 되며, 자신의 신체적 능력에 자신감을 갖게 된다. 그리고 이러한 활동을 통해 스트레스를 해소하기도 한다(사진 참조). 따라서 교사는 일상생활에서 유아가 신체 및 운동 능력을 발달시킬 수 있는 기회와 시간을 충분히 제공해야 한다. 그리고 유아의 스트레스의 원인을 파악하여 이를 발산할 수 있도록 도와주어야 한다. 유아의 경우 영아에 비해 신체조절 능력과 기본 운동능력이 보다 세분화된다. 유아가 걷기, 달리기의 속도를 조절하고 안정된 자세로 움직일 수 있

▶ 유아들이 커다란 공을 이용하여 신체활동을 하고 있다.

으므로 실내뿐 아니라 바깥놀이를 통해 유아의 놀이욕구 및 수준을 향상시켜 줄 필요가 있다.

또한 유아가 자기 스스로 소근육 운동기술을 습득할 수 있는 기회를 자주 제공해 주어야 한다. 산책을 나가거나 바깥놀이를 할 경우, 스스로 겉옷을 입고 단추와 지퍼를 올릴 수 있도록 격려한다. 운동화 끈도 혼자서 맬 수 있도록 한다. 또한 그리기나 만들기 도구를 활용하여 조작도 가능하므로 다양한 미술재료를 사용하여 여러 가지 조작운동을 할 수 있도록 지원해 준다(사진 참조).

▶ 가위를 사용함으로써 유아의 소근육발달을 도울 수 있다.

(2) 식습관 지도

유아기는 일생 동안 지속될 수 있는 식습관이 형성되는 시기다. 따라서 교사는 이 시기에 균형 잡힌 영양섭취와 올바른 식습관이 형성될 수 있도록 지도해야 한다(사진 참조). 특히 유아기에는 자율성의 발달로 스스로 식품을 선택하고 그 양을 결정하고자 하는 욕구가 강하므로 교사가 때때로 간식이나 식사의 양을 유아에게 물어보고 그 선택을 존중해 주는 것도 유아의 자율성을 향상시킬 수 있는 방법이다. 그러나 간식만 너무 많이 먹고 식사를 적게 먹는 유아도 있을 수 있으므로 개별 유아의 특성과 식사량을 파악하여 조절해 주어야 한다.

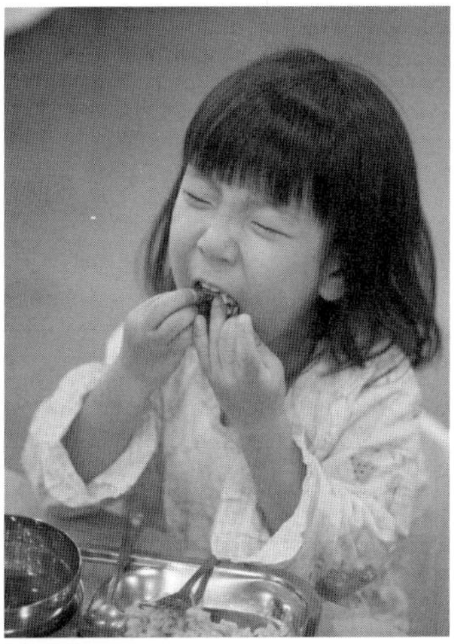

▶ 고기를 상추에 싸서 먹음으로써 균형 잡힌 식사를 할 수 있다.

유아 중에는 조개나 버섯 같은 물컹한 느낌의 음식물을 거부하는 경우가 있으므로 배식 시 더 잘게 잘라 주거나 "우리 밥 속에 숨겨서 안 보이게 먹어 볼까?"라는 제안을 교사가 해 준다면 유아가 새로운 음식을 시도하는 데 도움이 되기도 한다.

유아마다 식사 속도가 다를 수 있다. 어떤 유아는 매우 빨리 먹는 반면에 어떤 유아는 너무 천천히 먹는 경우도 있다. 교사는 적정한 시간을 정하여 급하게 먹는 유아는 조금 천천히 먹을 수 있도록 하고, 느리게 먹는 유아는 다른 유아와 속도를 맞추어 먹을 수 있도록 지도한다. 교사는 식사 속도에 개인차가 있을 수 있다는 사실을 이해하고 시간적 여유를 줄 수 있도록 해야 한다.

(3) 위생관리

▶ 식사 후 이를 닦는 것도 청결함을 유지할 수 있는 방법이다.

어린이집은 여러 명의 유아들이 함께 지내는 곳이므로 전염성 질병에 쉽게 노출될 가능성이 많다. 그러므로 등원하는 유아들이 기관에 오자마자 손을 깨끗이 씻도록 지도한다면 전염성 질병의 발생 위험을 줄일 수 있다. 물론 교사도 출근과 동시에 자신의 손을 씻어 청결함을 유지하는 것은 기본이다. 그리고 유아가 전염성 질병에 걸렸다고 의심될 때에는 적절하게 격리조치하고 시설장에게 보고하여야 한다.

보육실에서 여러 유아들이 사용하는 수건은 자주 세탁해야 하며, 정기적으로 삶아서 사용해야 전염성 질병을 예방할 수 있다. 유아들이 가지고 노는 교구나 장난감 등도 정기적으로 소독하여 사용하도록 한다. 전문기관에 의뢰하여 소독하는 것이 어려울 때에는 재질에 따라 자주 세탁하거나 세척기를 이용하여 소독해서 사용할 수도 있다.

유아는 매년 정기적인 건강검진을 받을 필요가 있다. 종전에는 의사가 어린이집을 방문하여 유아들을 일괄적으로 검진하였으나, 최근에는 부모가 유아 개인의 연령별로 정해진 기간에 병원을 방문하여 영유아 검진을 받는 것으로 변경되었다. 그러므로 교사는 가정통신문을 통해 부모에게 이러한 사실을 적극적으로 홍보하여 제때에 유아의 건강검진이 이루어질 수 있도록 안내해야 한다.

(4) 안전교육 강화

유아기는 스스로 환경을 탐색하고 활동에 참여하고자 하는 주도성이 발달하는 시기다. 이로 인해 유아의 안전이 큰 문제가 될 수 있다. 따라서 교사는 유아의 주변 환경에서 위험요소를 제거하여 안전한 보육환경이 되도록 힘써야 한다. 전기 콘센트에는 반드시 안전덮개를 씌우고 바닥에 늘어져 있는 전선은 유아가 넘어질 위험이 있으니 잘 정리해야 한다.

교육계획안 구성 시 유아를 대상으로 정기적인 안전교육을 꼭 실시하도록 한다(사진 참조). 안전교육의 내용은 안전한 장소에서 놀이기구나 놀잇감을 가지고 안전하게 놀며 다른 사람을 배려하는 내용에서부터 위험한 상황에서 안전하게 행동하는 내용까지 다양하게 구성한다.

소방훈련 같은 대피연습을 계획할 때에는 미리 정해진 시간 외에 식사 시간, 낮잠 시간, 자유놀이 시간, 대집단활동 시간 등 다양한 상황을 연출하여 실제로 대피해 보는 훈련을 실시하여야 한다. 그래야 유아가 실제로 화재가 발생했을 때 연습한대로 대피할 수 있다. 특히 화재가 났을 때 겁에 질린 유아는 밖으로 뛰쳐나가기보다는 본능적으로 책상 밑이나 옷장 속 같은 구석진 곳에 숨는 경향이 있다. 따라서 꾸준한 연습을 통해 안전하게 대피할 수 있도록 반복해야 하며, 유아가 적극적으로 안전교육에 참여하도록 유도해야 한다.

▶ 유아들이 소방대원의 도움을 받아 간단한 소화기 사용법을 배우고 있다.

2. 유아기의 인지발달과 보육교사의 역할

유아기에 접어들면서 유아의 인지능력은 영아기보다 세분화되고 다양해져서 상징을 사용할 수 있는 능력을 갖게 되고, 기억의 발달로 단어의 습득이나 문법의 숙달이 가능해져 의사소통도 보다 효율적으로 이루어질 수 있다. 그러므로 보육교사는 유아가 인지발달에서 주도적인 역할을 해 나갈 수 있도록 지원해 주어야 할 것이다.

1) 유아기의 인지발달

유아는 이제 눈앞에 존재하지 않는 대상이나 사건에 대해 정신적 표상에 의한 사고를 할 수 있고, 보다 효율적으로 의사소통할 수 있다. 그러나 유아는 어떤 사물이나 사건을 대할 때, 사물의 두드러진 속성에 압도되어 두 개 이상의 차원을 동시에 고려하지 못하는데(사진 참조), 이러한 사고의 특성을 Piaget는 직관적 사고로 설명하였다.

▶ 유아기에는 블록을 색깔이나 모양에 따라 분류할 수는 있지만 색깔과 모양을 한꺼번에 고려해서 분류하지는 못한다.

(1) 직관적 사고기

직관적 사고기에는 판단을 직관에 의존하기 때문에, 전체와 부분의 관계를 정확하게 파악할 수 없으며, 보존개념, 유목포함, 서열화 등의 개념을 습득할 수 없다.

① 보존개념

보존개념(conservation)은 어떤 대상의 외양이 바뀌어도 그 속성이 바뀌지 않는다는 것을 이해하는 능력을 의미한다. 대표적인 예가 양(액체)의 보존개념 실험이다. 이 실험에서는 유아가 보는 앞에서 모양이 같은 두 개의 잔에 같은 양의 물을 부은 다음 유아에게 어느 잔의 물의 양이 더 많은지를 물어보면 유아는 두 잔의 물의 양이 같다고 대답한다. 그러나 한 잔의 물을 밑면적은 넓지만 높이가 낮은 잔에 옮겨 담고, 이제 어느 잔의 물의 양이 더 많은지 유아에게 물어보면, 두 잔의 물의 양이 같다는 사실을 이해하지 못한다. 이는 물의 양에 대한 보존개념이 형성되지 않았다는 것을 말해 준다.

수, 길이, 무게, 부피 등의 보존개념 실험에서도 이와 유사한 결과가 나타난다. [그림 6-1]은 여러 가지 보존개념에 관한 실험들의 예다. 보존개념이 획득되는 연령은 과제의 종류에 따라 상이하다. 수의 보존개념은 5~6세, 길이의 보존개념은 6~7세, 무게, 액체, 질량, 면적의 보존개념은 7~8세, 부피의 보존개념은 11~12세에 획득되는 것으로 보인다. 우리나라 유아들을 대상으로 수의 보존개념과 양의 보존개념을 살펴본 연구(박종효, 1993)에서 수의 보존개념 과제는 5세 유아 중 37.5%, 6세 유아 중 78.6%가 통과하였다. 양의 보존개념 과제는 5세 유아 중 12.5%, 6세 유아 중 21.4%만이 통과하였다. 또한 양의 보존개념 과제를 통과한 유아 중 수의 보존개념 과제에서 실패한 유아가 없었던 반면, 수의 보존개념 과제를 통과하고도 양의 보존개념 과제에 실패한 유아는 45.5%였다. 이는 양의 보존개념이 수의 보존개념 이후에 출현한다는 Piaget의 주장을 뒷받침하는 것으로 보인다.

이와 같이 유아기에 보존개념을 획득하지 못하는 이유에 대하여 Piaget는 다음과 같이 설명하였다. 첫째, 중심화(centration) 현상 때문이다. 중심화란 두 개 이상의 차원을 동시에 고려하지 못한 채 한 가지 차원에만 주의를 집중하는 것을 말한다. 둘째, 직관적 사고의 특성 때문이다. 유아가 보기에는 밑면적이 넓고 길이가 짧은 잔의 물의 양이 적어 보인다. 그러니까 유아는 그 잔의 물의 양이 적을 것이라고 생각한다. 셋째, 정지된 상태(states)에 주의를 집중함으로써 똑같은 양의 물을 한 잔에서 다른 잔으로 옮겨 놓았다는 전환상태(transformations)를 고려하지 못하기 때문이

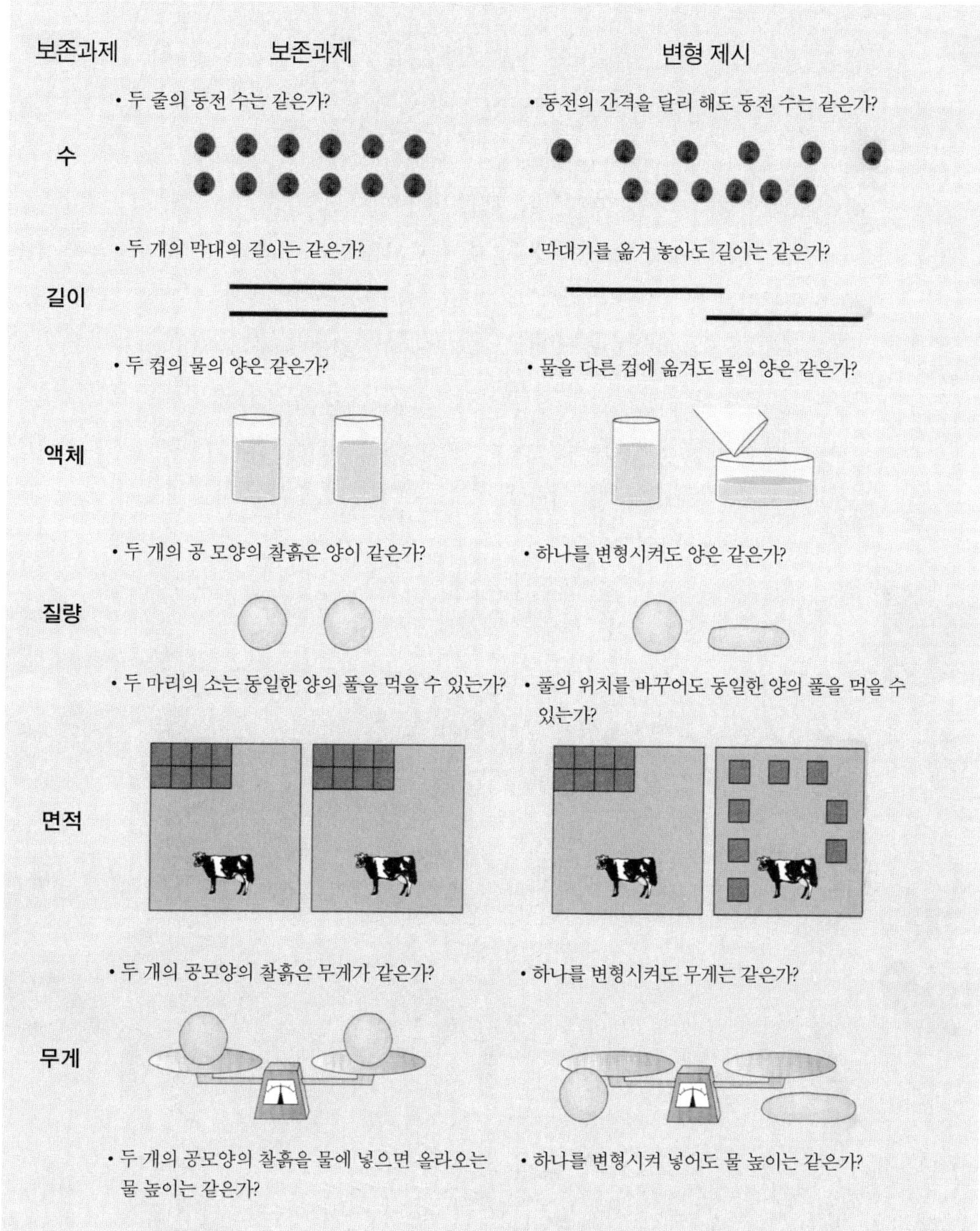

[그림 6-1] 보존개념 실험의 예

출처: Berk, L. E. (1996). *Infants, children, and adolescents* (2nd ed.). Needham Heights, MA: Allyn & Bacon.

다. 넷째, 전조작기 사고의 특징인 비가역성(irreversibility) 때문이다. 가역성(reversibility)은 어떤 변화가 일어났을 때 이것을 이전 상태로 되돌려 놓는 것을 말하는데, 비가역성은 이런 능력이 없는 것을 말한다.

② 유목포함

유목포함(class inclusion)은 상위유목과 하위유목 간의 관계, 즉 전체와 부분의 관계를 이해하는 능력을 말한다. 유목포함에 관한 실험에서 유아에게 열 송이의 빨간색 장미와 다섯 송이의 노란색 장미를 보여 주고 "빨간색 장미가 더 많니? 장미가 더 많니?" 라고 물으면 유아는 빨간색 장미가 더 많다고 대답한다. 이때 유아는 빨간색 장미와 노란색 장미(하위유목)가 모두 장미라는 상위유목에 포함된다는 사실을 이해하지 못하고, 장미꽃의 색깔이라는 지각된 특성에만 주의를 집중하게 된다. 왜냐하면 전체(장미)와 부분(빨간색 장미와 노란색 장미)이라는 논리적 관계를 이해하지 못하기 때문이다.

③ 서열화

유아에게 길이가 다른 여러 개의 막대기를 주고 길이가 짧은 것부터 순서대로 나열해 보라고 하면, 3~4세의 유아는 [그림 6-2]의 A에서 보듯이 차례대로 나열하지 못한다. 5~6세가 되면 일부는 순서대로 나열하나 전체적으로는 서열대로 나열하지 못한다. 때로는 [그림 6-2]의 B에서 보듯이 아랫부분은 무시하고 윗부분만을 순서대로 나열하기도 한다.

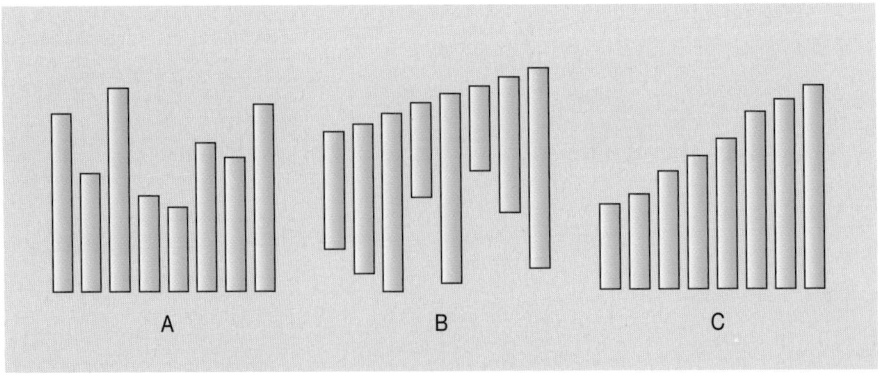

[그림 6-2] 서열화 개념의 발달

(2) 기억발달

유아기에는 영아기에 비해 기억능력이 크게 발달하는데, 여기에는 네 가지 요인이 작용하는 것으로 보인다(Shaffer, 1999). 첫째, 정보를 저장할 수 있는 저장공간인 기억용량(memory capacity)의 증가, 둘째, 정보를 체계적으로 저장하고 인출할 수 있는 기억전략(memory strategy)의 발달, 셋째, 기억과 기억과정에 대한 지식인 상위기억(metamemory)의 발달, 넷째, 연령 증가에 따른 지식기반(knowledge base)의 확대가 그것이다.

기억용량이 증가한다는 것은 정보를 저장할 수 있는 공간이 증가한다는 것을 의미한다. 기억공간에는 감각기억, 단기기억, 장기기억이 있는데, 감각기억과 장기기억의 용량은 연령에 따른 변화가 거의 없는 것으로 보이기 때문에, 기억용량의 증가는 단기기억 용량의 증가를 의미한다(Bjorklund, 1995). 일반적으로 단기기억의 용량은 기억폭(memory span) 검사에 의해 측정된다. 기억폭 검사는 숫자를 몇 개 불러 준 다음 그 순서대로 말해 보도록 하여 정확하게 회상할 수 있는 항목 수로 기억폭을 측정한다. [그림 6-3]에서 보는 바와 같이 기억폭은 유아기에 급격히 증가하는 것임을 알 수 있다. 즉, 2세 유아의 기억폭은 2개 정도이고, 5세 유아는 4.5개, 그리고 성인의 기억폭은 7~8개 정도다(Dempster, 1981).

기억 전략은 정보를 장기기억 속에 저장하고 그 정보가 필요할 때 인출이 용이하도록 해 주는 의도적인 활동으로, 이를 기억술이라고도 한다. 기억전략에는 기억하려는 것을 반복연습하는 시연(rehearsal), 관련 있는 것끼리 집단화시키고 유목화하는 조직화(organization), 기억해야 할 정보에 다른 것을 연결시켜 정보가 갖는 의미의 깊이와 폭을 더욱 확장시키는 정교화(elaboration), 그리고 도움이 될 수 있는 단서를 사용하는 인출(retrieval) 전략 등이 있다.

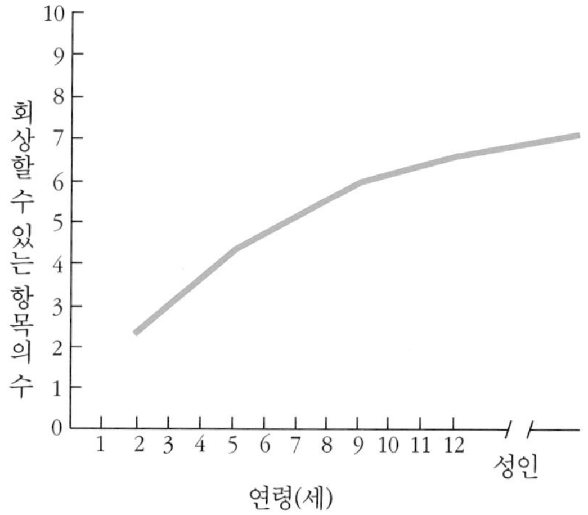

[그림 6-3] 연령에 따른 기억폭의 증가

출처: Dempster, F. N. (1981). Memory span: Sources of individual and developmental differences. *Psychological Bulletin, 89*(1), 63-100.

상위기억이란 기억과 기억과정에 대한 지식을 말한다. 즉, 자신이 정보를 기억하는 데에는 한계가 있으며, 짧은 내용보다 긴 내용이 기억하기 더 어렵고, 어떤 기억 전략을 이용하는 것이 더 효과적인지를 아는 것 등이 상위기억에 관한 것이다(Schneider & Bjorklund, 1997; Schneider & Pressley, 1997). 유아도 상위기억에 대한 초보적인 지식을 가지고 있는 것으로 보인다. 3, 4세 유아도 짧은 내용이 긴 내용보다 기억하기 쉽고, 긴 내용은 기억하려면 더 많은 노력이 필요하다는 것을 안다(Kreutzer, Leonard, & Flavell, 1975; Yussen & Bird, 1979). 그러나 유아들은 자신의 기억능력을 과대평가하는 경향이 있다. 한 연구(Flavell, Friedrichs, & Hoyt, 1970)에서 4~11세의 아동들에게 10개의 그림을 보여 주고 이를 얼마나 기억할 수 있는지를 알아보았다. 11세 아동들은 자신이 기억할 수 있는 그림의 수를 제대로 예측했지만, 4세 유아들은 자신의 기억능력을 과대평가하여 10개를 모두 기억할 수 있다고 대답했지만 실제로는 3~4개밖에 기억하지 못하였다.

지식기반이란 학습할 내용과 관련된 지식을 의미한다. 우리가 이미 알고 있는 주제에 관해 학습한다면, 그것은 우리 기억 속에 저장되어 있는 기존의 지식이나 정보와 빠르게 연결될 수 있기 때문에 쉽게 기억할 수 있다. 친숙한 주제와 친숙하지 않은 주제에 관한 글을 읽는다고 가정해 보자. 친숙한 주제의 경우에는 우리가 이미 가지고 있는 지식에 새로운 정보를 연결시킴으로써 재빨리 정보를 처리할 수 있다. 그러나 친숙하지 못한 주제를 학습하거나 기억해야 하는 경우 그 주제와 관련된 지식이 우리 기억 속에 저장되어 있지 않기 때문에 더욱 많은 노력이 요구된다.

(3) 언어발달

유아가 사용하는 단어의 수는 유아기에 빠른 속도로 증가한다. 이와 같이 단어 수가 급증하는 것은 유아의 인지적 성숙으로 인해 사물을 범주화할 수 있는 능력이 발달하는 것과 관련이 있어 보인다(Goldfield & Reznick, 1990). 유아기 말까지 보통 1만 개의 새로운 단어를 습득하게 되는데(Anglin, 1993), 이는 하루에 평균 6개 정도의 새로운 단어를 습득하는 셈이다. 하지만 이러한 단어습득 속도나 학습능력에는 상당한 개인차가 있다.

Jeremy M. Anglin

유아기에는 문장구조에 대한 분명한 감각이 엿보인다. 유아기 초기에는 전문식 문장의 형태를 유지하고 있으나, 점차 주어·동사·목적어 이외의 문장의 요소들이 첨가되기 시작하며, 복수형이나 어간에 어미를 다르게 활용하여 사용하기 시작한다. 그러나 아직까지는 사고의 자기중심성 때문에 언어도 의사소통을 위한 사회화된 언어로 발달하지 못하고 자기중심적인 특성을 갖는다. 반복, 독백, 집단적 독백 등은 유아의 자기중심적인 언어표현의 대표적인 형태다. 그러나 유아기 말에는 자기중심적 언어가 줄어들고 점차 사회화된 언어를 사용하게 된다.

2) 인지발달과 보육교사의 역할

유아기는 초등학교 입학을 앞두고 있는 시기이므로 인지발달을 위해 많은 준비가 필요한 시기다. 그러므로 보육교사는 직접경험을 통한 학습기회를 제공하는 등 다양한 역할을 수행해야 한다.

(1) 직접경험의 기회 제공

유아는 경험을 통한 학습(learning-through-experience)을 함으로써 현상을 더 잘 이해할 수 있다(Bardapurkar, 2006). 따라서 교사는 유아가 직접경험을 할 수 있는 기회를 많이 제공해야 한다. 어린이집에서 쉽게 할 수 있는 직접경험으로는 요리활동을 들 수 있다. 유아는 요리를 함으로써 자신의 신체 및 감각을 이용하여 다양한 지식을 습득할 수 있다. 즉, 다섯 가지 감각을 사용하여 재료의 크기, 모양, 색깔, 맛, 촉감, 냄새 등 여러 가지 지식을 얻을 수 있다. 또한 재료를 반죽하거나 혼합하고 가열하는 과정을 통해 다양한 지식을 터득하기도 한다(사진 참조). 그러므로 교사는 주제와 관련된 요리활동을 교육계획안에 반영하여 실시하도록 한다. 예를 들어, '나의 몸'이라는 주제에서는 식빵을 이용하여 자신의 얼굴을 만들어 봄으로써 신체구조를 탐색할 수 있다. 또한 피자토스트를 만드는 과정에서 토핑으로 사용되는 버섯, 피망, 양파, 햄, 옥수수 등 여러 가지 재료를 맛보고 냄새 맡고 만져 봄으로써 사고를 확장시켜 나갈 수 있다.

또한 주제와 관련된 견학을 통해 유아는 실제 사물을 직접 접할 수 있는 기회를 가진다. 예를 들어, 우리나라에 대한 주제로 활동을 할 때 한옥마을을 직접 방문하여 전통 집의 모양과 구조를 살펴볼 수 있다. 또한 전통차를 직접 마셔 보면서 차 예절을 배울 수도 있다(사진 참조).

▶ 한 유아가 양갱을 틀에 넣어 굳히는 과정을 통해 재료의 특성을 탐색하고 있다.

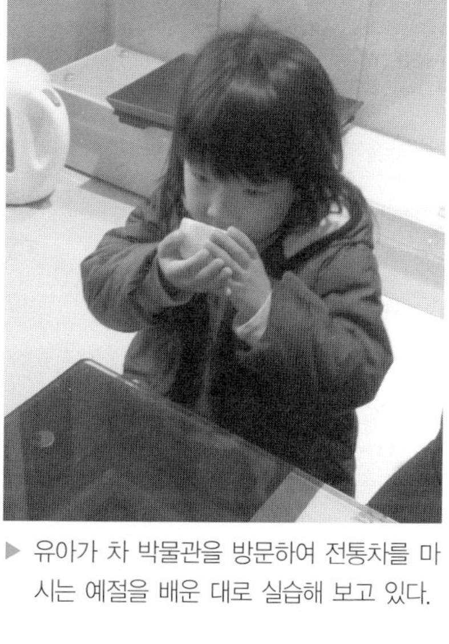

▶ 유아가 차 박물관을 방문하여 전통차를 마시는 예절을 배운 대로 실습해 보고 있다.

지역사회의 자원을 적극적으로 활용하는 것도 좋은 기회가 된다. 어린이집 주변에 위치한 경찰서, 소방서, 우체국, 도서관, 은행, 서점, 꽃집, 빵집, 사진관 등을 방문하여 그곳에서 하는 일을 유아가 직접 보고 체험할 수 있도록 한다. 전문가의 설명을 들을 수 있다면 더욱 좋은 경험이 될 수 있다. 예를 들어, 사진관을 방문하여 사진이 만들어지는 과정을 사진사에게 배워 볼 수도 있다. 방문해서 질문할 내용을 미리 브레인스토밍을 통해 유아들의 생각을 알아보며 정리할 수 있다. 질문 내용을 유사한 것끼리 모으는 과정에서 유아는 분류와 조직의 개념을 습득하게 된다. 유아가 아직 한글을 모른다면 교사가 받아쓰는 형식을 취하거나 그림으로 대치할 수도 있다.

견학을 통해 보고 듣고 느낀 것을 다양한 방법으로 표현할 수 있는 후속활동을 같이 연계한다. 유아가 글이나 그림, 만들기, 사진 등을 통해 나온 여러 가지 결과물을 전시하고 다른 반과 부모를 초대하는 기회를 가질 수도 있다. 유아에게 초대장을 만들고 보육실을 꾸미는 적극적인 역할을 부여함으로써 유아 스스로 자신의 중요성을 인식하고 자아존중감을 향상시키게 한다.

(2) 놀이를 통한 학습기회 제공

▶ 유아들이 나뭇잎을 모양에 따라 분류하고 있다.

유아기는 수 세기, 분류, 모양 만들기, 패턴 찾기, 측정, 추측 등의 활동에 관심을 갖도록 하기에 좋은 시기다. 그러나 단순히 수학적 지식을 주입시키기보다는 일상생활에서 놀이를 통해 자연스럽게 경험할 수 있도록 하는 것이 더욱 좋다. 예를 들어, 누가 딱지를 더 많이 가지고 있는지, 누가 가장 큰 자동차를 타고 있는지, 유아반과 영아반의 블록 크기를 비교해 본다든지 하는 다양한 놀이를 통해 수학적 지식을 이해할 수 있도록 도와주어야 한다. 주사위를 이용한 게임 등을 고안하여 유아에게 제공해 준다면 수 세기를 경험하는 데 도움이 된다. 또 산책 나가서 가져온 나뭇잎을 같은 모양끼리 구분하는 과정을 통해 유아는 분류와 유목화의 개념을 이해할 수도 있다(사진 참조).

(3) 언어발달 촉진

영유아의 언어발달에 있어서 듣기는 가장 먼저 나타나는 언어기술로 이후 말하기, 읽기, 쓰기의 기초가 된다(Jalongo, 2006). 주위 환경에서 다양한 말을 주의 깊게 듣는 영아일수록 이후에 표현되는 언어의 수준이 높다. 교사의 말을 잘 듣고 있는 유아는 교사의 말을 이해하고자 노력하며 자신이 이해한 바를 표현할 수 있게 된다. 하지만 교사의 말에 주의를 기울이지 않은 유아는 교사의 질문과는 전혀 상관없는 답을 하거나 그에 대해 전혀 생각하지 못하게 된다(정옥분 외, 2009). 이에 따라 유아가 다른 사람이 하는 말을 주의 깊게 들을 수 있도록 가르쳐야 한다.

우선, 교사는 유아가 하는 말에 관심을 가져야 하고, 유아가 이해하기 쉽도록 간단하고 명료하게 말해야 한다. 그리고 유아가 하는 말에 교사가 유아의 눈높이에 맞추어 적극적으로 귀를 기울이는 모습을 보임으로써 다른 사람이 하는 말을 경청하는 태도를 길러 줄 수 있다(사진 참조). 또한 보육실의 환경을 구성할 때 언어 영역을 마련하여 여러 가지 동요, 동화를 수록한 카세트테이프 및 CD 플레이어, 종합장 및 필기도구 등을 갖춤으로써 유아의 흥미를 이끌 수 있다. 동화를 들려줄 때도 부모의 목소리로 직접 녹음한 동화를 들려주면 유아들이 더 관심을 집중하므로 부모의 협조를 구하는 것도 하나의 방안이 될 수 있다.

▶ 교사가 유아의 눈높이에 맞추어 이야기를 경청하고 있다.

3세 정도의 유아는 아직 정확하게 발음하기를 어려워하고 다른 낱말로 잘못 발음하기도 하지만, 5세 정도가 되면 성인과 거의 대등한 수준으로 정확하게 발음할 수 있다. 그러나 유아마다 개인차가 존재한다. 이때 교사는 여러 가지 사물의 이름을 정확하게 발음해 주며, 일상생활 속의 용어를 올바른 발음으로 들려주는 것이 중요하다. 또한 유아가 정확한 발음을 기억할 수 있도록 도와주고 어눌한 발음을 정확한 발음과 구별시켜 주어 정확한 의미를 파악할 수 있도록 도와주는 것이 필요하다(정옥분 외, 2009). 이처럼 일상생활에서 자연스러운 대화를 통해 유아의 언어능력이 향상될 수 있도록 교사는 유아가 자신의 생각, 느낌 등을 자유롭게 말할 수 있는 기회와 개방적인 분위기를 제공해 주어야 한다(사진 참조). 예를 들어, 주말

▶ 대집단활동 시간에 유아가 적극적으로 자신의 생각을 말하는 기회를 가진다.

을 지내고 온 유아가 자신의 주말 경험을 여러 친구들 앞에서 짧게라도 말할 수 있는 기회를 제공하는 것도 좋다. 또한 주말에 부모와 함께 할 수 있는 간단한 과제를 가정으로 보내 월요일 대집단활동 시간에 발표해 보는 시간을 갖는 것도 유아가 자신의 일상생활의 경험을 다른 사람에게 표현할 수 있는 좋은 기회다. 아침마다 출석을 부르고 대답할 때 '예'라는 대답 대신에 당시 다루고 있는 주제와 관련하여 자신이 좋아하는 것(과일 주제 시 '사과')을 말하도록 하는 것도 하나의 방법이다. 가장 중요한 사실은 교사가 유아의 언어발달에서 중요한 역할모델이 된다는 것이다. 그러므로 유아와 대화를 나누거나 다른 교사와 대화를 나눌 때 경어를 사용한다면 상대방에 따라 필요한 대화예절을 가르쳐 줄 수 있다.

(4) 일상생활을 통한 학습지도

유아기가 되면 일상생활에서 자주 접하는 글자에 흥미를 가지기 시작하며, 자신의 이름을 알아본다. 이러한 유아의 흥미를 자칫 성급하게 학습과 연결 짓는다면 오히려 역효과가 날 수도 있다. 따라서 주변에서 자주 볼 수 있고 친근한 매체를 활용하여 유아의 흥미를 증대시키는 것이 필요하다. 예를 들어, 유아가 좋아하는 과자 봉지에 적힌 이름을 가지고 아는 글자와 연결시켜 읽어 보는 것도 하나의 방안이다.

▶ 관심 있는 글자를 따라 써 보는 유아의 모습

유아기가 되면 쓰기에 관심을 보이기 시작한다. 쓰기 능력은 인지능력뿐 아니라 소근육 운동, 눈과 손의 협응 능력 등 신체능력의 발달과도 밀접히 관련된다(정옥분 외, 2009). 쓰기에 대한 관심은 유아마다 차이가 있을 수 있다. 따라서 교사는 이러한 유아의 개별성을 인정하고 유아 개인마다 충분한 시간을 두고 쓰기를 연습할 수 있도록 격려한다(사진 참조). 친구의 생일을 축하하기 위해 카드를 만들 때 자신의 마음을 글자와 비슷한 형태로 쓸 수 있도록 교사가 도와준다면 유아는 계속 쓰고자 하는 욕구가 생길 것이다.

3. 유아기의 사회정서발달과 보육교사의 역할

유아기에는 인간관계의 범위가 보다 확대되면서 보육교사나 또래와의 상호작용이 유아의 사회정서발달에 지대한 영향을 미치게 된다.

1) 유아기의 사회정서발달

정서를 정확하게 표현하고 인식하며, 이를 이해하는 것은 유아기의 주요 발달과업이다. 유아는 부모, 형제자매, 또래들과의 상호작용을 통해 정서를 표현하고 이해하며 통제하는 법을 배운다.

(1) 정서표현과 정서규제

유아기에는 정서표현에 대해 많은 것을 이해하게 된다(Saarni, Mumme, & Campos, 1998). 3~4세경이 되면 유아는 기쁨, 슬픔, 분노, 놀람 등의 비교적 단순한 정서와 이들 정서를 야기하는 원인에 대한 이해도 증가한다. 꾸중을 듣거나 게임에 졌을 때, 자신이 원하던 것과 다른 선물을 받았을 때와 같은 상황에서 이야기 속의 주인공이 어떠한 정서적 경험을 할 것인가를 예측할 수 있게 된다(Stein & Trabasso, 1989).

Carolyn Saarini

유아기의 정서이해 능력과 또래관계에 관한 연구(Denham, 1986)에서 유아는 또래가 표현하는 각기 다른 정서에 다른 반응을 보이는 것으로 나타났다. 즉, 행복한 표정을 짓고 있는 또래에게는 자기도 행복한 표정을 지어 보였고, 아픈 표정을 짓고 있는 또래에게는 동정적인 반응을 보였으며, 슬프거나 화난 표정을 짓고 있는 또래에게는 못 본 척하거나 그 자리를 떠나는 반응을 보였다. 유아들은 다른 사람의 긍정적 정서를 이해하는 데는 성인과 거의 동일한 수준이지만, 부정적 정서를 이해하는 데는 아직 서툴다(Fabes et al., 1994). 예를 들면, 3~4세 유아들의 절반 이상이 '좋다'라는 단어를 사용하지만, 소수만이 '슬프다'라는 단어를 사용할 수 있는 것으로 보인다. 유아는 또한 사람들이 '진짜로' 느끼는 정서와 그들이 '표현하는' 정서를 잘 구별하지 못한다. 따라서 행복한 표정과 슬픈 표정을 구별할 수는 있지만, 슬픔을 느끼는 사람이 행복한 표정을 짓고 있거나, 기쁜 상황에서 기쁜 표정을 짓지 않으면 유아는 혼란을 느낀다(Friend & Davis, 1993).

정서규제 능력은 정서표현(특히 부정적 정서표현)을 통제하는 능력을 말하는데, 이러한 능력은 유아기에 크게 증가한다. 다른 사람 앞에서 부정적 정서표현을 자제하는 능력은 3세경에 나타난다(Cole, 1986). 그리고 남아보다 여아가 자신의 정서를 더 잘 숨기는 것으로 보인다. 즉, 기대에 못 미치는 선물을 받았을 때, 여아가 남아보다 과장된 미소를 더 많이 지었다(Gnepp & Hess, 1986; Saarni, 1984; Zeman & Garber, 1996).

정서규제의 또 다른 중요한 측면은 좌절에 대한 참을성(tolerance for frustration)이다. 이 능력은 2세경에 나타나기 시작해서 유아기에 극적으로 증가한다(Bridges & Grolnick, 1995; Eisenberg, Fabes, Nyman, Bernzweig, & Pinuelas, 1994). 원하는 장난감을 가질 수 없거나 하고 싶지 않은 일을 해야 할 때와 같은 좌절 상황에 직면했을 때, 나이 든 유아는 어린 유아보다 더 잘 견딘다. 좌절에 대한 참을성은 부모와의 관계에도 영향을 미친다. 부모에게 떼를 쓰거나 반항하는 것이 2~5세에 급격히 감소한다(Kuczynski & Kochanska, 1990). 좌절에 대한 참을성은 만족지연(delay of gratification)에서도 나타난다. 유아기에는 만족지연 능력도 증가하는데, 여기에는 자신의 정서를 통제하는 능력이 작용하는 것으로 보인다. 그리고 유아기에는 좌절에 수반되는 긴장을 감소시키는 전략을 사용하게 된다. 재미있는 장난감들을 유리 진열장에 넣고서 손대지 못하게 한 실험에서 많은 유아들은 그 장난감들을 보지 않으려고 고개를 돌리고 다른 활동에 전념하였다. 가질 수 없는 장난감은 더 이상 자신의 관심의 대상이 아니라는 이 전략은 긴장을 감소시킴으로써 그 상황을 좀 더 견디기 쉽게 만들어 주는 것으로 보인다(Wolf, 1990).

(2) 놀이

유아의 하루는 놀이의 연속이며, 그들이 하는 거의 모든 활동은 놀이가 된다. 성인의 시각에서 보면 놀이는 시간을 없애는 무의미한 것일 수 있지만, 놀이는 유아의 성장과 발달에 영향을 미치는 중요한 활동이며, 유아들의 일이다. 유아는 자신의 생각과 감정을 쉽게 언어화할 수 없으므로 언어보다는 놀이에 이용해 이를 더 적절하게 표현할 수 있으며, 놀이를 통해 새로운 지식을 쉽게 획득한다. 또한 놀이는 일상생활에서의 긴장상태를 사회적으로 인정된 방법으로 발산하는 기회를 제공해 준다. 놀이를 통해 자연스럽게 자신이 지닌 심리적 문제를 표현하며 자신이 가진 부정적 감정을 투사함으로써 정화작용이 이루어진다. 유아는 놀이 속에서 자아(감정, 사고,

경험, 행동 등)를 탐색하고, 자신의 소망을 실현시킨다. 다시 말해, 놀이를 통해 자신의 감정을 표출하고, 긴장을 해소하며, 외상이나 스트레스에 대처하는 적응력을 키운다.

그 외에도 놀이는 또래와의 관계를 확장시키는 중요한 수단이 된다. 놀이를 통해 사회적인 관계를 형성하고, 사회성 발달수준에 따라 놀이형태도 달라진다. 연합놀이나 협동놀이가 나타나면서 유아들의 사회적 관계는 보다 확장된다.

2) 사회정서발달과 보육교사의 역할

유아가 어린이집에서 하루 대부분의 시간을 보내게 됨에 따라 정서발달과 친사회적 행동을 확장시키는 데 있어서 보육교사의 역할은 점차 중요해지고 있다.

(1) 정서 인식과 표현의 기회 제공

유아기에는 자신의 정서를 조금 더 세련되게 표현할 수 있고, 자신의 정서가 다른 사람에게 영향을 미칠 수 있음을 인식할 수 있다. 그러므로 이 시기의 유아에게 감정표현의 기회를 많이 제공해 줄 수 있도록 다양한 매체를 활용하는 것이 바람직하다(정옥분 외, 2009).

보육교사는 다양한 신체활동을 통해 유아가 자신의 감정을 몸의 움직임을 통해 표현할 수 있도록 도와줄 수 있다. 유아는 자신의 감정을 신체활동을 통해 표현함으로써 자신의 신체에 대해 긍정적으로 인식하게 된다(Essa, 1996). 또한 음악활동을 통하여 유아는 자신의 감정과 생각을 표현함으로써 정서적 안정과 풍부한 심미적 감각을 소유하게 된다. 이러한 음악활동은 유아의 생각과 느낌을 표현하는 도구적 역할을 한다(김미정, 이숙희, 2008; 서동명, 김숙령, 2006). 예를 들어, 표정사진을 보고 정서 변화를 이해하면서 그것을 악기로 표현할 수 있다. 또 오선 칠판에 높은음과 낮은음을 구분하여 여러 가지 표정 사진을 붙여 볼 수도 있다(사진 참조).

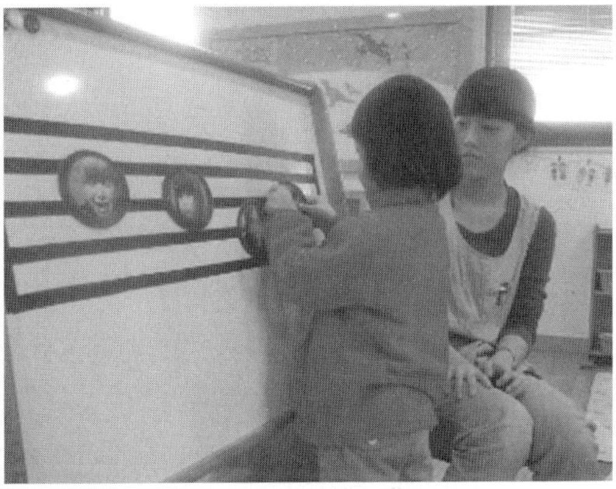

▶ 표정 사진을 높은음과 낮은음으로 구분하여 붙이는 활동을 통해 정서를 바르게 인식할 수 있다.

한편 유아는 언어와 문자를 통한 의사소통이 원활하지 못하기 때문에 미술활동을 통하여 주변 사물을 관찰하고 자신의 생각이나 느

▶ 유아가 자신의 마음을 미술활동을 통해 표현할 수 있다.

낌을 표현함으로써 감정표현의 기회를 가질 수 있다(이미혜, 최미숙, 2010; 한윤경, 2007, 사진 참조). 예를 들어, 자신의 기분을 지점토 반죽을 통해 다양하게 표현하기도 하고, 말린 지점토에 색칠을 하면서 자신의 기분을 나타낼 수도 있다. 또한 유아는 책을 읽고 주인공의 정서 변화를 여러 가지 재료를 사용하여 다양하게 표현할 수 있다. 그리고 다양한 표정사진을 보면서 비슷한 정서끼리 분류해 보기도 하고, 신문지공을 만들어서 마음에 드는 표정사진을 붙인 후 기쁨 혹은 슬픔 바구니에 구분하여 던져 보는 활동을 할 수도 있다.

교사는 유아가 가진 부정적인 정서가 나쁜 것이 아니라 정서의 한 부분이라는 것을 이해시킬 필요가 있다. 부정적인 정서를 긍정적인 방식으로 해소할 수 있는 방법을 가르치고 연습할 수 있는 활동을 계획한다. 이를 통해 유아가 자신의 감정이 주변에 영향을 미칠 수 있음을 깨닫게 해 주며, 스스로 자제할 수 있는 자기조절 능력을 키워 준다.

(2) 친사회적 행동으로의 확장

유아기에 접어들면 자신뿐 아니라 다른 사람도 여러 가지 정서를 지니고 있음을 인식하고 다른 사람의 정서에 공감할 수도 있다. 이러한 능력은 친사회적 행동의 기초가 된다.

보육교사는 유아의 친사회적 행동을 확장시키는 데 필요한 활동을 교육계획안에 반영할 수 있다. 주제가 '나'인 경우, 자신의 몸을 탐색해 볼 수도 있겠지만 사회정서 영역으로 초점을 맞추어 자신이 사랑받는 존재라는 것을 인식하고, 다른 사람을 도와줌으로써 즐거움을 느끼는 것에 목표를 세우고 활동안을 계획할 수 있다. 예를 들어, 보육기관에서 형님반으로서 동생들과 즐겁게 생활하려면 어떻게 해야 되는지를 생각해 보고 실천할 수 있도록 격려해 준다. 영아반에 가서 동생들에게 책 읽어주기, 옷 갈아입는 것 도와주기, 간식배식 시 포크나 숟가락 놓아 주기, 산책 나갈 때 동생의 손을 잡고 나가기 등 유아 자신이 할 수 있는 방안을 생각해 보고 직접 경험해 본다면 유아가 뿌듯함을 느끼고 자신에 대해 긍정적으로 생각하게 된다.

'친구'라는 주제에 대해서도 친구들의 느낌을 알고 이해할 수 있으며 적절하게 반응할 수 있고, 친구의 소중함을 알고 그 마음을 다양한 방법으로 표현할 수 있도록 활동안을 계획할 수 있다. 예를 들어, 일주일에 하루 요일을 선정하여 가정에서 장난감을 가져와서 친구와 같이 놀 수 있도록 한다면 자신의 소유물을 남과 나눌 수 있을 뿐 아니라 다른 사람의 소유물을 존중하면서 놀이를 하는 능력을 함양할 수 있다.

(3) 생태교육

유아는 다양한 애완동물이나 식물을 키워 보면서 그 성장과정에 대해 많은 관심을 가지게 된다. 즉, 단순히 동식물을 길러 보는 것에 머무는 것이 아니라 생명체의 소중함을 인식하게 된다. 유아들은 방울토마토와 상추 같은 채소를 키우면서 어린이집 등·하원 시 그냥 지나치는 것이 아니라 '우리 토마토'라고 생각하기 때문에 각별한 관심을 갖는다(사진 참조). 지나가면서 한번 만져 주기도 하고 잡초도 뽑아 주며 부모에게 자랑하기도 한다. 누군가가 토마토를 따기라도 하면 아직 익지 않았다면서 조금만 기다려 달라고 부탁까지 한다. 다 익은 방울토마토를 수확하여 먹으면서도 "방울토마토야, 잘 익어 줘서 고마워"라며 고마운 마음을 표현하기도 한다. 또한 익은 방울토마토를 유아가 집으로 가져가서 자신이 기른 방울토마토임을 자랑하고 온 가족이 함께 먹어 봄으로써 수확의 뿌듯함을 느끼기도 한다. 따라서 교사는 주제에 따라 여러 가지 식물과 동물을 키워 보는 기회를 제공함으로써 유아의 정서적 안정을 도모함과 동시에 생명의 소중함에 대한 인식을 고취시킬 수 있다.

▶ 등·하원 시 자신이 심은 방울토마토를 돌보면서 뿌듯함을 느낄 수 있다.

(4) 놀이의 확장

유아기가 되면 스스로 활동을 주도함으로써 성취감을 느끼며, 자신의 행동과 능력에 자신감을 갖게 된다. 놀이는 유아가 주도성을 실제로 시험해 보는 매개다. 교사는 유아들의 놀이공간을 확보해 주고 그 안에서 유아가 자유롭게 놀 수 있도록 해 주어야 한다. 이 영역에서 상징놀이와 극놀이 등 다양한 놀이가 전개될 수 있다. 이를 위해 교사는 소꿉놀이 기구, 주방기구, 의류, 가방 등 풍부한 환경을 조성해 주어야 한다.

때로는 교사가 놀이에 개입할 수도 있다. 그러나 아무 때나 개입한다면 오히려 유아의 놀이를 방해하거나 유아가 짜증을 낼 수 있다. 교사는 유아가 하는 놀이를 통제하려고 하지 말고 보다 확장시켜 줄 수 있도록 해야 한다. 즉, 비계설정자(scaffolder)로서의 역할을 수행하는 것이다. 유아의 놀이가 단순하고 반복적인 수준에 머무를 때 교사가 자연스럽게 놀이에 참여하면서 놀이를 확장시키고 새로운 것을 시도해 볼 수 있도록 한다. 예를 들어, "이 양파를 가지고 우리가 만들 수 있는 요리는 뭐가 있을까요?" 라고 물어보고 같이 만드는 놀이과정을 통해 유아의 생각수준을 향상시킬 수 있다. 이때 주의할 점은 교사가 의욕이 앞선 나머지 지나치게 놀이에 개입하여 주도적인 역할을 해서는 안 된다. 또한 질문할 때에도 '예' 혹은 '아니요' 와 같은 폐쇄적인 대답보다는 확산적인 사고를 촉진할 수 있는 개방적인 답이 나올 수 있도록 언어로 표현하는 것을 격려한다.

▶ 같이 하는 놀이를 통해 친구와 협동하는 것을 배우게 된다.

유아는 다른 유아들과 함께 하는 활동을 통해 협동심과 친사회적 행동을 발달시킬 수 있다. 따라서 교사는 게임이나 협동놀이를 계획하고(사진 참조), 유아가 공동체의 구성원으로서 소속감을 가지며 다른 유아와 협력하여 문제를 해결할 수 있도록 다양한 공동작업의 기회를 제공하여야 한다.

제7장

영유아 문제행동과 보육교사의 역할

영유아기에 나타나는 공격적이고 반항적인 행동들 중 일부는 아동기를 거쳐 성인기까지 지속된다는 점에서 주목할 필요가 있다. 발달상의 문제행동에 영향을 미치는 요인들을 살펴보면, 영유아의 내적 특성, 부모의 양육행동, 부모-자녀의 애착관계, 교사 특성, 또래관계 요인들을 들 수 있다. 특히 영유아가 가정 밖에서 경험하게 되는 새로운 사회관계에서 교사-영유아관계는 매우 중요하다. 영유아의 내재화 및 외현화 문제행동은 교사-영유아관계와 밀접히 관련되므로 긍정적인 관계형성을 위해 적절한 교사의 역할이 요구된다. 교사와 영유아 간에 친밀도가 높으면 영유아의 문제행동의 빈도가 낮아지는 경향을 보이므로, 긍정적인 관계형성을 위해 교사 민감성과 정서적 지지를 향상시켜 나가는 노력이 필요하다.

영유아의 내재화 및 외현화 문제행동에 대한 개입이나 중재는 초기에 이루어지는 것이 효과적이다. 이를 위해 교사는 영유아를 대상으로 다양하고 객관적인 방법을 사용하여 관찰하는 것이 바람직하며, 이를 바탕으로 부모와 면담을 통해 영유아의 긍정적인 발달을 이끌어 갈 수 있다. 이 장에서는 영유아의 문제행동을 이해하고 긍정적인 교사-영유아관계 발달에 필요한 교사의 특성을 알아 본 후, 실제 보육현장에서 영유아의 내재화 또는 외현화 문제행동이 있을 때 적합한 교사의 역할에 대해서 살펴보고자 한다.

1. 영유아 문제행동의 이해

발달상 문제행동이 영아기에 시작되고 개인의 일생 동안 영향을 미치며, 더 나아가 가정과 사회에 영향을 미친다는 점을 고려해 보면 무엇보다 영유아기의 문제행동을 이해하는 것이 중요하다. 문제행동에 영향을 미치는 요인을 살펴보면, 영유아 개인의 특성뿐 아니라 부모, 교사, 또래 등 영유아를 둘러싼 환경들 간의 복잡한 상호작용의 결과임을 알 수 있다.

1) 문제행동의 개념

일반적으로 어떤 기준에서 벗어난다고 생각되는 행동들을 발달상 문제행동이라고 한다. 여기서 기준이라는 것은 평균에서 벗어나는 정도, 연령에 따른 발달규준, 사회문화적 기준 등에 따라 달라진다(Wicks-Nelson & Israel, 2000). 미국정신의학회(American Psychiatric Association: APA)로부터 나온 정신장애 진단 및 통계편람(DSM-IV)에서 내린 정의를 살펴보면, 문제행동이란 영유아기, 아동기, 청소년기에 처음으로 진단되는 장애로 유아가 성장하면서 본인이 처한 상황에서 부적절한 정서적·행동적 부적응을 포함하는 일체의 행위를 말한다(유일영, 유현정, 2010). 반면, 발달문제와 함께 사용되는 용어 중 하나인 발달지체(developmental delay)는 말 그대로 발달이 정상 범위에서 벗어나 많이 늦어진 것을 의미한다. 영유아는 성장하면서 연속적 순서에 따라 발달하고, 연령에 따라 여러 가지 발달과제를 숙달한다. 그러나 어떤 영유아는 발달이 연령규준 이하로 크게 떨어져 있다. 이와 같은 경우에 전문가들은 발달지체라는 용어를 사용한다. 발달지체는 영아기의 신체운동 기능에서 먼저 발견되고 점차 언어와 사회적 기능에서도 나타난다.

Susan B. Campbell

영유아기에 나타나는 발달상의 문제행동들, 예를 들어 불복종, 공격성, 과잉활동성, 충동조절의 어려움 등은 영유아기의 전형적인 행동으로 인식되어 왔다(Campbell, 1990). 이들 행동에 대해 대부분의 부모는 영유아기로부터 아동기로 성장하는 과정에서 나타나는 일반적인 발달현상으로 보고 심각하게 생각하지 않는다. 그러나 매우 공격적이고 반항적이며 과잉행동을 보이는 영유아들 중 일부는 학령기에 이르러서도 심각한 문제행동을 보이기도 한다(Shaw,

Daniel S. Shaw

Winslow, & Flanagan, 1999). 그리고 이러한 문제행동 중 일부는 성인기까지 지속되기도 한다(Moffitt, 1993).

발달상 문제행동이 영유아기에 시작되고 개인의 일생 동안 영향을 미치며, 더 나아가 가정과 사회에 영향을 미친다는 점을 고려해 보면, 무엇보다 효과적인 조기개입과 함께 영유아기의 문제행동을 이해하는 것이 중요하다. 그러나 이처럼 발달문제에 대한 관심이 증가하였음에도 불구하고 발달정신병리학(developmental psychopathology) 분야의 연구들은 주로 학령기 아동에만 초점이 맞추어져 왔다(Campbell, Shaw, & Gilliom, 2000). 그렇지만 영유아기에 나타난 문제 중 일부가 아동기와 성인기까지 이어짐을 볼 때, 영유아기 발달문제의 선행조건에 대한 관심과 적절한 치료가 필요함을 알 수 있다.

영유아가 보이는 문제행동은 다양하지만, 크게 내재화 문제행동(internalizing behaviors)과 외현화 문제행동(externalizing behaviors)으로 나뉜다. 내재화 문제행동은 자신의 행동을 지나치게 억제하거나 자신의 감정을 적절히 표현하지 못하는 것에서 비롯된 것으로 불안, 공포, 우울, 위축 등을 포함한다. 외현화 문제행동은 자신의 행동을 적절히 통제하지 못하여 발생하는 것으로 공격성, 반항, 불복종, 과잉행동 등을 포함한다.

2) 영유아의 문제행동 관련요인

영유아의 문제행동에 영향을 미치는 요인은 기질이나 성별과 같은 영유아의 내적 특성, 부모의 양육행동, 부모-자녀의 애착관계, 교사의 특성, 또래관계 특성 등을 들 수 있다.

(1) 영유아의 내적 특성

발달상의 문제행동에 영향을 미치는 영유아 특성 중 가장 중요한 요인은 기질이다. 영아는 출생 직후부터 각자 나름대로의 기질적 특성을 보인다. 어떤 영유아는 친숙하지 않은 대상에 쉽게 다가가는 반면, 어떤 영유아는 지나치게 수줍어해서 주변에 있는 새롭거나 친숙하지 않은 사람, 물건, 사건에 불안해하고 두려워한다. 이런 기질적 성향을 가진 영유아는 새로운 것에 쉽게 접근하는 영유아에 비해 더 주의 깊은 행동을 보인다. 영유아는 또래를 포함하여 낯선 사람과 만나게 되면 종종 움츠러

드는 경향을 보인다. 이를 행동억제(behavioral inhibition)라고 하며, 이는 기질적 성향을 나타낸다(Asendorpf & Meier, 1993). 생후 4개월에 이러한 기질을 나타내는 영아는 낯선 자극을 대하면 움직임이 빨라지고 울음을 터뜨리는 등 격렬한 반응을 보이기도 한다(Kagan, 1999).

Susan D. Calkins

영아가 걸음마를 시작하면서부터 장소를 마음대로 이동할 수 있고, 위험한 것을 만지기도 한다. 부모가 이러한 행동에 제재를 가하기 시작하면서 영아와의 관계에서 균형이 깨지기 시작한다. 영아는 이 시기에 새롭게 자율성을 경험하고 표현하지만, 이것이 부모에게는 완강한 거부나 떼쓰기 등으로 보일 수 있다. 대부분의 영아들이 연령이 증가하면서 이러한 문제행동에서 벗어나는 듯이 보인다. 그러나 일부 영아는 유아기뿐 아니라 학령기에도 문제행동이 이어지는 것으로 나타났다. Keane과 Calkins(2004)의 연구에서 2세 때 문제행동을 보인 남아는 3년 후에도 또래관계에서 문제행동을 보이는 것으로 나타났다. Pierce, Ewing과 Campbell(1999)도 영아기로부터 시작된 공격성이 5세 이후까지 비교적 안정적으로 나타난다고 보고하였다. 영유아의 심한 공격성은 이후 학령기에 학업 수행의 어려움, 학교에서의 방해행동, 학교중퇴 위험의 증가, 범죄행동 참여 가능성과 관련된다(Coie & Dodge, 1983). 이와 같이 영유아의 발달문제는 연령이 증가할수록 지속적으로 나타나고 인간관계에도 부정적인 영향을 미칠 수 있다.

문제행동의 발달경로는 성별에 따라 차이가 있다. 남아는 발달 전반에 걸쳐서 문제행동을 보이는 반면에, 여아는 비연속적인 패턴으로 문제행동을 보이는 것으로 나타났다(Keenan & Shaw, 1997). 이는 발달 초기에 공격적인 행동을 보인 남아는 이후에도 이러한 문제행동을 지속적으로 보이지만, 여아는 그렇지 않다는 것을 의미할 수 있다. 그러나 여아가 공격성과 같은 외현화 문제행동이 남아에 비해 상대적으로 낮고 비연속적인 발달경로를 보인다고 해석할 때 유의해야 할 필요가 있다. 그것은 여아는 공격성을 교사가 평가하는 공격성의 행동범주에 들어 있지 않은 방식으로 표출하는 경우가 많기 때문이다(Keane & Calkins, 2004). 또한 교사가 영유아를 인식할 때도 성차가 나타난다. 교사는 일반적으로 남아가 지시를 따르는 것에 문제가 많고, 교사와 갈등관계에 놓일 가능성이 높다고 인식한다. 반면에 여아는 교사와 친밀한 관계를 형성한다고 인식하는 것으로 나타났다(Rudasill & Rimm-Kaufman, 2009).

Sara E. Rimm-Kaufman

(2) 부모의 양육행동

영유아의 문제행동 발달에 영향을 미치는 요인 중 하나는 영유아와 가족구성원의 상호작용 경험이다. 영유아의 문제행동 발생에 가장 큰 영향을 미치는 환경적 요인은 부모이며, 그중에서도 부모의 양육행동은 매우 중요하다. Baumrind(1991, 2012)는 애정과 통제라는 두 차원에 의해 부모의 양육유형을 네 가지로 구분하였다. 애정차원은 부모가 자녀에게 얼마나 애정적이고 지원적이며, 얼마나 민감한 반응을 보이고, 얼마나 관심을 갖는가 하는 것이다. 통제차원은 자녀에게 성숙한 행동을 요구하고, 자녀의 행동을 통제하는 것을 말한다. 두 차원에 따라 네 가지로 분류된 부모의 양육유형과 영유아의 특성은 어느 정도 관련이 있는 것으로 나타났다(Bates, Pettit, Dodge, & Ridge, 1998; Campbell et al., 2000; Chen & Rubin, 1995; Dishion, Duncan, Eddy, Fagot, & Fetrow, 1994; Dodge, Pettit, & Bates, 1994; Russell & Russell, 1996).

애정과 통제 차원이 둘 다 높은 권위 있는(authoritative) 부모는 가장 바람직한 아동의 특성과 관련 있는 것으로 알려져 있다. 권위 있는 부모는 온화하고 수용적이고 자녀를 긍정적으로 통제하며, 훈육 시 합리적인 추론을 가지고 설명을 한다(사진 참조). 이러한 부모의 자녀는 사회적 유능성이 높고(Chen & Rubin, 1995), 내재화 혹은 외현화 문제행동의 수준이 낮으며(Russell & Russell, 1996), 인지발달 수준이 높고 또래수용이 높은 것으로 나타났다(Black & Logan, 1995).

▶ 부모가 유아의 행동에 긍정적으로 반응하고 있다.

반면, 통제차원은 높지만 애정차원이 낮은 권위주의적(authoritarian) 부모는 엄격한 통제와 함께 설정해 놓은 규칙을 따르도록 강요한다. 또한 훈육 시 신체적 · 언어적 처벌을 사용하고 논리적인 설명을 하지 않는다. 애정차원은 높은데 통제차원이 낮은 허용적(indulgent) 부모는 애정은 있으나 자녀에 대한 통제가 거의 없으며, 훈육에 있어서도 일관성이 없다.

마지막으로, 애정과 통제 차원이 모두 낮은 무관심한(neglectful) 부모는 애정이 없고 냉담하며, 엄격하지도 않고 무관심하다. 이러한 양육유형을 보이는 부모들의 자녀는 사회적 · 인지적으로 미성숙하고(Dodge et al., 1994), 의사소통 능력이 부족하며(Stafford & Bayer, 1993), 공격성과 적대감이 높은 것으로 나타났다(Dishion et al., 1994).

영유아의 기질이 부모와의 관계에 영향을 미치지만 부모의 양육태도 또한 영유아의 기질을 변화시킨다. 즉, 영유아의 발달은 타고난 기질과 영유아를 사회화시키는 사람의 기질 간 상호작용의 산물이다. 이와 같이 영유아의 기질과 환경이 상호작용하여 바람직한 결과를 산출하는 것을 '조화의 적합성(goodness-of-fit)'이라고 한다. 이에 따르면, 부모가 영유아의 기질에 따라 양육행동을 조절한다면 그 결과는 보다 조화로운 관계가 된다. 반면, 영유아의 기질과 부모의 양육행동이 조화를 이루지 못하면 부모나 영유아 모두 갈등을 경험하게 된다.

Susan Crockenberg

영아기에 전형적으로 나타나는 행동들, 즉 부모의 요구에 불복종하기(싫어!), 장난감 독점하기(내꺼야!), 혹은 또래와 형제를 향한 공격성과 분노조절에서의 어려움 등은 대부분 영아가 자율성을 형성하기 위한 시도다. 또한 이 시기에 영아는 관계를 시험하고 외부환경의 제약을 파악하며, 사회적 기술을 연습하는 것으로 보인다(Crockenberg & Litman, 1990). 그러나 이런 행동들이 시간이 흘러도 줄어들지 않거나 오히려 더 악화되고, 연령에 적합한 사회적 소통기술(예: 협상, 공유, 협동 등)의 발달을 방해한다면 문제가 된다. 이 시기에 대부분의 부모들은 공격적이고 충동적인 영유아에게 쉽게 화를 내고 신체적 · 언어적 처벌을 하게 되는데, 이것은 부모와 자녀 간에 조화롭지 못한 예이며, 이런 경우 영유아는 아동기에 문제행동을 보이는 것으로 나타났다(Shaw et al., 1999). Rubin, Hastings, Chen, Stewart와 McNichol (1998)도 개인 변인(정서조절 문제가 있는 영유아)과 상호작용 변인(부모의 양육행동)이 영유아의 공격성과 관련되는 것으로 보았다.

덧붙여, 가족환경의 질도 영유아의 수행 및 문제행동에 관련될 수 있으며, 부모의 양육행동에 영향을 주는 것으로 보고되었다. 사회경제적 수준이 낮은 가정환경에서 자란 영유아는 사회경제적 수준이 높은 가정에서 자란 영유아보다 외현화 문제행동이 더 많은 경향을 보였다(Dodge et al., 1994). 사회경제적 수준이 낮은 부모들 중 일부는 부부간의 갈등이 더 높고, 자녀에게 더 가혹하고 엄격한 규율을 사용하며, 덜 온화한 경향을 보였다(Conger et al., 1992). 이로 인해 부모-자녀 간 규제와 자율에 대한 갈등을 일으킬 가능성이 존재하고, 스트레스가 많은 부모는 거칠고 일관적이지 못한 양육행동을 할 가능성이 높은 것으로 나타났다(McLoyd, 1998).

(3) 부모-자녀 간 애착관계

영아기에 발생하는 가장 중요한 형태의 사회적 발달은 애착이다. 애착이란 영아와 양육자 간에 형성되는 친밀한 정서적 유대감을 말한다. 영아기에 형성된 애착은 이후 인지·정서·사회성발달에 중요한 영향을 미친다. 일반적으로 부모와 안정된 애착관계를 형성한 영유아는 자신감, 호기심, 타인과의 관계에서 긍정적인 성향을 보인다(사진 참조). 또한 아동기에 들어서도 좌절을 잘 참아내고 문제행동을 덜 보이는 것으로 나타났다. 반면에 부모와 불안정 애착관계를 형성한 영유아는 부적응행동을 보일 위험이 높다(Dunn & McGuire, 1992).

▶ 부모와 안정적인 애착을 형성한 유아들은 타인과의 관계에서도 긍정적인 모습을 보일 수 있다.

생후 초기에 형성된 애착이 중요한 이유는 애착 경험이 내면화되어 이후의 인간관계에 그대로 적용되기 때문이다. 이는 애착의 내적 작동모델(internal working model)로 설명된다. 즉, 양육자에 대한 애착은 영유아가 양육자로부터 보살핌을 받을 때의 정서적 경험을 기초로 자신과 애착인물 및 외부 세계 간의 관계를 나타낸다. 자녀가 보내는 신호에 민감하고 즉각적이며 적절하게 반응해 주는 부모 밑에서 자란 안정애착 영유아는 다른 사람과의 친밀한 관계를 즐기고 혼자 있을 때에도 편안하고 안정감을 느낀다. 반면, 그렇지 못한 부모 밑에서 자란 불안정애착 영유아는 대인관계에 지나치게 의존적이거나 대인관계를 부담스러워하고 긴장과 불안감을 느끼기 쉽다.

부모와의 관계에서 불안정애착을 형성한 영유아는 안정애착 영유아에 비해 어린이집에서도 또래와 어울리기보다는 교사에게 의존적이고 교사와 상호작용하면서 많은 시간을 보내는 것으로 나타났다(Sroufe, Fox, & Pancake, 1983). 그 결과, 또래와의 사회적 상호작용 기회가 적어 또래수용이 낮아지고, 사회적 고립과 외로움을 겪으며, 공격성을 보이는 것으로 보고되었다(Birch & Ladd, 1997). 교사에게 과도하게 의존적인 영유아는 보육환경을 탐색하는 것을 주저하고, 어린이집에 대해서도 부정적인 감정을 가지기 쉽다. 반면에, 안정애착 영유아는 또래관계에서 우호적이며 유능감도 높은 것으로 나타났다(Kerns, Klepac, & Cole, 1996).

(4) 교사의 특성

교사의 기질, 인종, 민족, 사회경제적 수준과 같은 특성도 교사가 영유아에 대해 기대하는 수준이나 문제행동을 판단하는 데 영향을 주는 것으로 나타났다(Alexander & Entwisle, 1988). 예를 들어, 사회경제적 수준이 높은 교사는 사회경제적 수준이 낮은 가정의 영유아에게 기대치가 낮은 경향을 보이고, 그 영유아를 성숙하지 못하며 교실에서의 행동도 좋지 못하다고 평가하기 쉽다. 실제로 미국의 경우, 교사의 인종이 아동의 문제행동을 판단하는 데 크게 영향을 주는 요인 중의 하나로 보고되었다(Rimm-Kaufman, Pianta, & Cox, 2000). 이처럼 교사의 특성이 영유아에 대한 기대와 관계형성에 영향을 줄 수 있다는 것, 그리고 영유아의 문제행동에 대한 판단에도 영향을 준다는 사실은 다문화사회로 변화하는 한국 사회에 주는 시사점이 있다. 다문화가정 영유아가 점점 늘어나고 있는 현 시점에서 보육교사가 자칫 선입견을 가지고 다문화가정 영유아의 행동을 문제행동으로 본다면, 영유아의 이후 발달에 부정적인 영향을 줄 수 있기 때문이다.

Kathleen Rudasill

기혼여성의 사회활동이 증가하면서 영유아를 어머니가 아닌 다른 성인이 양육하는 대리양육이 증가하게 되었다. 특히 종일반의 영유아는 보통 하루에 최소 8시간 이상을 어린이집에서 보내게 된다. 이렇게 하루의 대부분을 어린이집에서 보내는 영유아들에게 교사의 영향은 매우 클 수밖에 없다. 긍정적인 교사-영유아관계는 영유아가 자신에게 주어진 도전을 잘 조절할 수 있도록 효과적인 사회적 기술을 사용할 수 있게 도와준다(Rudasill & Rimm-Kaufman, 2009). 또한 영유아에게 사회적 상황에서 안전하게 행동할 수 있는 지지체계를 제공하고, 영유아가 어린이집에 대해 보다 긍정적으로 생각할 수 있도록 한다.

이와 반대로 부정적인 교사-영유아관계는 의존성과 갈등이 높고, 친밀감이 낮은 특성을 보이는데, 이 경우 영유아는 어린이집에 가기 싫어하고 외로움을 호소하거나, 낮은 수행능력과 사회적 능력이 낮은 것으로 나타났다(Rudasill & Rimm-Kaufman, 2009). 특히 남아의 경우 교사와의 관계가 갈등 상황에 있을 가능성이 높고, 여아의 경우 교사와 친밀한 관계일 가능성이 높은 것으로 나타나(Hamre & Pianta, 2001), 남아가 여아보다 적응에 있어서 더 많은 어려움을 보일 것으로 예상할 수 있다.

한편, 영유아가 가정에서 혼란스럽고 비일관적인 경험을 하여 이후의 발달상 문

Carollee Howes

제가 될 수 있음에도 불구하고 교사와 안정애착을 형성함으로써 문제가 완화되는 경우도 있다. 실제로 부모요인을 통제한 후에 교사-영유아관계의 질이 영유아의 긍정적인 또래관계와 사회능력 발달에 있어서 중요한 영향을 미치는 것으로 나타났다(Howes & Ritchie, 2003). Werner(1996)도 가정환경이 좋지 못한 영유아들 중에 교사와 같은 외부 요인이 보호요인이 되어 영유아의 적응성을 높이는 경우가 있다고 보고하였다.

교사는 영유아가 또래에 대한 태도를 형성하는 데 있어서도 매우 중요하다. 예를 들어, 협동하기와 공유하기는 또래 선호와 관련된 중요한 사회적 기술이므로 교사가 이런 행동을 장려하는 분위기를 이끌어 감으로써 긍정적인 또래관계를 이끌어 낼 수 있다(Keane & Calkins, 2004). 반면에, 교사가 문제행동을 한 유아에게 자주 부정적인 주의를 준다면 다른 또래들이 그 유아를 좋아하지 않게 되어 더욱 고립감을 느끼게 될 것이다.

(5) 또래관계 특성

영유아의 발달에 있어서 또래관계는 매우 중요하다(사진 참조). 또래관계는 다른 관계로부터 배울 수 없는 수평적인 사회적 기술을 배울 수 있는 기회를 제공해 준다는 점에서 이후의 발달과 적응에 영향을 미친다. 영유아기에 일어나는 갈등은 두 유아가 동시에 같은 물건을 갖고자 하거나 활동을 하고자 할 때 발생한다. 즉, 갈등은 두 유아가 모두 받아들일 수 없는(서로 용납되지 않은) 문제상태로, 이는 항의, 저항, 복수 등의 행동으로 표현되면서 발생하는 것이다(Rubin, Burgess, Dwyer, & Hastings, 2003). 영유아들이 비교적 제한된 언어능력을 가졌다는 것을 고려해 본다면, 이들이 서로 간의 갈등을 협상이나 타협과 같은 대응전략을 사용해서 해결하기 어렵다는 것을 쉽게 이해할 수 있다. 실제로 때리기, 밀기, 움켜쥐기 등과 같은 공격성의 형태가 영유아의 연령이 증가하여 아동기를 거치면서 언어능력이 발달함에 따라 감소하는 것을 볼 수 있다(Cairns & Cairns, 1994).

▶ 어린이집에서는 자연스럽게 또래 간 상호작용이 발생한다.

사실 영유아기에 발생하는 또래 간의 갈등은 일반적인

▶ 놀이과정에서 또래 간의 다툼은 일반적인 현상이다.

현상이다(사진 참조). Holmberg(1980)는 12~18개월 영아를 대상으로 한 연구에서 50% 정도가 또래관계에서 갈등을 보인다고 하였다. Rubin과 동료들(1998)도 25개월 된 영아를 대상으로 한 연구에서 참여 영아의 70% 이상이 50분간의 실험실 상황에서 최소한 한 번 이상의 갈등 상황을 보인다고 보고하였다. 그러므로 대다수의 영유아들은 갈등 상황을 빈번하게 접한다고 볼 수 있다. 그러나 일부 영아들은 또래에 비해 갈등을 더 야기하는 것으로 나타났다(Hay & Ross, 1982). 특히 공격성과 같은 외현화 문제행동은 영아기로부터 5세 이후까지 비교적 안정적으로 나타났다(Pierce et al., 1999).

어린 시절 또래관계에서의 거부는 이후의 공격성 및 비행 행동과 같은 외현화 문제행동을 예측할 뿐 아니라 학업적인 어려움과도 관련된다. 또한 또래관계에서 위축되고 고립된 영유아는 이후 적응에 어려움을 갖게 될 가능성이 크며, 내재화 문제행동으로 발달될 위험요소가 높은 것으로 나타났다(Asendorpf, 1991).

2. 긍정적인 교사-영유아관계의 발달

영유아가 가정을 벗어나 만나게 되는 관계 중 교사와의 관계는 초기 영유아의 적응에 중요하고 이후의 발달과도 관련되기 때문에 그 관계를 잘 이해하고 발달시켜 나가는 것이 중요하다. 교사와 영유아의 긍정적인 관계는 부분적으로 교사가 영유아의 기질적 특성을 인식함으로써 조화를 이룰 수 있다. 특히 영유아의 발달문제는 교사와 영유아 간에 형성된 관계의 질에 따라 향상될 수도 있고 악화될 수도 있으므로 교사는 민감성과 정서적 지지 능력을 향상시켜 나가도록 노력해야 한다.

1) 영유아의 기질과 교사의 조화

매우 수줍어하고 조심성이 많은 영유아는 확실한 결과가 보이지 않는 사회적 상황에 참여하지 않고, 친숙하지 않은 사람을 회피하며, 그 주변을 맴돌거나 혼자 논다. 이에 반해 매우 외향적이고 접근지향적인 영유아는 그렇지 않은 영유아보다 잘 적응하는 것으로 보이기는 하지만, 한 활동에서 다른 활동으로 주의를 전환하는 데 어려움을 보이기도 한다(Rothbart & Jones, 1998). 또한 지나치게 외향적인 영유아는 상황에 맞지 않은 말을 많이 하는 편이고(Rimm-Kaufman, 1996), 즉각적으로 행동하는 경향이 있어서(Kagan, Snidman, & Arcus, 1998) 교사가 보육현장에서 이런 기질의 영유아를 관리하는 데 어려움이 있다.

Mary Rothbart

이러한 개인차는 기질에 기초하기 때문에 교사가 어린이집에서 나타나는 영유아의 행동을 이해하기 위해서는 영유아의 기질과 발달에 대한 이해가 선행되어야 한다. 수줍어하고 소심한 기질을 가진 영유아라도 교사가 그 특성을 이해하고 외부 세계에 대한 적절한 대처방식을 가르쳐 준다면 대인관계에서 불안감을 감소시키는 데 도움이 된다. 또한 매우 외향적이고 충동적인 영유아라도 교사가 이들이 충동을 잘 조절하도록 도와준다면 주의를 집중시킬 수 있을 것이다. 따라서 영유아의 기질과 부모의 양육태도가 상호작용하여 바람직한 결과를 산출한다는 '조화의 적합성' 모델이 교실 상황에서 영유아와 교사 간에도 적용됨을 알 수 있다. 교사-영유아관계에 있어서 조화의 적합성은 특정한 성향을 가진 영유아가 특정한 교육방법에 가장 잘 반응한다는 것을 보여 주고, 영유아의 과제수행과 교사의 기대 간의 좋은 결합이 영유아의 학습을 촉진한다는 것을 의미한다(Rimm-Kaufman et al., 2002). 그러므로 영유아의 이후 발달에 있어서 중요한 것은 영유아가 가진 기질적 성향뿐 아니라 오히려 교사가 영유아의 기질과 어떻게 조화를 이루면서 대처하는가에 달려 있다고 볼 수 있다.

Jerome Kagan

2) 교사의 민감성과 정서적 지지

긍정적인 교사-영유아관계의 발달은 다양한 요인의 영향을 받지만, 무엇보다 중요한 요인으로 교사민감성과 정서적 지지를 들 수 있다. 먼저, 민감성(sensitivity)이란 주로 부모의 양육태도에서 언급되어 왔던 개념이다. Dix, Gershoff, Meunier와 Miller(2004)는 양육민감성을 자녀가 원하는 것과 그에 따른 신호를 읽을 수 있고,

▶ 교사가 유아의 요구에 민감하고 긍정적으로 반응하고 있다.

자녀의 요구와 부모의 요구 사이의 균형을 이루며, 비계(scaffolding)를 제공하는 능력으로 정의하였다. 교사민감성의 개념도 양육민감성과 유사하다. 교사민감성이란 영유아의 개별적 요구를 인식하는 능력과 영유아의 발달과 학습을 긍정적으로 지원하는 비계설정 능력을 말한다(Dix et al., 2004). Rudasill과 Rimm-Kaufman(2009)도 교사민감성을 일관성이 있고, 긍정적이며, 영유아에 대한 온화한 태도를 가지고 영유아의 신호(cues)에 적절하게 반응하는 것으로 보았다(사진 참조).

긍정적인 교사-영유아관계에서 교사민감성은 영유아의 발달문제를 초기에 예방하고 중재하는 중요한 원천이 된다. 그리고 유아의 사회적 능력 및 과제수행 능력과도 관련이 있다(Pianta, La Paro, Payne, Cox, & Bradley, 2002). 예를 들어, 유아가 부주의하다면 민감한 교사는 그 유아가 선호하는 학습방식, 분위기, 활동을 인식하여 그에 알맞은 방식으로 유아의 주의를 이끌어 감으로써 발달을 도와줄 수 있다. 특히 매우 수줍어하는 성향의 유아보다는 외향적 성향의 유아가 민감한 교사와 만나면, 자기신뢰가 증가하고 부적응행동이 감소하며 과제수행에서 벗어나는 시간도 적은 것으로 나타났다(Rudasill & Rimm-Kaufman, 2009). 이는 영유아의 기질에 따라 교사가 다르게 행동해야 함을 시사해 준다. 민감하지 않은 교사의 경우, 일관성이 없고, 참견을 많이 하며, 무관심하고, 영유아의 신호에 반응하는 데 시간이 오래 걸리는 경향이 있다(Pianta, 1999).

▶ 교사는 온화한 행동과 개방적 의사소통으로 영유아의 참여를 촉진할 수 있다.

다음으로, 영유아가 어린이집에서 교사를 안전기지로 인식하고 정서적 지지(emotional support)의 원천으로 생각할 수 있다면, 긍정적인 교사-영유아관계를 이끌어 갈 수 있다. 이를 위해 우선 교사와 영유아 간에 친밀한 관계를 형성해 나가는 것이 필요하다. 교사-영유아관계에서 친밀함은 온화한 유대감과 개방적인 의사소통을 의미한다(Pianta, Steinberg, & Rollins, 1995). 교사가 영유아와 친밀하고 온화한 관계를 가짐으로써 어린이집에 대한 영유아의 긍정적인 태도를 이끌 수 있고, 개방적인 의사소통을 통해 영유아의 참여활동을 촉진할 수 있다. 따라서 영유아가 교사와 친밀한 관계를 형성하면서 정서적 지지를 받는 것은 어린이집에 대한 태도, 활동에의 참여, 또래와의 관계형성 등 초기적응에 있어서 매우 중요하다.

Robert C. Pianta

교사-영유아관계에 있어서 갈등관계는 교사와 영유아 간에 상호작용이 조화롭지 못하며, 라포(rapport)가 결여된 것을 의미한다(Pianta et al., 1995). 갈등이 많은 교사-영유아관계는 그 관계가 영유아에게 지지의 원천이 되는 것을 제한하여 영유아가 어린이집에 적응하는 것을 방해한다. 그리고 이러한 관계는 영유아의 분노와 불안감을 일으킬 수 있으며, 소외감과 외로움 등을 느끼게 함으로써 어린이집에 대해 부정적인 태도를 가지게 할 수 있다. 그러므로 교사는 영유아와 갈등관계에서 벗어나 친밀한 관계를 형성해야 한다. 영유아가 문제행동을 하면 교사와의 관계가 갈등을 일으키게 되고, 이 갈등으로 인해 교사가 영유아를 부정적으로 인식함에 따라 친밀한 관계의 형성을 방해하여 영유아가 지속적으로 문제행동을 하는 악순환이 지속된다. 그러나 교사의 정서적 지지가 이 연결고리를 끊음으로써 영유아의 이후 발달경로를 다양하게 이끌 수 있다(Pianta & Walsh, 1996). 만약 이 연결고리를 끊지 못한다면 영유아의 발달이 부정적인 결과로 이어지기 쉽다.

부적절한 대응전략을 가진 영유아가 도전적인 상황을 덜 적대적이고 덜 회피적인 방식으로 해결함으로써 다른 사람과 더 긍정적으로 관계하기 위해서는 정서적으로 지지적인 환경이 필수적이다(Burgess, Wojslawowicz, Rubin, Rose-Krasnor, & Both-LaForce, 2006). 이에 교사의 정서적 지지가 문제행동 위험이 높은 영유아와 관계형성에 있어서 보호요인으로 작용할 수 있다(Hamre & Pianta, 2005). 영유아의 문제행동이 교사-영유아관계에 영향을 주고 그 관계의 질에 따라 위험해질 가능성이 높다고 볼 때, 교사는 민감성과 정서적 지지 능력을 향상시켜 나가야 한다. 이는 양질의 훈련을 통해 향상시켜 나갈 수 있으며, 교사는 신념을 가지고 영유아의 행동을 이해해 나가야 한다. 한 연구(Gerber, Whitebook, & Weinstein, 2007)에 따르면, 교사민감성과 정서적 지지에 영향을 미치는 잠재적 요인으로는 수준 높은 교육 및 훈련, 기관에 대한 인식 및 태도, 작업환경 등으로 보고되었다.

Emily B. Gerber

3. 영유아 문제행동과 보육교사의 역할

교사가 영유아의 문제행동을 접할 때 막연히 처벌이나 훈계를 한다고 문제행동이 없어지는 것은 아니다. 영유아의 문제행동은 그 자체만으로 나아지기 어려우며, 부모의 협조가 필수적이다. 교사가 부모면담을 통해 영유아의 문제행동을 해결하기 위해서는 사전에 영유아를 대상으로 객관적이고 체계적인 평가를 해야 한다. 다양한 관찰방법을 통해 영유아를 평가한 결과를 가지고 부모와 면담을 한다면 부모의 신뢰를 높일 수 있으며, 부모와의 협력을 통해 영유아의 문제행동에 도움이 되는 해결책을 모색할 수 있다. 여기서는 실제 보육현장에서 빈번하게 나타나는 주요 문제행동을 내재화 및 외현화 문제행동으로 구분하여 이에 따른 대처방안을 살펴보고자 한다.

1) 영유아 문제행동의 관찰

관찰이란 연구자가 관심을 가지고 있는 대상이나 현상에 대한 정보를 입수하기 위해 특정 상황에서 나타나는 인간의 행동양상을 살펴보는 것을 말한다(Johnson & Christensen, 2004). 관찰은 영유아를 대상으로 실험 상황을 일부러 통제하거나 조작할 필요가 없고 언어적으로 의사소통이 힘든 영유아를 대상으로 하여 많이 사용되고 있기 때문에 어느 방법보다 바람직한 평가방법으로 볼 수 있다.

보육현장에서는 일반적으로 교사가 관찰자가 되어 영유아의 행동을 관찰하는 참여관찰을 많이 하게 된다. 영유아는 관찰자인 교사의 존재를 크게 의식하지 않으므로 교사는 영유아의 자연스러운 행동을 관찰하는 것이 가능하다. 교사는 관찰을 통해 영유아가 각 발달영역에서 어느 정도 발달하고 있는지 알 수 있으며, 영유아가 가지고 있는 문제점이 무엇인지 분석하고 진단해 볼 수 있다. 그리고 영유아의 관찰에서 얻어진 자료들은 부모와의 면담에서 중요하고 객관적인 평가 자료로 활용할 수 있다.

교사가 영유아의 행동을 관찰하고 평정하는 데 다양한 요인들이 영향을 미칠 수 있다. 관찰이 객관적이고 체계적으로 이루어질 때 보다 정확하고 유용한 정보의 제공이 가능하므로, 교사가 영유아를 관찰하는 과정에서 다음과 같은 점을 고려해야 한다(전남련, 권경미, 김덕일, 2005; 정옥분, 2008; 조수철, 신민섭, 2006).

첫째, 관대성의 오류(error of leniency)는 교사가 영유아의 행동을 실제의 심각성에 비해 너무 좋은 쪽으로만 보려는 경향이다. 이에 반해 엄격성의 오류(error of severity)는 교사가 영유아의 행동을 너무 나쁜 쪽으로만 보려는 경향을 말한다. 둘째, 후광효과(halo effect)는 관찰대상 영유아의 사전 정보나 초기 인상이 교사의 평정에 영향을 미치는 것을 말한다. 후광효과에 따라 교사는 하나 혹은 몇 개의 특정 행동에 대한 판단에 근거하여 전반적으로 점수를 높게 혹은 낮게 평가한다. 예를 들어, 한 유아가 교실에서 반항적인 행동을 하여 교사의 눈에 띄게 되면, 공격적이지 않은 단순한 다른 행동들도 공격적인 행동으로 평가하는 오류를 범할 수 있다. 셋째, 집중경향의 오류(error of central tendency)는 주로 평정척도법에서 나타나는 오류로, 교사가 관찰대상 영유아에게 평정척도의 중간점수를 주는 경향을 말한다. 관찰자들은 때때로 판단하기 어려운 항목에서 이러한 오류를 범하기 쉽다. 넷째, 대비오류(contrast error)는 교사가 영유아를 평정할 때 그 영유아를 어떤 상대와 비교하여 평정하느냐에 따라 평정치가 달라질 수 있다는 것이다. 예를 들어, 공격적인 유아를 얌전한 유아와 비교하여 평정한다면 유아의 문제행동 점수가 더 높게 나오게 된다. 다섯째, 최신오류(recency error)는 교사는 영유아가 가장 최근에 보인 행동에 기준하여 평정하게 되는 것을 말한다. 예를 들어, 교사가 평가하기 며칠 전 유아가 보인 문제행동 때문에 속이 상했다면 평정척도에서 대부분의 항목에 대해 나쁜 쪽으로 평가할 가능성이 생기게 된다. 따라서 이러한 사항들을 극복하기 위해서는 교사의 편견이나 기대에 따라 주관적으로 평가하는 것이 아니라 관찰의 객관성을 유지하면서 영유아를 평가하도록 노력해야 한다.

2) 영유아 문제행동과 교사의 대처

만 3~6세 유아를 대상으로 문제행동을 조사한 한 연구(유일영, 유현정, 2010)에서 유아는 내재화 문제행동 중에서 위축행동을 가장 많이 보였고, 그다음으로 불안·우울, 정서적 반응성 문제를 보였다. 외현화 문제행동 중에서는 주의집중 문제가 가장 많이 나타나고, 그다음이 공격성으로 보고되었다. 이와 같은 영유아들이 보이는 일반적인 문제행동에 대한 교사의 대처방법을 살펴보면 다음과 같다.

(1) 영유아의 내재화 문제행동과 보육교사의 대처

낯선 사람이나 상황과 만나게 되면 어떤 영유아는 쉽게 다가가지만, 어떤 영유아는 종종 행동을 억제함으로써 움츠러드는 경향을 보인다. 이러한 행동억제는 접근-회피 갈등에서 비롯된다. 즉, 다른 사람에게 다가가고자 하지만 동시에 회피하고자

Jens B. Asendorpf

하는 성향으로 접근이 억제되는 것이다(Asendorpf, 1991).

어린이집에서 친숙하지 않는 또래가 등장했을 때, 행동을 억제하는 영유아는 상당 기간 동안 접근-회피 갈등을 경험할 수 있다. 이런 영유아들은 보통 보육실 구석에 숨어 있거나, 전혀 움직이지 않는 것처럼 보이기도 한다. Asendorpf의 연구(1991)에서 심지어 10분간 얼음 상태로 정지해 있는 유아가 관찰되기도 하였다. 그럼에도 불구하고 이 유아들은 지속적으로 친숙하지 않은 또래를 관찰하고 있었었다. 같은 상황에서 외향적인 유아는 낯선 또래가 등장하면 처음 몇 초간은 주저하다가 곧 또래에게 다가가 같이 놀게 된다. 그러나 행동억제 성향이 높은 유아는 초기 행동억제 상태에서 사회적 상호작용을 시작하는 데 좀 더 많은 시간이 필요하다는 것을 교사는 이해하고 있어야 한다.

영유아가 친숙한 또래나 친숙하지 않은 또래에게 다가가는 방법은 처음엔 평행놀이(또래 근처에서 비슷한 장난감을 가지고 상호작용 없이 노는 것)를 하다가 그다음에 또래와 같이 활동을 하는 것이다. 이에 비해, 행동을 과도하게 억제하는 유아는 또래와 사회적 상호작용을 포기하고 그 대신에 사물에 집중하면서 조용히 혼자 노는 방식으로 접근-회피 갈등을 해결한다. 또한 행동을 억제하는 유아는 익숙하지 않은 또래와의 자유놀이 시간에 혼자놀이에서 사회적 상호작용으로 전환하지 않았다. 게다가 이들은 연령이 증가함에 따라 더 많은 시간을 혼자 수동적인 활동을 하는 데 보내는 반면에, 일반 유아들은 사회적 상호작용에 더 많은 시간을 보내는 것으로 나타났다(Asendorpf, 1991).

익숙하지 않은 것에 대한 행동억제의 기질적 성향이 철회와 같은 대처유형과 지속적으로 결합하면, 이후 내재화 문제행동으로 발달할 수 있다. 이들이 보이는 가장 높은 수준의 행동억제는 사회적 철회 혹은 고립이며, 이는 영유아가 어린이집에서 사회적으로 부적응하게 하는 위험요소다(Ladd & Burgess, 1999). 행동억제 성향이 높은 기질의 영유아는 외향적이거나 까다로운 영유아에 비해 상대적으로 소외될 가능성이 높아 투명인간 취급을 당할 위험이 크다. 교사가 이런 영유아의 지능을 과소평가하거나 다른 영유아보다 주의를 기울이지 않아서 이런 기질적 성향을 가진 영유아가 또래거부나 고립을 더 많이 경험하는 경향이 있다(Rubin & Mills, 1988). 또한 소심하거나 수줍어하는 영유아는 활동성이 높은 다른 영유아에 압도당하여 인지발달 과정에 어려움

Kenneth H. Rubin

을 경험할 수도 있다(Rothbart & Jones, 1998). 지나치게 높은 수줍음 성향은 교사-영유아관계에도 위험요소가 될 수 있다. 수줍어하는 영유아는 그렇지 않은 영유아보다 교사와의 관계에서도 친밀감이 낮고 갈등도 낮은 경향을 보인다. 이것은 교사와 영유아 간의 상호작용이 다른 영유아에 비해 적기 때문인 것으로 나타났다(Rydell, Bohlin, & Thorell, 2005).

매우 소심하거나 수줍은 영유아에게 학기 초와 같은 새로운 환경이나 대집단 앞에서 말해야 하는 상황은 매우 도전적인 경험이 된다. 이들은 새롭거나 친숙하지 않은 자극에 심지어 공포반응을 보이기까지 한다(Kagan, 1994). 이러한 성향의 영유아를 대할 때 교사는 이들이 불안을 극복하고 교실활동에 자유롭게 참가할 수 있도록 도와줘야 한다. 예를 들어, 집단활동을 할 때 매우 수줍어하는 영유아는 친숙하지 않은 또래보다 친숙한 또래와 짝을 지어 주어 활동을 이끌어 나갈 수 있도록 한다(사진 참조). 소심한 영유아에게 처음부터 활동을 주도하게끔 하는 것은 불안을 초래하므로 영유아에게 선택권을 주어 어느 친구와 활동하고 싶은지에 대한 의사표현을 정확히 하도록 자율성을 부여해 주는 편이 낫다. 이를 위해 교사는 평상 시 영유아가 노는 것을 관찰하여 누구와 친하게 지내는지 알아야 한다. 또한 교사는 이런 성향의 영유아에게 지속적인 관심을 가져야 한다. 매우 수줍어하는 영유아에게는 교사가 먼저 상호작용을 유도하는 것이 좋고, 대집단 활동보다는 소집단 혹은 일대일 상호작용을 시도하는 것이 좋다.

▶ 수줍어하는 유아를 친숙한 또래와 짝을 지어 준다.

교사에게 과도하게 의존적인 영유아는 어린이집에 대해서도 부정적인 태도를 갖게 되어 등원거부와 같은 행동을 초래할 수 있다. 의존성이 높은 영유아는 미성숙하거나 어린이집의 생활에 적응할 준비가 되어 있지 않아서 교사를 안전의 원천으로 과도하게 의지하는 것이다. 따라서 교사는 이처럼 독립적이지 못한 영유아에게 일시적으로 부모를 대체하는 인물의 역할을 수행할 필요가 있으며(Birch & Ladd, 1997), 이러한 성향의 영유아가 교사로부터 신뢰감, 안내, 도움을 받기 위해 과도하게 의존한다는 것을 이해해야 한다. 이러한 경우에 교사는 우선 영유아를 밀치지 말고 안아 주는 것이 좋고, 수업을

Gary W. Ladd

진행할 때도 영유아를 교사 옆에 앉혀 놓고 한다면 영유아가 안심할 수 있다. 그러나 보육실에서 교사에게 지나치게 매달리는 영유아의 요구를 다 들어주게 되면 영유아가 또래와 관계 맺을 수 있는 기회를 막을 수 있다. 그렇게 되면 영유아의 사회적 상호작용은 제한되고 오히려 사회적 고립과 외로움을 느낄 수 있으므로 주의해야 한다.

지나치게 수줍어하고 위축된 영유아를 만나게 되면 교사는 우선 이것이 영유아의 기질적 성향인지 아니면 부모의 양육태도에 따른 결과인지를 살펴보아야 한다. 기질상 수줍어하고 자신감이 없거나 불안한 행동을 보인다면, 이를 이해하고 영유아의 정서를 공감해 주어야 한다. 두려움과 수줍음이 창피한 것이 아니라는 것을 이해시킨다면 영유아가 교사와 긍정적인 관계를 맺을 수 있을 것이다. 또래 앞에 서는 것을 불안해한다고 해서 이를 고쳐 주기 위해 처음부터 앞에서 발표하는 것을 시키면 영유아는 더욱 불안해하고 두려워할 것이다(사진 참조). 처음에는 또래 앞에서 영유아에게 간단한 심부름을 시키는 등으로 작은 경험들을 서서히 늘려 나가야 한다.

▶ 수줍어하는 성향의 유아는 다른 사람들 앞에서 발표하는 것이 두려울 수 있다.

가정에서 부모의 기대치가 지나치게 높거나 엄격해서 작은 실수에도 호되게 꾸중을 듣게 되면 유아는 점점 위축된다. 만약 부모의 양육태도로 인해 나타나는 위축된 행동이라면 유아를 잘 관찰하고 기록해 두었다가 부모면담 때 이에 대해 상담하는 것도 하나의 해결방법이 될 수 있다.

(2) 영유아의 외현화 문제행동과 보육교사의 대처

지나치게 수줍어하는 영유아보다는 외향적인 성향을 가진 영유아가 교사와 성공적인 관계를 형성하기 쉽다. 하지만 경우에 따라 이러한 성향이 오히려 교사-영유아 간 갈등을 만드는 경우도 있다(Rothbart & Jones, 1998; Rudasill & Rimm-Kaufman, 2009). 예를 들어, 집단활동 시 소리를 지르거나 친구와 떠드는 등의 행동은 수업시간에 방해가 된다. 또한 영유아가 규칙을 어기고 교실질서를 엉망으로 만드는 것도 원만한 교사-영유아관계를 위협하는 행동이 된다. 교사가 이러한 행동을 부정적으로 인식하게 되면, 외향적인 성향의 영유아를 교실에서 관리하는 데 어려움을 겪을 수 있다. 따라서 교사는 자신과 영유아를 위한 일과(routines)를 정하고 영유아가 교사가 기대하는 행동과 작업 수행의 정도를 알도록 해야 한다. 교사가 교실 내 일과를 잘 관리하면 영유아는 교실에서 어떻게 행동해야 하는지를 이해하고 교실활동의 대부분을 구조적 활동으로 보내게 된다(La Paro, Pianta, & Stuhlman, 2004).

교사는 집단활동 시 외현화 문제행동을 일으킬 가능성이 있는 영유아가 주어진 과제에 집중할 수 있도록 도와주어야 한다. 교사와 영유아의 관계가 긍정적으로 성립되면 교사는 영유아에게 안전기지(secure base)가 될 수 있고, 이러한 지지는 영유아가 교실에서 적절한 행동을 하도록 돕는다. 외현화 문제행동을 보이는 영유아라도 영유아의 신호에 민감한 교사를 만나면 자기신뢰가 증가하고, 부정적 행동을 적게 하며, 과제에서 이탈하는 시간도 줄어드는 것으로 나타났다(Rimm-Kaufman et al., 2002). 따라서 교사는 영유아의 문제행동에만 집중하기보다는 교사 자신이 영유아의 신호에 먼저 민감했는지를 살펴봐야 한다. 그리고 교사가 영유아에 대한 기대를 너무 높게 설정한 것은 아닌지 고민해 볼 필요가 있다. 아직 어린 영유아에게 과제 수행, 생활습관 등 모든 영역에서 잘할 것으로 기대하거나, 혹은 이에 미치지 못하는 영유아를 부정적인 시각으로 보아서는 안 될 것이다.

영유아가 공격적인 행동을 보일 때 교사가 초기 반응을 적절하게 하지 않으면 영유아의 공격성은 더욱 거칠어진다. 우선 교사는 갈등을 일으킨 선행사건이 무엇인지, 영유아의 욕구가 무엇인지에 대한 전체적인 상황을 파악해야 한다. 그리고 영유아가 왜 그런 행동을 하게 되었는지 이해하고 공감해 주어야 한다. 영유아가 화가 났을 때 소리를 지르거나 공격적인 행동을 하는 것은 정상적이다. 발달과정상 2세 정도가 되면 공격성이 증가한다는 것을 이해해야 한다. 2세 영아에게 친구와 사이좋게 장난감을 가지고 노는 것을 기대하는 것은 무리다. 차라리 같은 장난감을 여러 개 준비해서 일어날 수 있는 갈등을 사전에 미리 예방하는 것도 방법이다.

만약 교사가 물리적인 처벌을 하게 되면 그 순간에는 제압이 가능하지만 교사가 안 보는 곳에서 영유아는 공격적인 행동을 반복하게 된다. 따라서 교사는 영유아에게 공격적인 행동을 적절하게 통제하는 법을 보여 줘야 한다. 그러나 국내 연구(김미해, 옥경희, 2012)에 따르면, 교사들은 유아의 공격성에 대한 반응으로 세력행사 전략이나 심리적 통제를 비롯한 강압적인 전략을 자주 사용하는 경향을 보였다.

▶ 또래관계에서 빈번한 갈등은 일반적인 현상이다.

영유아의 공격성에 교사도 똑같은 폭력적인 방법으로 접근하는 것은 위험하다. 공격성을 영유아가 하면 안 되는 행동으로 인식할 수 있도록 접근해야 한다. 이를 위해 교사는 다양한 사회적 전략을 활용할 수 있도록 관련 교육이나 훈련을 통해 지속적으로 배워 나가야 한다. 무엇보다 교사의 설명에 영유아가 따르기 위해서는 교사-영유아관계가 친밀해야 한다. 영유아가 교사를 좋아하게 되면 교사의 말을 잘 듣게 된다. 교사와 영유아 간의 친밀도가 높으면 외현화 문제행동이 적은 것으로 나타났다(Baker, 2006).

영유아가 공격적인 행동을 했다면, 그 결과 상대방이 느끼게 되는 정서를 공감할 수 있는 능력을 키워 줘야 할 필요가 있다. 예를 들어, 교사는 영유아가 친구의 장난감을 빼앗을 때 친구의 기분이 어떤지 설명해 주어 장난감을 뺏긴 친구의 정서를 공감할 수 있도록 도와준다. 일반적으로 또래다툼은 또래선호도에 나쁜 영향을 미치고, 협동적인 행동이나 나누기 같은 행동은 영유아들의 사회적 선호도와 밀접히 관련되므로(Keane & Calkins, 2004), 교사는 친사회적 행동을 장려하는 분위기를 이끌어 나가야 한다.

부주의한 영유아의 경우, 교사는 영유아가 장시간 활동에 집중하지 못하므로 긴 과제를 할 때에는 짧은 단위로 끊어서 제시하도록 한다. 그리고 한 번에 하나의 과제를 영유아에게 제시하고 주어진 과제를 수행할 수 있는 여분의 시간을 허용하는 것이 좋다. 그리고 좋은 역할모델을 보여 줄 수 있는 또래 근처에 영유아를 앉혀서 학습과 모방이 이루어지도록 도와준다.

충동적인 영유아일 경우, 교사가 영유아의 부적절한 모든 행동에 관여할 수는 없기 때문에 사소한 부적절한 행동은 적절히 무시하도록 한다. 교사가 영유아의 잘못된 행동을 지적할 때는 신중해야 하며 이를 비난하는 것은 삼가도록 한다. 그리고 영유아가 잘한 행동에 대해서는 즉각적으로 보상을 주는 것이 좋다.

▶ 협동적인 행동을 통하여 긍정적인 관계를 유지할 수 있다.

교사는 문제행동이 일어난 이후 반응하는 소극적인 자세보다는 사전에 미리 예방하는 적극적인 자세가 필요하다. 영유아가 문제행동을 해서 교사로부터 부정적인 주의를 받게 되면 다른 또래들이 그 영유아를 덜 좋아하게 된다. 그 결과 또래관계에서 어려움을 겪을 수 있다. 따라서 교사는 영유아가 아닌 문제행동 자체에 주의를 집중해야 한다.

3) 영유아 문제행동과 부모면담

교사가 영유아의 문제행동에 대해 직접 관찰을 함으로써 영유아의 행동을 평가할 수 있다. 그러나 영유아의 문제행동은 영유아 자체에만 원인이 있는 것이 아니므로 외부 요인의 영향을 고려해야 한다. 즉, 영유아를 포함하고 있는 환경 전체를 하나의 단위로 인식해야 한다. 영유아의 문제행동과 관련된 잠재요인 중의 하나는 영유아가 가족구성원과의 관계에서 겪은 경험이다. 특히 부모의 부정적인 양육행동은 영유아의 공격성과 같은 외현화 문제행동과 관련이 높은 것으로 나타났다(Rubin et al., 2003). 국내 연구(유일영, 유현정, 2010)에서도 어머니가 부정적인 양육태도를 보일수록 영유아가 문제행동을 많이 보이는 것으로 나타났다.

교사 입장에서는 영유아의 문제행동에 대해서 부모와 면담한다는 것이 상당히 두려울 수 있다. 하지만 교사는 부모와의 면담을 통하여 영유아의 행동이나 성장과정에 대한 정보를 수집하고, 영유아의 문제행동을 부모와 의논하고 공유해야 한다. 면담은 학기 초나 학기 말에 하는 정기면담과 필요에 의해 하는 수시면담으로 나눌 수 있다. 정기면담은 보통 전체 부모를 대상으로 이루어지고, 교사와 부모가 영유아의 발달 전반에 관한 정보를 주고받는다. 만약 영유아의 문제행동과 같은 특별한 목적이 있는 경우에는 정기면담 이외에 개별적으로 수시면담을 할 수 있다. 이때 교사는 영유아가 문제행동을 보이는 상황에서만 부모와 면담하는 것이 아니라 적당한 간격으로 규칙적인 만남을 갖는 것이 부모의 참여를 용이하게 이끌 수 있다. 정기면담이든 수시면담이든 교사가 부모와 면담을 할 때에는 사전에 준비한 객관적인 자료를 가지고 면담을 해야 한다. 즉, 교사가 영유아를 관찰하면서 꾸준히 평가해 온 자료를 바탕으로 영유아의 문제행동에 대해 설명한다면 부모 입장에서는 더 객관적으로 받아들이게 되고, 교사를 신뢰할 수 있다.

Allen C. Israel

부모라면 누구나 자녀의 문제행동에 대해서 순순히 받아들이지 않을 것이다. 부모에 따라 교사의 의견을 이해하고 이행하는 능력도 차이가 있을 수 있다. 어떤 부모는 자녀의 문제 자체를 아예 부정하기도 하고, 어떤 부모는 자녀의 문제가 자신의 탓으로 보여질까 봐 두려워 방어적으로 행동하기도 한다(Wicks-Nelson & Israel, 2000). 때로는 교사와 어린이집의 탓으로 돌리는 부모도 있어서 교사를 힘들게할 수 있다. 교사 입장에서 차라리 면담을 피하고 싶은 마음이 들 때도 있겠지만, 어떤 상황에서든지 부모는 영유아의 행동수정에 절대적인 역할을 하므로 교사는 부모의 참여를 이끌어 내도록 노력해야 한다.

영유아의 문제행동을 지나치게 부각시켜 설명하면 부모의 반발이 커질 수밖에 없다. 교사는 부모에게 영유아의 문제행동을 단정적으로 말하기보다는 '~하는 면이 있어요'라는 식으로 설명하는 것이 부모 입장에서 좀 더 수월하게 받아들이게 된다. 또한 지나치게 전문용어(예: ADHD, 내적 작동모델 등)를 사용하여 설명하기보다는 영유아의 행동을 예를 들어 설명하는 것이 더 좋다(예: "설명할 때 딴 곳을 쳐다봐요" "대집단 활동 시 돌아다니고 활동에 참여하지 않아요" 등).

교사는 문제행동의 원인을 부모와 영유아의 문제로만 접근하거나 전달하지 않도록 주의할 필요가 있다. 교사는 부모와 같이 원인을 모색해 보고, 가정과 어린이집이 연계하여 도움을 줄 수 있는 방법을 찾아보도록 한다. 그리고 부모의 직업과 배경을 고려하여 구체적인 도움을 줄 수 있도록 해야 한다. 예를 들어, 직업특성상 3교대 근무하는 간호사 어머니에게 퇴근하면 무조건 자녀와 함께 시간을 보내라고 권할 수는 없다. 차라리 주변에 지원이 가능한 다른 양육자를 찾아보되, 영유아의 안정적인 애착을 고려하여 양육자가 자주 바뀌지 않는 것이 바람직하다는 충고를 해 주는 편이 더 낫다.

영유아의 문제행동에 대해서 교사 혼자 판단하기보다는 미리 교사회의를 통하여 다른 교사들과 충분히 의논한 후에 부모와 면담을 하는 것이 좋다(사진 참조). 교사회의를 통하여 영유아가 가지고 있는 문제가 무엇인지 분석하고 그 심각성을 고려하여 전문가의 치료적 개입이 필요한지 판단한 후에 부모면담 시 정확하게 알려 주어야 한다. 그리고 부모가 영유아의 행동에 문제가 있다는 것에 동의한다면 치료전문기관 목록을 사전에 조사해 두었다가 부모에게 조심스럽게 권유해 볼 수도 있을 것이다. 그러나 부모가 동의하지 않는다면 영유아의 문제행동을 좀 더 지켜본 후에 다시 부모와 면담 기회를 갖도록 한다.

▶ 교사회의를 통하여 영유아의 문제행동에 보다 객관적으로 접근할 수 있다.

제8장

일과운영과 보육교사의 역할

영유아는 일상적인 생활 속에서 탐색과 놀이를 하며 나날이 성장·발달해 나간다. 일과의 모든 순간은 교육적 가치가 있다. 보육교사는 영유아의 등원 맞이하기로 시작하여 신발과 옷 벗기, 손 씻기와 양치하기 등의 자조활동, 간식과 식사하기, 기저귀 갈기와 대소변 가리기, 낮잠과 휴식하기 등의 일상적 생활, 자유롭게 탐색하기, 놀이하기, 실외놀이하기, 산책하기 등의 교육적 활동, 영유아의 귀가 후 가정에서의 생활을 지원하는 부모와 협력에 이르기까지 다양한 활동 속에서 끊임없이 영유아와 상호작용을 해야 한다. 제3차 어린이집 표준보육과정과 누리과정은 0~5세의 연계를 고려하여 0~1세, 2세, 3~5세 과정으로 나누어 운영하는데, 모든 과정에서는 기본적으로 영유아가 어린이집에서 편안하고 행복한 일상생활을 하는 것에 중점을 두고 일과를 구성하고 있다. 영유아가 어린이집에서 일과를 보내면서 전인적으로 발달하여야 하므로 어린이집의 일과는 영유아의 발달특성과 개인차를 동시에 고려하여 구성되어야 한다. 표준보육과정과 누리과정의 전 영역에서 중요하게 강조하고 있는 것은 기본생활습관과 창의성 및 인성교육이기 때문에 별도의 영역이 있는 표준보육과정뿐 아니라 누리과정에서도 전 영역에서 기본생활지도를 전제로 일과를 운영해야 한다. 이 장에서는 영유아의 일과운영을 연령별로 나누어 영아의 일과운영은 만 1세 반을 중심으로 살펴보고, 유아의 일과운영은 만 3~5세를 중심으로 살펴보며, 일과운영에 대한 설명과 함께 각 일과에서 보육교사의 역할에 대해서도 살펴보고자 한다.

1. 영아반 일과운영과 보육교사의 역할

영아들의 경험과 관심사를 중심으로 이루어지는 주제 중심의 통합적인 활동은 놀이와 일상적인 생활 속에서 드러난다. 유능한 교사라면 자신이 세웠던 계획을 조정하며 영아들의 관심사나 행동에 따라 융통성 있게 활동을 변화시켜 영아의 요구에 적절히 반응하면서 하루 일과를 보낼 수 있어야 한다(〈표 8-1〉 참조).

〈표 8-1〉 **만 1세 반의 하루일과표 예시**

시간	주요 일과	교사의 역할
7:00 ~ 8:30	등원 및 실내활동 (통합보육)	• 밝은 미소로 영아를 맞이하고 보호자에게 영아의 상태를 듣는다. • 영아의 건강상태를 살피고 관찰한다. • 부모가 기록한 일일보고서를 확인한다. • 영아와 놀잇감을 가지고 자유롭게 놀이한다.
8:30 ~ 9:10	실내활동	• 영아와 놀잇감을 가지고 자유롭게 놀이한다.
9:10 ~ 9:30	대소변 가리기 손 씻기	• 영아의 기저귀를 살피거나 변기를 사용하도록 한다. • 손을 씻겨 주거나 씻을 수 있도록 한다.
9:30 ~ 10:30	오전 간식 및 실내자유놀이	• 포크나 수저를 사용하여 스스로 먹을 수 있도록 한다. 먹고 난 후 정리정돈을 하도록 한다. • 교사가 준비한 놀이활동을 하거나 자유롭게 탐색활동을 할 수 있게 한다. • 교사와 상호작용, 또래와의 접촉, 혼자놀이 등의 활동을 한다.
10:30 ~ 10:50	정리정돈 및 전이활동	• 교사가 정리하면서 영아도 제자리에 놓아 보게 유도한다. • 다음 놀이활동 장소를 알려 주고 이동한다.
10:50 ~ 11:30	실외자유놀이	• 교사가 준비한 실외놀이 활동이나 대근육 활동, 물 · 모래놀이 등을 자유롭게 할 수 있게 영아를 격려한다.
11:30 ~ 12:30	점심 준비 및 점심 이 닦기 대소변 가리기	• 식사 전 손을 씻고 수저를 사용하여 스스로 먹을 수 있게 한다. • 점심식사 후 이 닦기를 도와준다. • 낮잠 자기 전에 기저귀를 갈거나 화장실을 다녀오게 한다.
12:30 ~ 15:00	낮잠 준비 및 낮잠	• 낮잠 준비를 하고 조용한 음악이나 자장가를 들려준다.

15:00 ~ 16:30	낮잠 깨기 및 정리정돈 화장실 가기 손 씻기 및 오후 간식	• 낮잠에서 깨어나면 잠자리를 정리한다. • 영아에 따라 기저귀를 갈거나 화장실에 다녀오게 한다. • 손을 씻겨 주거나 손을 씻을 수 있게 한다. • 포크나 수저를 이용하여 스스로 먹을 수 있게 한다.
16:30 ~ 17:30	실내외 자유놀이	• 낮잠 후 오후 놀이는 과도한 자극은 줄이고 편안하게 오전에 계획된 활동을 반복하거나 교실 외 다른 공간(실외 놀이터, 유희실, 옥상 등)으로 장소를 이동하여 놀이함으로써 변화를 준다.
17:30 ~ 19:00	조용한 놀이 귀가 준비 및 귀가 (통합보육)	• 귀가를 준비(소지품 챙기기, 씻기, 옷 입기 등)하고 일일보고서를 작성한 후 영아와 개별적으로 놀이한다. • 부모와 영아의 상태에 대해 이야기하고 귀가 인사를 나눈다.

1) 등원 및 맞이하기

등원 시간은 교사가 영아를 개별적으로 만나는 첫 시간이다. 교사는 등원 시간 전에 미리 보육실(교실)을 점검하고 그 날의 보육활동 자료(교사용과 영아용 도구)를 준비한다. 교사는 영아를 정서적으로 안정되도록 따뜻하게 맞아들이고, 부모와 간단한 대화를 통하여 영아에 대한 정보를 교환한다. 어린이집에서 건강하고 안전한 하루를 위해서 등원시간을 기분 좋게 맞이하는 것은 영아, 부모, 교사 모두에게 중요하다(〈표 8-2〉 참조).

〈표 8-2〉 **등원 시 보육교사의 역할**

- 영아가 몸이 불편하여 약을 먹어야 하는 경우 부모가 투약의뢰서를 작성하도록 한다.
- 부모와 영아를 반갑게 맞이하며 인사를 한다.
- 부모와 영아에 대한 정보를 간단히 나눈다.
- 등원 직후 부모와 떨어지기 어려워하는 영아를 위해 교사가 몇 분 동안 안아 주어 안락함과 정서적인 안정감을 준다.
- 영아와 함께 개인 사물함에 신발, 옷, 개인용품을 넣도록 지도한다.
- 각 반 교실 또는 통합 보육실에서 영아가 하고 싶어 하는 놀이를 시작하도록 지도한다.
- 아침잠이 부족한 영아를 위해 조용히 잘 수 있는 공간을 마련한다.
- 부모와 편안하게 떨어져 놀이를 할 수 있도록 심리적으로 안전하고 반기는 분위기를 조성한다.

▶ 영아가 등원하여 신발을 정리하도록 교사가 도움을 주고 있다.

2) 오전 실내자유놀이

영아에 따라 개인차가 많기 때문에 보육교사는 영아의 개별적 특성이나 요구를 고려하여 활동을 제안하거나 반응해 주어야 한다. 영아가 활동실에 마련된 환경 안에서 자유로운 탐색과 놀이를 통하여 주변의 사회적·물리적 세계를 인식하고 지식과 기술 및 적절한 태도를 형성할 수 있는 활동으로 운영한다. 영아가 흥미를 보이지 않거나 다른 활동이나 놀잇감에 관심을 갖게 되면 영아의 흥미와 관심을 존중하여 다음 활동을 계획할 때 자료로 활용한다. 영아는 새로운 사물이나 상황을 접하면 먼저 탐색활동을 하고, 탐색을 통하여 익숙하게 된 후에 놀이를 하게 된다. 영아에게 새로운 사물이나 놀잇감, 교실환경을 제공할 때는 먼저 영아 자신의 감각능력 및 운동능력에 기초하여 사물을 탐색해 보는 시간을 충분히 제공하는 것이 중요하다(〈표 8-3〉 참조).

〈표 8-3〉 **자유놀이 시간 보육교사의 역할**

- 교사는 먼저 계획한 활동에 필요한 자료 및 준비물을 점검한다. 활동에 필요한 놀잇감과 자료는 각 영역에 배치하고 충분한 공간이 확보되었는지 점검해 본다.
- 교사는 영아가 주도적으로 놀이를 할 수 있도록 영아에게 탐색과 놀이의 시간을 충분히 제공한다.
- 영아의 요구나 흥미를 토대로 활동을 계획하고 실행하는 과정에서 피곤해하거나 기분이 좋지 않거나 다른 활동에 흥미를 보이면 영아의 반응을 수용하고 적절히 반응해 주는 것이 바람직하다.
- 영아가 선택한 것을 살피면서 스스로 할 수 있는 것을 격려하고 지원해 주며 도움을 준다. 또한 영아가 울거나 도움을 청할 경우에는 민감하고 즉각적으로 반응해 준다.
- 영아는 활동량이 많고 쉽게 지치므로 움직임이 많은 대근육 활동을 진행한 뒤에는 책 보기 등 정적인 활동으로 휴식을 취할 수 있도록 해 준다.
- 교사는 놀잇감이나 활동을 제시한 후 영아의 탐색과 놀이 과정을 관찰하면서 영아의 자발적인 탐색을 격려하고, 점진적으로 필요한 도움을 주면서 상호작용하여야 한다.

- 교사는 참여하는 영아가 모두 사용하기에 충분한 자료를 준비하고, 월령에 적합한 활동을 준비하여 일대일로 상호작용할 수 있도록 한다.
- 교사는 놀잇감이 영아의 움직임에 방해되지 않도록 배려하여 환경을 구성해야 한다.

(1) 신체 및 움직임을 위한 영역

영아는 움직임에 대한 욕구가 강하며, 대근육 활동을 통해서 긴장과 다양한 욕구를 해소할 뿐만 아니라 신체 각 부분과 순환기, 배설, 호흡기 등 여러 기관의 기능도 조화롭게 발달시키게 된다. 영아는 신체 및 운동 기능의 정상적인 발달과 협응이 괄목할 만한 성장을 보이는데, 감각기관과 신체놀이를 통해 운동능력 및 협응능력을 발달시켜 나간다. 이동운동 능력과 협응능력이 발달하는 속도는 영아에 따라 개인차가 있으나 진행되는 순서는 일정한 계열성을 가지고 있다. 영아기에는 기기, 걷기, 오르기, 앉기, 뛰기 등의 운동능력과 손 뻗기, 움켜쥐기, 잡기, 옷 벗기 등의 협응능력이 발달한다. 이러한 운동능력과 협응능력 발달을 통해 신체 발육이나 안전능력, 사회성 발달과 지적 능력을 향상시킨다. 신체적 놀이를 통한 감각적 자극은 신경체계 성장에 필수적이며, 시각 · 촉각 자극을 포함한 지각능력 발달을 돕고 정교화하는 기능을 할 뿐만 아니라 모방, 상징놀이, 언어발달과 상징의 사용을 통해 인지기능을 향상시킨다. 따라서 교사는 신체놀이의 중요성을 인식하여 영아의 신체놀이를 격려하고 적절한 환경을 제공해 주어야 한다(〈표 8-4〉 참조).

〈표 8-4〉 **신체놀이 영역에서 보육교사의 역할**

- 영아의 신체발달 수준과 놀이 경험을 바탕으로 활동을 제공하고 점진적으로 그다음 단계로 진행되도록 도와주어야 한다.
- 대근육 활동을 실시할 때는 안전에 유의해야 하며 발달에 적합한 시설과 교구를 마련해 준다.
- 기어가기, 오르기, 걷기, 달리기, 던지기, 균형 잡기 등의 활동이 제공되어야 한다.
- 대근육 활동이 이루어질 수 있도록 타는 놀잇감, 낮은 미끄럼틀, 큰 상자, 공, 큰 블록 등이 필요하며, 이러한 놀이 기구에 위험하거나 날카로운 부분이 없는지 사전에 점검해야 한다.
- 실내외에서 신체놀이를 하고 있을 때는 모든 영아들을 관찰할 수 있는 장소에서 바라보아야 한다.
- 음악에 맞추어 신체활동을 할 수 있도록 하며, 신체활동 도구(예: 리본테이프, 스카프, 꽃술, 손목 방울 등)를 사용하여 활동할 수 있도록 한다.
- 영아의 놀이를 관찰하면서 적절한 시기에 개입하여 무엇을 하고 있는지 이야기해 주고 격려한다.
- 영아가 두려워하는 신체놀이는 시범을 보여 주는 것이 효과적이다.
- 신체 영역에는 다양한 종류와 크기의 블록을 준비해 주고, 영아가 쌓고 무너뜨리고 구성해 볼 수 있도록 한다.

- 블록과 함께 여러 가지 소품을 준비해 두어 다양한 상징놀이로 확장할 수 있도록 한다.
- 대·소근육 발달과 성장을 위하여 중요한 영역으로 복합놀이대, 흔들말, 평균대, 쌓기놀이 등을 다양하게 변화를 주며 제공한다.
- 교사는 개별 영아의 대·소근육 발달에 기초하여 순서적으로 활동하도록 돕고, 새로운 대·소근육 기술이 발달하도록 개별 영아의 능력을 관찰·기록하면서 새로운 놀잇감을 제시한 후 영아가 스스로 탐색하면서 놀이할 수 있도록 운영한다.
- 대근육 활동은 실내와 실외 환경에서 영아가 자유롭게 활동하면서 팔과 다리, 몸통의 균형과 근육의 유연성을 획득하고, 걷기, 뛰기, 달리기 등의 운동능력을 발달시키며 공, 훌라후프, 리본 등을 활용한 동작활동을 통하여 대근육 운동능력을 높인다.
- 커다란 블록을 이용하여 대근육 활동이 더 많이 일어나도록 한다.

▶ 미끄럼틀 타기

▶ 흔들말 타기

▶ 친구가 타는 자동차 밀기

▶ 계단 오르기

(2) 감각 및 탐색을 위한 영역

영아는 보고, 듣고, 만지고, 냄새 맡고, 맛보는 등의 감각을 사용하여 실제 사물을 접촉하고 직접 조작해 보며, 이러한 신체적 접촉을 통해 물체에 대한 정보와 지식을 습득한다. 영아는 준비된 놀잇감뿐 아니라 주위의 다양한 사물을 관찰하고 탐색하고 조작하는 것을 통해서 소근육 발달, 눈과 손의 협응력, 시각과 촉각 능력 등을 향상시킨다. 탐색 영역에서 할 수 있는 활동은 감각적 탐색놀이, 자연탐색놀이, 조작놀이, 악기탐색놀이 등이 있다(〈표 8-5〉 참조).

〈표 8-5〉 **감각놀이 영역에서 보육교사의 역할**

- 교사는 영아에게 적절한 놀잇감과 활동을 마련하고 영아를 관찰하며 필요한 시기에 개입하여 영아를 격려하고 놀이를 확장시킨다.
- 영아들은 시각, 청각, 후각, 촉각, 미각을 통하여 주변 세계를 탐색하므로 안전하게 보고, 듣고, 냄새 맡고, 만지고, 맛보는 기회를 많이 제공한다.
- 영아에게 여러 종류의 색, 모양, 질감 등 다양한 놀잇감을 제공한다.
- 영아가 소리와 리듬에 대해 관심을 가질 수 있는 활동을 다양하게 준비한다.
- 맛보기, 냄새 맡기 활동을 할 때는 특별히 안전에 유의하여야 하며 냄새가 너무 강하지 않은 것을 준비한다.
- 영아들의 눈높이에 적절하게 사진이나 그림, 모빌 등을 게시한다.
- 영아들이 감각을 통하여 활동을 해 보고 그 느낌을 표현해 보도록 한다.
- 영아가 주변 사물과 놀잇감을 감각과 소근육을 사용하여 자유롭게 탐색하고 조작하도록 다양한 사물과 놀잇감을 제시한다.
- 영아가 교사의 도움 없이 오감각을 사용하여 탐색할 수 있도록 만지고, 소리를 듣고, 분리하며 조작하는 놀잇감을 낮은 책상에 놓아 둔다.
- 날씨가 허락하면 실외에서 지내는 시간을 매일 갖도록 하며, 교사 자신도 자연에 대한 사랑과 존중을 보이며 밖에 나가는 것을 즐기는 태도를 보인다.
- 상품화된 교구나 놀잇감 이외에 산책이나 실외활동 시 영아들과 함께 수집하여 안전이 확인된 자연물을 제시할 수 있다.
- 영아가 감각으로 자연물을 탐구하는 것을 장려하되 자연물이 안전한지 먼저 살펴본다.
- 영아들이 작은 놀잇감을 가지고 놀 때는 반드시 곁에서 관찰하여 입이나 귀, 코에 넣거나 위험한 곳에 사용하지 않도록 주의한다.
- 그림 조각 맞추기의 경우 조각이 없어졌는지, 깨진 곳은 없는지 자주 점검하고 분실된 조각은 채워 준다.
- 놀잇감은 정기적으로 교체하고 영아들이 선호하는 놀잇감을 가능한 한 여러 개 준비해 준다.
- 소근육 · 조작 놀잇감의 사용방법은 교사가 시범을 보여 준다.
- 일상생활습관의 형성을 위해 옷을 입을 때 겉옷을 입거나 큰 단추를 끼워 보도록 기회를 마련해 준다.
- 영아를 위한 음률활동으로 노래, 손유희, 리듬에 맞추어 움직이기, 악기로 소리 만들기, 음악 들어 보기 등의 활동을 할 수 있다.
- 영아의 감각능력과 변별력을 세련되게 해 주는 자극과 영아의 호기심을 충족시키고 사물을 탐색하는 방법을 연습할 수 있는 다양한 기회를 충분히 제공한다.

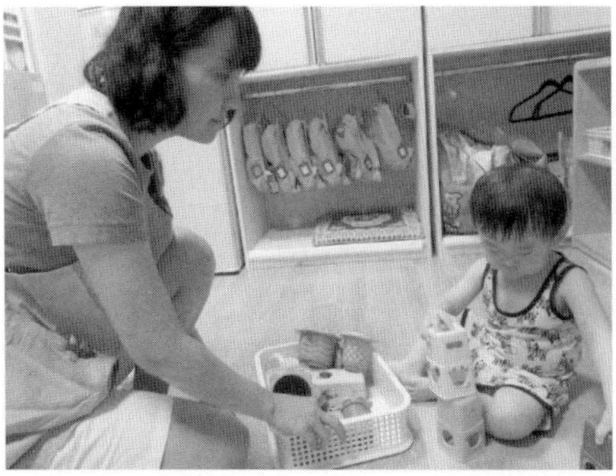
▶ 컵블록 쌓기

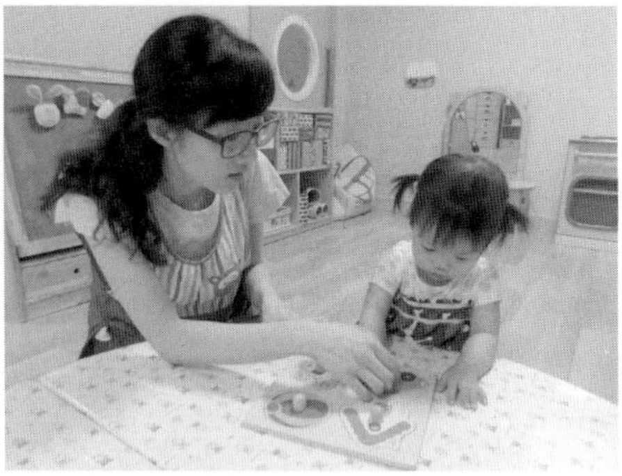
▶ 꼭지퍼즐 맞추기

▶ 끼우기 놀이

▶ 수성펜으로 화이트보드에 그림 그리기

(3) 창의적 표현을 위한 영역

창의적 표현활동은 영아가 주변 환경과의 상호작용 과정에서 갖게 되는 생각과 느낌을 다양한 매체를 활용하여 다양한 방식으로 표현하는 활동이다. 창의적 표현활동의 핵심은 표현보다는 탐색에 있으므로 영아에게 근육조절과 다양한 감각운동 기능을 활용한 탐색의 즐거움을 느낄 수 있게 해야 한다. 이를 위해 교사는 영아가 다양한 매체를 자유롭게 탐색하고 표현할 수 있도록 적절한 환경을 제공해 주어야 한다(〈표 8-6〉 참조).

〈표 8-6〉 **창의적 놀이 영역에서 보육교사의 역할**

- 감각적 탐색의 기회와 함께 창착 표현의 기회를 제공하는 다양한 자료와 공간을 마련해 둔다.
- 색감과 질감이 다른 여러 가지 다양한 재료를 탐색할 수 있도록 한다
- 영아들이 만지고 경험하는 물건들의 모양, 색, 감촉 등에 대해 이야기해 주고, 영아가 미술 자료를 사용할 때 무엇을 하고 있는지 자연스럽게 이야기해 준다.
- 다양한 재질의 종이나 그리기 자료를 주어 영아들이 끼적일 수 있는 기회를 많이 주고 교사가 시범을 보여 준다.
- 물감, 손가락 풀그림, 밀가루 반죽, 스티커 붙이기, 찍기 등 다양한 자료를 이용해 표현해 볼 수 있도록 활동을 계획한다. 물감활동은 한 가지 색을 사용하는 것에 익숙해지면 점차 여러 색의 물감과 붓을 제공하여 다양한 색을 사용하도록 격려한다.

(4) 역할놀이 및 쌓기놀이를 위한 영역

1세 전반기의 영아는 친숙한 보호자와는 활발하게 상호작용하려고 시도하지만, 다른 영아와는 적극적인 상호작용을 하지 않고 쳐다보거나 또래 곁에서 놀잇감을 가지고 탐색하고자 한다. 어떤 일이 일어나는 것에 주의를 기울이며 다른 사람들의 행동을 모방하는 것이 단순한 역할놀이의 형태로 발달하게 된다.

쌓기활동 역시 혼자놀이의 형태 혹은 또래와의 상호작용이 빈번하게 일어나는 놀이다. 쌓기활동을 통해 전체와 부분의 관계를 알게 하고 공간 구성력이나 분류능력을 형성하도록 돕는다(〈표 8-7〉 참조).

〈표 8-7〉 **역할놀이 및 쌓기놀이 영역에서 보육교사의 역할**

- 영아가 일상 경험을 모방하고 상징적으로 표현하도록 다양한 옷, 가정용 활동자료, 모형물, 인형 등을 풍부하게 제공한다.
- 영아가 제시된 놀잇감을 탐색하고 모방에서 상징을 통한 놀이를 하면 개별적으로 참여하여 상호작용을 극대화하고 영아의 경험을 구체화시킨다.
- 역할놀이 활동에서는 영아의 가정과 주변 지역의 경험에 기초한 활동을 모방하고 상징하도록 영아의 사전 경험과 관련된 활동 자료를 제공한다.
- 교사는 영아의 몸짓과 언어를 관찰하고 관찰에 기초하여 활동물을 제시하며 일상생활과 관련된 기본적 소품과 특별한 경험(예: 병원, 꽃가게 등)에 관련된 주제관련 소품을 제공한다.
- 쌓기놀이를 위해 다양한 종류의 블록과 장난감 동물, 트럭과 차, 비행기, 집 등과 같이 블록과 함께 사용할 수 있는 물건을 준비해 둔다.
- 영아가 쌓고 부수는 활동을 방해받지 않고 할 수 있도록 미끄럼틀 등의 놀이기구와 구분하여 구성하여 준다. 블록은 나누어 쓰기 어렵기 때문에 매력적인 블록의 경우 하나만 제시될 경우 갈등의 소지가 될 수 있으므로 교사는 블록의 종류는 단순하게, 수량은 넉넉하게 준비해 준다.

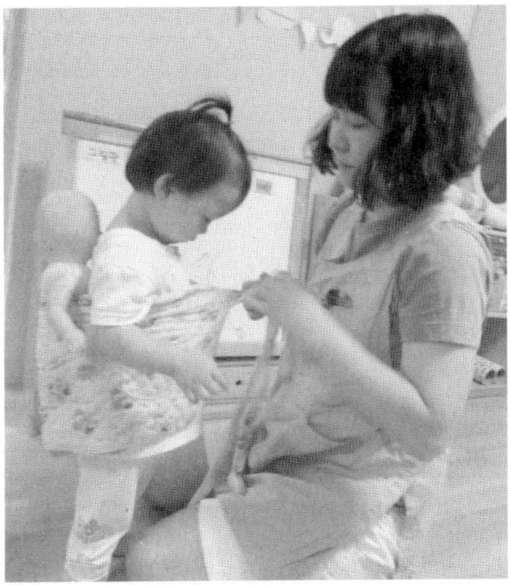

▶ 아기 업어 주기

▶ 전화기 놀이하기

▶ 음식 차리기

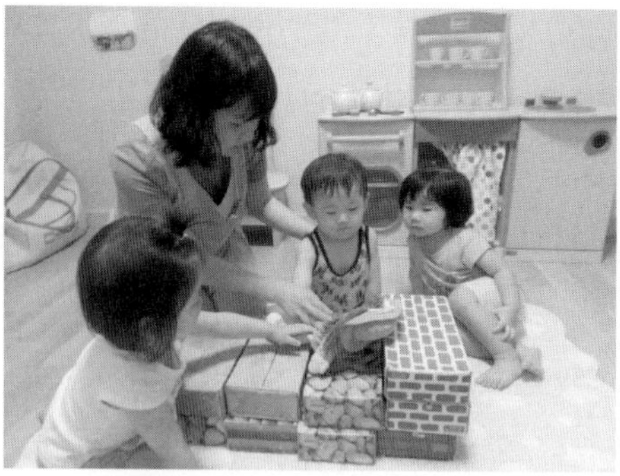

▶ 벽돌블록으로 침대 만들어 아기 재워 주기

(5) 언어활동을 위한 영역

영아의 언어발달을 위해 교사는 언어표현이 미숙한 영아의 언어발달을 이해하고자 영아의 행동, 영아와 성인 간의 상호작용, 영아와 영아 간 상호작용 등을 주의 깊게 관찰해야 한다. 주의 깊은 관찰과 영아와의 상호작용을 통해 교사는 영아의 언어패턴을 이해하게 되고 의사소통을 할 수 있게 된다. 영아의 언어발달을 지원하기 위해서는 영아기의 언어발달에 대해 이해하고, 영아의 언어와 행동에 대해 민감하게 반응해 주는 것이 기본이 된다. 영아의 언어발달은 놀이, 일상생활, 책 읽어 주기 등과 같은 다양한 활동을 통하여 자연스럽게 습득되므로 듣기와 말하기가 통합적으로 발달하도록 자연스러운 상황에서 민감하게 반응해 주어야 한다. 교사는 개별적으로 영아를 무릎에 앉히거나 소집단으로 모여 앉도록 하여 책을 읽어 주는 등 정기적으로 상호작용을 해야 하고, 영아의 발달수준에 적합한 책을 제공해 주어야 한다(〈표 8-8〉 참조).

〈표 8-8〉 **언어발달 영역에서 보육교사의 역할**

- 교사는 영아가 보고 듣고 배울 수 있는 좋은 모델이 되어야 한다. 교사는 표준어를 구사해야 하며, 단순하고 완전한 문장, 말의 속도, 억양, 발음, 문법적으로 정확한 언어, 남의 말을 경청하는 태도의 모델이 되어야 한다.
- 교사는 항상 영아가 관심을 갖고 하는 활동에 함께 관심을 보이고 대화하고 격려해 주어야 한다. 영아와 일대일 관계를 맺으며 각 영아의 감정을 존중해 주어 교사와 이야기하고 싶어 하는 분위기를 조성한다.
- 영아의 질문에 관심을 보여 주고 새로운 단어나 어휘를 사용했을 때 강화해 준다.
- 교사는 영아의 발달에 적합한 언어활동과 자료를 준비하고 적절한 시간에 제공해 주어야 한다.
- 말을 하지 않으려는 영아에게는 강요하지 말고 영아가 편안하게 의사를 표현할 수 있도록 분위기를 조성한다.
- 교사의 시선이 영아의 시선과 수평이 되도록 몸을 낮추어 이야기하고, 말을 하면서 손이나 눈짓 등 몸 동작을 사용하는 것이 좋다.

- 고전음악, 민속음악, 동요, 전래동요 등 다양한 종류의 음악을 들려준다. 기본적인 운율과 리듬감이 자연스럽게 반복되는 동요나 노래, 동시, 전래동요, 자장가 등을 들려준다.
- 다양한 재질의 책, 손인형, 까꿍판, 융판과 융판자료, 그림카드 등 다양한 자료를 이용하여 언어활동을 계획하여 의사소통을 발달시키도록 한다.
- 영아가 언제든지 꺼내 쓸 수 있는 곳에 커다란 종이와 크레파스, 수성펜 등을 준비하여 원할 때마다 끼적일 수 있도록 한다.
- 영아가 넘기기 쉬운 딱딱한 종이로 된 책을 준비하며, 책을 한 장씩 넘기며 읽는 법을 알 수 있도록 유의하고 놀잇감으로 사용하지 않도록 지도한다.

▶ 손인형이 들려주는 동화 듣기

▶ 책 보기

3) 정리정돈 및 전이활동

자유선택놀이 시간을 끝낼 때 교사는 다음 활동으로 자연스럽게 전이되도록 하며, 급하게 놀이를 중단하거나 다음 활동을 위해 영아가 오래 기다리지 않도록 한다. 정리할 때 영아들이 흥미를 가질 수 있도록 끌차에 실어 운반하기, 가방에 넣어서 바구니에 넣어 보기 등 정리하는 활동을 놀이화한다. 정리를 한 후 다음 활동이 이루어지거나 다른 장소로 옮기기 위해 영아를 모이도록 할 때 짧은 노래나 손유희, 율동 등의 간단한 활동을 하면서 영아의 흥미를 유도한다. 정리 시 교사의 모델링이 무엇보다 중요하므로 천천히 한 가지씩 놀잇감을 제자리에 놓는 모습을 보여 준다. 너무 많은 물건을 정리하도록 강요하면 포기하게 되므로 한두 가지 정도만 정리할 수 있도록 지도한다.

▶ 교구장에 교구 정리하기

▶ 전이활동-노래 부르며 손유희

▶ 교사와 함께 제자리 정리하기

4) 기저귀 갈기 및 배변훈련

기저귀 갈기와 배변훈련은 영아보육의 중요한 일과다. 교사는 안전한 환경에서 영아가 안정감, 즐거움, 편안함을 느끼면서 기저귀를 갈도록 배려해 준다. 이러한 일과를 통해 자연스럽게 바람직한 생활습관을 익힐 수 있도록 해 준다. 기저귀, 물휴지, 발진크림 등 기저귀 가는 데 필요한 모든 준비물은 쉽게 사용할 수 있도록 가까이에 준비해 둔다. 배변훈련은 영아가 배변훈련 준비가 되었을 때 시작하되 부모와 보조를 맞추어 진행한다. 배변훈련 중인 영아에게는 교사의 특별한 주의가 필요하고, 개별 영아의 가정에서 부모가 너무 강압적으로 대소변 가리기를 요구하지 않도록 해야 한다. 영아가 화장실을 이용할 수 있게 되면 두려움 없이 변기를 사용할 수 있도록 안내하고 필요한 도움을 주는데, 실수하여 옷을 버렸을 경우에는 부끄럽게 느끼지 않도록 배려하는 것이 중요하다(〈표 8-9〉 참조).

〈표 8-9〉 **배변훈련 시 보육교사의 역할**

• 기저귀를 가는 일정한 장소를 정해 놓고 위생적으로 관리한다. • 기저귀 가는 시간에는 영아와 눈을 마주보고 이야기를 하고, 노래를 들려주며 영아와 개별적 상호작용을 하도록 한다. • 기저귀 갈기 전후에 교사는 반드시 손을 씻고, 영아의 배변상태를 보고 건강상태를 점검한다. • 개개인의 시간표에 맞추어 수시로 기저귀를 점검해 주고, 낮잠 자기 전에 반드시 기저귀를 갈아 주어야 한다. • 화장실에서 스스로 옷을 내리고 올리도록 격려해 주고 도움이 필요한 경우에는 적절한 도움을 주며, 배변 이후에는 교사와 영아가 함께 손 씻기 활동을 한다. • 화장실 바닥에는 물기가 없도록 하고 영아가 미끄러지지 않도록 안전에 주의한다.

▶ 배변 훈련-변기 사용법 알아보기

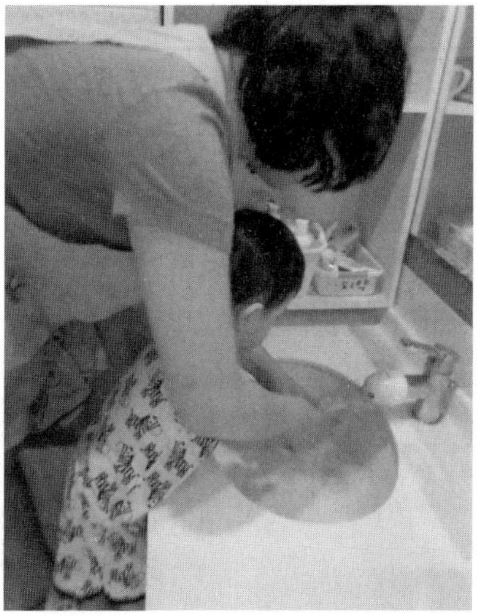

▶ 손 씻기

5) 실외자유놀이

영아는 실내에서뿐만 아니라 보다 공간이 넓고 마음껏 뛰어놀 수 있으며 흙이 있는 실외놀이를 좋아한다. 실외에서는 실내에서 할 수 없는 복합놀이기구를 이용한 대근육 활동이나 물 · 모래 놀이, 자전거 타기, 뛰어다니기, 식물 관찰하기 등 매우 다양한 경험이 가능하다. 하루 종일 어린이집에서 생활하는 영아에게 실외활동은 신체적인 발달과 심리적인 발산의 기회가 되며, 동시에 주변 자연환경을 탐색하고 느낄 수 있는 경험을 제공해 준다. 실외의 개방된 공간에서 자유롭게 지낼 때에 영아는 실내에서의 긴장감을 풀고 하루를 즐겁게 보낼 수 있다(〈표 8-10〉 참조).

〈표 8-10〉 **실외놀이에서 보육교사의 역할**

- 실외놀이를 나가기 전에 영아의 기저귀 상태를 확인하고 대소변 가리기가 가능한 영아는 화장실에 미리 다녀오게 한다.
- 실외놀이를 하기 위해서 옷을 입거나 신발을 신는 활동을 통하여 일상생활습관을 자연스럽게 기를 수 있도록 한다.
- 교사는 실외놀이 전에 놀이기구 및 놀이터 주변에 위험 요소가 있는지 수시로 점검한다.
- 오르기, 미끄럼틀, 그네 등과 같이 사고 위험이 따른 곳은 다른 교사와 분담하여 안전하게 놀이할 수 있도록 배려해 준다.
- 바깥 온도나 날씨 변화에 따라 실외놀이를 하는 시간을 융통성 있게 조정한다.
- 실내활동과 연계하여 균형이 이루어지도록 한다.
- 자연환경을 직접 탐색하고 관찰하는 경험을 제공한다.
- 물 · 모래놀이를 통해 감각적인 경험을 제공할 수 있도록 다양한 도구를 준비해 준다.
- 동화 듣기, 간식 먹기, 그림 그리기 등의 정적인 활동도 실외놀이 영역에서 경험할 수 있도록 배려한다.
- 실내에서 활동하기에 부담스러운 물, 모래, 물감을 이용한 활동을 제공하여 공간 제약 없이 놀이에 집중할 수 있도록 한다.

▶ 실외 비눗방울 놀이

▶ 야외 화단의 꽃 만져 보기

▶ 화단의 꽃에 물 주기

▶ 모래놀이

▶ 실외놀이터에서 시소 타기

6) 간식 및 점심

영아는 어린이집에서 보내는 시간이 많으므로 영아의 건강이나 영양이 우선적으로 고려되어야 한다. 활동량이 많은 영아들에게 적절한 영양을 보충해 주기 위해서는 하루에 필요한 영아의 열량을 고려하여 식단을 계획하고 영아에게 균형 잡힌 간식과 식사를 제공해야 한다. 간식과 점심 시간은 영양학적인 측면의 고려뿐 아니라 영아의 식습관과 위생개념이 형성되도록 배려해야 한다. 학기 초에는 스스로 음식을 먹고 정리하는 것이 어려울 수 있으나, 어린이집에서 시간을 보내면서 차츰 먹기 전에 교사가 지시하지 않아도 스스로 손을 닦고, 먹기 싫은 음식도 조금씩 시도해 보며, 음식을 입에 물고 말을 하지 않고, 다 먹은 후 자신의 자리와 그릇 등을 정리할 수 있게 된다.

교사는 이 시간이 단순히 음식을 먹는 시간이라기보다는 영아가 다양한 음식을 천천히 접해 보고 자신의 음식 선호를 넓혀 가며, 영양학적으로 균형 있는 음식을 선택할 수 있는 기회를 제공해 주어야 한다. 어린 시절의 다양한 음식 경험을 통해 바른 식습관을 발달시킬 수 있다. 간식과 식사 시간을 통해 음식을 먹는 것이 즐거운 경험이 되도록 편안한 분위기를 만들어 주어야 올바른 식습관이 자연스럽게 형성될 수 있다(〈표 8-11〉 참조).

〈표 8-11〉 **식사지도 시 보육교사의 역할**

- 간식 · 식사 시간 전후에는 반드시 손 씻기, 이 닦기를 하여 청결에 대한 습관이 형성되게 한다.
- 영아들이 다양한 식품의 종류와 이름에 관심을 갖도록 식품의 형태, 맛, 색을 살려서 음식을 경험하도록 한다.
- 음식은 먹기 쉬운 형태와 크기로 준비하여 나누어 주고 교사가 함께 앉아 먹으면서 모델이 되도록 한다.
- 간식이나 식사가 끝난 후에 식기를 정리하는 방법을 알려 준다.
- 식후 투약 의뢰가 있는 영아에게는 투약한다. 투약보고서에 시간 및 용량을 기록하여 보관해 둔 후 귀가 시 부모에게 전달한다.

7) 낮잠 자기

낮잠 자기는 휴식을 위한 일상적인 활동으로 신체적인 피로를 회복하고 정서적으로 안정감을 준다. 낮잠은 오전의 활동으로 인해 쌓인 피로를 풀어 주고 활기차게 오후 활동에 참여하게 하여 면역력을 높여 준다. 또한 영아가 잠을 자는 동안 뇌세포는 쉬게 되고 기억을 재정비하며 이 과정에서 영아의 기억력이 강화되기도 한다(〈표 8-12〉 참조).

〈표 8-12〉 **낮잠시간 시 보육교사의 역할**

- 조용하고 아늑한 분위기를 조성해 영아들이 낮잠시간에 편안함과 안정감을 느낄 수 있게 한다.
- 영아의 잠자기 전 버릇, 잠들기까지 걸리는 시간, 잠버릇 등의 수면습관을 미리 염두에 두어 편하게 잘 수 있도록 돕고, 잠을 잘 때에도 지속적으로 주의를 해야 한다.
- 침구(이불, 베게)는 가볍고 간편하여야 하며 개인용 침구를 사용하는 것이 위생적이다.
- 먼저 깬 영아들은 놀라지 않도록 달래 주고, 기저귀를 갈아 준다. 그 후 잠자는 영아에게 방해가 되지 않도록 조용히 다른 영역으로 데리고 가서 책을 읽어 주거나 조용한 놀이를 함께한다.
- 영아가 깨어나면 침구를 일정 장소에 정리할 때 베개 등 가벼운 것은 영아가 정리를 돕도록 한다.
- 영아들이 낮잠을 자는 시간 동안에 적어도 한 명의 교사는 잠자는 영아들의 상태나 자세들을 계속 살펴보아야 한다.

▶ 영아반의 낮잠시간

8) 오후 실내외 놀이

낮잠 이후 오후 자유놀이 시간에는 과도한 자극은 줄이고 편안하게 오전에 계획된 활동을 반복하거나 교실 외 다른 장소를 이용하여 변화를 주도록 하고, 오전 자유놀이 활동의 연장으로 오전에 했던 활동을 반복하거나 확장시켜 진행한다.

9) 귀가

귀가 시간은 교사와 부모가 하루일과에 대한 정보와 의견을 나누는 시간이며, 영아는 부모와 다시 만나는 시간이다. 귀가 전 영아의 소지품을 집에 가져갈 수 있도록 정리하고 귀가 준비를 한다. 교사는 영아가 어린이집에서 지내는 동안의 심리상태, 점심과 간식 섭취, 낮잠시간, 배변 여부 및 상태 등에 대해 일일보고서에 자세히 기입한다(〈표 8-13〉 참조).

▶ 귀가 시 부모와 함께 인사하기

〈표 8-13〉 **귀가지도 시 보육교사의 역할**

- 개별 영아들이 하루의 일과를 조용히 정리하고 즐거운 마음으로 부모를 만날 수 있도록 정서적으로 지지해 준다.
- 영아의 얼굴과 손을 깨끗이 씻어 주고 옷도 갈아입혀 주어 부모와 정돈된 모습으로 만나도록 한다.
- 귀가 시 부모와 만나 영아의 상태, 하루 동안 지낸 일 등에 대해 이야기를 나눈다.
- 영아와 헤어질 때 간단한 스킨십과 인사로 친밀감을 유지하고 다음 날 기쁜 마음으로 만날 것을 약속한다.
- 영아가 약속된 보호자와 함께 귀가하는지를 반드시 확인한다.

2. 유아반 일과운영과 보육교사의 역할

유아를 위한 하루일과는 연간계획안의 주제와 주간보육계획안의 소주제를 중심으로 진행하되 유아의 흥미와 일과 중 일어나는 상황을 고려하여 융통성 있게 운영해야 한다. 이 시기의 유아들은 운동능력이 세분화되어 한발 서기와 뛰기, 공 던지고 받기 등 대근육 발달이 이루어지므로 창의적인 움직임과 함께 다양한 실외활동을 계획하여야 한다. 또한 하나의 독립된 개체로서 자신을 인식하기 시작한다. 자신의 의견이나 생각을 갖게 될 뿐 아니라 타인과 감정을 나눌 수 있게 되어 타인에게 미치는 영향을 느낄 수 있게 된다. 그러므로 하루일과를 통해 가정과 같은 따뜻한 보호와 교육적 경험이 동시에 이루어져야 하며, 풍부한 환경을 구성하여 교사-유아, 유아-유아, 유아-교구 간의 상호작용이 다양하게 일어나도록 계획해야 한다. 특히 다른 사람과 관계를 맺으며 사회적 상호작용을 지원할 수 있는 환경을 조성해 주어야 한다.

3~5세 각 연령 유아는 다양한 욕구가 있으므로, 이들의 욕구를 수용하여 하루일과 중 교육활동의 비중, 집단교육활동과 개별교육활동의 제시 비율, 교육내용의 수준과 제시방법을 조절하여 구성하여야 한다. 3~5세 유아를 위한 교육과정의 계획에는 인지적 · 정서적 · 사회적 · 신체적 · 언어적 발달을 위한 활동, 개인 · 단체 활동, 동적 놀이, 정적 놀이, 수유, 배변 등의 생리적 욕구에 대한 배려와 휴식시간, 영양, 건강, 질병 등이 포함되어야 한다(〈표 8-14〉 참조).

〈표 8-14〉 **유아반 하루일과표**

시간	주요 일과	주요 활동내용
07:00~08:30	등원 및 통합보육	맞이하기, 유아 건강 시진하기 부모에게 전달사항 받기, 통합보육실에서 놀이하기
08:30~10:00	자유선택활동 및 오전 간식	개별적 혹은 소집단으로 각 영역에서 준비된 놀이를 선택하여 놀이하기, 배변 후 손 씻기, 간식 먹기
10:00~10:20	정리정돈 및 전이활동	놀잇감 정리하기, 다음 활동을 위한 전이활동 하기
10:20~10:50	대집단 활동	주제에 맞는 활동 하기
10:50~11:00	화장실 다녀오기	배변 후 손 씻기, 산책 준비하기
11:00~11:50	실외 자유선택활동	대근육 활동, 물 · 모래 활동, 동식물 기르기, 관찰 등을 개별적 혹은 소집단으로 선택놀이하기

11:50~13:00	점심 준비 및 점심	실외놀이 후 비누로 손 씻고 식사하기, 양치질한 후 휴식 취하기
13:00~15:00	낮잠 준비 및 낮잠	세수한 후 로션 바르기, 개별 매트에서 낮잠 자기 조용한 음악 듣기
15:00~15:30	낮잠 깨기 및 정리정돈	먼저 깬 유아는 화장실에 다녀온 후 조용히 놀이하기, 스스로 정리하기
15:30~16:00	오후 간식	손 씻고 간식 먹기
16:00~17:30	실내외 자유선택활동	개별적으로 선택하여 놀이하기
17:30~19:00	통합보육 및 귀가	부모와 함께 귀가하기

1) 등원 및 통합보육

교사는 등원 시간에 유아가 어린이집에서 건강하고 즐거운 하루를 지낼 수 있도록 밝은 표정으로 유아와 부모를 맞이한다. 교사는 유아를 부드럽게 안아 주거나 이름을 불러 주는 등 개별적으로 관심을 보이며 유아의 건강상태, 심리상태 등을 자연스럽게 시진하고, 긍정적인 내용으로 대화하며 맞이한다. 부모에게는 그 날 유아의 상태에 대해 듣고 메모해 두거나 일일보고서에 기록한다. 당직교사의 경우 유아의 담임교사에게 유아의 정보를 전해 주어 하루일과에 반영할 수 있도록 한다. 통합보육 시간에는 여러 연령의 영유아들이 함께 만나는 시간이므로 서로 어울릴 수 있는 분위기를 조성해 주도록 하고, 통합 시간의 장점을 충분히 살릴 수 있도록 지도한다.

▶ 보육교사가 유아 건강상태를 시진하고 있다.

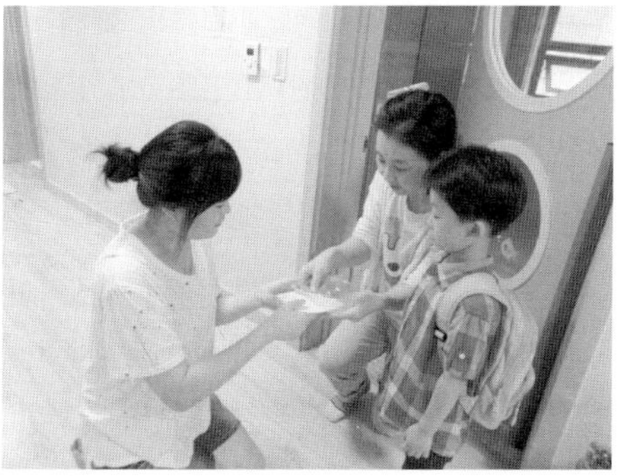

▶ 보육교사가 학부모에게 약을 전달받고 있다.

2) 실내 자유선택활동

일과 구성에 따라 다르지만 보통 오전, 오후 각각 한 번씩 실내 자유선택활동 시간을 계획할 수 있다. 오전의 자유선택활동 시간은 주로 등원과 함께 시작하며 이 시간에 오전 개별 간식을 먹는 경우도 있다. 오전 자유선택활동 시간은 시간이 길고 유아들이 놀이에 집중하기 쉬우므로 흥미 영역별로 유아들이 원하는 다양한 놀이를 준비해 두고, 보육교사는 놀이가 심화되도록 적극적인 상호작용을 해 준다. 오후 자유선택활동 시간에는 유아들에게 너무 새로운 자극이 되는 활동보다는 오전활동의 연장이면서 휴식을 취하며 놀이할 수 있는 활동을 계획한다(〈표 8-15〉 참조).

〈표 8-15〉 **실내자유놀이 시 보육교사의 역할**

- 유아의 발달, 흥미, 주제에 맞는 교구를 비치한다.
- 유아들이 자발적으로 흥미를 가지고 놀이할 수 있도록 기초 환경을 제공한다.
- 교사는 놀이 시 유아와 자연스럽게 상호작용하되 지나친 개입은 하지 않는다.
- 관찰 기록을 통해 유아의 흥미 영역과 특성을 파악한다.
- 충분한 놀잇감을 준비해 유아들이 놀잇감 부족으로 다투는 일이 없도록 한다.
- 놀잇감과 놀이환경을 수시로 점검하여 안전하게 놀이하도록 한다.

(1) 쌓기놀이 영역

유아는 다양한 블록과 소품들을 이용하여 생각이나 경험을 표현한다. 이러한 놀이를 통해 유아는 다양한 사물의 형태와 크기, 공간 구성력이나 분류 능력 등을 형성하게 된다. 또한 자신이 만든 구조물을 쓰러뜨리면서 정서적 긴장이나 공격적 욕구 등을 자연스럽게 해소하기도 하며, 블록을 나르고 쌓는 과정을 통해 신체 대·소근육을 발달시키게 된다(〈표 8-16〉 참조).

〈표 8-16〉 **쌓기놀이 영역에서 보육교사의 역할**

- 주제에 맞는 다양한 블록과 소품을 제공하여 자유롭고 창의적인 구성을 할 수 있도록 한다.
- 주제에 맞는 사진 자료를 제시하여 사고력과 구성능력을 촉진한다.
- 역할 영역과 연계하여 극화놀이로 확장되도록 돕는다.
- 구성물을 보관하고 싶어 할 때는 별도로 장소를 마련해 준다.
- 구성놀이 블록의 경우 유아들이 정리하기 쉽도록 블록모양의 밑그림을 교구장에 붙여 준다.

▶ 블록놀이

▶ 블록으로 구성놀이 하는 모습

(2) 역할놀이 영역

유아는 가족의 역할이나 자신이 흥미롭게 느꼈던 다양한 사건이나 경험을 재현하며 놀이 속에서 다른 유아들과 역할을 분담하고 언어적 상호작용을 하는 과정을 통해 언어능력과 사회성을 발달시켜 간다. 또한 다양한 역할을 맡아 봄으로써 사회적 역할을 배우게 되고 점차 자기중심성에서 벗어나게 된다. 교사는 유아의 역할놀이가 원활하게 이루어지도록 주제에 맞는 교구와 소품을 제공하고 일상놀이를 할 수 있는 소품과 도구는 항시 비치해 두어야 한다(〈표 8-17〉 참조).

〈표 8-17〉 **역할놀이 영역에서 보육교사의 역할**

• 유아의 놀이를 촉진시키기 위해 경험과 관련된 소품을 제시한다. • 극놀이에 익숙하지 않은 유아를 위해 교사가 적절히 개입하여 함께 역할놀이를 한다. • 다른 놀이와 연계하여 놀이할 수 있도록 한다. • 유아들의 놀이가 원만하게 이루어지도록 소품을 충분히 준비한다.

(3) 미술 영역

유아는 다양한 미술활동을 통해 즐거움을 느끼고, 다양한 재료를 탐색하고 재료를 이용하여 자유롭게 표현하는 과정을 통해 신체기관과 감각기관의 협응력을 증진시켜 나간다. 뿐만 아니라 다양한 작품에 대한 느낌이나 생각을 자유롭게 표현할 수 있는 기회를 가짐으로써 창의성과 심미감을 발달시킨다(〈표 8-18〉 참조).

〈표 8-18〉 **미술 영역에서 보육교사의 역할**

• 유아가 자신의 생각과 느낌, 경험 등을 표현하거나 제작해 보는 과정을 존중한다. • 창의적인 활동이 이루어지도록 다양한 재료를 제공한다. • 다른 친구의 작품을 감상하고 서로의 의견을 주고받으면서 감상의 기회를 갖는다. • 작업 후 도구와 재료를 보관하고 제자리에 정리정돈하는 습관을 길러 준다. • 충분한 공간과 자유로운 분위기를 조성하여 유아가 심리적인 부담 없이 즐겁게 표현할 수 있도록 한다.

▶ 다양한 재료로 종이접기와 꾸미기 하는 모습

(4) 언어 영역

유아는 듣기, 말하기, 읽기, 쓰기에 기초가 되는 다양한 활동을 통해 언어능력을 발달시켜 나간다. 유아는 점차 주변 글자에 관심을 나타내면서 언어를 습득해 나가고 바르게 의사소통하는 태도와 습관을 형성하여 사회성을 발달시킨다(〈표 8-19〉 참조).

〈표 8-19〉 **언어 영역에서 보육교사의 역할**

• 독서하기에 편안한 분위기 조성을 위해 조용하고 안락한 환경을 제공한다. • 유아의 흥미와 언어발달 수준, 이해능력, 주제의 적합성 등을 고려한 책을 선정한다. • 동화나 동시 자료들을 제시하여 유아들이 개별적으로 재구성해 볼 수 있게 한다. • 유아가 부적절한 어휘나 표현을 사용할 경우 올바른 형태로 반응해 줌으로써 언어적 모델이 된다. • 듣기, 말하기, 읽기, 쓰기 자료를 충분히 제공한다. • 유아들의 흥미를 높이기 위해 막대, 융판, 테이블 등 다양한 자료를 제공한다.

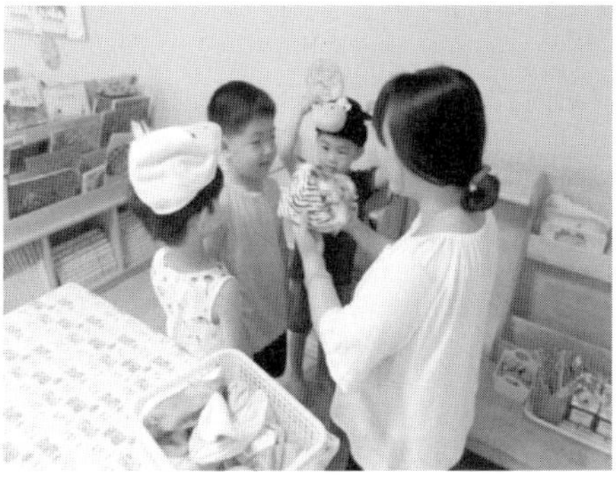

▶ 동화 역할극놀이 하는 모습

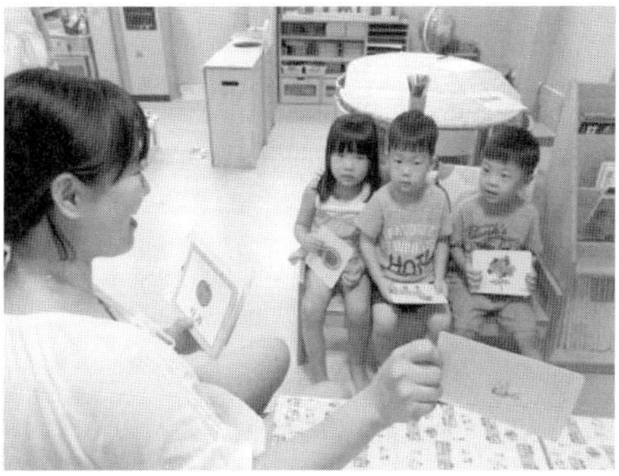

▶ 그림단어카드를 활용한 글자 익히기

▶ 글자 쓰기 시범 보이는 모습

(5) 수 · 조작 영역

유아는 여러 가지 조작물이나 카드자료 등을 이용하여 짝짓기, 분류, 비교, 기본 수세기 등의 활동을 한다. 이러한 활동을 통해 유아는 소근육, 수 개념, 모양과 크기 개념, 언어능력 등을 발달시키고, 탐색하고 스스로 조정하는 과정에서 집중력과 지구력을 증진시키게 된다(〈표 8-20〉 참조).

〈표 8-20〉 **수 · 조작 영역에서 보육교사의 역할**

• 수 개념을 포함한 인지발달, 감각기능발달, 소근육발달을 위해 직접 조작할 수 있는 교구를 제공한다. • 교사는 유아들이 놀이를 하면서 좌절을 느끼지 않도록 발달에 적합한 교구를 제공하며, 유아가 스스로 문제를 해결하는 경험을 할 수 있도록 돕는다. • 교구와 교구장에는 정리정돈을 돕기 위한 자리 표시를 해 주어 유아들이 일대일 대응을 통해 정리할 수 있도록 한다. • 일과 후에는 교사가 교구의 정리 상태를 확인하여 분실되거나 파손된 부분들을 보수 또는 대체한다.

(6) 음률 영역

유아는 음악을 듣고 몸을 마음대로 움직여 보며, 노래를 부르고 여러 가지 악기를 자유롭게 탐색하는 것을 즐긴다. 이러한 음률활동을 통해 유아는 감정이 발달되고 감각기능을 발달시킬 뿐만 아니라, 언어발달과 창의성, 사회성을 발달시킬 수 있는 기회를 갖는다(〈표 8-21〉 참조).

〈표 8-21〉 **음률 영역에서 보육교사의 역할**

• 노래 부르기, 리듬 탐색하기, 악기 탐색하기, 다양한 음악 감상하기, 몸 움직이기, 창의적 표현하기 등 다양한 경험을 제공한다. • 노래를 부르면서 자신의 음성을 조절해 보는 경험을 하고, 아름다운 음이 듣기 좋다는 것을 알고 즐기도록 돕는다. • 창의적 활동에 필요한 다양한 도구를 제공한다. • 음악적인 분위기 속에서 일과활동이 이루어질 수 있도록 자발적인 놀이와 학습과정에 음률활동을 자연스럽게 연결한다.

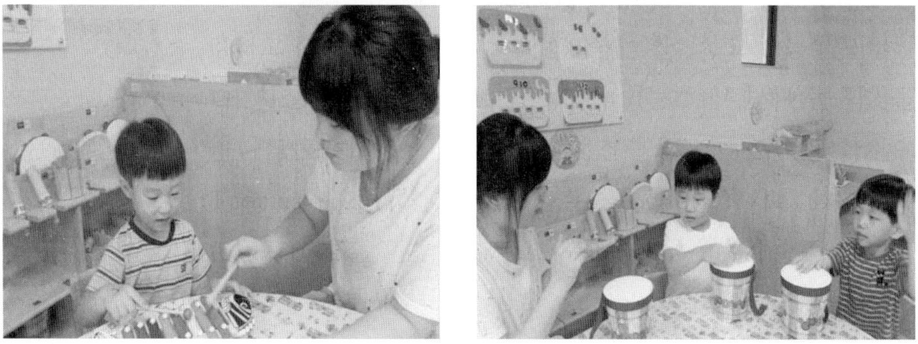

▶ 음악활동을 하고 있는 교사와 유아

3) 정리정돈 및 전이활동

보육교사는 유아들이 가지고 놀던 장난감을 정리하여 보관하는 습관을 길러 주어야 한다. 보육교사는 유아들의 놀이상황을 살펴보고 마무리시간 5~10분 전에 유아들에게 마무리할 시간이 된 것을 알려서 유아 스스로 하던 일을 마무리 짓게 한다. 모든 유아가 처음부터 정리정돈에 참여하기를 기대할 수는 없지만, 유아의 능력에 따라 일을 배분하여 책임감 있게 정리하는 습관을 길러 주어야 한다. 유아들이 즐거운 마음으로 정리할 수 있도록 "이 악기는 어디에 두어야 할까?" "이 책을 꽂아 주겠니?" 등 단순하고 구체적인 지시로 정리하기를 격려하기도 한다.

▶ 정리정돈, 정리 후 전이활동 및 손유희 하는 모습

4) 실외 자유선택활동

유아는 오르기, 던지기, 달리기 등을 통해 기본적인 운동기술을 익혀야 하고, 기구를 사용하여 대근육을 발달시켜야 한다. 실외 자유선택활동도 실내 자유선택활동과 함께 균형 있게 할 수 있어야 한다. 교사는 유아의 발달수준을 고려하여 신체적 놀이 외에도 사회극놀이, 게임, 동식물 기르기, 그리기, 물감놀이 등의 활동들을 계획하고 준비하여 유아들이 다양한 경험을 할 수 있도록 한다(〈표 8-22〉 참조).

〈표 8-22〉 **실외 자유놀이에서 보육교사의 역할**

- 유아들이 실외에서 안전하게 놀이할 수 있도록 안전 규칙을 항상 숙지하도록 한다.
- 다양한 신체활동을 제공한다.
- 자연환경을 직접 탐색하고 관찰하는 경험을 제공할 수 있도록 한다.
- 실내에서 활동하기에 부담스러운 물, 모래, 물감을 이용한 활동을 제공하여 유아가 공간에 제약받지 않고 놀이에 집중할 수 있도록 한다.

▶ 모래놀이(좌)와 물총놀이(우)하는 유아들

5) 배변훈련 및 손 씻기

배변은 하루일과 중 수시로 일어나며 배변훈련 여부에 따라 개별적인 배려와 특별한 주의가 필요하다. 정리정돈 시간 후와 실외놀이 나가기 전, 식사, 낮잠 후에 친구들과 함께 화장실에 가는 시간을 가짐으로써 유아의 주의를 환기시켜 주고 자연스럽게 대소변 가리기를 도와줄 수 있다(〈표 8-23〉 참조).

〈표 8-23〉 **배변지도 시 보육교사의 역할**

- 용변 보기, 손 씻기에 대한 순서나 사용 방법이 있는 그림을 적절한 장소에 붙여 둔다.
- 3세 유아들은 대부분 대소변 가리기가 가능하지만 놀이에 열중하여 간혹 실수하는 경우가 있으므로 교사가 화장실 가는 시간임을 알려 주는 것이 좋다.
- 변기나 세면대에 올라가서 높은 곳에 있는 것을 꺼내거나 장난치는 일은 금지한다.
- 화장실 바닥과 세면대는 매일 청소하되 비누나 물기로 인해 유아가 미끄러지는 일이 없도록 주의한다.
- 화장실에서 스스로 옷을 내리고 올리도록 격려해 주고 도움이 필요한 경우에는 개별적으로 도와준다.

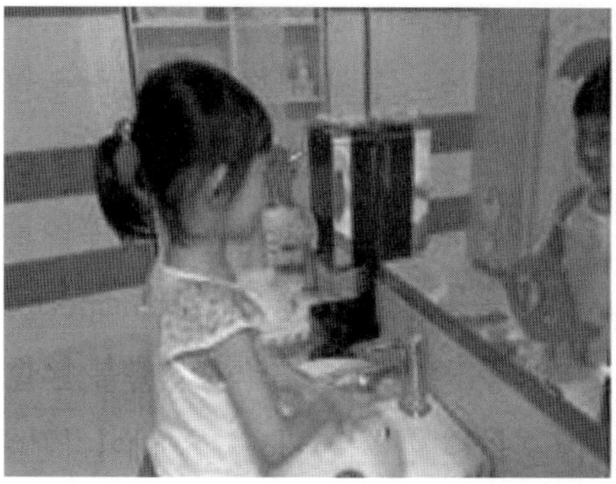

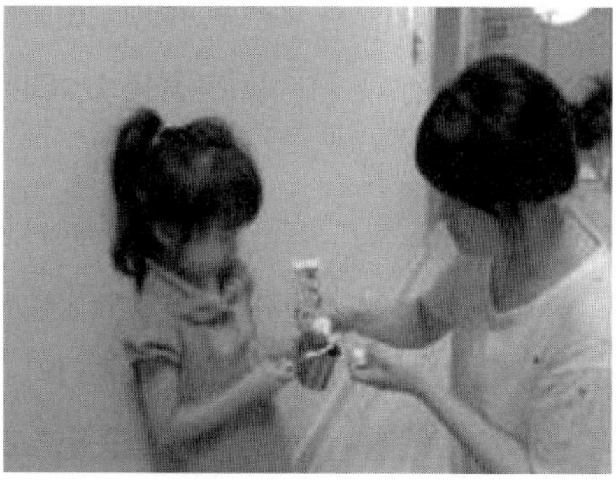

▶ 손 씻기, 양치질 지도

6) 간식 및 점심

유아는 하루 종일 움직여서 에너지가 빨리 소모되기 때문에 음식을 자주 먹어야 한다. 따라서 유아에게 오전과 오후의 식간에 간식과 점심을 제공해야 한다. 간식이나 점심 시간 전에는 꼭 손을 씻게 하고 식사를 하도록 지도한다(〈표 8-24〉 참조).

〈표 8-24〉 **식사지도 시 보육교사의 역할**

• 유아가 먹는 양을 조절하지 못하는 경우에는 교사가 조금씩 그릇에 덜어 주고 다 먹은 후에 더 먹을 수 있도록 한다. • 따뜻하고 안정된 분위기를 느낄 수 있도록 자연스럽게 대화를 나누며 음식을 먹고, 혼자 먹기 힘든 유아의 경우 교사가 도와준다. • 교사가 유아에게 올바른 식생활 태도의 모델이 된다. • 점심 식사를 마친 유아들은 반드시 양치질을 하게 한다.

▶ 점심 및 간식 시간

7) 낮잠 및 휴식

낮잠은 유아가 휴식을 취하는 시간으로 대부분의 유아들은 낮잠 시간이 필요하고, 누워서 쉬는 시간이 필요하다. 몇몇 유아들은 낮잠을 자지 않기도 하지만, 유아들에게 휴식이 필요하다는 것을 알려 주어야 한다(〈표 8-25〉 참조).

〈표 8-25〉 **낮잠지도 시 보육교사의 역할**

• 화장실에 다녀오게 한 뒤 잠자리가 준비되면 옷을 벗어 잘 접어서 머리맡에 두고 자리에 들어가 이불을 덮고 눕게 한다. • 방은 어둡게 커튼을 치고, 조용한 자장가를 들려준다. • 잠이 안 든 유아는 옆 친구를 방해하지 않고 누워서 쉬도록 한다. • 잠이 깨면 조용히 일어나 옷을 입고 이불을 정리한 뒤 화장실에 다녀오도록 권한다.

8) 대 · 소집단 활동

대 · 소집단 활동은 이야기 나누기, 이야기 녹음 들려주기, 인형극 보기, 융판동화, 노래 부르기나 음악 관련 활동, 동작활동, 토의, 극화활동, 게임, 휴식 등의 활동으로 전체 집단이 함께 모여서 하는 활동이다(〈표 8-26〉 참조).

〈표 8-26〉 **대 · 소집단 활동에서 보육교사의 역할**

• 활동을 하기 위한 가장 적절한 장소를 선택하여 어떻게 유아들을 앉힐 것인지 계획한다. • 활동이 시작되기 이전에 반드시 모든 유아의 주의를 집중시켜야 한다. • 유아들에게 시도하려는 대집단 활동에 유아들이 흥미를 느끼게 하기 위해 활동적인 노래로 주의를 환기시킨 후 활동을 시작한다. • 대집단 활동 시에는 집단 또는 개별 유아에게 민감하게 반응해야 한다. • 보육교사는 낮은 의자에 앉거나 몸을 구부려 유아들을 바로 바라보고 영유아의 눈높이에서 이야기할 수 있어야 한다. • 계획한 활동이 제대로 이루어지지 않거나 생각한 시간만큼 실시되지 못할 경우에 대비하여 항상 여분의 활동을 준비해야 한다. • 유아들의 흥미가 아직 남아 있을 때 활동을 중지한다. 즉, 유아들이 활동에 대한 흥미를 잃기 전에 끝마쳐야 한다.

▶ 이야기 나누기 시간, 동극 하기

9) 통합보육 및 귀가

하루일과를 마무리하는 귀가 시간은 유아마다 일정하지 않고, 유아와 교사 모두가 긴장이 풀어지는 시간이므로 교사는 유아를 보호자에게 인계하는 순간까지 안전에 유의하여, 유아가 편안하고 안전하게 귀가할 수 있도록 한다. 귀가 시 출입구나 현관이 혼잡스러워 위험할 수 있으므로 유아의 안전에 주의하고, 귀가 시 부모와 대화할 때 유아에게 바람직하지 않은 이야기는 유아가 듣지 않도록 주의한다. 유아를 직접 부모에게 인계하고 그 외 보호자가 올 때는 미리 전화 확인을 하며, 보호자에게 유아의 하루일과 중 특별한 일화에 대해 간단히 이야기해 준다.

제9장

환경관리와 보육교사의 역할

영유아발달에 있어서 환경은 매우 중요하다. Fröbel은 아동의 행동이 구성된 환경에 의해 영감을 받는다고 하였으며, Gandini도 레지오 에밀리아에서의 환경을 세 번째 교사라고 부를 만큼 그 중요성을 강조하였다. 교사는 영유아의 발달에 적합한 환경을 구성하기 위해서 우선적으로 영유아의 연령에 따른 발달특성을 잘 이해할 필요가 있다. 교사가 영유아의 발달에 대해 잘 알고 있다는 것은 교사가 영유아의 전형적인 신체적 · 인지적 · 사회적 · 정서적 · 언어적 특성에 익숙하다는 것을 의미한다. 즉, 영유아의 발달적 요구를 이해하고 영유아의 호기심에 민감한 교사는 영유아가 자기 자신, 또래 그리고 자연환경에 대해서 알아 갈 기회가 풍부한 환경을 제공할 수 있다.

영유아를 위한 보육환경은 일상적인 활동이 이루어지는 물리적 환경, 신체발달과 운동능력의 발달을 위한 신체적 환경, 영유아에게 심리적 안정감을 제공해 주기 위한 사회적 · 정서적 환경, 그리고 인지발달과 언어적 상호작용을 촉진시키기 위한 인지적 · 언어적 환경으로 구분해 볼 수 있다.

이 장에서는 영유아의 연령을 0~1세 미만 영아, 2세 영아, 3~5세 유아로 구분하여, 각 연령별로 적절한 물리적 환경, 신체적 환경, 사회적 · 정서적 환경, 인지적 · 언어적 환경 관리를 위한 보육교사의 역할에 대해 살펴보고자 한다.

1. 0~1세 영아반 환경관리와 보육교사의 역할

0~1세는 급속한 성장이 이루어지는 시기다. 이 시기는 영아가 초기의 의존적인 상태에서 벗어나 점차적으로 신체 · 인지 · 언어 · 사회정서발달이 이루어진다는 점에서 중요하다. 영아는 부모와 떨어져 어린이집이라는 낯선 환경에 적응해야 하므로 보육교사는 가정과 같은 편안한 분위기로 보육환경을 구성하여 영아에게 안정감을 주고 안정된 애착을 형성할 수 있도록 해야 한다.

1) 물리적 환경

▶ 어린이집에서 낮잠을 자고 있는 영아들

영아반은 기저귀 갈기, 배변훈련, 잠자기, 수유하기 등의 일상적인 일과를 수행하는 공간이 대부분이다. 따라서 유아반과 달리 분명하게 영역을 구분할 필요는 없지만, 특정한 활동이 가능한 공간은 구분하는 것이 필요하다. 예를 들어, 놀이 공간, 식사 공간, 기저귀 갈기 공간, 잠자는 공간은 구분되는 것이 좋다(사진 참조).

Bailey와 Wolery(1992)는 어린이집의 물리적 환경은 다음과 같은 조건을 충족시켜야 한다고 주장하였다. 첫째, 이상적인 환경은 교사가 보육실에서 영유아의 활동을 관찰할 수 있으면서도 영유아의 활동 영역을 방해하지 않는 것이 가능해야 한다. 둘째, 보육공간이 교사와 영유아 모두에게 기능적이고, 안락하며, 안전해야 한다. 셋째, 보육공간은 영유아의 자립심을 격려하고 촉진시킬 수 있도록 설계되어야 한다. 보육실의 모양도 직사각형이 바람직하며 L자형은 감독상의 문제가 발생하므로 피해야 한다(Mayesky, 1995). 특히 커다란 집과 같은 교구는 영아에게 사고가 일어날 수도 있고 영아가 그 안에 있을 때 보이지 않기 때문에 영아반에 놓지 않는 것이 좋다.

Mark Wolery

해마다 많은 영유아가 장난감으로 인해 다치거나 사망하는 사고가 발생한다. 특히 어린 영아의 경우 입에 구슬을 넣거나 작은 장난감 부속물을 삼키는 사고가 많다. 이러한 사고와 부상은 미리 막을 수 있는 것이 대부분이다(Wolery, 2004). 따라서 교사는 영아의 주변 환경에서 위험 요소를 제거하여 안전한 보육환경을 구성해야 한다. 위험한 물건이나 삼킬 우려가 있는 작은 이물질은 영아의 손이 닿지 않는 곳에 보관하고 안전잠금장치를 한다. 영아는 모든 것을 입에 넣고 빨고자 하는 특성을 가지고 있으므로 세탁이 가능하고 영아가 입에 넣어도 되는 재질로 만든 장난감을 준비한다. 또한 여러 영아들이 사용해야 하기 때문에 내구성이 있는 교구를 선택한다.

이 시기의 영아는 걸음마를 막 시작해서 서툴기 때문에 책상이나 교구장 같은 가구의 모서리는 둥글고 표면이 매끄럽게 처리된 것을 고르도록 한다. 가구 모서리에는 고무로 만든 보호장치를 설치하고, 출입문에도 손끼임 방지 고무패킹이나 완충장치를 설치하여 가능한 안전사고에 미리 대비한다. 이 밖에도 비상구를 제외한 모든 출입문 및 창문은 안쪽에서 잠길 우려가 없어야 한다. 영아가 호기심에 문을 잠그게 되면 교사가 들어갈 수가 없어 위험해질 수 있다. 따라서 보육실의 출입문은 한 곳이 아닌 두 곳이어야 위험한 상황에 안전하게 대처할 수 있다. 보육실 바닥이 미끄럽거나 장난감, 교구 등으로 너무 어질러져 있으면 영아가 넘어질 수 있다. 이 밖에도 헝클어진 러그나 매트가 영아의 안전에 위협이 되지 않도록 주의한다.

영아기는 면역력이 약해서 질병에 걸릴 확률이 높다. 따라서 교사는 보육실에 체온계를 구비해 등원한 영아의 체온을 재고 건강상태를 확인한다. 그리고 몸이 아픈 영아를 위해 따로 쉴 수 있는 시간과 공간을 배려한다. 영아반 보육실에 영아가 가져온 약을 보관하는 작은 냉장고가 있으면 간식도 같이 보관할 수 있어서 편리하다(사진 참조). 영아에게 약을 투여할 때에는 부모의 투약의뢰서가 작성되어 있어야 하므로 현관 앞이나 보육실 앞에 각 반의 투약의뢰서를 비치해 놓도록 한다.

▶ 보육실 한편에 작은 냉장고가 구비되어 있다.

교사는 영아반의 환경을 계획할 때 지나치게 시각적인 자극에만 치중한 것은 아닌지 잘 생각해 봐야 한다. 벽과 천정에 만화 캐릭터가 들어간 벽지를 굳이 할 필요가 없다. 보육실 환경이 영아에게 지나친 자극을 주거나 너무 다양한 장난감으로 어질러져 있는 것은 바람지하지 않다. 특히 어린 영아는 하루의 대부분을 잠을 자면서 보내기 때문에 이런 환경이 도움이 되지 않을 수도 있다. 오랜 시간을 누워 보내는 어린 영아를 위해서 보육실 벽보다는 천정에 영아의 관심을 끌 만한 모빌 같은 교구를 매달아 놓을 수 있다. 어린 영아들은 흑백과 같이 뚜렷하게 대비되는 것을 좋아하므로 보육환경을 구성할 때 참고한다.

영아는 환경이 너무 자주 또는 많이 바뀌는 것에 대해 불안해할 수 있다. 일단 환경을 질서정연하게 구성하였으면 기본구성은 가능한 한 변경하지 않아야 한다. 영아는 모든 것이 그 자리에 계속 있다는 것을 알아야 안정감을 느낄 수 있다. 특히 개인적인 공간들은 바꾸지 말아야 한다(Segal, Bardige, Woika, & Leinfelder, 2011). 영아는 물리적 환경에서 편안함을 느낀 후에야 비로소 탐색과 발견을 시도하게 된다.

2) 신체적 환경

생후 1년 동안은 신체발달에 있어서 제1의 성장급등기라고 할 정도로 발달이 급속도로 진행된다. 교사는 이 시기 영아의 신체발달에 대해 정확히 이해하고 적합한 피드백을 제공하는 것이 중요하다. 0~1세 미만 영아는 기본적 감각능력을 통하여 주변 환경을 탐색하고 자신의 신체를 긍정적으로 인식하며 신체조절 능력을 획득한다. 영아의 운동기술은 일련의 순서에 따라 습득되므로 교사가 이를 정확하게 파악하면 적절한 시점에 개입하여 영아의 운동기술 발달을 촉진할 수 있다(정옥분 외, 2009). 이 시기의 영아는 간단한 구조물에 올라가는 것을 좋아하므로 낮은 미끄럼대와 같이 오르내릴 수 있는 기구들을 제공해 주면 좋다.

영아는 물리적 환경을 탐색하기 위해 손을 자주 사용한다. 여러 가지 다양한 재료들로 유아의 감각을 자극하도록 한다(사진 참조). 교사는 영아가 다양한 표면을 탐색할 수 있도록 나무, 타일, 고무, 가죽, 안전거울 등 여러 가지 질감의 재료를 구비한다. 주제에 따른 활동을 할 때에도 교사는 영아기가 감각운동 발달의 기초가 되는 시기임을 고려하여 영아가 다양한 감각적 경험을 할 수 있도록 계획한다. 예를 들어, 과일을 주제로 활동을 할 때에도 과일 모형이나 사진이 아닌 실제 과일을 준비하여 색과 질감을 탐색해 보고, 냄새도 맡고 맛도 보는 활동으로 구성하는 것이 좋다.

▶ 영아들이 생크림을 이용하여 그림을 그려 보면서 부드러운 촉감을 즐기고 있다.

영아는 양손을 이용하거나 엄지와 검지로 물체를 잡을 수 있다. 확장되면 간단한 쓰기도구를 잡고 끼적거리기도 한다. 이 과정을 통해 눈과 손의 협응을 시도하게 된다. 따라서 교사는 영아가 자유롭게 그려 볼 수 있도록 커다란 종이와 색연필과 같은 도구를 준비하여 주변에 비치해 두면 좋다. 그리고 영아가 협응능력을 연습할 수 있도록 끼우는 장난감, 쌓아 올리는 링, 작은 문이 달린 장난감 등을 마련한다(사진 참조). 교사는 영아가 소근육을 사용하여 끼적거리기, 찢기 활동을 하는 것을 격려하고 스티커 붙이기, 물감 찍기 등의 활동도 자주 계획한다(사진 참조). 또한 영아가 사용하기 쉬운 작은북, 리듬악기 등 소리 나는 장난감을 제공하여 영아가 자유롭게 두드리면서 소리를 변별할 수 있도록 격려한다.

▶ 보육실에 영아의 협응능력 연습에 유용한 교구가 비치되어 있다.

▶ 영아가 손바닥을 이용하여 물감을 찍어 본 후 자신의 손을 보고 놀라고 있다.

이 밖에도 색이 화려한 장난감, 튀어나오는 장난감, 누를 수 있거나 헝겊으로 이루어진 부드러운 장난감을 준비하면 좋다. 영아들이 즐겨 읽는 동화책도 헝겊으로 만들어진 것이 있으므로 종이 외에 여러 가지 촉감을 느낄 수 있도록 다양한 재료로 만든 그림책을 제공한다.

3) 사회적 · 정서적 환경

부드러운 물체는 영아에게 따뜻한 느낌을 주며 심리적 안정감을 느끼게 할 수 있다(Prescott, 1987). 하루 종일 어린이집에 있는 영아를 위한 개인 영역이 없다면 영아에게 스트레스가 될 수 있다. 따라서 보육실 내 영아를 배려하여 개인적이면서도 부드러운 영역들을 제공함으로써 영아가 가정과 같이 편안함을 느낄 수 있도록 한다. 또한 교사와 영아의 따뜻한 상호작용을 위한 시간과 공간을 마련하는 것도 필요하다. 그러기 위해서 교사와 영아가 같이 앉을 수 있는 편안한 소파나 안락한 의자, 혹은 쿠션과 카펫 등을 준비한다.

색은 영아에게 다양한 심리적 영향을 줄 수 있다(Allison, 1999). 밝은 빨간색은 홍분을, 짙은 보라색과 초록색은 안정감과 진정을, 노란색은 편안함을 주고 영아가 쉽게 인식할 수 있다. 그러므로 교사는 색이 주는 영향을 고려하여 환경을 구성하도록 한다.

영아반 교사가 자주 바뀌면 영아에게 혼란과 스트레스를 주게 되며, 이로 인해 영아가 새로운 관계형성을 망설이고 불안해할 수도 있다. 따라서 지속적인 상호작용을 통해 영아에게 신뢰감을 줄 수 있도록 노력해야 한다. 영아가 가정에서 지낸 생활과 어린이집에서 지낸 생활을 부모와 교사가 서로 공유하는 것도 필요하다. 매일 알림장을 통해 가정과 어린이집이 영아에 대한 정보를 함께 공유할 수 있도록 한다.

영아는 활동과 활동 사이의 전환 시간을 아직까지 잘 이해하지 못하고 기다리기 힘들어한다. 따라서 교사는 전환 시간이 너무 길지 않도록 잘 조절해야 한다. 대부분의 영아는 아직까지 주의집중 시간이 짧기 때문에 오래 앉아 있거나 교사의 말에 오랫동안 집중할 수가 없다. 따라서 교사는 영아가 앉아서 주의를 집중해야 하는 활동보다는 활발히 참여할 수 있는 활동을 계획하도록 한다.

0~1세 미만 영아들은 아직까지 정리를 잘하지 못한다. 따라서 교사가 교구장 등에 교구 사진을 부착해 둔다면 영아들이 사용한 장난감이나 교구를 스스로 정리하기 쉬운 환경을 구성할 수 있다. 그리고 교사가 정리할 때마다 특정 음악을 들려줌으로써 정리 시간임을 알려 주는 것도 하나의 방법이다. 교사가 망가지기 쉬운 물건을 미리 치우거나 영아의 손이 미치지 않는 곳에 두면, 영아에게 "안 돼요" "가지 말아요" 등의 부정적인 말을 계속해서 할 필요가 없어진다.

▶ 개인서랍장에 붙은 사진을 보고 자신의 공간을 인식할 수 있다.

이 시기의 영아는 서서히 자신을 분리된 존재로 인식하게 된다. 따라서 개인서랍장이나 신발장 등에 영아의 얼굴사진을 붙이고 이름을 적어 준다(사진 참조). 영아가 자신의 얼굴사진이 붙은 서랍장을 이용하면서 소유감을 느끼고 차츰 정리정돈도 하게 된다. 또한 영아의 가족사진을 눈에 띄는 곳에 붙여 둠으로써 영아가 안정감과 소속감을 느끼도록 돕고, 때로 주제와 관련된 활동 시 활용할 수도 있다.

4) 인지적 · 언어적 환경

Piaget에 의하면, 영아기는 감각운동기로 다양한 감각활동과 운동기능을 통해 인지발달이 이루어지는 시기다. 영아의 인지발달은 언어를 통해 촉진되고, 보육교사의 언어적 자극에 의해서도 영향을 받는다. 따라서 보육교사가 영아에게 얼마나 풍부한 언어자극을 제공하는지에 따라 영아의 언어발달은 차이가 날 수 있다. 교사는 영아의 기저귀를 갈아 주거나 수유를 할 때 영아가 이해한다고 생각하고 말을 건네도록 한다. 인형, 그림, 사진, 그림책 같은 자료를 구비하여 언어적 상호작용이 많이 발생할 수 있는 환경을 제공한다. 예를 들어, 장난감 전화기 같은 교구는 교사가 영아와 자연스럽게 언어적 상호작용을 할 수 있도록 도와주는 교구라고 볼 수 있다.

0~1세 미만 영아는 청각적 자극에 반응하는데, 이것은 영아기 언어발달의 기초가 된다. 영아는 리듬감 있게 들려주는 짧은 이야기를 즐겨 들으므로 교사는 영아에게 간단한 단어나 짧은 문장이 반복되는 이야기, 동시, 노랫말 등을 자주 읽어서 들려주도록 한다(정옥분 외, 2009). 교사가 동화를 테이프에 직접 녹음하여 낮잠을 자는 시간에 들려줄 수도 있다. 대집단 활동시간에도 출석을 부를 때 "○○는 어~디~있나?♬ 요기~~♬" "선생님은 ○○를 사랑해~♬, 사랑해♬" 등 짧은 노래를 이용하여 출석을 부르면 영아들이 더욱 좋아한다. 이러한 출석 부르기 활동은 영아에게 숫자에 대한 수학적 사고를 촉진하고, 소속감도 느낄 수 있게 해 준다.

영아는 주변의 사물을 지각하고 관심을 가지며 점차 자연현상을 이해할 뿐 아니라 과거의 경험을 현재의 관심과 연결할 수도 있다(정옥분, 2002). 즉, 영아는 자신이 이미 이해하고 기억하는 지식과 경험을 새로운 대상과 연결하여 이해하고 기억하는 것이다. 그러므로 교사는 영아가 탐색하고 놀이할 수 있는 경험을 제공하고, 영아의 관심을 끌 만한 교구를 준비해야 한다. 이 시기의 영아에게 공, 블록, 소꿉놀잇감, 퍼즐(3개 이하) 등을 제공하여 다양한 수학적 경험을 할 수 있도록 한다.

▶ 영아가 산책을 나가 자연물을 이용한 놀이를 하고 있다.

교사는 영아가 자연의 변화를 느끼고 즐길 수 있도록 바깥놀이나 산책의 기회를 충분히 제공한다(사진 참조). 바깥놀이와 산책은 영아의 놀이, 학습, 신체적 활동을 자극하며 새로운 도전의 기회가 된다. 자연환경 속에서 영아는 사물이 어떻게 생겼는지 어떻게 작동하는지를 탐색하고, 질문하며, 자신의 이해를 발달시킬 기회를 갖게 된다. 바깥에 나갈 때 아직 걷지 못하는 영아가 있다면 유모차를 이용할 수 있다. 그리고 모자와 선크림 등을 준비하면 강한 햇빛으로부터 연약한 영아의 피부를 보호하면서도 마음껏 자연을 탐색할 수 있는 기회를 가질 수 있다.

2. 2세 영아반 환경관리와 보육교사의 역할

2세 영아는 스스로 움직일 수 있으며 호기심이 많아서 주변 환경에 대한 탐색이 활발하다. 영아가 활동성을 갖기 시작할 때면 새로운 경험을 할 수 있는 가능성이 크게 증가한다. 그러나 아직 안전이나 위험에 대해서 잘 판단하지 못하기 때문에 교사는 영아의 탐색 욕구와 안전 사이에 적절한 균형이 이루어지도록 환경을 구성해야 한다.

1) 물리적 환경

2세 영아는 스스로 움직임이 가능하기 때문에 여기저기 돌아다니면서 사물을 탐색한다. 그러나 잠재적 위험에 대해서 아직 잘 판단할 수 없기 때문에 안전한 환경을 구성하는 것이 무엇보다 중요하다. 우선 바깥으로 나와 있는 전선과 흔들거리는 가구를 치운다. 그리고 약품이나 비누, 화약약품 같은 것은 영아의 손에 닿지 않는 선반에 보관하고 보관함을 잠그도록 한다. 돌출형 방열기에 영아의 신체가 닿지 않도록 울타리를 설치하는 것이 좋다. 가위나 칼 같은 날카로운 용구도 잠금장치가 있는 곳에 보관한다. 교사는 정기적으로 실내의 시설물과 물품의 위험 요인을 점검하도록 한다. 뾰족한 가구 모서리 보호대, 콘센트 안전덮개, 손 끼임 방지장치, 욕실 바닥의 미끄럼 방지 등 안전설비를 하고 제대로 기능하는지 수시로 점검한다. 보육실 내 칸막이, 가구, 창문 등은 영아가 자유롭게 활동할 수 있을 만큼 낮아야 한다. 영아가 교사의 도움 없이도 교구를 쉽게 선택할 수 있는 것이 좋다. 낮은 창문은 영아가 바깥세상을 볼 수 있다는 점에서 매우 중요하지만 영아의 안전을 고려해야 한다. 교사는 창문 앞에 블록을 놓아서 영아가 밖을 볼 수 있지만 조금 떨어져 있도록 하고, 창문에 안전바를 설치하도록 한다.

▶ 보육실에 고무매트를 이용하여 소음을 줄일 수 있다.

보육실 내 소음을 줄이기 위해 천정이나 바닥, 벽이 소음을 흡수하도록 설계되어야 한다. 그러나 현실적으로 비용이 많이 드는 문제가 있다. 대안으로는 카펫이나 매트, 면 패드 등을 사용하여 소음을 줄일 수 있다(사진 참조). 카펫이나 매트 등은 영역을 구분 지을 때도 유용하게 사용할 수 있다.

영아는 손과 얼굴을 스스로 씻고 이를 닦을 수 있다. 그러나 아직까지 서툴기 때문에 교사가 뒷마무리를 도와줘야 한다. 사용한 양치컵이나 칫솔을 소독할 수 있도록 살균기를 사용한다. 살균기는 교사가 일주일에 한 번 정도 정기적으로 점검하고 마모된 칫솔은 가정으로 보내 교체할 수 있도록 한다. 화장실의 수건은 여러 영아가 사용하는 과정에서 세균이나 바이러스가 전염될 수 있으므로 위생상 종이수건으로 대체하는 것이 좋다. 만약 수건을 쓴다면 자주 세탁을 해야 하고, 가정이나 어린이집에서 가끔 삶아서 사용해야 질병의 전염을 막을 수 있다. 이 시기에는 배변훈련도 이루어진다. 영아가 쉽게 바지를 벗을 수 있도록 고무줄 달린 여벌옷을 부모의 협조를 받아 준비해 놓는다. 영아가 변기에 앉았을 때 발이 바닥에 닿아야 안정감을 느낄 수 있으므로 변기의 크기는 영아에게 맞는 것을 설치한다.

보육환경이 영유아와 교사에게 심미적으로 아름다운 느낌을 준다면 더욱 좋을 것이다. 가구는 지나치게 복잡하지 않고 단순하며 잘 디자인된 것을 선택하며, 가구를 구입할 때에는 기존의 가구들과 잘 어울리는 것을 고르도록 한다. 일반적으로 영유아용 가구는 자연적인 나무재질이나 밝은 천연색으로 이루어진 플라스틱 재질이 많다(사진 참조). 가구의 청소와 관리가 쉬운 제품을 선택하도록 한다. 벽의 색은 중성이나 밝은 파스텔 색을 사용하고, 그림이나 사진을 이용하여 포인트를 주면 좋을 것이다(Segal et al., 2011).

교사는 교육과정과 영아의 요구에 따라 관심 영역을 나눌 수 있도록 한다. 미술/과학, 역할놀이, 언어, 블록, 대집단 영역 등 서로 다른 영역을 구분한다. 영아는 각 영역에서 조절감각을 발달시키고 환경을 쉽게 탐색할 수 있다(Greenman, 1988). 교사는 각 관심 영역에서 개별화된 다양한 활동을 제공하고, 영아는 자신이 원하는 것을

▶ 나무 재질로 이루어진 교구들로 구성된 보육환경

선택할 수 있다. Moore(1996)는 관심 영역들이 여러 가지 다른 활동의 근원이 되기 때문에 '자원이 풍부한 활동 주머니(resource-rich activity pockets)'라고 불렀다. 각 관심 영역의 공간 규모를 정할 때 고려할 사항은 영아가 5명 이하인 집단에서 가장 잘 놀 수 있다는 것이다. 영아는 집단으로 놀기도 하지만 혼자 놀거나 혼자 작업하는 경우도 있기 때문에 영아가 혼자 있을 수 있는 영역도 필요하다(Shepherd & Eaton, 1997). 따라서 교사는 일부 공간은 영아가 또래와 협동할 수 있도록 하되, 영아가 혼자 방해받지 않고 작업할 수 있는 아늑하고 조용한 공간도 마련하도록 한다. 그 공간에서 영아는 책을 읽거나 퍼즐게임을 하고 때때로 또래를 관찰하기도 한다.

보육실의 배열구조가 복잡하고, 저장공간이 너무 어질러져 있으면 영아는 자신이 원하는 것을 잘 찾지 못하고 사용한 교구도 어디에 두어야 할지 알기 어렵다. 따라서 교사는 보육실의 구조를 단순하게 하고 잘 정리될 수 있도록 저장공간을 점검해야 한다.

▶ 가급적 소집단으로 활동을 계획해야 효과적이다.

교사 대 영유아의 비율은 영유아와 교사의 상호작용에 영향을 준다. 영유아의 비율이 높으면 교사가 사용하는 대화가 짧아지고, 하지 말라는 식의 문장을 자주 사용하게 된다(Smith & Connolly, 1981). 개별 영유아의 요구도 집단크기가 크고 영유아의 비율이 높으면 교사가 맞추기 힘들어진다. 따라서 되도록 소집단으로 활동하는 것이 좋다(사진 참조).

영유아들이 계속 발달하고 관심이 바뀜에 따라 환경도 변화를 줄 필요가 있다. 이에 따라 교사는 일단 보육실의 환경이 구성되더라도 필요에 따라 얼마든지 변경할 수 있다는 유연성을 가져야 한다. 교사는 주기적으로 환경을 점검하고 살펴보면서 변화를 주도록 한다. 또한 환경구성이 영유아들의 행동 흐름을 방해하지는 않는지, 원하는 목적에 맞는 행동들이 나타나는지, 불필요한 다툼이 일어나지는 않는지 등 여러 상황들을 점검하여 보육환경을 재구성할 때 참고하도록 한다.

2) 신체적 환경

2세 영아는 다양한 감각적 차이에 반응하고 자신의 신체 각 부분의 명칭에 대해 알아 가면서 움직임을 탐색한다. 이 시기는 영아가 신체를 조절하고 기본 운동능력을 기르는 때다. 교사는 2세 영아가 신체균형감을 기를 수 있도록 환경을 구성한다. 예를 들어, 평균대나 매트를 이용한 활동시간을 계획해 영아가 팔, 다리, 목, 허리 등을 조절하면서 몸의 움직임을 다양하게 시도하도록 돕는다(사진 참조).

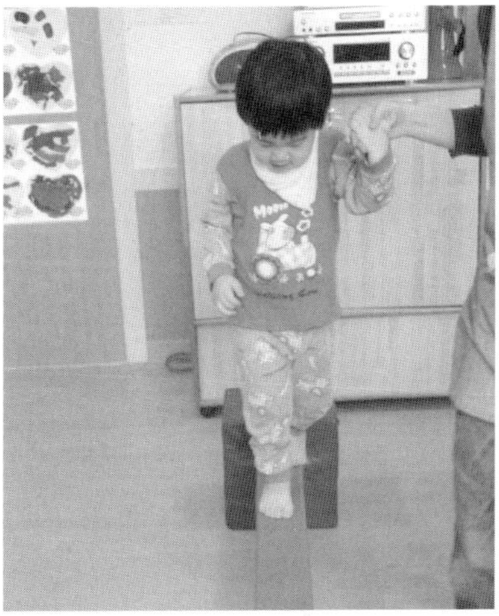

▶ 평균대를 이용하여 영아가 신체의 균형감을 기를 수 있다.

영아의 대근육 발달과 신체조절 및 균형감각을 증진시킬 수 있는 기구로는 정글짐이나 탈 수 있는 장난감, 자동차 등을 들 수 있다. 이러한 기구를 보육실 내에 두기에는 너무 크므로 유희실이나 거실 등에 두고 간식 및 식사 시간 이후에 놀 수 있는 기회를 규칙적으로 제공한다. 이 밖에 영아가 밀고 당길 수 있는 쇼핑카트와 같은 이동식 장난감이나 영아가 탈 수 있는 모형 자동차도 발의 추진력을 향상시키는 데 도움이 된다(사진 참조). 안전한 놀이 영역을 위해 고무매트는 꼭 필요하다. 특히 계단과 놀이기구 근처에는 고무매트를 꼭 배치하도록 한다.

▶ 영아들이 모형 자동차를 이용하여 신체적 활동을 하고 있다.

이 시기의 영아는 간단한 사물을 조작할 수 있기 때문에 공 던지기와 공 차기 등 조작운동을 할 수 있도록 계획한다. 교사는 다양한 크기와 종류의 공을 준비하되 너무단단하지 않은 재질을 선택하도록 한다. 공놀이를 통해 영아는 신체와 사물의 관계를 이해하고 소근육 조작운동을 경험할 수 있다. 또한 눈과 손의 협응을 통해 점차 정교한 동작을 익혀 나가게 된다. 이런 활동을 하기 위해서는 우선 충분한 공간이 확보되어야 하며 활동시간도 넉넉하게 확보해야 한다.

외부활동 공간은 영아의 신체발달에 필수적일 뿐 아니라 사회적 기술과 상상에도 꼭 필요하다. 또한 잘 기획된 기구는 신체 움직임을 활기차게 해 준다. Caples(1996)는 바깥놀이 활동을 통해 영유아는 자연세계와 자신의 상상을 연결함으로써 이야기를 창조할 수 있다고 하였다. 그러나 바깥놀이에서 영아가 공격적인 성향을 보이기도 하고 또래를 괴롭히는 행동이 빈번하게 일어날 수도 있으므로(Sullivan, 2000), 교사의 세심한 감독이 필요하다.

3) 사회적 · 정서적 환경

▶ 세면대가 영아의 키에 맞도록 낮게 설치되어 있다.

영아기는 자신을 다른 사람과 구분되는 독립된 존재로서 인식하는 시기다. 자기인식은 자아개념과 자립심 발달의 토대가 된다. 영아의 자립심을 증진시키기 위하여 교사는 영아가 교구를 자신 있게 사용할 수 있도록 격려한다. 이를 위해 보육실 가구나 내부시설이 영아의 신체 크기에 맞아야 한다. 예를 들어, 세면대는 영아가 스스로 손을 씻을 수 있도록 낮아야 한다(사진 참조). 영아가 수납 장소에서 쉽게 교구를 찾고 자율적으로 이용할 수 있도록 하며, 사용한 교구를 어디에 어떻게 두는지 정확하게 안다면 영아의 자립심을 증진시킬 수 있고 자신의 환경에 대해 책임감을 느낄 수 있다(Shepherd & Eaton, 1997). 따라서 교사는 영아가 용이하게 교구에 접근할 수 있도록 보육실 환경을 구성해야 한다. 영아의 자조기술을 발달시키고자 한다면 개인 옷장 등을 가까이에 둠으로써 영아가 스스로 할 수 있는 기회를 제공한다.

2세 영아는 타인에 대해서도 이해하기 시작한다. 영아의 이름, 얼굴사진, 가족사진 등을 곳곳에 붙여 주도록 한다. 보육실에 붙여진 가족사진은 영아의 분리불안을 덜어 주고 안정감을 줄 수 있다. 또한 자신이 좋아하는 장난감을 가정에서 가져옴으로써 심리적 안정감을 가질 수 있다.

이 시기에는 평행놀이[1]가 많이 나타나므로(정옥분, 2012), 영아들은 같은 놀잇감에 관심을 갖고 이를 차지하기 위해 공격적인 행동을 할 수도 있다. 그러므로 교사는 똑같은 놀잇감을 여러 개 마련하여 분쟁을 사전에 예방하도록 한다. 교사는 영아

1) 같은 공간에서 다른 유아와 같은 장난감을 가지고 놀지만 상호 간에 특별한 교류가 없고, 가까워지려는 노력도 보이지 않는 놀이 형태.

에게 놀이에 규칙이 있을 수 있다는 것을 알려 주어 함께 규칙을 지키면서 안전하게 놀이할 수 있도록 지도한다. 이 시기에 영아는 다른 사람의 행동을 따라하고 그것을 놀이에 적용하는 역할놀이를 하기 시작한다. 역할놀이를 할 수 있도록 일상생활에서 사용되는 실물과 유사한 소품을 많이 제공해 준다. 가정과 협조하여 안 쓰는 사진기나 핸드폰, 가방, 모자, 스카프 등을 제공받아 보육실에 준비해 놓는 것도 좋은 방법이다(사진 참조). 이 밖에도 인형, 앞치마, 소파, 병원놀이, 미용실놀이, 소꿉놀이와 같은 놀잇감을 다양하게 준비해 준다. 여러 영아가 같은 놀잇감을 사용하다 보면 파손된 것이 있을 수도 있으므로 교사는 놀잇감을 주기적으로 점검하여 파손된 것은 교체해 주도록 한다.

▶ 가정에서 사용하지 않는 사진기를 이용하여 사진 찍기 놀이를 하는 유아

▶ 보육실 한편에 마련된 개인적인 공간

영아는 때로 혼자 놀거나 활동하는 경향도 있기 때문에 영아 혼자 있을 수 있는 영역을 보육실 한편에 마련해 주도록 한다(사진 참조). 이 영역에서 영아는 혼자 혹은 소집단으로 공간을 이용함으로써 자율성을 향상시킬 수 있으며, 사회적 기술과 우정을 증진시킬 수도 있다.

2세 영아는 자신의 감정을 수용하고 표현할 수 있으며, 조절하는 방법을 배워 가는 시기다. 교사는 영아를 관찰하면서 영아가 장난감을 두고 싸우는 등의 사회적 갈등을 잘 풀어 나갈 수 있도록 도움을 준다. 교사는 영아에게 무슨 일이 일어났는지 이야기하고 양쪽 영아 모두 받아들일 수 있는 해결방안을 찾아가도록 격려한다. 대부분의 영아는 또래와 친구가 되기를 원하지만, 언어적 기술과 또래의 관심을 이해하는 능력이 부족하다. 교사는 영아가 자신의 감정을 표현하는 데 적절한 말을 할 수 있도록 격려하고, 문제해결을 위한 방법을 찾아가도록 도와준다. 무엇보다 교사는 자신이 역할모델이 된다는 것을 인식하여 교사 자신의 감정을 수용하고 적절하게 표현할 수 있는 방법을 보여 주도록 노력해야 한다.

4) 인지적 · 언어적 환경

이 시기에는 사물과 자연에 관한 흥미와 집중력이 발달한다. 따라서 교사는 영아에게 일상생활의 여러 가지 경험을 통해 탐구심을 가질 수 있도록 다양한 현상과 사물을 탐색할 기회를 충분히 제공하도록 한다. 가급적 실외놀이나 산책을 통해 영아가 자연환경의 색이나 형태, 변화에 대해서 보고 느낄 수 있도록 격려한다. 영아가 자주 바깥에 나가 꽃이 피는 것, 비나 눈이 오는 것, 낙엽 떨어지는 것, 도토리나 밤 등의 열매가 열린 것 등을 보고 다양한 감정을 느끼고 표현할 수 있도록 도와준다.

실내에는 기본적으로 크레파스, 색연필 외에 밀가루 반죽이나 지점토, 물감 등을 준비해 두어 영아가 새롭고 다양한 도구를 활용하여 자신의 감정을 표현할 수 있도록 한다. 교사가 조금만 더 노력한다면 새로운 환경을 계획할 수 있다. 예를 들어, 물감 찍기 활동에서도 영아가 평상시에 가지고 놀던 블록을 이용하여 물감 찍기를 시도할 수 있다(사진 참조). 산책 가서 가져온 나뭇잎을 이용하여 물감을 찍어 볼 수도 있다. 영아는 가져온 자연물을 세어 보거나 비교하고 비슷한 나뭇잎끼리 분류하는 활동을 통해 일상생활에서 자연스럽게 수학적 경험을 할 수 있다(사진 참조).

교구를 선택할 때 한 가지 목적으로만 사용되는 폐쇄적 교구는 영유아들이 한번 숙달되면 금방 싫증을 낸다. 따라서 되도록 여러 목적으로 사용 가능한 개방적 교구

▶ 영아가 블록을 이용하여 물감 찍기를 하고 있다.

▶ 산책 가서 가져온 나뭇잎을 활용하여 분류하는 모습

를 선택하도록 한다(사진 참조). 그리고 영유아들이 쉽게 접근할 수 있는 교구장에 준비해 놓는다면 영아의 자율성 향상에도 도움이 될 것이다. 블록과 같은 교구는 영아들이 여러 가지 목적으로 구성할 수 있기 때문에 선호하는 교구 중의 하나다(사진 참조). 시중에서 파는 교구 외에 교사가 직접 만들어서 사용할 수도 있다. 교사가 직접 만든 교구는 영아의 특별한 요구와 관심을 충족시킬 수 있으므로 교사는 시중에서 판매하는 교구만을 구입하기보다는 직접 교구를 제작하는 것도 시도해 볼 만하다.

이 시기의 영아는 책에 그림과 글자가 있다는 것을 인식하고 교사가 읽어 주는 글에 관심을 갖고 흉내를 내는 것을 시도한다(사진 참조). 교사가 이야기책을 큰 소리로 읽어 줌으로써 영아의 언어발달과 문해능력(literacy)을 촉진시키게 된다. 영아가 자신이 활동한 것에 대해 말하도록 장려하고, 보육실 환경을 주제 탐구와 관련된 여러 가지 사례들과 자료로 풍부하게 구성한다. 교사는 영아들이 서로 이야기하면서 상호작용하는 것을 격려하고, 영아가 관심이 있는 주제의 대화에 참여하도록 한다.

교사는 주제와 관련된 책을 고를 때 시, 동화, 그림, 글자가 없는 책 등 다양한 종류의 책을 고려하도록 한다. 단지 교사가 책을 읽어 주고 영아는 듣는 것이 아니라 영아가 참여할 수 있도록 격려한다. 예를 들어, 글자를 아는 영아에게 문단의 한 부분을 읽어 달라고 부탁할 수 있고, 글자를 모르는 영아에게는 의성어나 의태어 등으로 표현하도록 부탁할 수 있다. 주의집중 시간이 짧아 어려움을 겪는 영아가 있을 수 있으므로 교사는 하루 중에 짧은 시간이라도 각 영아와 일대일 대화를 할 수 있는 시간을 마련하도록 한다. 영아가 사용하는 언어가 문법적으로 맞지 않는다면 교사는 오류를 직접 지적하기보다는 간접적으로 수정해 줄 수 있다. 즉, 영아가 한 잘못된 말을 올바르게 반복적으로 표현해 줌으로써 영아가 수정할

▶ 다양한 목적으로 사용할 수 있는 개방적 교구

▶ 종이블록

▶ 이 시기의 영아는 글자에 관심이 많다.

▶ 다양한 문화의 사람들과 지낼 수 있는 기회가 증가하고 있다.

▶ 러시아에 대해 알아보는 활동을 계획한 어린이집

▶ 여아가 경찰관 복장을 입고 친구들과 놀이를 하는 모습

수 있는 기회를 제공한다.

세계화의 추세로 다양한 인종과 문화를 접할 수 있는 기회가 많아지고 있다(사진 참조). 교사는 영아가 종교, 문화, 가족, 인종 등에 대하여 고정관념 없이 다양한 경험을 할 수 있는 환경을 구성하도록 해야 한다. 특히 영아의 경우, 다른 민족이나 인종에 대한 주위의 고정관념과 편견을 쉽게 받아들이고, 이러한 인식이나 태도가 성인기까지 이어질 수 있기 때문에 더욱 주의가 필요하다(Thomas, 1984). 우리 사회도 최근 들어 다문화가족과 그 자녀의 수가 크게 증가하고 있다. 교사는 다문화가족 자녀를 고려하고, 일반 가족의 영아가 다문화를 거부감이 없이 접할 수 있도록 보육환경을 구성할 필요가 있다. 여러 나라와 문화에 대한 그림책을 준비하거나 해당 국가에 대한 이해를 높여 줄 수 있도록 주제를 선정하여 관련 활동을 계획한다(사진 참조). 다문화 주제를 다룰 때에는 차이점보다는 유사점을 강조하고 다양한 인종을 포함한 여러 가지 인형 등을 활용하여 영아의 이해를 높이도록 한다.

교사는 성차가 없는 놀이를 선택할 수 있도록 환경을 구성한다. 예를 들어, 집단활동 시 여아는 소꿉놀이 영역에서 놀도록 하고 남아는 블록 영역에서 놀도록 영역을 제한해서는 안 된다(사진 참조). 오늘은 모두 블록 영역에서 노는 날, 내일은 모두 소꿉놀이 영역에서 노는 날 등으로 정해서 같이 놀 수 있는 활동을 제안하는 것도 좋은 방법이다.

또한 장애 영유아에 대한 편견이 없도록 신경을 써야 한다. 장애 영유아도 비장애 영유아와 마찬가지로 놀고 싶은 욕구가 있다. 서로 다른 능력수준을 가진 영유아에게 적합한 환경을 제공하는 것이 중요하다(Essa, 1996). 장애 영유아가 활동에 참가할 수 있도록 도와주기 위해서는 특별히 더 신경을 써야 하는 부분이 생기게 된다. 예를 들어, 휠체어와 같은 기구들이 지나다닐 수 있는 넓은 동선과 출입문이 필요하다. 장애 영유아가 될 수 있는대로 스스로 교구에 접근하고 선택할 수 있도록 교구장의 높이와 위치도 장애 영유아의 눈높이를 고려해서 구성해야 한다.

3. 3~5세 유아반 환경관리와 보육교사의 역할

3~5세 유아는 운동기술이 급속도로 발달하고 인지적 성장이 빠르게 이루어진다. 따라서 활동과 교구가 적당히 도전적이어야 한다. 활동과 교구가 너무 쉬우면 유아는 지루해하고, 너무 어려우면 좌절감을 느끼게 된다. 교사는 활발한 신체활동을 할 수 있는 넓은 공간과 시간을 마련해야 한다.

영아기에 비해 유아기는 또래관계도 중요하게 작용하고 대인관계의 폭이 넓어진다. 교사는 이 시기의 유아에게 책임감 있는 역할을 맡김으로써 유아의 주도성을 향상시킬 수 있다.

1) 물리적 환경

유아가 사용하는 공간의 규모나 교구는 어린 영아의 경우와는 차이가 있다. 예를 들면, 영아반의 실내공간은 안전성에 신경을 써야 하고, 공간이 너무 넓거나 너무 많은 교구들로 가득 채울 필요가 없다. 이에 비해 유아반은 활발한 신체적 활동을 할 수 있는 넓은 공간이 필요하다. 교사는 공간을 계획할 때 유아의 움직임을 생각해야 한다. 놀이공간과 동선을 분명하게 구성하면 유아의 혼란을 줄일 수 있게 되고, 교사가 원하는 행동을 이끌어 낼 수 있다(Essa, 1996).

Brett Laursen

교사는 영역을 구성할 때 얼마나 크게 혹은 작게 할 것인지 미리 생각할 필요가 있다. 영역의 공간이 너무 작은데 많은 유아가 함께 있게 되면 유아는 공격적으로 행동하고 사회적 · 신체적으로 철회하는 반응을 보일 수 있다(Moore, 1996). 더욱이 교재와 교구도 적은데 유아만 많게 되면 사회적 상호작용이 너무 많아져서 갈등이 빈번하게 발생한다(Hartup & Laursen, 1993). 이와 반대로 공간이 너무 넓으면, 유아의 주의집중 시간이 줄어들고 교사의 감독이 더 필요하며, 유아의 발달에 도움이 되지 않고 한가한 시간만 늘어나게 된다(Moore, 1996). 교사의 반응도 "여기서는 뛰어다니면 안 돼요" "뒹굴면 안 돼요" 등 잔소리가 늘어나게 되고 규칙만 강조하여 감독하게 된다. 비효율적으로 넓은 공간은 유아가 오히려 이용하지 못하고 혼란스러워할 수 있다. 따라서 교사는 각 영역의 공간 규모를 정할 때 이를 고려해서 구성하도록 한다.

각 영역 사이의 경로가 분명해야 한다. 영역이 분명한 경계를 가지고 잘 배열되면 유아는 계획된 영역을 더 성공적으로 이용할 것이다. 영역 간의 경로가 분명하지 않은 것은 마치 바닥 표시가 없는 커다란 주차장과 같다. 그러나 한편으로 영역과 영역 사이의 경계는 유연해야 한다(Greenman, 1988). 유아가 언어 영역에서 책을 고른 후 다른 조용한 영역에 가서 읽을 수도 있듯이, 구조는 유아의 요구와 흥미에 맞게 변화 가능한 것이 좋다.

여러 종류의 영역들의 위치를 잘 설정하는 것이 중요하다(Inan, 2009). 우선, 영역 간의 인접관계를 고려해 공간이 잘 기능할 수 있게 한다. 예를 들어, 침대나 벽장은 휴식 공간과 가까이 위치해야 하고, 물을 사용할 수 있는 싱크대는 미술 영역 등과 가까이 위치하는 것이 좋다. 다음으로, 영역 간의 소음수준을 고려해야 한다. 예를 들어, 책읽기 영역과 퍼즐 영역은 둘 다 조용한 형태의 활동이므로 나란히 있으면 좋다. 마지막으로, 유아의 관심이나 기술을 고려한다. 예를 들어, 블록 영역과 역할놀이 영역은 둘 다 유아의 상상놀이를 촉진해 주는 활동을 하는 곳이므로 나란히 있으면 좋다.

유아들이 다양한 활동을 할 수 있는 미술 영역은 창문 가까이에 선정하여 자연광을 최대한 이용하는 것이 바람직하다(Essa, 1996). 교사는 유아가 다양한 재료를 이용하여 자신의 정서를 자유롭게 표현할 수 있도록 그리거나 칠할 수 있는 재료(색연필, 크레파스, 물감, 종이 등), 만들거나 조작할 수 있는 재료(점토, 찰흙 등), 자르거나 붙일 수 있는 재료(가위, 풀 등), 건축재료(형태조각, 나무토막, 철사 등) 등 여러 가지 미술재료를 준비해 주어 유아가 재료와 도구의 사용법을 탐색할 수 있도록 한다. 미술 영역의 바닥은 물걸레질이 가능해야 하므로 카펫보다는 타일처럼 딱딱한 재질이 좋다.

커다란 가구나 기구들은 위치를 변경하기 쉽지 않고 유아의 움직임을 방해할 수 있으므로 사전에 충분히 고려하여 배치한다. 때로는 선반을 이용하여 유아의 활동 영역을 분리하고 서로 방해되는 것을 막을 수 있다. 낮은 선반은 기능적 공간을 만드는 데 칸막이로 사용될 수 있고, 저장공간과 전시공간으로도 사용될 수 있다. 선반을 칸막이로 잘 이용하면 교사가 공간을 볼 수 있으면서도 소음을 조절할 수 있다(Hannah, 1982). 또한 개인공간과 행동도 통제하면서 구분된 영역을 구성할 수 있다. 보육실을 더 유연하게 사용하려면 이러한 칸막이가 쉽게 이동될 수 있어야 한다. 따라서 커다란 가구보다는 선반과 같이 이동이 가능한 저장체계를 사용하여 공간 사용의 유연성을 높이면 좋다.

어린이집이 심미적으로 아름답게 꾸며져 있다고 하더라도 저장공간이 충분하지 않으면 좋은 환경이라고 할 수 없을 것이다. 어린이집의 실내뿐 아니라 어린이집 전체에 저장공간이 충분히 있어야 한다. 보육실의 저장공간은 대부분 문이 없는 교구장이 많다. 교구장은 유아의 눈높이에 맞추어 스스로 꺼낼 수 있는 높이로 한다. 그리고 날마다 사용하는 퍼즐이나 블록 같은 놀잇감을 보관한다(사진 참조). 교사가 사용하는 교재 및 교구, 가끔 사용하는 물품들은 문이 있는 교구장에 보관한다. 보통 이러한 교구장은 유아들의 키 높이보다 높아야만 유아가 쉽게 접근하는 것을 막을 수 있다. 그리고 안전을 위하여 무거운 물건은 아래에 보관하고 가벼운 것은 위에 놓으며, 여러 물건을 쌓아 놓지 않도록 한다.

▶ 유아의 눈높이에 맞추어 다양한 블록을 보관한 모습

▶ 천장에 창을 내어 자연광이 들어오도록 설계한 어린이집

보육실은 유아의 건강을 위하여 충분한 자연광이 필요하다(사진 참조). 햇빛은 조명뿐 아니라 곰팡이나 박테리아를 없애고, 비타민 D를 제공하며, 바깥 세상과도 연결해 준다. 교사는 유아의 건강을 위해 창문을 열어 자주 환기를 해야 한다. 인공광은 목적에 따라 사용하고, 형광등보다는 부드러운 조명을 사용하는 것이 좋다(Greenman, 1988). 자연광이나 인공광이 교사의 얼굴을 앞에서 비추게 하는 구조가 바람직하다(Katz & Schery, 2006). 조명이 교사 뒤에 있으면 교사가 빛을 등지게 되어 교사의 얼굴이 어둡게 보이기 때문에 유아가 교사의 얼굴을 자세히 보는 것을 방해할 수 있기 때문이다.

보육환경은 안전이 매우 중요하므로 위급한 상황에서 취해야 할 지침서와 비상구의 위치를 벽에 부착해 둔다. 그리고 각 보육실에 소화기 및 연기탐지기가 설치되어야 한다. 카펫이나 가구, 벽지 등은 방염 처리된 것을 사용한다. 페인트를 사용할 때에는 납 성분이 없는 제품을 선택하도록 한다. 되도록 전기제품을 사용하지 않도록 하며, 사용할 때에는 주의해야 한다. 콘센트에는 반드시 안전커버를 씌우도록 한다.

위험한 상황에서 안전하게 대피하기 위해서는 보육실의 출입문이 두 곳이어야 한다. 따라서 어린이집을 신축한다면 보육실로 들어오고 나가는 데 편리한 위치에 출입문을 두 곳 정도 설치하는 것이 좋다. 그리고 입구 쪽으로 나가는 흐름을 방해하지 않도록 가구나 서랍장과 같은 교구들을 놓을 때 주의해서 구성해야 한다. 또한 영역을 구분할 때 특정 영역으로 가는 통로가 다른 활동 영역을 통과해야만 지나갈 수 있는 구성의 흐름은 좋지 않다. 영역별 경로가 분명하고 방해받지 않도록 해야만 유아들이 불필요한 다툼을 일으키지 않는다.

2) 신체적 환경

▶ 유아들이 기구를 사용하여 공을 운반하는 놀이를 하고 있다.

이 시기의 유아는 자발적으로 신체활동에 참여해 봄으로써 자신의 신체를 긍정적으로 인식한다. 미끄럼틀과 같은 기구를 이용하게 하여 유아의 대근육 발달을 돕고, 매트나 방망이, 공과 같은 도구를 활용하여 다양한 조작운동을 하며 자신의 신체 각 부분의 움직임을 조절할 수 있도록 한다(사진 참조). 이 시기의 유아는 놀이기구나 시설을 이용한 신체활동 이외에도 다양한 신체놀이나 게임을 좋아한다. 따라서 개인뿐 아니라 집단으로 하는 신체활동에 적극적으로 참여할 수 있도록 계획한다. 이를 통해 유아는 자신감과 독립심을 갖게 되며, 그 결과 만족감과 행복감, 정서 순화 및 즐거움을 느낄 수 있게 되어 정서발달에도 도움이 된다.

유아의 소근육을 사용할 수 있는 기회가 많으면 좋다. 교사는 유아발달의 여러 수준에 적합한 교구를 준비한다. 예를 들어, 구멍에 나무못 끼우기, 점토, 블록, 레고, 비즈 등을 준비하여 유아가 가지고 놀면서 소근육 운동을 할 수 있도록 한다. 또한 교사는 유아가 혼자 옷을 입을 수 있도록 격려한다. 유아가 스스로 단추를 끼우거나 운동화를 신을 수 있도록 시간을 충분히 배려해 주는 것이 좋다. 지퍼가 있는 옷은 유아가 혼자 입기에 어려워서 좌절감을 느끼기 쉬우므로 교사가 도와주도록 한다.

3~5세 유아는 아직까지 신체조절 능력이나 안전의식이 충분히 발달되지 못한 상태다. 교사는 신체활동 시 세심한 주의를 기울여야 하며, 유아를 대상으로 안전교육을 자주 실시해야 한다. 교사는 유아들과 함께 어린이집에서 지켜야 할 규칙 등을

의논하여 정한 후에 커다란 종이에 쓴 후 보육실이나 화장실, 식당 등에 붙여 놓고 지킬 수 있도록 격려하는 것도 좋은 방법이다.

유아가 활발한 신체운동을 하고 나면 땀이 나게 된다. 더러워진 옷을 자주 갈아입을 수 있도록 여벌의 옷을 보관할 수 있는 개인사물 저장공간이 충분히 마련되어야 한다. 그리고 땀이 나도록 활동한 후에는 휴식이 필요하므로 쉴 수 있는 조용한 개인공간을 보육실 한편에 따로 마련하는 것이 좋다.

3) 사회적 · 정서적 환경

이 시기는 주도성이 형성되는 시기이므로 유아에게 책임감을 가질 수 있는 역할을 맡기는 것이 좋다. 예를 들어, 도우미 역할을 정하여 이 역할을 맡은 유아가 간식 및 식사 배식 때 교사를 도와 숟가락이나 포크를 식판에 놓게 할 수 있다. 보육실 정리시간에도 유아들이 서로 역할을 나누어 각 영역을 정리한다면 주도성을 향상시킬 수 있을 것이다.

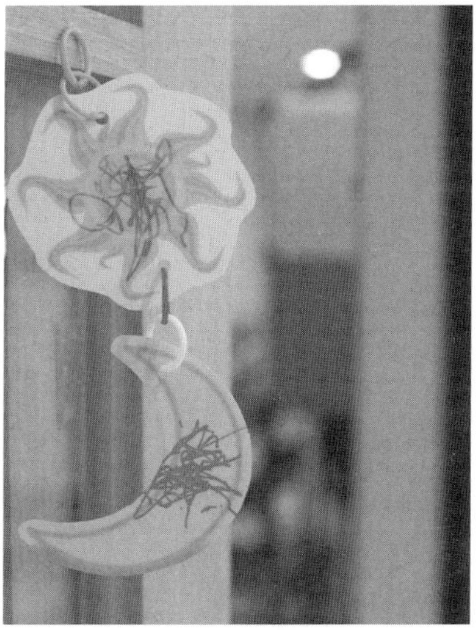

▶ 전시된 유아의 작품

유아가 자신의 정서를 자유롭게 표현할 수 있도록 다양한 크기의 붓과 종이, 물감 및 크레파스, 가위, 자, 풀, 테이프, 휴지 등 다양한 재료를 구비하도록 한다. 교사는 유아의 활동작품을 보육실에 전시해 줌으로써 유아의 생각과 느낌을 존중해 줄 수 있다(사진 참조). 따라서 유아의 작품을 전시할 수 있는 공간을 확보하는 것이 필요하다. 유아의 눈높이에 맞추어 다양한 그림이나 사진 등을 전시해 주면 유아가 자신의 작품에 대해 생각하고 사고를 확장하여 서로 이야기 나눌 수 있는 기회가 생기게 되어 언어발달을 촉진할 수도 있다(사진 참조).

▶ 유아가 자신의 정서상태를 표현한 작품을 설명하고 있다.

유아들이 자원을 아끼고 재활용할 수 있도록 우유팩이나 요구르트 병을 깨끗하게 씻어서 보관할 수 있는 공간을 마련하는 것이 좋다. 미술활동을 할 때 이것을 재활용함으로써 유아에게 이러한 자원이 매우 소중한 것임을 인식시킨다.

▶ 토마토 모종을 텃밭에 심어 보는 유아의 모습

유아는 주변 동식물의 탄생과 성장에 대해서도 관심을 가지고 있다. 그리고 동물이나 식물을 키워 보는 활동을 통하여 정서적 안정을 얻을 수 있다. 상추, 양파, 감자, 방울토마토, 고구마와 같은 식물은 어린이집에서 기르기 쉬운 종류다(사진 참조). 어린이집에 텃밭을 마련하는 것도 좋지만, 여의치 않을 때에는 보육실 내에서도 키워 볼 수 있다. 교사는 유아가 자신이 심은 식물을 관찰하고 기록할 수 있도록 일지를 만들어 줄 수 있다. 식물을 키우는 장소는 과학 영역에 같이 선정해도 되며, 햇빛이 잘 드는 곳에 배치할 수도 있다. 달팽이나 물고기, 누에, 장수하늘소 등은 유아가 쉽게 기를 수 있는 동물의 예다.

동식물을 키우는 과정에서도 교사가 역할모델이 된다. 말 한마디보다 간단하더라도 행동으로 보여 주는 것이 낫다. 활동에 필요한 꽃이나 풀이 필요할 때에도 "미안해, 그리고 고마워" 하면서 꺾는 모습을 보여 준다면 자연을 소중하게 생각하고 있음을 보여 주는 것이다. 놀이를 계획할 때에도 여러 명이 함께 하는 놀이를 계획하여 친사회적 행동을 배울 수 있는 기회를 제공하도록 한다.

4) 인지적 · 언어적 환경

교사와 유아의 대화는 이후 인지발달 및 학습에 중요한 역할을 한다. 교사는 유아와의 상호작용을 통해 새로운 기술, 개념, 변화에 대한 이해를 돕는 비계학습(scaffolding learning)을 제공할 수 있다(Copple & Bredecamp, 2006). 따라서 교사는 유아의 활동을 격려하고, 유아에게 피드백을 주며, 새로운 도전의 기회를 제공하거나 정보를 제공하도록 한다.

보육실 내에서 유아에게 제공할 수 있는 경험은 상당히 제한적이다. 어린이집 가까이에 있는 장소로 나들이나 산책을 나감으로써 나무, 풀, 돌, 곤충 등과 접할 수 있다. 한 번의 나들이가 아닌 지속적으로 자연과 접하면서 유아는 자연을 존중하는 마음과 자연을 보존하는 태도를 키워 나가게 된다. 이러한 태도는 영유아기에 형성되는 것으로 이 시기에 자연과 가까이에서 지낸 유아는 자연을 호기심과 즐거움, 경외의 대상으로 바라보게 되고 자연을 통하여 감각적 즐거움을 발견하게 된다

(Wilson, 1996).

유아는 다양한 감각과 호기심으로 주변 사물과 자연환경의 특징을 지각하고 탐색한다. 이렇게 유아는 호기심으로 시작한 탐구심을 가지고 사물의 속성을 파악하고 이를 바탕으로 논리적인 지각을 함으로써 사고의 폭을 넓힌다(정옥분 외, 2009). 유아는 돌, 흙, 물, 나무 등 자연물을 탐색하기 좋아하고, 날씨와 계절의 변화에 호기심이 많다. 따라서 교사는 유아가 직접 경험할 수 있는 기회를 제공해야 한다. 산책을 갔다 온 유아들이 날씨와 계절의 변화에 대해 이야기하고, 환경의 변화를 측정하고 기록함으로써 수학적 · 과학적 사고를 확장할 수 있다(사진 참조). 또한 물놀이나 모래놀이를 통하여 유아는 과학적 · 수학적 개념의 기본을 이해하게 된다. 예를 들어, 어떤 물체가 물에 뜨는지, 어떻게 균형을 맞추어야 물속에 가라앉지 않고 뜨게 되는지 등에 대하여 자신만의 추론과정에 도전할 수 있다.

▶ 유아들이 실을 이용하여 나무의 길이를 측정하고 있다.

유아는 자신이 가진 지식이나 기술을 시험해 보고 탐색할 수 있는 기회를 가져야 한다. 유아가 자신의 경험에 기초하여 직접 실험할 수 있거나, 스스로 검사하고 자신만의 결론을 추리할 때 사고가 확장될 수 있다. 따라서 교사는 유아가 직접 실험해 볼 수 있는 영역을 구비해 줘야 하며, 실험을 위한 시간을 더 많이 허락해 줘야 한다. 과학 영역은 이런 기회를 제공하는 곳이다. 이 영역에서 주변 환경에 대한 지식을 배울 수 있고 살아 있는 생물을 기를 수도 있다. 여러 명의 유아들이 같은 작업을 할 수도 있고, 유아 개인이 혼자 탐구하는 것도 가능하다. 교사는 과학 영역에 돋보기, 계량컵, 저울, 온도계, 자석 등의 도구뿐 아니라 주제와 관련된 식물이나 곤충을 기를 수 있도록 구성하여 유아의 흥미를 이끌어 준다(사진 참조).

▶ 유아가 돋보기를 가지고 지렁이를 관찰하고 있다.

이 시기에는 협동놀이가 많이 나타난다. 즉, 유아들이 한 가지 활동을 함께 하고, 서로 도우며, 조직된 집단으로 편을 이루어 놀이를 한다. 규칙에 따라 놀이가 이루어지며 리더나 공동의 목표, 일정한 역할분담이 존재하는

▶ 역할놀이가 한창인 유아들의 모습

것이다(정옥분, 2012). 따라서 교사는 유아의 역할놀이 활동에 자극을 줄 수 있는 기회나 소도구, 장소 등을 제공하여 활발한 상호작용이 이루어질 수 있도록 한다(사진 참조). 예를 들어, 여러 가지 복장이나 실생활에서 사용되는 용품들, 커다란 천, 잡지, 요리책, 계산기, 주방과 욕실용품, 계량컵 등을 준비해 준다.

유아들은 실제 재료를 가지고 직접 요리하는 것을 좋아한다(사진 참조). 유아는 실제 주방기구를 사용하여 직접 음식을 만들어 봄으로써 그동안 관찰하고 생각해 왔던 것을 표현할 수 있다. 따라서 주제와 연관된 요리시간을 자주 계획하여 유아가 물체와 물질의 변화과정을 탐색하고 간단한 도구와 기계를 활용할 수 있도록 한다. 예를 들어, 유아는 직접 빵을 만들어 봄으로써 빵 반죽이 부풀어 오르는 것을 보고 과학주제와 관련된 원인과 결과에 대해 사고하면서 물질의 변화과정을 더 깊게 이해할 수 있다.

▶ 자신이 만든 송편을 먹으며 즐거워하는 유아의 모습

보육실에 요리 영역을 따로 구성하는 것도 좋지만 요리활동을 자주 하는 것이 아니기 때문에 이러한 영역이 구분되어 있는 경우는 드물다. 따라서 요리 영역은 평상시에는 구분하지 않고 있다가 교사가 주제와 관련된 요리실습을 하는 날에 마련하는 경우가 대부분이다.

이 시기의 유아는 일상생활 경험을 통하여 자연스럽게 수학적 접근을 한다. 수에 대한 관심도 많아지기 때문에 수에 대한 경험을 할 수 있도록 주사위와 같은 도구를 제공하는 것이 좋다. 사방치기나 투호놀이, 윷놀이 등도 거리와 위치, 수를 활용할 수 있는 놀이이므로 보육실이나 유희실에 따로 비치하도록 한다(사진 참조). 그리고 구슬 끼우기 등의 교구를 비치하여 유아가 패턴을 표현해 볼 수 있도록 한다.

▶ 유아들은 윷놀이를 통해 수학적 접근을 할 수 있다.

유아는 블록을 이용하여 세기, 분류하기, 균형, 공간관계, 크기 등과 같은 수학적 사고를 할 수도 있다(Clements, 2001; Essa, 1996; Estes, 2004). 블록놀이를 통해 수학적 개념을 이해할 뿐 아니라 여러 명이 함께 블록을 가지고 놀면서 사회적 관계도 넓혀 나갈 수 있다. 이에 따라 여러 명의 유아들이 함께 놀 수 있을 만큼 충분한 공간과 블록이 필요하다. 그리고 블록 영역은 다른 유아들이 지나가면서 방해하지 않도록 동선을 고려하여 구성한다.

유아는 지역사회, 국가, 세계적인 사건(예: 올림픽, 월드컵 등)에 대해 관심을 가지게 된다. 교사는 이러한 사건들이 유아에게 의미가 있도록 관련 활동을 계획할 필요가 있다. 유아가 주제에 따라 관심을 갖고 생각해 볼 수 있는 기회를 만들어 주기 위하여 교사는 게시물의 변화, 영역환경의 변화, 교구의 변화 등으로 교실환경에 변화를 주면서 유아의 흥미를 촉진할 수 있다.

이 시기의 유아는 놀면서 자신에게 큰소리로 혼잣말을 하기도 한다. Vygotsky는 혼잣말의 중요성을 강조하면서 아동은 의사소통을 위해서뿐만 아니라 자신의 사고과정과 행동을 이끌어 가기 위해서 언어를 사용한다고 믿었다. 이러한 자기조절적 또는 자기지시적인 목적으로 사용하는 말이 혼잣말이다(정옥분, 2002). 그러므로 교사는 유아가 하는 혼잣말의 가치를 이해하고 유아가 하지 못하도록 해서는 안 된다.

교사는 보육실 곳곳에 유아의 이름, 집단 구성원 목록, 사물의 이름 등을 인쇄하여 붙여 둠으로써 유아의 글자에 대한 흥미를 유도할 수 있다. 교사가 미술시간이나 요리시간에도 진행 순서를 사진과 함께 글자로 표현하여 제시한다면 유아가 더욱 친숙하게 글자를 접할 수 있는 기회가 될 것이다.

제10장

보육기관 구성원의 역할

보육기관 구성원은 보육교직원으로도 불리며, 원장, 보육교사, 특수교사, 간호사 또는 간호조무사, 영양사, 취사부, 운전기사 등이 이에 속한다. 특수교사나 운전기사는 어린이집의 상황에 따라 배치 여부를 결정할 수 있고, 간호사나 간호조무사, 영양사, 취사부는 어린이집의 규모에 따라 배치 여부를 결정할 수 있으나, 원장과 보육교사는 어린이집 운영에 있어 반드시 필요한 구성원이다. 특히 보육교사는 어린이집에서 영유아와 함께 하루일과를 보내는 핵심 인물로서 영유아의 보육을 직접 담당한다. 원장은 보육철학 및 보육과정에 기초한 보육프로그램을 구성하고, 영유아의 전인발달뿐 아니라 보육교직원의 복지에도 힘쓰며, 어린이집의 전반적인 운영을 관리 · 감독하는 책임자다. 어린이집을 원만히 운영하기 위해서는 구성원들 간의 의사소통을 통한 원활한 상호작용이 필요하다. 어린이집 내에는 다양한 보육교직원들이 존재하며, 이들 간의 관계는 직장 내 상하관계와 동료관계로 나눠 볼 수 있다. 또한 어린이집이라는 공간은 영유아가 가정 외에서 장시간을 보내는 장소로서 보육교사와 영유아는 하루 중 많은 시간을 공유한다. 따라서 보육교직원들 간의 관계만큼이나 보육교사와 영유아 간의 관계는 매우 중요하다고 할 수 있겠다.

이 장에서는 일반적인 인간관계의 의의를 바탕으로, 보육교사와 영유아, 동료교사 및 원장과의 관계를 구체적으로 살펴보고, 구성원들 간의 협력을 위한 지침에 대해 살펴보고자 한다.

1. 인간관계의 일반적인 의의

사람은 누구나 다른 사람과의 관계 속에서 살아간다. 관계형성은 개인 의사에 따른 경우도 있으나, 개인 의지와 상관없이 결정되는 경우도 있다. 관계 내 적응은 그 관계를 원만히 유지하도록 하며, 부적응은 그 관계를 회피하도록 만든다. 특히 심한 부적응은 정신병리적 문제를 유발하며 극단적인 결정을 내리게 하기도 한다. 사람은 다양한 관계 속에서 자신의 위치를 파악하고 역할을 규정지으며 다른 사람들이 자신을 어떻게 보는지를 중요하게 생각한다. 다른 사람으로부터의 평가는 자신의 가치를 판가름하는 기준이 되기도 한다. 따라서 인간이 자신을 정의하는 데 있어 타인과의 관계 속 의미를 짚어 보지 않을 수 없다.

1) 인간관계의 의미

▶ 영아가 아빠와 눈맞춤을 하고 있다. 부모-자녀관계는 인생의 첫 사회적 관계망이다.

인간은 태어나면서 부모와의 첫 사회적 관계망을 형성한 후, 형제자매관계, 또래관계, 이성관계, 부부관계, 직장에서의 동료 및 상하관계 등을 경험한다(사진 참조). 아리스토텔레스가 "인간은 사회적 동물이다"라고 이야기한 것처럼, 인간은 혼자 살아갈 수 없으며 누군가와의 관계 속에서 생활하게 된다.

인간관계는 좁은 의미로는 사람과 사람 간의 관계로 규정지을 수 있고, 넓은 의미로는 한 사람의 관심과 이해가 다른 사람과 겹치거나 대립되거나 공유되는 모든 인간의 삶과 관련된 제반 문제라고 할 수 있다(이영실, 임정문, 유영달, 2011). 또한 인간관계는 대부분의 사회현상에서 볼 수 있는 인간 간의 상호작용으로, 인간과 인간 사이에 존재하는 상태를 뜻하고 다른 사람과의 화합을 원만하게 할 수 있는지를 의미하며 다른 사람과 더욱 좋은 상태를 유지하기 위한 모든 내용을 포함한다고 할 수 있다(윤기영, 2005). 다시 말해서, 인간관계는 사람과 사람 간의 전반적인 상호작용을 의미하며, 인간의 삶의 제반 문제를 포함한다고 할 수 있다.

2) 인간관계의 유형

인간은 다양한 관계 속에서 생활한다. 인간관계는 발생의 기원 및 대상에 따라 구분하여 볼 수 있다. 인간관계 발생의 기원에 따라 혈연관계, 지연관계, 학연관계로 구분하기도 하고, 인간관계 대상에 따라 친구관계, 이성관계, 부모-자녀관계, 직장에서의 동료관계 및 상하관계로 구분하기도 한다(권석만, 2004). 또는 다양한 인간관계를 일차관계와 이차관계, 수직적 인간관계와 수평적 인간관계, 애정 중심적 인간관계와 업무 중심적 인간관계, 공유적 인간관계와 교환적 인간관계, 나-너의 관계와 나-그것의 관계로 구분하기도 한다. 이를 보다 구체적으로 살펴보면 다음과 같다(유영달 외, 2013). 먼저, 일차관계는 관계의 형성 요인이 일차적이고 근원적인 것으로 개인의 선택이나 의사와 관계없이 운명적으로 형성되고 평생 탈퇴가 불가하며 공시적이고 집단적인 관계다. 혈연관계, 지연관계, 학연관계가 여기에 속한다. 반면, 이차관계는 자신이 좋아하는 사람, 직업적 이해가 있는 사람, 가치관이나 취미, 신념 등이 같은 사람과 선택적 자유의사로 형성하는 관계로, 직장 동료, 애인, 친구, 친목단체의 구성원이 이에 해당한다.

수직적 인간관계는 나이나 지위, 권한 등에서 상하관계가 있는 경우로, 부모-자녀관계, 스승-제자관계, 선배-후배관계, 상사-부하관계가 이에 속한다. 반면 수평적 관계는 구성원이 서로 동등하고 평등한 관계를 맺는 것으로, 교우관계, 연인관계, 부부관계, 직장 동료 간의 관계 등이 여기에 해당된다.

애정 중심적 인간관계와 업무 중심적 인간관계는 인간관계에서 얻고자 하는 목적에 따라 구분된 개념이다. 애정 중심적 인간관계는 관계를 시작하고 유지하는 목적이 사랑과 관련되어 있으며, 연인관계나 부부관계가 여기에 속한다. 반면, 업무 중심적 인간관계는 어떤 과업의 수행을 위해 맺어진 관계로, 직장의 동료관계, 상사-부하관계가 해당된다. 스승-제자관계, 친구관계, 부모-자녀관계는 상황에 따라 애정중심적 인간관계일 수도 있고 업무 중심적 인간관계일 수도 있다.

공유적 인간관계와 교환적 인간관계는 Clark(1985)이 구분한 것이다. 이는 애정 중심적 인간관계와 업무 중심적 인간관계의 구분과 비슷한 맥락을 보인다. 공유적 인간관계는 상대와의 만족스러운 친교의 경험을 공유하기 위한 관계로 구성원끼리 내면적으로 상호 의존적이며 강한 친밀감을 느낀다. 반면, 교환적 인간관계는 서로 필요한 것을 주고받는 거래적이고 교환적인 관계를 말하며, 여기서는 거래와 교환의 공정성, 즉 이득과 손실의 균형이 무엇보다 중요하다.

끝으로, Buber(1977)가 구분한 나-너의 관계와 나-그것의 관계를 살펴보면 나-너의 관계란 한 인간 대 한 인간의 개방적이고 진실하며 수평적인 관계를 의미한다. 이 관계에서는 관계 자체가 목적이기 때문에 관계를 통하여 어떤 이득이나 목적을 달성하고자 하지 않는다. 반면, 나-그것의 관계는 내가 주체가 되며 상대방은 나의 목적을 달성하기 위한 수단적 대상에 불과하다. 이 관계에서 나는 상대방에게 가면을 쓰고 다가가서 교류하게 되고 나는 단순히 나에게 주어진 역할을 수행할 뿐이다.

이와 같이 인간관계 양상은 다양한 기준에 따라 다르게 구분될 수 있다. 이때 무엇보다 중요한 것은 개인이 속한 사회적 관계망이 어떤 특성을 보이는지 정확히 판단하고 자신의 역할을 숙지한다면 집단 속 구성원으로 적응하는 데 도움이 될 것이다.

3) 인간관계상의 부적응

Jourard(1971)에 따르면, 인간은 두 가지 측면의 '나'를 가지고 살아가는데 하나는 '있는 그대로의 나'이고 다른 하나는 '가시적인 나'이다. 살다 보면 우리는 다른 사람과의 관계 속에서 자신을 솔직히 드러내야 할 때도 있고, 때로는 포장해서 그럴듯하게 표현해야 할 때도 있다. 그런데 이런 포장의 과정에서 자신의 본질을 잃는다면 진정한 관계형성이 어려울 것이다.

인간은 관계 속에서 삶을 영위하며, 자신을 규정짓는 과정에서 긍정적 혹은 부정적 정서를 느낀다. 원만한 인간관계를 통해서 행복을 느낄 수 있는 반면, 인간관계의 부적응으로 갈등을 경험하는 경우도 있다. 권석만(2004)에 따르면, 부적응적 인간관계의 유형에는 인간관계 회피형, 인간관계 피상형, 인간관계 미숙형, 인간관계 탐닉형이 있다. 첫째, 인간관계 회피형은 고립된 생활을 하며 소극적이고 제한된 인간관계를 맺는다. 이 유형은 다시 경시형과 불안형으로 구분되며, 경시형은 삶에서 인간관계의 중요성을 느끼지 못하고 무의미하다고 생각하는 유형이고, 불안형은 사람을 사귀고자 하는 욕구가 있지만 사람을 만나는 것이 불편하고 피곤하여 결과적으로 고립된 생활을 하는 유형이다. 둘째, 인간관계 피상형은 대체로 넓은 인간관계를 가지고 있으나 깊이 있는 인간관계를 맺지 못하고 피상적인 인간관계를 맺는다. 이 유형은 다시 실리형과 유희형으로 구분되며, 실리형은 주된 의미를 실리적인 목적에 두는 유형으로 관계를 현실적 이득을 위한 거래관계로 생각하는 경향이 있고,

유희형은 인간관계에서 쾌락과 즐거움을 최고의 가치로 생각하며 구속과 규제를 회피하는 유형이다. 셋째, 인간관계 미숙형은 사교적 기술이 부족하여 대인관계가 원활하지 못한 유형이다. 이 유형은 다시 소외형과 반목형으로 구분되며, 소외형은 다른 사람으로부터 따돌림을 받고 소외받는 유형이고, 반목형은 반복적으로 말다툼과 싸움을 경험하는 유형이다. 넷째, 인간관계 탐닉형은 인간관계에서 강박적으로 친밀한 유대관계를 추구하고 구속하는 경향을 가진 유형이다. 이 유형은 다시 의존형과 지배형으로 구분되며, 의존형은 내면의 자신을 외롭고 나약한 존재라고 믿고 관계에 자신을 맡기고 의지하며, 지배형은 집단을 이끌려는 성향이 강하여 상대방을 통솔하는 데에서 만족감을 얻고 자기주장이 매우 강하여 집단 내 경쟁자가 있을 경우 대립하는 경향이 있다.

이처럼 부적응적 인간관계는 다른 사람과의 관계에서 적응을 어렵게 하고, 우울증, 사회공포증, 알코올 관련 장애, 섭식장애와 같은 정신장애, 편집성 성격장애, 반사회적 성격장애와 같은 여러 가지 성격장애와 밀접한 관련을 보인다(유영달 외, 2013)(사진 참조). 따라서 부적응적 인간관계 양상을 제대로 파악한다면 원만한 인간관계형성을 위해 어떤 노력을 기울여야 하는지 판단할 수 있을 것이다.

▶ 우울증은 우울증의 소인이 있는 사람에게 정신사회적 스트레스가 작용하여 우울증과 관련되는 신경생물학적 변화를 일으켜 발생한다(출처: 전북도민일보, 2014. 3. 12.).

2. 보육교사와 영유아의 관계

최근 영유아들이 어린이집에서 보내는 시간이 증가하면서 보육교사와 영유아 간의 관계는 부모-자녀 간의 관계만큼이나 중요해지고 있다. 보육교사와 영유아는 어린이집에서 많은 시간을 함께 보내며 서로에게 영향력을 행사한다. 인생의 전반부를 시작하는 영유아에게 있어 보육교사는 의미 있는 타인의 역할을 한다. 따라서 보육교사는 영유아를 하나의 인격체로 존중하고, 이들의 권리보장을 위해 노력하며, 건강한 전인발달을 이루도록 힘을 기울여야 한다.

1) 관계의 특징

▶ 영아들이 보육교사와 함께 활동을 하고 있다.

어린이집의 보육교사는 영유아의 건강한 발달을 일차 목적으로 기관 내 보육을 담당하는 사람이다. 부모-자녀관계와 같이 보육교사와 영유아 간의 관계는 외관상 수직적 관계로 비춰지기는 하나, 실질적으로는 함께한다는 동반자적 의미가 강하다(사진 참조). 보육교사와 영유아는 하루일과 중 많은 시간을 공유하며 긴밀한 유대감을 쌓고, 서로를 지지해 주는 역할을 한다. 때로는 수직관계의 잘못된 양상이 아동학대와 같은 사건으로 이어지는 일도 있다(사진 참조). 이는 상하관계의 폐단을 드러내는 것으로 보육교사가 영유아를 존중하지 않고 힘의 원리로 지배하고자 하는 성향으로 일어난 결과라 할 수 있다.

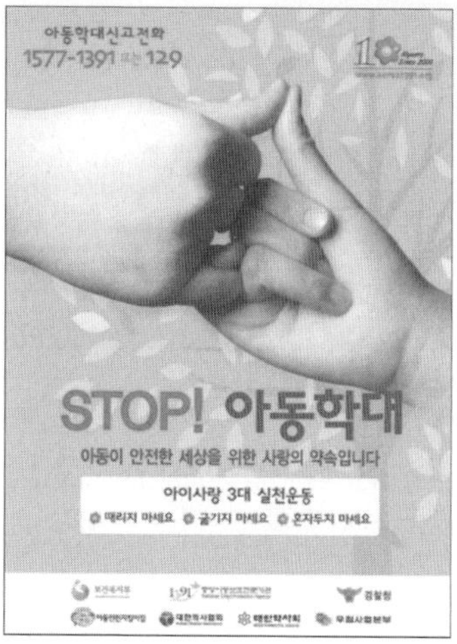

▶ 아동학대 신고 포스터(출처: 보건복지부)

영유아는 시간의 흐름에 따라 다양한 발달 영역에서 성장을 보인다. 보육교사는 영유아발달을 적절히 지원하기 위해 발달에 적합한 자극을 제공해야 한다. 또한 영유아를 객관적으로 관찰하면서 연령별 발달기준치에 도달하였는지 살피고, 영유아의 요구에 민감하게 반응해야 한다. 이러한 보육교사의 역할을 수행하는 과정에서 영유아의 성장 변화를 확인할 수 있고 영유아의 반응에 보람을 느낄 수 있다.

2) 바람직한 관계형성

보육교사는 영유아가 어린이집이라는 낯선 환경에 적응할 수 있도록 노력해야 한다. 처음 기관에 입소하는 영유아에게 어린이집의 인적·물적 환경은 모두 새로울 수밖에 없다. 물리적 환경은 영유아의 호기심을 자극할 수는 있으나 인적 환경인 보육교사가 제시하는 방식에 따라 그 정도는 달라질 수 있다. 따라서 보육교사는 영유아가 호기심을 보이는 놀잇감을 사용하도록 권하면서 영유아에게 접근을 시도하고, 따뜻한 관심과 미소로 우호적으로 반응해 주면서 영유아가 편안함을 느낄 수 있도록 하는 것이 필요하다.

(1) 영아와의 관계

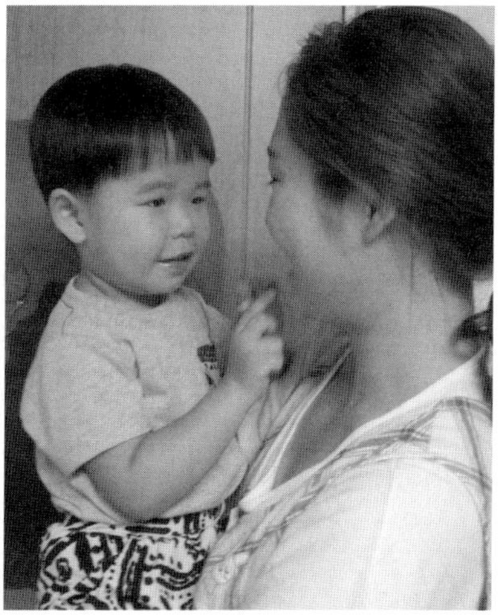

▶ 보육교사가 영아를 안고 있는 모습이다. 이러한 접촉은 영아의 안정애착 형성에 도움이 된다.

영아기는 신체적 · 인지적 · 사회정서적으로 급격한 성장을 이루는 시기로서, 영아발달은 월령에 따라서뿐 아니라 개인별로도 수준차를 크게 보인다. 영아를 담당하는 보육교사는 우선 영아발달에 대해 바르게 이해하고 있어야 하며, 영아의 개별적 욕구에 민감하게 반응해야 한다. 영아가 주 양육자와 맺는 정서적 유대감인 애착은 가정에서는 부모, 주로 어머니와 맺고, 어린이집에서는 보육교사와 맺는다(사진 참조). 영아와 보육교사 간에 형성된 애착은 어린이집 적응에 영향을 미치므로 보육교사는 영아에게 신뢰를 바탕으로 한 일관된 양육태도를 보이며 영아와 안정된 애착을 형성하는 것이 필요하다. 따라서 영아반을 맡고 있는 보육교사는 언어적으로 의사표현이 미성숙한 영아의 표현방식을 잘 알아차려 민감하게 반응해 주어야 한다. 즉, 영아가 보내는 신호를 인식하고 바르게 해석하여 즉각적이고 적절하게 반응해 주어야 한다. 이런 과정에서 영아는 보육교사에게 믿음이 생기고 자신을 드러낼 수 있게 된다.

한편 Piaget의 감각운동기로 대변되는 영아기는 감각이라는 자극을 통해 운동이라는 반응을 보이는 시기다. 영아는 감각 및 지각 기관이 발달하면서 오감능력을 향상시켜 나간다. 영아의 감각적 욕구를 충족시키기 위해서 보육교사는 이와 관련된 놀잇감을 제공해 줄 수 있고(사진 참조), 신체접촉을 촉진하는 놀이를 계획해 볼 수 있다. 무엇보다 영아에게 필요한 환경은 장시간 부모와 떨어져 있으면서 불안해하지 않고 편안한 상태에서 하루일과를 보낼 수 있는 환경일 것이다. 따라서 정서적 편안함을 느낄 수 있도록 보육교사가 영아와 상호작용 시 언행에 있어 따뜻함을 지녀야 하고, 영아가 관심을 가지고 활동할 수 있는 교구들을 비치하며, 도서도 영아의 감각적 욕구를 충족할 수 있는 다양한 소재의 것들로 마련해 두는 것이 필요하다.

▶ 영아가 몬테소리 감각교구를 가지고 활동하고 있다.

(2) 유아와의 관계

▶ 유아들이 함께 블록놀이를 하고 있다.

유아기는 꾸준한 성장을 보이는 시기로서, 운동능력 발달로 할 수 있는 신체활동이 많아지고, 언어발달로 의사표현이 자유로워지며, 사회성발달로 또래와 함께하는 놀이를 즐기는 시기다(사진 참조). 유아도 영아처럼 발달에 있어 연령차와 개인차를 보이므로, 유아 개개인이 보이는 요구에 보육교사는 민감하게 반응해야 한다. 보육은 보호와 교육의 의미를 내포하지만, 영아기의 보육은 보호적 차원이, 유아기의 보육은 교육적 차원이 강조되는 경향이 있다. 따라서 유아기는 교육적 활동이 주로 이루어지는 시기로 볼 수 있으며, 이런 교육과정을 진행하는 중에 보육교사는 유아를 격려하고 칭찬하는 것이 필요하다.

유아가 할 수 있는 것이 많아지고 자기주장도 늘면서 유아들 간의 갈등 상황이 발생하기도 한다. 이런 문제 상황에서 보육교사가 해결자로서의 역할을 해야 할 때도 있다. 보육교사는 직접적으로 관찰한 내용만을 가지고 언급해야 하며, 일관된 방식으로 공정하게 문제를 해결해야 한다. 또한 문제해결 방식이 동료교사들과 다르다면 서로 간의 합의가 이루어져야 한다. 유아는 담임교사와의 상호작용뿐 아니라 등 · 하원 시간에 따라 당직교사와 상호작용을 해야 하는 때도 있으므로 보육교사들 간의 지도방법에 관한 합의가 반드시 이루어져야 한다.

▶ 유아가 가정에서 보육교사의 흉내를 내며 책을 읽고 있다.

유아기는 기본생활습관을 형성해 가는 시기로서, 보육교사는 유아 스스로 올바른 생활습관을 익힐 수 있도록 지도하는 것이 필요하다. 몸을 깨끗이 하는 것뿐만 아니라 올바른 식습관 및 인사습관을 익히는 등 기본생활습관에 관한 내용을 교육자인 보육교사가 학습자인 유아에게 전달하기보다는 직접 모범을 보임으로써 유아가 자연스럽게 익히도록 한다. 모방과 기억능력이 발달함에 따라 유아는 어린이집에서 일어난 일을 가정에서 시연해 보기도 한다(사진 참조). 보육교사는 유아의 훌륭한 역할 모델이 되도록 평소 올바른 언행을 하여야 한다.

한편, Piaget는 유아기를 전조작기로 표현하며, 상징적 사고, 자기중심적 사고, 물활론적 사고, 인공론적 사고,

전환론적 추론능력을 보이는 시기라고 하였다. 유아는 이러한 사고능력의 발달로 가상놀이를 즐기고, 자기 나름의 방식으로 생각하고 표현하는 것을 볼 수 있다. 이러한 사고와 행동은 유아기의 자연스러운 과정으로 보육교사는 유아기에 대한 이해를 기초로 하여 유아의 반응에 적절한 피드백을 주어야 한다. 어린이집 환경은 보육교사와 유아 비율이 일 대 다수로 이루어져 있어 보육교사가 여러 유아의 반응에 즉각적으로 피드백을 제공하기 어려울 때도 있다. 그래도 가능한 한 모든 유아의 반응에 피드백을 주도록 노력하며, 바로 피드백을 주지 못할 경우 추후 줄 것이라는 것 정도는 이야기하는 것이 필요하다.

3. 보육교사와 동료교사의 관계

어린이집의 규모에 따라 보육교사가 함께 생활하는 동료교사의 수는 적게는 3명 전후에서 많게는 20명 전후가 되기도 한다. 소규모 어린이집의 경우 가정적인 분위기를 느낄 수 있다면, 대규모 어린이집의 경우 보다 체계적이라고 할 수 있다. 동료교사들끼리는 어린이집이라는 공간을 공유하고 영유아의 건강한 발달을 촉진하는 공동의 목표가 있으면서도 다른 한편으로는 각자 담당 영유아의 보육을 일차적으로 맡는 책임자라고 할 수 있다. 동료교사들은 영유아보육에 관한 의견을 나누며 협력관계를 유지하기도 하지만, 서로의 사적 · 공적 이야기를 나누는 중 의견이 맞지 않아 갈등을 빚는 경우도 있다. 동료교사들 간의 관계는 보육교사의 직무만족도에 영향을 미치며 이직(移職)을 결정하는 요인이 되기도 한다.

1) 관계의 특징

어린이집에서 동료교사들 간의 관계는 원장과 보육교사 간의 상하관계와는 구분되는 수평적인 관계라고 볼 수 있다. 동료라는 차원에서는 대등한 관계임이 분명하나, 때로는 주임교사와 같은 직책이 주어진 보육교사와 일반 보육교사는 그들 간 다른 입장을 표명하기도 한다. 이는 어린이집마다 다른 양상을 보이며, 주임교사 직급에 대한 무게를 어느 정도 두는지에 따라 보육교사들 간의 관계는 수평적 혹은 수직적이 될 수도 있다.

어린이집 내 보육교사들은 입사 연도가 조금씩 다르기는 하나, 그들의 보육업무

▶ 동료교사들이 영유아보육에 관한 이야기를 나누고 있다.

는 대체로 동일하다. 따라서 보육관련 의사결정을 내리는 데 있어 동등한 입장을 취한다. 한편 동료교사들은 각자의 반을 담당하면서 보육관련 내용을 공유하며 서로의 의견을 나눈다(사진 참조). 신입교사의 경우는 경험 부족으로 인해 어린이집 생활에 적응하는 데 시간이 필요하고, 연차가 높은 보육교사의 경우는 경험은 풍부하나 타성에 젖어 나태해질 수도 있다. 특히 신입교사는 부모와 이야기 나누는 부분을 어려워하고, 경력교사는 노련한 반면 솔선수범 의지가 약한 경향이 있다. 보육교사들은 서로의 모습을 통해 자극을 받으며 발전 가능한 방향으로 성장해 가기 위한 노력을 기울여야 한다.

동료의 사전상 의미는 같은 직장이나 부문에서 함께 일하는 사람으로 명시되어 있으며, 어린이집 내 동료교사는 어린이집이라는 직장에서 보육이라는 업무를 함께 보는 보육교사라고 규정할 수 있다. 동료교사들 간 배정받은 영유아의 연령이 다르지만 이들은 보육이라는 업무를 공동으로 맡는 협력자라고 볼 수 있다. 즉, 영유아보육에 있어 바람직한 교수방법에 대해 함께 고민하고, 문제상황 발생 시 해결책을 함께 모색하며 상호 협력관계를 유지하는 것이 바람직하다. 뿐만 아니라 어린이집 내 행사를 준비하는 데 있어 공동작업을 진행해야 할 경우 역할분담을 통해 일의 효율성을 높이는 것이 필요하다.

2) 바람직한 관계형성

어린이집 내 보육교사들은 다양한 연령으로 구성되어 있다. 이들 간의 관계는 직장 내에서 동료관계이자 선후배관계로 엮여 있다. 다시 말해서, 동료관계는 일로 만난 관계이므로 보육교사가 자신에게 주어진 역할을 충실히 수행한다면 동료 간 발생할 수 있는 문제를 줄일 수 있을 것이다. 또한 동료교사들 간에는 기본적으로 지켜야 할 예의가 있으므로 직장 선후배 간 기본 예의를 갖춰 서로를 대하는 것이 필요하다. 선후배관계는 연령, 입사 연도로 볼 때는 상하의 수직관계일 수 있으나, 권한 면에서는 그렇지 않으므로 선배는 후배를 포용할 수 있어야 하고, 후배는 선배의 올바른 모습을 따를 수 있어야 한다. 입사 선배라는 이유로 후배에게 예의 없는 행동을 해서도 안 되고, 후배 또한 선배를 맹목적으로 추종하기보다는 옳고 그름을 따져 올바른 모습을 배울 수 있어야 할 것이다.

한편, 보육교사는 담임교사로서의 역할 이외에도 어린이집 내 행정관련 기타 업무를 담당한다. 보육교사들은 교사회의를 통해 역할분담 관련 업무분장표를 작성하고 자신의 역할을 숙지한 후 이에 맞춰 임무를 수행한다(〈표 10-1〉 참조). 보육교사가 자신의 역할을 충실히 이행하지 않을 경우, 이는 동료교사에게 피해를 주는 것이므로 제 역할을 제대로 수행해야 한다. 또한 동료교사들은 경쟁자이기보다는 협력자 · 조력자로서 서로의 고충을 나눌 수 있어야 한다. 영유아보육 및 부모상담 시 어려운 부분에 대해 함께 이야기 나누고 해결책을 모색해 보며 서로를 지지해 주는 역할이 무엇보다 필요하다고 하겠다.

〈표 10-1〉 **보육교직원 업무분장표(예시)**

구분	담당	업무 내용	비고
주요 업무	원장	• 원의 전반적인 교육 및 운영 계획 / 견학 및 행사 계획 • 업무분장, 감독, 근무평정 등 업무관리 • 시설설비 및 재정 관리 / 운영 및 교육 정보 수집 • 행정당국 및 단체와의 관계 유지 / 일지 취합 검사	• 전체 청소 구역 관리
	교사	• 보육활동 진행 및 준비 / 보육일지 작성 • 각 보육실의 환경 구성 및 청결 관리 / 학부모 상담 • 영유아에 대한 관찰 일지 및 보고서 작성 • 영유아 건강 및 안전 관리 / 영유아 영양 및 급식 관리	• 담당 교실 관리
기타 업무	교사 ○○○	• 영아반의 전반적인 교육내용 관리 • 연간보육계획안, 주간보육계획안, 일일보육계획안 작성 • 원아 관리 및 관찰지도 / 소모성 교재 점검 및 신청 • 시청각 기자재 관리(OHP, 빔프로젝터, 비디오 카메라 등) • 안전관리(소화기 점검), 비상 대피 훈련 담당	• 계단 청소 • 외부 청소
	교사 ○○○	• 입학상담 및 자원봉사자 담당 / 위생 소독 • 식단표 작성 및 주문 담당 / 화분 관리 • 게시판(주간보육계획안, 주간식단표, 월행사) 담당 및 관리	• 화장실 청소 • 화장실 수건 관리
	교사 ○○○	• 유아반의 전반적인 교육내용 관리 • 연간보육계획안, 주간보육계획안, 일일보육계획안 작성 • 원아 관리 및 관찰 지도 / 교재 · 교구 정리 및 관리 • 행사일지 작성 / 비디오 및 테이프 정리 담당	• 실외 놀이터 청소
	교사 ○○○	• 사무실 도서 정리 및 관리 / 업무일지 작성 • 종이, 시트지, 코팅지, 복사지(복사기) 등 지류 정리 및 관리 • 약품장 관리 및 약품사용 대장 담당 / 생일잔치 계획 및 준비	• 현관 청소

기타 업무	운전사 ○○○	• 차량안전 준수사항 • 차량 내 소화기 관리	• 차량 청결
	조리사 ○○○	• 1층 물컵 관리 / 식자재 주문 및 관리 • 2층 정수기 물컵 관리	• 수족관, 화초 관리 • 세탁기 관리

출처: 보건복지부(2014a). 2014 어린이집 평가인증 안내(40인 이상 어린이집).

나석희와 이현진(2012)에 따르면, 보육경험 과정에서 보육교사들은 인간관계를 가장 힘들어하였는데, 여기서 언급된 인간관계에는 동료교사와의 관계가 포함된다. 또한 이병록(2011)에 따르면, 동료교사와의 관계 및 원장과의 관계를 내포한 인간관계가 보육교사의 직무만족도에 큰 영향을 미치는 것으로 나타났다. 이처럼 동료교사와의 관계는 보육교사의 직업만족도에 영향을 미치고, 더 나아가 영유아발달에까지 간접적인 영향력을 행사할 수 있으므로 동료교사들 간의 원만한 관계유지를 위해 보육교사 스스로 마음의 문을 열고 다가가는 노력이 필요하다.

4. 보육교사와 원장의 관계

보육교사는 원장의 지도 · 감독하에 영유아를 보육하고 그 밖의 업무를 담당한다. 원장은 보육교사의 채용면접부터 보육교사와 관계를 형성하며, 채용 후 퇴직 전까지 원장과 보육교사는 직장 내 상하관계로 연결되어 있다. 보육교사는 어린이집의 총괄 책임자인 원장의 보육철학 및 운영방침을 숙지하고 어린이집 업무를 수행해야 하며, 원장은 보육교사의 의견을 경청해야 한다. 보육교사와 원장 간 상호작용이 원활히 이루어지는 경우 한 어린이집에서 오랫동안 보육 경험을 함께 쌓을 수 있지만, 이들 간의 관계가 소원한 경우 장시간 함께 일하는 것은 어려울 수 있다.

1) 관계의 특징

원장과 보육교사의 관계는 직장 내 상하관계로 수직관계라고 할 수 있다. 입사 연도에 따른 보육교사들 간 선후배관계에서 나타나는 수직 성향과는 다른 양상을 띤다. 어린이집 운영의 전반적인 책임을 맡고 있는 원장은 영유아보육과 관련하여

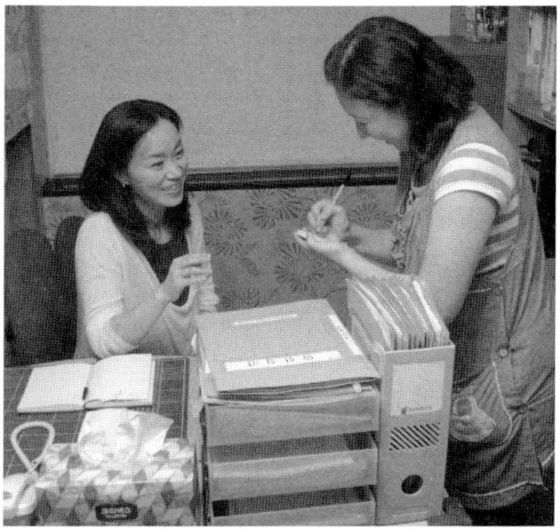
▶ 보육교사가 원장의 전달사항을 받아 적고 있다.

보육교사에게 지시사항을 전달하고, 보육교사는 이를 따르도록 되어 있다(사진 참조). 보육교사가 영유아의 역할모델이 되듯이, 원장은 보육교사의 역할모델로서 보육교직원이 갖춰야 할 인격과 소양을 겸비하고 다른 사람의 모범이 되어야 하며, 보육교사는 원장을 역할모델 삼아 보육교직원이 갖춰야 할 성품을 유지하기 위해 노력하여야 한다.

원장은 리더십을 발휘하여 보육교사를 포함한 기타 보육교직원을 하나로 아우를 수 있어야 하며, 보육교직원들의 후생복지에 관심을 갖고 권리보장에 힘써야 한다. 보육교사는 원장의 보육철학에 맞춰 영유아보육을 담당하며 운영지침에 근거하여 업무수행을 하여야 한다. 원장과 보육교사의 관계는 상하 · 수직관계로 대변되지만, 다른 한편 공동의 목표를 갖고 어린이집 운영에 참여하는 동반자적 입장도 있다. 원장과 보육교사는 영유아의 건강한 성장을 촉진하기 위해 함께 노력하는 사람으로 각자 실제 수행역할은 다르지만 뜻을 함께하는 공동체라고 할 수 있다.

2) 바람직한 관계형성

어린이집에 따라 원장과 보육교사의 연령차가 큰 경우도 있고 그렇지 않은 경우도 있다. 연령차가 큰 경우는 연령으로만 보아도 위계가 분명하나, 연령차가 크지 않은 경우는 다소 관계 규명이 어려울 때도 있다. 특히 동일한 어린이집에서 보육교사직을 수행하다가 원장이 되는 경우, 기존 동료교사들과 연령차가 크지 않을 때에는 동료교사였다가 상하관계로 바뀌면서 서로의 역할에 대해 충분히 이해할 시간이 필요할 수도 있다. 하지만 원장과 보육교사의 역할은 명확히 구분되기에 각자의 위치에서 자신의 본분에 충실하도록 노력해야 한다.

보육교사의 직무만족도에 있어 원장과 보육교사의 관계는 보육교사들 간의 관계만큼이나 중요한 변수로 작용한다. 보육교사는 원장과의 관계상 어려움을 호소하기도 하고, 이로 인해 직업만족도도 낮아진다는 연구 결과들이 있다(나석희, 이현진, 2012; 이병록, 2011). 다시 말해서, 직장 내 부정적 인간관계는 업무 효율성을 떨어뜨리고, 직무수행 만족도도 낮게 만든다. 따라서 원만한 관계를 형성하고 유지하는 것은 직업만족도를 높이는 데 중요하다.

한편, 직장 내 부하는 상사의 호의성, 자신의 의사에 대한 상사의 경청, 성과 평가에 대한 상사의 인지, 부하의 능력에 대한 상사의 신뢰도 등으로 인해 상사로부터 스트레스를 받는다(Cooper & Marshall, 1986). 아랫사람은 윗사람이 하달하는 것을 받는 입장이 커서 상사의 언행에 주의를 기울일 수밖에 없다. 다른 한편으로, 윗사람은 아랫사람을 평가하는 데 있어 객관성을 보여야 하고, 형평성에 어긋나지 않는 기준으로 평가해야 한다. 보육교사가 영유아를 편애하여 다른 아이들이 불공정한 상황에 놓이지 않도록 하는 것이 중요한 것처럼, 원장이 특정 보육교사를 편애하는 것은 어린이집 전체 분위기를 흐릴 수 있으므로 각별히 주의하여야 한다.

보육교사는 영유아보육과 관련한 모든 사항을 원장에게 보고해야 한다. 원장은 대체로 직접적 보육은 하지 않고 관리·감독하는 입장이다 보니 영유아 보육 시 일어난 상황, 그리고 학부모와 보육교사 간 발생한 문제에 대해 보육교사를 통해 듣게 된다. 보육교사는 문제 상황에 대해 있었던 사실 그대로 즉각적으로 전달하여야 한다. 사실을 감추다가 더 큰 문제를 초래할 수 있으므로, 반드시 특이사항에 대해 보고하여야 한다. 원장은 어린이집 내 총 책임자로서 보육교사의 말에 주의를 기울이고, 원 내에서 일어나는 상황을 모두 파악하고 있어야 한다. 이를 통해 어린이집이 원활히 운영되도록 힘써야 한다.

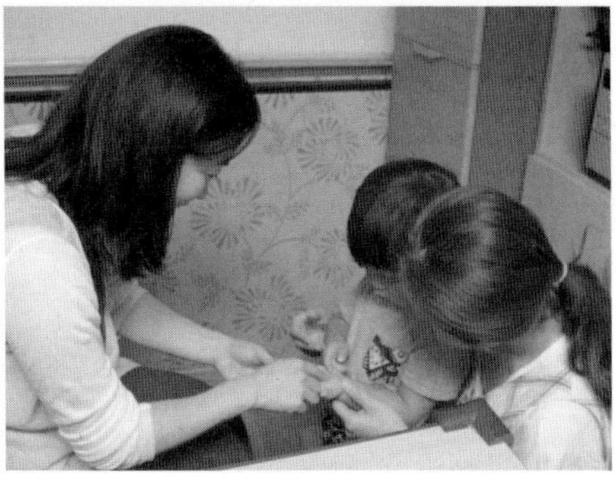

▶ 보육교사가 영아의 건강상태를 원장에게 보고하고 있다.

5. 기관 구성원 간의 협력을 위한 지침

어린이집 환경에 직접적으로 관여하는 인적 자원에는 보육교직원과 영유아가 있고, 더 넓게는 부모, 지역사회 전문가까지 포함할 수 있다. 보육교직원에는 어린이집을 총괄하는 원장, 실제 보육업무를 담당하는 보육교사, 영유아의 식단과 음식을 책임지는 영양사와 조리사, 영유아 및 보육교직원의 건강을 담당하는 간호사나 간호조무사, 차량 운행을 하는 경우 운전기사 등이 있다. 어린이집 내에는 다양한 인간관계가 존재하는데, 여기서는 이들 관계를 원활히 하기 위한 건설적 상호작용 방법에 대해 설명하고자 한다.

1) 인간관계를 위한 일반 지침

우리는 다양한 관계 속에서 생활해 가며 그 관계로 인해 즐거움을 얻기도 하고, 고충을 경험하기도 한다. 원만한 관계는 그 관계가 지속적으로 유지되는 경향이 있고, 그렇지 못한 관계는 단시간에 깨지는 것을 종종 볼 수 있다. 첫 단추를 끼우는 것부터 신중히 관계를 형성하고, 한번 만들어진 관계는 특별한 문제가 없는 한 지속되도록 노력하는 것이 좋다. 성공적인 인간관계를 위해 다음과 같은 제언을 찾아볼 수 있다(김혜숙, 박선환, 박숙희, 이주희, 정미경, 2013).

- 상대방을 존중하라.
- 자기를 개방하라.
- 효과적인 의사소통 방법들을 적절히 이용하라.
- 정직하고 성실하라.
- 협력하라.
- 서로 간의 이해의 폭을 넓히라.
- 건설적인 비판을 수용하라.
- 경청자가 되라.
- 자기주장적이 되라.
- 긍정적으로 사고하고 행동하라.
- 칭찬하라.
- 유머감각을 살리라.
- 융통성을 가지라.
- 먼저 베풀라.
- 친절하라.

인간관계는 사람과 사람 간의 관계로, 내가 상대방과의 관계 속에서 자신을 어떻게 표현하는지, 상대방을 어떻게 대하는지가 중요한 요소로 지적되고 있다. 인간관계 개선을 위해서는 기본적으로 상대방을 존중해야 하고, 상대방의 말에 귀 기울이고 수용적이며, 친절하고, 베풀려는 마음을 지녀야 하며, 자신을 드러내고, 긍정적으로 사고하고 행동하며, 서로 간 이해와 신뢰가 있고, 효과적인 소통을 위한 효율적인 의사소통 방법들을 활용하는 것이 필요하다.

2) 보육교사와 영유아 관계를 위한 지침

보육교사와 영유아 간의 관계는 보육교사가 다른 구성원들과 맺는 관계와 비교해 볼 때, 우선 연령 및 발달수준 면에서 차이를 보인다. 영유아는 인생의 전반부에서 한창 성장하고 있는 아이들로 성인 보육교사에 비해 미흡한 부분이 있다. 어린이집에서 영아를 대상으로는 보호적 측면이, 유아를 대상으로는 교육적 측면이 중시된다. 각 대상을 보살필 때 초점을 맞추는 부분은 다르더라도 보호와 교육 모두 보육교사가 영유아와 관계를 형성하고 유지하는 데 작용한다. 즉, 보육현장에서 영유아는 보육교사의 도움을 필요로 하는 상황이 있고, 보육교사는 영유아가 도움을 받고 조금씩 성장해 나가는 모습에 보람을 느낀다.

보육교사는 영유아와 건설적 상호작용을 위해 다음의 상호작용 방식을 따르는 것이 좋다(민성혜, 신혜원, 김의향, 2013).

- 몸 사용하기
  - 정서적 유대관계를 위해 몸을 사용하기
  - 정확한 의사전달을 위해 몸을 사용하기
  - 긍정적 정서전달을 위해 몸 사용하기
  - 신체발달을 촉진하기 위해 몸 사용하기
- 목소리 사용하기
  - "나도 너와 같은 마음이야."
  - "나도 너와 같은 속도야."
  - "잘 들리지?"
  - "날 따라 해도 돼."
- 영유아들의 신호에 민감하기
  - 지속적으로 영유아들에게 관심을 가지고 관찰하기
  - 학부모와 협력 작업하기
  - 동료교사들과 이야기하기

• 영유아들의 신호의 성격에 따른 반응하기
 - 일단 웃으면서 쳐다보기
 - 이름을 불러 주기
 - 신호가 정확하게 해석되었는지 의심이 들 때는 확인하기
 - 즉각 반응을 해 주지 못할 상황이면 구체적으로 언급하고 양해 구하기
• 적절히 반응하기
 - 인정하기와 긍정적 강화
 - 용서하기
 - 이끌어 주기
 - 따라하기
 - 일관성
• 현명한 결정하기 — "지금 뭐가 우선이지?"
 - 안전과 관련된 것에 먼저 반응하기
 - 적극적인 개입이 필요한 것부터 반응하기
 - 자긍심이 부족한 영유아에게 먼저 반응하기
 - 도우미를 찾아 반응을 부탁하기
• 원활한 상호작용을 위한 환경 조성하기
 - 환기가 잘되고 온도가 적절한 환경
 - 놀잇감이 충분하고 적절한 환경
 - 긍정적인 분위기의 환경
 - 밀집 공간이 없는 환경
 - 전시 공간이 마련된 환경
 - 자랑 시간이 마련된 환경
• 긍정적인 해결전략
 - 나의 불편함과 상대편의 불편함을 알아보기
 - "어떻게 하면 우리 모두가 좀 나아질 수 있을까?"
 - 시간을 좀 벌어 보기
 - '우리 모두가 불편한 환경이라면' 재구성해 보기
• 피해야 할 상호작용
 - 명령하기

- 비교하기
- 정답 요구하기
- 보편적일 것 요구하기
- 표정 굳히기
- 말로만 지시하기
- 무시하기

이와 같이 무엇보다 보육교사는 영유아가 보내는 신호를 인지하고 이에 적절히 반응하는 것이 필요하다. 영유아가 보이는 발달적 특성을 감안하여 영유아의 눈높이에 맞춰 몸과 목소리를 사용하여 반응한다면, 보다 원활한 상호작용이 이루어질 수 있다. 보육교사와 영유아 간 긍정적 교류를 위해서는 환경 마련에도 신경을 써야 하고, 해결방안을 모색하는 데 있어 긍정적 방향을 검토하는 것이 필요하다. 반면, 영유아를 대하는 데 있어 무표정한 얼굴을 하거나, 영유아의 말에 귀를 기울이지 않고 무시하거나, 명령 혹은 비교하는 식의 말은 하지 않는 것이 좋다. 보육교사의 이러한 반응은 영유아가 자신을 평가하는 근거가 되고, 보육교사의 바람직하지 못한 언행을 영유아가 따라하면서 문제가 커질 수 있다.

3) 보육교사와 동료교사 관계를 위한 지침

어린이집 내 동료교사들은 서로 경쟁적이라기보다는 하나의 목표를 향해 협력해 가는 조력자로서의 관계다. 보육교사들은 영유아의 전인발달을 촉진하기 위한 공동목표를 갖고 이에 부합하는 보육업무를 수행해야 한다. 동료교사 간 의견이 상충할 때는 조율하고, 갈등 상황이 발생하면 효과적으로 대처하기 위한 전략을 모색해야 하며, 함께 일하는 공간이 서로에게 즐거움을 줄 수 있도록 노력해야 한다.

동료관계 개선을 위해 지녀야 할 자세는 다음과 같다(정진선, 문미란, 2011).

- 공동체 의식을 가져야 한다.
- 서로의 인격을 존중해 주어야 한다.
- 서로 신뢰해야 한다.
- 건설적인 비판을 수용할 수 있어야 한다.
- 각자 업무를 충실히 담당하여야 한다.

이와 같이 동료관계도 서로 간 인격을 존중하는 것이 필요하다. 보육교사들은 공동의 목표를 향해 함께 나아간다고 생각할 때 서로의 힘을 모아 더 큰 기쁨을 맛볼 수 있다. 또한 동료에 대한 믿음은 관계를 더욱 끈끈하게 만드는 요소로 단순히 어린이집이라는 공간을 함께 쓰는 차원을 넘어 진솔한 관계를 유지하는 데 도움이 된다. 때로는 업무 수행을 소홀히 하여 다른 보육교사에게 피해를 주는 경우도 있고, 동료교사들 간 의견이 맞지 않아 불편한 상황이 발생할 수도 있다. 각자에게 주어진 업무를 충실히 수행하는 것만으로도 동료 간 큰 문제를 줄일 수 있다. 때로는 지나친 호의로 동료교사의 영역까지 침범하는 일도 있는데, 이 또한 상대방을 불편하게 하는 것이므로 주의해야 한다.

4) 보육교사와 원장 관계를 위한 지침

원장과 보육교사는 적당한 거리를 유지하는 것이 필요하다. 친밀감 수준이 지나치게 높아 거리낌이 없는 관계가 되거나 그 반대로 형식적인 대화 이외에는 서로 소통하지 않는 소원한 관계는 원장과 보육교사 모두에게 불편함을 초래할 수 있다. 원장과 보육교사의 관계가 수직적인 상하관계이다 보니 원장의 지시사항을 보육교사가 전달받는 일이 대부분이고, 보육교사는 이에 따라 업무를 수행하게 된다. 원장은 어린이집의 보육철학 및 운영방침에 따라 보육교사가 자신의 역할을 원활히 수행할 수 있도록 안내하고, 보육교사는 이러한 어린이집 운영방식에 따라 자신의 능력을 발휘할 수 있도록 노력해야 한다.

다음은 보육교사와 원장 간의 건설적 상호작용을 위한 지침이다(민성혜 외, 2013).

- 어린이집 원장이 가진 철학과 신념 이해하고 수용하기
- 어린이집의 전체적인 운영 익히기
- 정기적인 회의시간과 개인적인 면담 활용하기
- 원장 칭찬하기

이와 같이 원장과 보육교사의 관계가 수직적 양상을 보이기는 하나 원장 또한 칭찬과 격려를 통한 지지가 필요하다. 대체로는 원장이 보육교사를 칭찬할 일이 많지만, 원장 또한 누군가로부터 지지받고 있다고 느끼면 업무 수행에 보람을 느낄 것이다. 그 역할을 보육교사가 한다면 원장의 지지자로서 둘 간의 관계가 더욱 끈끈해질 것이다. 보육교사는 자신이 선택한 어린이집에 취업한 후에는 원장의 보육이념에 근거해서 업무 수행을 하고, 어린이집의 운영방식 및 전체적인 분위기를 익히는 것이 빠른 적응에 도움이 된다고 할 수 있다. 또한 보육교사가 원장과 의견이 맞지 않을 때는 어린이집의 전체 이익에 우선하는지 고민해 보고 예의를 갖춰 원장에게 의사전달을 하여야 할 것이다. 원장은 동료교사들이 하기 어려운 따끔한 충고를 보육교사에게 해야 하는 경우도 있고, 따뜻한 칭찬과 격려로 사기를 북돋아야 하는 경우도 있다. 따라서 원장과 보육교사 간 신뢰를 바탕으로 지지적인 관계를 유지하는 것이 좋다.

제11장

부모와의 협력

오늘날 많은 영유아들은 부모와 함께 사는 가정과 어린이집이라는 두 환경 사이를 매일 왔다 갔다 하면서 생활하고 있다. 그런데 영유아가 경험하는 이 두 환경이 서로 분리되고 이질적이라면, 영유아는 이로 인해 직간접적인 부정적 영향을 받게 된다. 따라서 영유아의 바람직한 발달을 위해 이들 환경의 축인 부모와 교사의 협력적 관계가 매우 중요하다.

부모-교사 협력과 부모참여 프로그램은 영유아에게 양질의 보육 경험을 제공하도록 돕는 중요한 요소다. 영유아 시기 부모와 보육교사의 지속적인 협력은 영유아들의 발달에 거대한 영향을 미친다. 부모가 어린이집 활동에 직접 참여할 때 영유아의 자신감이 높아질 뿐 아니라 부모 자신도 자녀의 발달과정을 보다 잘 이해할 수 있게 된다. 또한 어린이집의 교육방침과 부모의 자녀양육 간 일관성은 영유아의 바람직한 행동을 강화하는 효과가 있다. 따라서 어린이집에서 보육교사는 부모와 여러 가지 방식으로 의사소통을 하여 영유아의 발달과정이나 보육내용에 대한 정보를 교환해야 한다. 이처럼 어린이집의 보육교사는 영유아를 직접 교육하는 것에서 나아가 영유아보육의 효과를 극대화하기 위하여 부모와 적극적인 협력관계를 구축하고, 부모참여를 유도해 나가야 한다. 이 장에서는 부모와의 협력을 이해하기 위해 부모와의 관계, 부모와의 교류방법, 부모와 협력을 위한 지침에 대해 살펴보고자 한다.

1. 부모와의 관계

어린이집은 부모와 보육교사의 관계가 상호 협력적일 때 영유아에게 최적의 보육 환경을 제공해 줄 수 있다. 어린이집과 부모 사이에 힘의 균형이 이루어지고 상호 존중의 분위기가 형성된다면 영유아 발달에 있어 긍정적인 효과를 기대할 수 있다(Vondra & Belsky, 1993; Wagonseller, 1992). 따라서 어린이집에서는 부모-교사 간 협력적 관계를 구축하기 위해 다양한 형태의 부모교육을 실시하고 있다.

1) 어린이집과 부모와의 협력

영유아교육의 중요성이 강조되면서 부모-교사 간 협력관계 또한 중요시되고 있다. 협력적 관계란 교사와 부모가 함께 영유아교육에 관심을 가지고 동반자라는 인식으로 서로 협력하는 것이다(이지훈, 2012). Stamp와 Groves(1994)는 부모와 영유아교육기관의 협력적인 관계에 대해 영유아교육에 영향을 미치는 '제3의 기관'으로 간주하고, 부모와 영유아교육기관의 상호 지지와 상호 보완적 관계가 형성되어야 함을 강조하였다. 부모와 교사 간 동반자적 관계를 형성해야 하는 이유는 다음과 같은 측면에서 생각해 볼 수 있다(정갑순, 1996에서 재인용). 첫째, 부모는 자기 자녀에 대하여 누구보다도 잘 알고 있고 자녀의 욕구에 대한 정보를 교사에게 제공해 줌으로써 프로그램 설정에 도움을 줄 수 있다. 둘째, 부모는 자녀, 특히 영유아와 하루 중 많은 시간을 함께한다. 따라서 교사가 세운 부모-교사 협력 계획에 적극 동참할 수 있다. 셋째, 부모는 자녀가 받고 있는 프로그램과 여러 가지 혜택에 대하여 직간접으로 비용을 지불했기에 자녀가 배우는 학습 내용과 방법에 대하여 알기를 원한다. 넷째, 자녀가 받고 있는 좋은 프로그램에 대하여 알게 되면 부모들은 그 프로그램이 더 오래 지속되고 확대될 수 있도록 최선을 다한다. 다섯째, 영유아기 자녀를 위한 부모훈련은

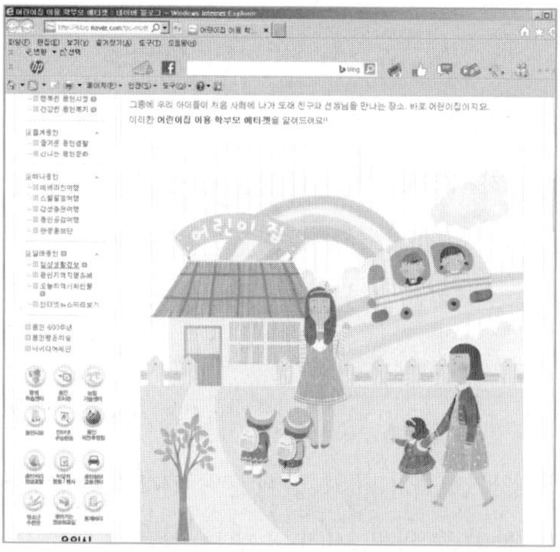

▶ 영유아의 발달을 위해 교사와 부모 간에는 상호 협력적 관계를 구축해야 한다(출처: 용인시청 공식 블로그).

영유아뿐 아니라 그 외 발달시기의 자녀들을 위해서도 매우 유익할 수 있다. 즉, 부모가 배운 기술을 일반화함으로써 모든 자녀들에게 훌륭한 부모역할을 할 수 있도록 도와주게 된다(Klaus & Gray, 1968). 따라서 부모참여는 부모에게는 부모역할을 수행하는 데 기반이 될 수 있고(Goldenberg, 1989), 교사들에게는 개별 유아의 다양한 환경과 요구를 잘 파악할 수 있게 도와준다. 보육교사는 이를 통해 영유아의 요구와 필요에 적절히 반응할 수 있는 교육과정을 운영할 수 있다.

(1) 부모-교사 간의 관계형성 원리

어린이집과 가정은 항상 양방적 의사소통을 통해 영유아교육에 대한 합의 및 동의를 이루어 나가며, 교육의 목적인 전인발달을 위해 함께 노력해야 한다(김창복, 1998에서 재인용). 동반자적 관계형성을 위해 보육교사가 인식해야 하는 원리는 다음과 같다(Epstein, 1993; Finders & Lewis, 1994). 첫째, 모든 부모들은 누구보다도 자녀에 대해 가장 잘 파악하고 있다. 둘째, 대부분의 사람은 동반자적 협력관계의 가치를 이해한다. 셋째, 모든 영유아의 부모는 자녀교육에 대해 중요한 관점을 갖고 있다. 넷째, 모든 부모들은 자녀에 대해서 배려한다. 다섯째, 부모의 부재가 비보호를 뜻하는 것이 아니다. 따라서 보육교사는 이러한 원리들을 잘 인식하여 긍정적이고 효과적인 동반자적 협력관계를 성취하기 위해 노력해야 한다.

(2) 부모-교사 간의 협력에 영향을 주는 요인

부모-교사 간의 협력에 영향을 주는 요인은 다음과 같다. 첫째, 영유아의 연령과 보육시간이다. 영유아의 연령이 어린 경우, 부모와 교사의 관계가 긍정적이고 신뢰로운 경우가 많았다(이찬주, 2002; Zigler & Berman, 1983). 또한 영유아의 보육시간이 긴 경우, 부모-교사 간의 관계가 보다 협력적으로 나타났다(손세란, 2007; Elicker, Noppe, Noppe, & Fortner-Wood, 1997). 둘째, 부모의 연령, 교육수준 등과 같은 부모의 특성이다. 부모의 교육수준과 경제적 수준이 높을수록 교사와 협력적인 관계를 맺고 있는 경우가 많았다(이찬주, 2002; Galinsky, Shinn, Phillips, Howes, & Whitebook, 1992). 반면, 가족의 형태나 교통수단 등과 같은 요인으로 인해 부모-교사 간의 동반자적 관계가 방해받기도 한다(〈표 11-1〉 참조).

〈표 11-1〉 **부모-교사 간의 동반자적 관계를 방해하는 요인**

요인	내용
가족의 형태	• 한부모, 입양부모, 조부모, 이혼부모, 합법적 후견인, 동성부모, 친척, 십대 혹은 너무 나이가 많은 부모, 혼합 혹은 분열 가족 등
교통수단 및 지리적 문제	• 어린이집의 접근 편리성이 떨어짐(주차 공간 부족, 교통수단 문제 등)
부모	• 의사소통 문제(부모의 이해능력 부족 또는 교사가 주는 정보를 듣고 반응할 능력 부족, 해석능력 부족 등) • 부모의 운전능력 미흡 • 이전 영유아보육기관에서의 부정적 경험
교사	• 부모의 장점 및 능력을 파악 또는 활용하지 못함
부모와 교사의 태도	• 불안, 어색함, 불안전감, 상호 신뢰 부족 • 부모와 영유아보육기관 사이의 오해 또는 불분명한 기대

2) 어린이집에서의 부모교육

▶ 어린이집에서 전문가를 초빙하여 부모교육을 실시하고 있다.

어린이집에서의 부모교육이란 그 용어가 의미하는 것처럼 프로그램에 기초한 체계적인 성인교육으로서 참여하는 사람들에게 지식과 정보, 기술 등을 알려 주기 위해 계획된 것이다(Fine, 1980). 즉, 부모-자녀 간의 상호작용의 질을 개선하며 부모와 자녀의 행동을 긍정적으로 변화시키기 위한 의식적인 목적 지향적 학습활동이다(Pehrson & Robinson, 1990). 부모와 관련되는 활동을 일컫는 것으로 부모개입(parent involvement), 부모지지(parent support), 부모참여(parent participation), 부모역할하기(parenting) 등의 용어를 특별히 구분하지 않고 부모교육으로 통칭하거나 학자마다 그 개념을 다양하게 정의하기도 한다(Fine, 1980; Grotberg, 1983, 〈표 11-2〉 참조).

부모교육의 기원은 코메니우스(Comenius)의 모친학교(Mother's school)에서 찾을 수 있다. 그는 0세에서 6세까지의 아동은 각 가정에서 어머니가 교육해야 한다고 주장하였다. 즉, 어머니의 무릎이 최초의 가장 중요한 학교이고 취학 전 교육이 학교 교육의 기초단계라고 보았다. 우리나라 부모교육의 역사는 1914년 미국 선교사

〈표 11-2〉 **부모교육과 관련된 다양한 용어**

용어	내용
부모개입	부모가 가족생활에 영향을 주는 특정 프로그램의 구성 및 운영에 직접 참가하는 것
부모지지	부모와의 의미 있는 상호작용의 결과로 얻게 되는 긍정적인 모든 자원을 말하는 것. 부모가 친지나 교회, 부모회, 지역단체, 아동복지시설, 병원, 교육기관, 기업체, 그 외 다른 사회사업 기관의 지지 및 지원을 주고받는 것
부모참여	영유아교육 프로그램의 계획과 실천, 평가, 수정 등 모든 주요한 환경과 단계에 부모가 참여하는 것. 특히 부모의 의사결정권이 강조됨
부모역할하기	모든 부모가 자녀의 성장을 돕는 영양 공급, 보호와 발달단계마다 필요한 새로운 생활을 안내하는 등 부모의 과업을 수행하는 것을 의미함. 부모역할하기는 부모-자녀 간의 계속 진행되는 일련의 상호작용의 과정임

Brownlee가 개성에 유치원을 설립하고 자모회를 조직하여 어머니들을 교육시킨 것에서 시작되었다(이경화, 성영혜, 윤석희, 이신동, 1999). 1960년 이전의 부모교육 개념은 사실상 교사나 전문가들이 부모를 교육시킨다는 입장을 취하였기 때문에 소극적인 의미의 '교육을 받는다'는 뜻이 함축되어 있었다. 하지만 1960년대 미국의 헤드스타트 운동을 출발점으로 하여 유아교육에 대한 관심이 증가되면서, 부모교육의 개념은 부모를 교육시킨다는 과거의 소극적인 의미를 넘어서게 되었다. 즉, 부모교육을 교사나 전문가와 가정의 부모가 동등한 입장에서 상호작용이 이루어질 때 형성되는 교육의 과정으로 인식하기 시작하였다(배종숙, 2003).

오늘날 맞벌이가정 부모들의 경우 대체로 자녀들과 함께하는 시간이 부족하므로, 부모의 다양한 역할을 제대로 수행하기 위한 부모교육이 필요하다. 어린이집에서 부모교육이 필요한 이유를 구체적으로 살펴보면 다음과 같다. 첫째, 부모는 영유아 발달에 있어서 핵심적인 존재로 자녀의 성장과 발달에 큰 영향을 미친다. 따라서 자녀양육을 위해 필요한 기술을 습득하기 위하여 부모교육을 필요로 한다. 둘째, 바람직한 부모역할에 대하여 많은 정보가 존재한다. 이 중에서도 자신에게 가장 적절한 방법을 찾아 활용하는 것을 도와주기 위해서 부모교육이 요구된다. 셋째, 현대사회에서는 자녀를 양육하기 위한 적절한 모델이 부족하다. 현대사회는 급속한 변화로 인해 과거 부모 세대들의 가치관을 모델로 삼아 부모역할을 하는 것이 적절하지 못한 경우가 많다. 또한 핵가족, 한부모가족 등의 증가로 이러한 변화에 따른 적절한 부모역할 수행을 위해서 부모교육이 필요하다. 넷째, 부모는 자녀의 미래에 영향을 미친다. 자녀가 갖추어야 할 향후 미래사회에 요구되는 적절한 사고방식과 능력이 무엇인지를 배울 필요가 있기에 부모교육이 필요하다. 다섯째, 부모 자신이 인간으로서의 자기성취를 이루고 가족과 친지 그리고 사회로부터 효율적인 지지를 받기 위해 부모교육이 필요하다. 여섯째, 가정과 어린이집의 연계성을 확립하고 일관성 있는 교육을 위해 부모교육이 요구된다.

무엇보다도 부모는 영유아가 세상에 태어나 최초로 맺는 인간관계의 대상이며, 영유아 발달 전반에 중추적인 역할을 한다. 많은 연구에 의하면, 부모가 아동의 사회 · 신체 · 정서 · 언어 · 인지발달 등 발달의 모든 영역에 영향을 미치고 그 효과 또한 오래 지속된다는 것이 입증되었다(이은화, 1998). 하지만 현대사회는 수많은 이론과 과학적 연구 결과가 공존하기 때문에 부모역할에 관해서도 상반된 정보가 제공되기도 한다. 따라서 보육교사는 부모에 대해 잘 파악하여 보다 효과적이고 체계적인 부모와의 협력관계 구축을 도모해야 한다.

2. 부모참여 유형

어린이집과 부모가 서로 교류하는 방법은 매우 다양하다. 부모는 영유아를 양육하는 것에서부터 어린이집에 대한 직간접적인 협력에 이르기까지 여러 가지 방법을 통해 어린이집과 교류하게 된다. 부모와의 교류방법은 크게 소극적 부모참여, 부분적 부모참여, 적극적 부모참여로 구분할 수 있다(김경선, 2003; 최광희, 2004). 단, 어린이집은 저마다의 특색과 처한 실정, 각 부모의 여건이 다르므로, 각 어린이집의 사정을 고려해 가장 적합한 프로그램을 도입하여야 할 것이다.

1) 소극적 부모참여

소극적 부모참여 유형에는 오리엔테이션, 가정통신문, 강연회, 참관수업, 면담, 행사를 통한 부모참여 등이 있다.

(1) 오리엔테이션

부모 오리엔테이션의 목적은 어린이집과 가정의 긴밀한 유대관계를 형성하고 보육교직원과 부모 간의 신뢰감 형성을 토대로 보육활동의 효과를 높이는 데 있다. 입소 상담 시 개별적인 안내를 하였더라도, 입소 예정인 원아들을 위해 입학 전 오리

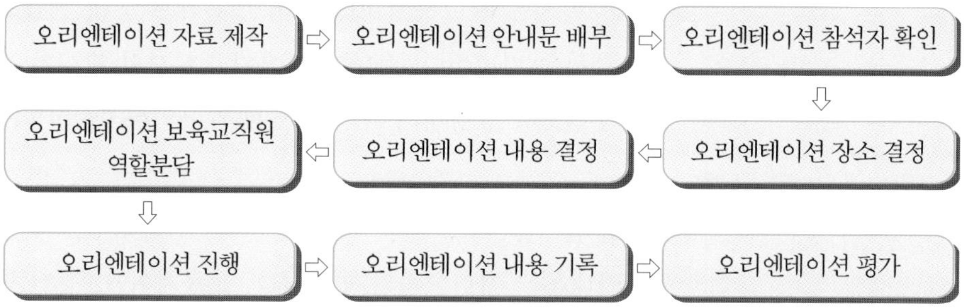

[그림 11-1] 오리엔테이션 진행과정

엔테이션을 실시한다(사진 참조). 대부분의 어린이집에서는 입학 며칠 혹은 몇 주 전에 부모들을 대상으로 오리엔테이션을 실시하며, 필요한 내용을 담은 안내 책자를 배부한다. 또한 부모의 이해를 돕기 위해 사진자료나 비디오를 준비하는 것도 좋다. 이러한 오리엔테이션을 통해 부모를 협조자로 만들고 가정과 어린이집이 보육에 있어 일관성을 가질 수 있다(중앙육아종합지원센터, 2014). 오리엔테이션 진행 과정은 [그림 11-1]과 같다.

▶ 신입 영유아의 학부모를 대상으로 어린이집에 대해 소개하고 있다.

(2) 가정통신문

가정통신문은 어린이집에서 가장 보편적으로 활용하고 있는 부모와의 교류방법이다(사진 참조). 가정통신문이 한번에 너무 많은 정보를 제공하거나 횟수가 너무 빈번하면 부모들의 주의집중도가 떨어질 수 있기 때문에 적당한 분량을 적당한 간격으로 유지하여 활용하는 것이 좋다.

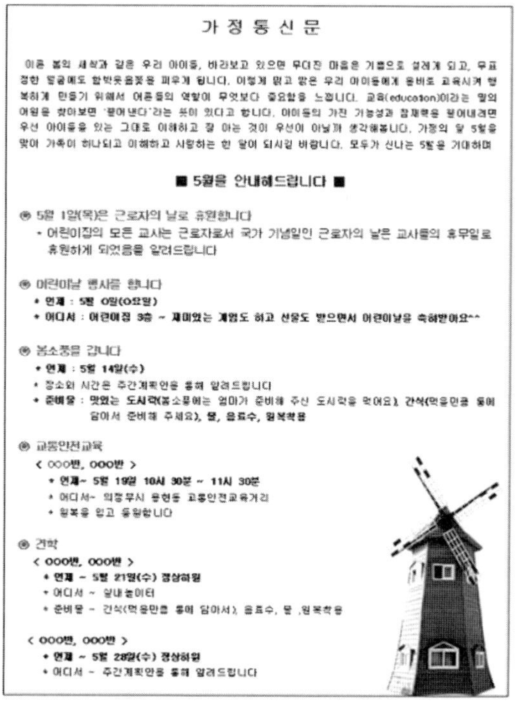

가 정 통 신 문

이른 봄의 새싹과 같은 우리 아이들, 바라보고 있으면 무디진 마음은 기쁨으로 설레게 되고, 무표정한 얼굴에도 함박웃음꽃을 피우게 됩니다. 이렇게 맑고 밝은 우리 아이들에게 올바로 교육시켜 행복하게 만들기 위해서 어른들의 역할이 무엇보다 중요함을 느낍니다. 교육(education)이라는 말의 어원을 찾아보면 '끌어낸다'라는 뜻이 있다고 합니다. 아이들의 가진 가능성과 잠재력을 끌어내려면 우선 아이들을 있는 그대로 이해하고 잘 아는 것이 우선이 아닐까 생각해봅니다. 가정의 달 5월을 맞이 가족이 하나되고 이해하고 사랑하는 한 달이 되시길 바랍니다. 모두가 신나는 5월을 기대하며

■ 5월을 안내해드립니다 ■

◉ 5월 1일(목)은 근로자의 날로 휴원합니다
- 어린이집의 모든 교사는 근로자로서 국가 기념일인 근로자의 날은 교사들의 휴무일로 휴원하게 되었음을 알려드립니다

◉ 어린이날 행사를 합니다
- 언제 : 5월 0일(0요일)
- 어디서 : 어린이집 3층 ~ 재미있는 게임도 하고 선물도 받으면서 어린이날을 축하받아요^^

◉ 봄소풍을 갑니다
- 언제 : 5월 14일(수)
- 장소와 시간은 주간계획안을 통해 알려드립니다
- 준비물 : 맛있는 도시락(봄소풍에는 엄마가 준비해 주신 도시락을 먹어요), 간식(먹을만큼 통에 담아서 준비해 주세요), 물, 음료수, 원복착용

◉ 교통안전교육
< ○○○반, ○○○반 >
- 언제~ 5월 19일 10시 30분 ~ 11시 30분
- 어디서~ 의정부시 용현동 교통안전교육거리
- 원복을 입고 등원합니다

◉ 견학
< ○○○반, ○○○반 >
- 언제 ~ 5월 21일(수) 정상하원
- 어디서 ~ 실내놀이터
- 준비물 ~ 간식(먹을만큼 통에 담아서), 음료수, 물 ,원복착용

< ○○○반, ○○○반 >
- 언제 ~ 5월 28일(수) 정상하원
- 어디서 ~ 주간계획안을 통해 알려드립니다

▶ 어린이집 행사를 안내하는 가정통신문의 예시다.

① 쪽지메모

쪽지메모는 영유아가 어린이집에서 생활해 나가는 동안 일어나는 새로운 행동의 변화나 비교적 작은 사고 등의 내용을 비공식적으로

▶ 고려대학교 안암병원 어린이집에서 발행된 소식지다.

작은 쪽지에 간단하게 메모하여 영유아를 통해 전달하도록 하는 방법이다. 간단해 보이지만 부모와 교사가 서로의 신뢰감을 형성해 나가는 데 매우 유익한 방법이다.

② 안내문

안내문은 어린이집의 수업시간, 교육계획안, 점심 및 간식, 교통편, 각 반의 하루일과, 각종 행사 등에 대한 다양한 정보를 부모에게 알리기 위하여 작성한다.

③ 소식지

소식지는 어린이집의 사정에 따라 주 1회, 월 1회, 분기별 혹은 학기별로 기관에서 일어났던 여러 가지 일을 알리는 방법이다. 또한 소식지는 자녀교육 정보, 프로그램 소개, 대표적인 활동사진, 학부모 참여마당 등의 내용으로 구성된다.

④ 부모교육 정보

어린이집에서는 부모교육 정보를 알기 쉽게 재구성하여, 부모들이 자녀를 양육하는 데 활용할 수 있도록 적당한 분량의 내용을 일정한 간격으로 제공한다.

⑤ 기록과 보고

기록과 보고는 어린이집에서 생활하고 있는 영유아의 행동을 주기적으로 관찰하고 기록하는 것이다. 이는 영유아의 발달을 돕거나 부모와의 면담자료로 활용할 수 있다. 또한 영유아가 어린이집에 처음 입학했을 때 일정한 형식에 담긴 내용을 학부모에게 직접 체크하도록 하는 경우 영유아에 대해 비교적 신뢰로운 정보를 얻을 수 있다. 따라서 어린이집에서는 학기 초, 월별, 분기별, 학기별, 학년 말 등으로 구분하여 영유아의 발달상황을 관찰 기록하여 부모에게 주기적으로 보고함으로써 영유아에 대한 바람직한 지도 방향을 함께 모색하는 것이 바람직하다.

⑥ 전화

전화는 부모와 어린이집의 중요한 교류 수단이다. 보육교사는 하루의 일과를 정리하면서 크고 작은 특별한 일을 겪은 영유아의 부모에게 수시로 전화를 걸어 상황을 알린다. 평상시에는 하루에 두세 명의 부모와 전화 소통하여 영유아에 대한 이런 저런 일을 함께 대처해 나가야 한다. 이러한 노력을 기울이는 교사는 대체적으로 영유아의 부모와 친밀감이 잘 형성되어 부모로부터 신뢰감이 높은 경향이 있다.

(3) 강연회

강연회란 전문강사를 초청하여 자녀양육에 관해 도움이 되거나 부모의 자아실현을 위해 도움이 되는 정보와 기술을 제공하는 것이다. 강연회는 한 장소에서 여러 사람들에게 정보를 제공할 수 있는 장점은 있으나 부모들이 공통적으로 관심이 있는 주제를 선정하는 것이 어렵다.

▶ 어린이집에서 전문강사를 초청하여 학부모를 위한 강연회를 개최하고 있다.

강연회에 참석한 부모들이 자녀지도 등에 도움을 받았다고 느끼면 추후의 부모교육에서도 꼭 참석하고 싶은 동기를 갖게 된다. 따라서 어린이집에서는 학기 초에 성공적인 강연회를 통해 학부모의 지속적인 관심을 유도할 필요가 있다. 어린이집에서는 부모들의 욕구를 고려하여 1년간의 강연회 계획을 세우고 적절한 강사를 선정해야 한다. 강사의 교섭은 적어도 1개월 전에 완료하여 월간계획안에 반영하여 부모에게 사전에 통보하는 것이 좋다. 강연회의 장소는 채광이 밝은 곳으로 하며, 참석 인원에 따라 좌석을 다양하게 배치하는데, 소수이거나 강의 내용이 실제적인 문제를 다루는 경우 원형이나 반원이 적당하며, 인원이 많은 경우 단상을 향해 앉는 것이 효과적이다.

(4) 참관수업

참관수업이란 부모들이 수업이 이루어지고 있는 교실에 직접 들어가 교사의 수업을 관찰하는 것을 뜻한다. 어린이집에서 공개수업 참관 날짜를 안내하면 부모가 자발적으로 참여하여 자녀의 수업을 관찰할 수 있다. 참관수업 시 사전에 미리 치밀하게 준비하여 공개하는 것보다는 일상적인 수업활동을 자연스럽게 진행하는 것이 바람직하다. 또한 참관수업 때 참관 기록지를 나누어 주고 자녀의 모습을 관찰해 보도록 하면 훨씬 더 적극적으로 참관할 수 있다. 참관수업의 의의는 다음과 같다. 첫째, 자녀의 발달 정도를 객관적으로 파악하게 할 수 있다. 둘째, 또래집단 내에서 자녀의 행동과 가정에서의 행동 간의 차이를 알 수 있다. 셋째, 어린이집의 교육과 지도 방법에 대한 이해를 높이고, 가정에서 일관성 있게 지도하는 데 도움을 준다.

① 어린이집에서의 직접 관찰

▶ 부모가 뒤에 앉아 자녀의 수업을 참관하고 있다.

참관수업은 참관실이 있는 기관에서는 주로 참관실에서 이루어지고 그렇지 않은 어린이집에서는 부모가 직접 교실에 들어와서 영유아를 관찰하게 된다(사진 참조). 먼저 직접 관찰하는 경우에는 교실의 공간 문제, 교사와 영유아의 지나친 긴장, 자신의 자녀만을 집중적으로 보는 과정에서 몇 가지 어려움이 발생한다. 예를 들어, 영유아가 평소와는 다른 행동을 한다거나, 부모가 교육프로그램에 대한 이해가 없어 다소 방해를 줄 수도 있다. 이에 비해 참관실을 통한 참관수업은 직접 관찰에 따른 문제가 최소화되기에 순수한 관찰을 할 수 있으나, 대학부속기관과 일부 어린이집 외에는 참관실을 구비하고 있는 기관을 찾기가 어렵다. 따라서 교실에서 직접 참관을 하는 경우 부모가 자녀의 활동에 간섭하거나 이리저리 돌아다니는 것을 삼가고, 다른 부모와 소곤소곤 이야기를 나누는 것도 수업에 방해될 수 있음을 주지시킨다. 더불어 참관실에서도 관찰 시 소음이 나지 않도록 주의해야 한다.

② 컴퓨터를 통한 실시간 관찰

▶ 컴퓨터를 통해 아이들의 보육활동을 실시간 관찰할 수 있다.

최근 컴퓨터의 높은 보급률과 네트워크의 활성화에 따라 부모가 가정, 직장 또는 해외에서 인터넷을 통해 영유아교육기관에 있는 자녀를 관찰할 수 있다(사진 참조). 이러한 실시간 영유아관찰 시스템은 아직 시작 단계라 많이 활용되고 있지는 않으나 몇몇 어린이집에서 실시 중에 있다.

컴퓨터를 통한 실시간 관찰은 가정과 직장에서도 손쉽게 자녀의 활동을 볼 수 있을 뿐만 아니라 실시간 대화창을 통해 부모들 간에 육아정보 교환이 가능하므로 어린이집에 대한 만족감과 신뢰감 증진에 도움이 된다. 하지만 보육교사의 사생활보호가 어려워 교사인권보장의 문제가 제기될 수 있다. 따라서 최근에는 양자 간의 타협점으로 하루의 일정 시간만 실시간 관찰을 공개하는 어린이집도 있다.

(5) 면담

부모면담은 교사와 부모의 가장 적극적인 의사소통이라고 할 수 있다. 대화를 통해 교사는 영유아의 가정환경에 대해 알 수 있고, 부모는 기관에서 자녀의 생활에 대해 알 수 있다. 특히 영유아가 문제행동을 보일 때 교사와 부모의 의사소통은 반드시 필요하다. 면담은 크게 개별면담과 집단면담으로 구분된다. 개별면담은 부모의 환경과 수준을 고려하여 영유아에 대한 의견을 교환할 수 있는 장점이 있다. 공식적인 개별면담 시 부모와의 계획적인 면담을 위해 사전에 편지나 전화를 통하여 면담일자와 장소를 정하는 것이 좋다. 집단면담은 학기 초나 학년 말에 학급의 모든 부모들이 담임교사와 함께 모여 이야기를 나누는 면담이다. 집단면담에서는 여러 부모들이 자녀를 키우며 겪는 문제를 함께 공유할 수 있기 때문에 혼자만의 문제가 아님을 알게 되어 위안을 받을 수 있는 동시에 다른 사람의 성공적인 경험담을 간접적으로 체험할 수도 있다.

① 개별면담

부모와 교사의 면담은 다양한 상황에서 이루어진다. 미리 약속한 면담일 수도 있고 등하원을 지도하면서 우연히 면담이 진행될 수도 있다. 또한 전화나 컴퓨터 통신을 통한 면담도 가능하다. 효과적인 개별면담을 위한 요소로는 라포, 공감, 수용적 존중, 전문적 능력, 의사소통이 있다. 먼저, 라포(rapport)란 서로 간에 조화를 이루는 관계를 말하며, 바람직한 면담의 분위기로 발전시키는 데 있어 가장 근본적인 것이다. 라포가 형성되면 교사와 부모가 서로를 신뢰하고 편안한 감정으로 대화를 나눌 수 있게 된다. 공감이란 자신이 직접 경험하지 않고도 다른 사람의 감정을 거의 같은 내용과 수준으로 이해하는 것이다. 수용적 존중이란 교사가 부모의 입장을 이해하고 부모의 생각을 존중하는 것을 말한다. 전문적 능력이란 부모가 자신을 도와줄 수 있는 전문가로 교사를 인식하는 것이다. 끝으로, 의사소통은 성공적인 면담을 위해 매우 중요하며, 의사소통이 원활하게 진행되기 위해서는 부모가 하는 말을 열심히 들으면서 이해하고 있다는 느낌을

▶ 어린이집의 보육교사가 부모와 개별면담을 진행하고 있다.

전달하는 '적극적 경청'이 필요하다. 개별면담의 운영 시 면담을 통해 알게 된 부모의 사생활을 보호하고, 다른 영유아와의 비교를 삼가며, 부모의 말을 듣는 시간과 교사가 말하는 시간을 균형 있게 배당해야 한다.

② 집단면담

집단면담은 깊이 있는 면담을 갖기 어려운 단점이 있지만 시간 절약을 비롯해 부모들 간의 교류를 통해 자녀의 문제를 폭넓게 볼 수 있는 점, 그리고 부모와 교사 둘만의 긴장된 관계를 해소할 수 있다는 장점이 있다. 집단면담 시 주의할 점은 어느 한 부모에 의해 이야기가 독점되지 않도록 하고, 서로가 원만한 대화를 이루기 위해서 4~10명 이내의 규모로 하는 것이 바람직하다. 면담시간도 1시간~1시간 30분 정도로 계획하여 너무 지루하지 않도록 하고, 부모들에게도 소요 시간을 미리 알려 주는 것이 좋다.

▶ 어린이집 바자회 행사에 영유아와 부모, 지역 주민이 함께 참여하고 있다.

(6) 행사를 통한 부모참여

행사를 통한 부모참여란 운동회나 소풍, 바자회 등 어린이집에서 계획하는 행사에 부모가 함께하는 것이다(사진 참조). 최근 들어 영유아들이 교육받는 활동의 과정에 부모가 참여하거나 활동의 기록이나 결과물을 전시하고 부모를 초대하는 경우가 많다.

2) 부분적 부모참여

부분적 부모협력 유형에는 워크숍, 부모참여수업, 자원봉사 등이 있다.

(1) 워크숍

워크숍은 부모들이 한 가지 주제에 대한 보육활동에 직접 참여하여 실제로 배우고 연습해 보는 과정이다. 워크숍을 진행하기 위해서는 교사와 부모가 공동으로 계획하고 흥미와 관심이 있는 분야를 선정해야 한다. 또한 워크숍에서 필요한 자료-교구 등을 부모들이 만들도록 하고, 어린이집에서 하는 활동을 노래, 언어, 수 개념 익히기, 동화 등을 부모들과 함께 해 봄으로써 영유아교육 활동에 대한 이해를 도모할 수 있다.

워크숍이 끝난 후에는 성공적인 결과를 영유아와 공유해 볼 수 있다. 예를 들어, 어린이집에서 인형극을 주제로 워크숍을 계획할 경우, 부모들에게 사전에 인형극 공연에 참여할 지원자를 모집하여 상당한 기간을 두고 차근차근 준비해 나가게 된다. 먼저 참여자들과 함께 인형극의 극본을 마련하고, 인형극에 나오는 등장인물의 특징을 살펴 인형을 제작한다. 인형의 제작이 완료되면 각자의 배역을 정하여 인형의 표정과 움직임에 대해 충분히 연습해야 한다. 인형극에서 조명, 소품 및 배경, 효과음 등을 곁들이면 인형극의 재미를 훨씬 고조시킬 수 있다. 부모들은 인형극 공연을 통해 부모 자신의 성취감을 느낄 수 있으며, 자신이 만든 인형을 가지고 자녀들과 함께 조작하고 공연해 보는 경험을 통하여 부모-자녀의 유대관계를 향상시킬 수 있다. 또 서로의 역할을 바꾸어 공연해 보는 과정을 통하여 서로의 입장을 보다 잘 이해할 수 있는 기회를 경험할 수 있다.

(2) 부모참여수업

부모참여수업은 자녀와 함께 어린이집의 생활을 직접 경험해 보는 활동이다. 부모들은 이러한 경험의 공유를 통하여 교육프로그램을 이해하고 자녀의 생활을 새로운 관점에서 이해하는 기회를 가질 수 있다. 과거 부모참여수업은 어머니만 참여하는 경우가 대부분이었다. 그러나 최근에는 자녀양육에 대한 아버지들의 관심이 높아짐과 동시에 자발적 참여의사를 가진 아버지들이 늘어나면서 아버지들이 함께할 수 있는 다양한 수업들이 모색되고 있다(사진 참조).

▶ 요리를 주제로 한 아버지 참여수업이 진행되고 있다.

일반적으로 부모들의 상황이나 교육프로그램의 특성에 따라 어머니 참여수업, 아버지 참여수업, 할머니 혹은 할아버지 참여수업을 계획할 수 있으며, 필요한 활동을 선택하여 진행한다. 부모참여수업은 보통 보육활동 시간 내에 계획되나 맞벌이 가정 등 상황에 따라 저녁 시간, 주말이나 공휴일을 이용하여 진행하기도 한다. 부모참여수업의 내용은 특별한 프로그램을 마련하기보다는 평소의 자연스러운 활동을 계획하는 것이 바람직하다. 교실에 부모와 영유아가 함께 활동할 것을 고려하여 영유아의 수가 많을 경우에는 두 번 정도에 나누어서 계획하는 것도 좋다. 소요 시간은 프로그램에 따라 다르겠으나 일반적으로는 영유아의 주의집중 시간을 고려할 때

2시간 내외로 계획하는 것이 적절하다.

(3) 자원봉사

부모는 어린이집의 견학, 소풍, 운동회, 바자회, 교육과정 운영 등 다양한 행사에서 자원봉사자로 참여할 수 있다. 어떤 어린이집에서는 교육과정과 관련이 있는 직업에 종사하는 부모를 자원봉사자로 수업에 참여시키는 경우도 있다. 예들 들어, 경찰, 군인, 간호사 등의 직업을 가진 학부모를 초청하여 자신이 하는 일에 대한 이야기를 영유아에게 들려준다. 영유아들의 흥미와 관심이 지속되는 경우에는 활동을 더욱 확장시켜 병원이나 경찰서를 직접 방문해 보고 돌아와서 추후 활동으로 연장하기도 한다.

이처럼 부모가 어린이집에 도움을 주기 위하여 교재나 교구를 제작해 주거나 학급에서 보조교사로 일하고 기관 내 여러 가지 프로그램에 협조하는 것은 서구에서 흔히 있는 일이다. 부모의 적극적인 참여가 이루어지는 이탈리아의 레지오 에밀리아 프로그램의 경우, 부모는 지역사회의 자원을 영유아에게 제공하기 위해 협조하고 어린이집에 적극적인 방식으로 기여하려고 한다. 즉, 부모는 교사와 함께 어린이집에 필요한 가구를 만들거나 교육 공간의 재배치, 운동장의 여러 놀이기구를 수리해 주기도 한다. 또한 현장학습이나 소풍에 보조교사로 참여하여 영유아들이 진행하는 프로젝트에 적극 도움을 제공하기도 한다. 부모가 자원봉사자로 활동하게 되면 부모-교사 간 파트너십을 구현할 수 있다(박화윤, 최재숙, 2002).

① 전문지식을 활용한 봉사

특정 전문지식이나 기능을 가진 부모가 어린이집을 방문하여 영유아들을 지도하거나 부모의 직장을 견학함으로써 직접 경험을 하는 기회를 제공할 수 있다. 예를 들어, 악기를 연주하는 부모는 영유아를 위해 작은 음악회를 열어 줄 수 있으며, 치과의사인 아버지의 병원을 방문하도록 하여 영유아들에게 치아 관리에 대해 설명해 줄 수 있다.

② 교육자료의 제작

부모는 어린이집에 필요한 여러 가지 자료의 제작을 도와줄 수 있다. 특히 기관에 충분한 자료가 구비되지 못했을 때는 부모로부터 이러한 도움을 받는 것도 의미가 있다. 예를 들어, 언어나 역할 영역에서 사용할 교구, 인형극 등의 제작을 부탁할 수 있다. 따라서 학기 초에 도움이 필요함을 알리고 자발적인 지원을 받은 후, 기관에서 장소와 재료를 제공하고 제작 방법을 안내하여 진행한다. 자료를 제작한 부모는 자신의 도움이 자녀의 보육환경 개선에 도움이 되는 경험을 함으로써 보람을 느끼게 된다.

③ **수업보조교사**

수업보조교사란 부모가 영유아교육에 대해 일정한 훈련을 받고 교사를 도와 직접 수업에 참여하는 것이다. 처음에는 간식을 준비하거나 동화책을 읽어 주는 정도의 일에서 시작하여 점차 자유놀이의 한 영역을 지도하고 부분적으로 프로그램에 관여하는 역할까지 할 수 있다.

3) 적극적 부모참여

적극적 부모참여 유형에는 부모가 교육프로그램 구성, 조직, 운영 등의 의사결정 과정에 직접 참여할 수 있는 가장 진보적인 부모참여 유형이라 할 수 있다. 적극적 부모참여는 수준 높은 어린이집을 구축해 나가는 데 필수적인 과정으로, 대표적인 형태로는 운영위원회와 부모 모니터링 참여가 있다.

① **운영위원회**

「영유아보육법」 제25조에 따르면, 어린이집의 원장은 어린이집 운영의 자율성과 투명성을 높이고 지역사회와의 연계를 강화하여 지역 실정과 특성에 맞는 보육을 실시하기 위하여 어린이집에 어린이집 운영위원회를 설치 · 운영할 수 있도록 하고 있다. 어린이집운영위원회는 어린이집의 원장, 교사 대표, 학부모 대표 및 지역사회 인사(직장어린이집의 경우에는 그 직장의 어린이집 업무 담당자로 한다)로 5~10명 이내의 범위에서 구성된다. 어린이집 운영위원회에서는 어린이집 운영규정의 제정이나 개정에 관한 사항, 어린이집 예산 및 결산의 보고에 관한 사항, 영유아의 건강 · 영양 및 안전에 관한 사항, 보육 시간, 보육과정의 운영방법 등 어린이집의 운영에 관한 사항, 보육교직원의 근무환경 개선에 관한

▶ 원장, 교사 대표, 부모 대표, 지역사회 인사가 함께 모여 운영위원회를 개최하고 있다.

사항, 영유아의 보육환경 개선에 관한 사항, 어린이집과 지역사회의 협력에 관한 사항 등을 심의한다. 따라서 부모가 어린이집 운영위원회의 위원으로 참여하는 것은 가장 적극적인 형태의 부모참여라고 할 수 있다.

② 부모 모니터링 참여

「영유아보육법」 제25조의 2에 따르면, 시 · 도지사 또는 시장 · 군수 · 구청장은 어린이집 보육환경을 모니터링하고 개선을 위한 컨설팅을 하기 위하여 부모, 보육 · 보건 전문가로 점검단('부모모니터링단')을 구성 · 운영할 수 있도록 하고 있다. 부모모니터링단은 어린이집 급식, 위생, 건강 및 안전관리 등 운영상황 모니터링, 어린이집 보육환경 개선을 위한 컨설팅 등의 직무를 수행한다(사진 참조). 또한 시 · 도지사 또는 시장 · 군수 · 구청장이 위촉한 부모모니터링단이 아니라도 일부 어린이집 내에서 자발적인 부모참여를 통한 영유아 건강관리, 급식관리, 위생관리, 안전관리에 대한 부모 모니터링도 실시되고 있다.

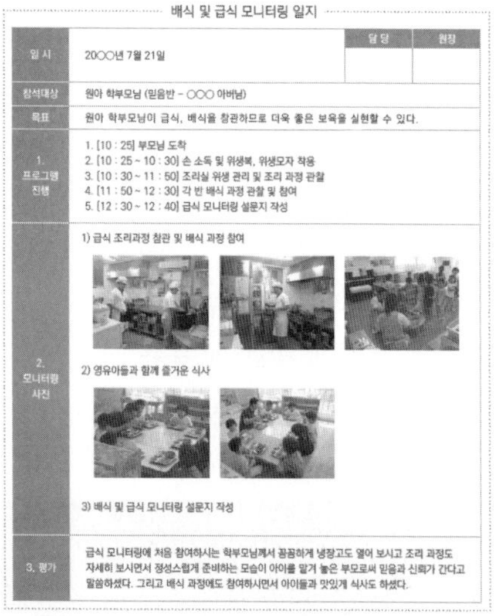

배식 및 급식 모니터링 일지

		담당	원장
일 시	20○○년 7월 21일		
참석대상	원아 학부모님 (믿음반 – ○○○ 아버님)		
목표	원아 학부모님이 급식, 배식을 참관하므로 더욱 좋은 보육을 실현할 수 있다.		
1. 프로그램 진행	1. [10 : 25] 부모님 도착 2. [10 : 25 ~ 10 : 30] 손 소독 및 위생복, 위생모자 착용 3. [10 : 30 ~ 11 : 50] 조리실 위생 관리 및 조리 과정 관찰 4. [11 : 50 ~ 12 : 30] 각 반 배식 과정 관찰 및 참여 5. [12 : 30 ~ 12 : 40] 급식 모니터링 설문지 작성		
2. 모니터링 사진	1) 급식 조리과정 참관 및 배식 과정 참여 2) 영유아들과 함께 즐거운 식사 3) 배식 및 급식 모니터링 설문지 작성		
3. 평가	급식 모니터링에 처음 참여하시는 학부모님께서 꼼꼼하게 냉장고도 열어 보시고 조리 과정도 자세히 보시면서 정성스럽게 준비하는 모습이 아이를 맡겨 놓은 부모로써 믿음과 신뢰가 간다고 말씀하셨다. 그리고 배식 과정에도 참여하시면서 아이들과 맛있게 식사도 하셨다.		

▶ 2011년 어린이집 부모참여 사례 공모 수상집에서 발췌한 배식 및 급식 모니터링 일지다(출처: 보건복지부, 중앙육아종합지원센터, 2011).

▶ 어린이집을 방문하여 전문가(왼쪽)와 학부모(오른쪽)가 비상손전등 등 안전장비를 점검하고 있다(출처: 국제뉴스, 2014. 5. 28. 강남구, '부모 모니터링단' 운영).

3. 보육과정과 부모와의 협력

어린이집에서 부모와의 유기적인 협력을 위해서는 보육과정에 대한 이해와 계획이 필요하다. 여기서는 대표적으로 유아기를 대상으로 한 누리과정 내 부모 및 가족과의 연계 관련 내용을 살펴보고,연간계획안 예시를 통해 부모와의 실질적인 협력에 대해 알아보고자 한다.

1) 3~5세 누리과정의 부모 및 가족과의 연계 관련 내용

3~5세 누리과정에서 부모 및 가족과의 연계와 관련된 영역은 '사회관계' 영역이다. 사회관계 영역은 '나를 알고 존중하기' '나와 다른 사람의 감정을 알고 조절하기' '가족을 소중히 여기기' '다른 사람과 더불어 생활하기' '사회에 관심 갖기'의 다섯 가지 내용 범주로 구성되어 있다. 이 중에서 부모 및 가족과의 연계와 관련된 영역은 '가족을 소중히 여기기'다(교육과학부, 보건복지부, 2013).

(1) 사회관계 영역의 세부 목표

유아기는 유아가 가족과 밀접한 관계를 갖는 시기로 가족에 대한 이해와 소중함을 알도록 하는 데 적절한 시기다. 유아기부터 가족의 소중함에 대한 태도를 강조하고 부모와 조부모, 형제에게 애정과 친밀감을 느끼며 가족의 소중함을 알도록 하는 것이 중요하다. 또한 세상에 다양한 가족이 있음을 유아가 이해하고 인정하며, 가족이 있어 행복하다는 것을 인식하는 것이 중요하다. '가족을 소중히 여기기'에서는 유아가 가족에 대한 이해를 바탕으로 가족 구성원과 화목하게 지내며 가족을 기쁘게 하는 일을 찾아보고, 가족이 어려움에 처했을 때 서로 위로하며 협력할 수 있도록 한다.

(2) 사회관계 영역의 세부 내용

'가족을 소중히 여기기'는 〈표 11-3〉과 같이 가족과 화목하게 지내기와 가족과 협력하기로 구성되어 있다. 가족과 화목하게 지내기는 가족의 소중함을 알고 가족의 의미를 알며 화목하게 지내는 내용을 다룬다. 가족과 협력하기는 유아가 자신의 가족 구성원과 각자의 역할에 대해 알아보며, 다양한 가족의 구조에 대해 알아보는 내용을 다룬다. 나의 가족을 위해 내가 할 수 있는 일을 찾아보고 실천하며, 가족 간

〈표 11-3〉 **'가족을 소중히 여기기'의 내용 범주에 따른 연령별 세부 내용**

내용 범주	세부 내용		
	3세	4세	5세
가족과 화목하게 지내기	가족의 소중함을 안다.		가족의 의미와 소중함을 안다.
			가족과 화목하게 지낸다.
가족과 협력하기	가족 구성원을 알아본다.	가족 구성원의 역할에 대해 알아본다.	다양한 가족구조에 대해 알아본다.
	가족을 위하여 내가 할 수 있는 일을 알아본다.	가족을 위하여 내가 할 수 있는 일을 알아보고 실천한다.	가족은 서로 도와야 함을 알고 실천한다.

출처: 교육과학부, 보건복지부(2013). 3~5세 연령별 누리과정 해설서. 서울: 교육과학부, 보건복지부.

에 서로 도울 수 있는 방법을 알아보는 내용으로 이루어져 있다.

2) 부모와의 협력 연간계획안의 예

어린이집과 가정이 협력하는 차원은 매우 다양하다. 특히 부모-교사 간 동반자적 관계를 위해 부모는 어린이집에서 실시되는 교육내용을 이해하고, 그것이 가정에까지 연결되어 부모로서의 역할을 수행할 수 있어야 한다. 가정에서 유아를 양육하는 것으로부터 영유아 교육기관에 대한 직간접적인 협력과 후원에 이르기까지 여러 가

〈표 11-4〉 **부모와의 협력(연간계획안) 예시**

월	주제	방법
3	어린이집 운영 및 관리 안내	오리엔테이션
4	자녀와 대화하기	가정통신문
5	유아 성교육, 부모와 아이의 스킨십	강연회
6	부모가 자녀의 발달상황을 인식하고 지원할 수 있도록 도울 수 있는 내용	개별면담(포트폴리오, 관찰일지 등)
7	유아기 건강 및 식습관과 부모의 역할(식중독 및 편식 지도)	가정통신문(요리법, 편식 지도)
8	가정에서의 안전과 부모의 역할	가정통신문
9	부모들이 가진 문제를 인식하고 극복하도록 돕는 방법	강연회(전문가 초청)
10	특수아를 가진 부모 지원	전화상담(특별한 유아만을 대상)
11	자녀의 도덕성발달과 부모의 역할	가정통신문
12	김장	부모참여수업
1	사교육에 대한 정보 교류	가정통신문
2	자녀의 초등학교 입학 전 부모의 준비 자세	강연회

지 형태의 협력을 통하여 보육활동을 지원하고 영유아의 발달을 도울 수 있다. 〈표 11-4〉는 어린이집에서 실시 가능한 부모와의 협력에 대한 연간계획안의 예시다.

3) 부모와의 협력을 위한 지침

부모-교사 협력과 부모참여 프로그램에 대한 계속적인 참여가 영유아에게 양질의 교육 경험을 제공하는 중요 요소이며, 영유아기 동안 부모참여가 계속될 때 영유아의 학업성취도와 인지적 발달의 향상을 가져온다(Weiser, 1991). 하지만 지나치게 적극적인 부모의 태도는 교육기관에 여러 가지 갈등을 초래할 수도 있다(Stipek, Rosenblatt, & DiRocco, 1994). 따라서 이러한 갈등을 줄이고 긴밀한 관계를 형성하기 위해서 교사는 부모의 다양한 입장을 이해할 필요가 있다(정갑순, 1996).

첫째, 부모는 때때로 교사의 말을 이해하지 못하고 엉뚱한 것 같기도 하지만 자녀교육에 있어서는 아주 실질적이고 그 나름대로의 확고한 신념을 가진 사람이다. 둘째, 부모는 친지, 친구, 이웃 등 많은 사람들과 복잡한 관계를 갖고 있으며, 이러한 관계는 영유아의 생활에 영향을 미치는 중요한 변인이 된다. 셋째, 부모는 교육과정에 수반되는 어떤 보육활동의 목적을 이해할 수도 있고 혹은 이해하지 못할 수도 있다. 넷째, 부모는 영유아가 원해서 교육기관에 보내는 것이 아니라 강제로 강요해서 보내는 입장일 수도 있고, 반대로 영유아는 원하지만 부모는 교육기관의 교육보다는 다른 기능적 훈련을 위한 프로그램에 등록하기를 더 원할 수도 있다. 다섯째, 부모의 부부생활은 영유아의 일상생활, 즉 수면습관, 식사습관, 사고의 유형 등에 영향을 준다. 여섯째, 부모는 자녀가 갖고 있는 문제를 효율적으로 처리하지 못할 수도 있다. 일곱째, 부모는 자기 자신의 건강이나 가족문제에 대하여 또는 자녀문제에 대하여 비관적이거나 이미 더 이상 지탱해 나갈 것을 포기한 사람일 수도 있다. 여덟째, 부모는 자신들의 목적과는 일치하지 않지만 교육기관의 운영 방침에 호응해 나가려고 노력하는 사람일 수도 있다. 아홉째, 부모는 자신의 생활이 너무 바쁘기 때문에 교사와의 관계를 유지하기가 힘들고, 또한 교사의 방침이나 교육방법에 비협조적이며 순응할 수 없는 입장일 수도 있다. 열째, 부모는 자녀의 교육에 대한 책임이 모두 교사에게 있고 부모는 단지 경제적 부담의 책임만 지면 된다고 생각할 수도 있다. 이처럼 부모의 다양한 상황을 이해하는 교사는 부모를 진정한 동반자로 인식하게 되어 부모-교사 간 협력을 위해 더욱 노력하게 된다.

제12장

지역사회와의 협력

인간은 자연과 조화를 이루고 자신이 속해 있는 지역공동체 속에서 어우러져 살아간다. 즉, 인간은 개인적 존재인 동시에 사회적 존재로서 지역사회에서 서로 관계를 맺으며 생활하게 된다. 지역사회란 단순히 지리적 위치에 기반을 둔 지역공동체를 넘어서 사람들 간의 관계를 포함하는 포괄적인 개념이다. 그러므로 지역사회는 일차적인 생태학적 환경인 가족이 거주하는 곳으로서, 지역사회가 추구하는 가치에 따라 영유아의 직 · 간접적인 경험에 지대한 영향을 미친다.

영유아를 위한 어린이집은 지역사회 속에 있는 사회시설이라는 점에서 지역사회와 밀접한 관계에 있으며, 지역사회와의 상호작용을 통해 효율적으로 운영될 수 있다. "한 아이를 키우려면 온 마을이 필요하다" 라는 아프리카 격언처럼 영유아는 일상생활에서 지역사회의 구성원과 상호작용하면서 성장하고 학습하는 과정을 통해 사회화되어 간다. 이 장에서는 지역사회와의 관계, 지역사회의 자원, 그리고 보육과정에 따른 지역사회와의 협력에 대해 살펴보고자 한다.

1. 지역사회와의 관계

영유아는 가정에서 만나는 부모나 형제처럼 그들의 삶에 직접적인 영향을 주며 매우 근접하게 존재하는 사람들로부터 영향을 받는다. 또한 지역사회의 각종 시설에서 일하는 사람들 혹은 도시나 국가 등의 정책이나 행정의 방향을 결정하는 사람들로부터도 간접적인 영향을 받는다(Gestwicki, 2004). 특히 급변하는 현대사회의 환경은 지역사회의 구조, 구성원, 역할을 변화시키고 있기 때문에 각 지역사회의 독특한 사회적 · 역사적 · 문화적 맥락 내에서 성장하는 영유아와 지역사회는 분리할 수 없는 관계에 있다(이경희, 2005). 따라서 지역사회와의 협력은 영유아보육의 중요한 부분으로, 어린이집에서는 지역사회와의 협력 속에 이루어지는 통합된 교육을 계획해야 한다.

1) 지역사회의 개념

지역사회(community)란 라틴어 '*communus*'에서 유래한 말로 '*com*(함께)'과 '*munus*(선물 주기)'의 뜻이 합쳐진 단어다(정하성, 2002). 즉, '서로 간에 주고받는 관계' '서로 보살피는 관계'라고 정의할 수 있다(박선경, 2011). 또한 지역사회는 지리적 · 행정적 분할에 의해 나뉜 일정한 지역 안에 성립되어 있는 생활공동체를 의미한다(고려대학교 민족문화연구원, 2014). 따라서 지역사회란 일정한 지역에 모여 공동의 문제를 해결하기 위한 사회적 · 교육적 · 경제적 활동을 수행하는 공동 생활권을 뜻하는 것으로, 그 안의 사람들이 다양한 재원을 활용하여 일정한 문화와 경험을 공유 또는 분배하는 곳이다. 지역의 근접성과 함께, 사회문화적 동질성과 사람과 사람 간의 관계, 그리고 그 집단으로서의 소속감과 의무감, 자발적인 참여가 중요한 특징이라고 할 수 있다.

이러한 지역사회의 구성요소로 일정한 지리적 공간, 인간, 사회적 상호작용, 공동유대감을 들 수 있다(정지웅, 이성우, 정득진, 고순철, 2000). 첫째, 지역사회는 일정한 지역의 공유를 기초로 한다. 과거에는 지역사회의 지리적 공간이 산과 들, 강 등의

▶ 공원 조형물과 유아들이 조화를 이루고 있다.

자연적 요건에 따라 제한을 받았다. 그러나 정보화시대를 살고 있는 현대에는 범세계적인 사회적 상호작용이 가능해지면서 지역사회의 범위가 확대되었다. 둘째, 인간 없이는 지역사회도 존재하지 않는다. 따라서 지역사회는 항상 인간을 중심에 두어야 한다. 셋째, 인간은 지역사회에서 서로의 삶을 공유하면서 사회적 상호작용을 한다. 지속적으로 경험된 사회적 상호작용은 하나의 사회 질서로 확립되고, 지역사회를 바람직한 방향으로 나아갈 수 있게 하는 원동력이 된다. 끝으로, 인간은 사회적 상호작용을 통해 지역사회에 대한 공동유대감을 갖는다. 공동유대감은 공동의 가치를 추구하는 공동의식으로 지역사회 주민의 소속감이나 애향심 등을 포함한다. 이러한 지역사회의 네 가지 요소 중 어느 요소를 강조하느냐에 따라 지역사회의 가치가 달라질 수 있다. 과거에는 지리적 요소가 지역사회의 가치 요인이었지만 현대에는 사회관계적 요소를 지역사회의 가치 요인으로 둔 지역정보화 사회를 추구하고 있다(김구, 2010).

2) 지역사회와 협력의 필요성

어린이집과 지역사회의 협력이 필요한 이유는 다음과 같다. 첫째, 지역사회는 영유아에게 탐구와 상호작용의 장이자 신체적 · 정서적 발달을 위한 장으로 영유아의 다양한 경험을 형성하는 데 중요한 역할을 수행한다. 예를 들어, 지역사회 문화교육은 지역사회 내 문화 자체에 대한 이해뿐만 아니라 영유아의 애향심, 공동체 의식, 지역에 대한 자긍심 등을 기를 수 있다. 또한 영유아가 지역사회의 행동양식을 이해하는 것은 자신의 삶에 긍정적인 영향을 줄 뿐만 아니라 성장 후에도 지역사회 발전에 공헌하게 될 것이다(정미라, 이희선, 노은호, 2004). 둘째, 영유아는 미래를 책임질 주체이기 때문에 어린이집과 지역사회는 영유아보육에 대한 연대책임의식을 가져야 한다. 외국의 연구(Aneshensel & Succoff, 1996; Craig, Liliana, Paula, Joshua, & Nicole, 2006; Garbarino & Kostelny, 1996; Leventhal & Brooks-Gunn, 2000)에서 낮은 사회경제적 지위, 불안정한 주거환경, 폭력적인 지역사회 환경은 영유아의 발달에 불이익을 주며, 내재화 · 외현화 문제행동을 증가시킨다고 하였다. 따라서 지역사회는 영유아와 가족에게 필요한 서비스(예: 상담, 아동의 예방접종 등)를 연계하고, 어린이집은 지역사회 행사에 적극적으로 참여할 필요가 있다. 어린이집과 지역사회는 영유아에 대한 많은 정보와 기술, 전문적 지식을 공유하고 협력적 관계를 유지함으로써 지역 보육의 질적 수준도 높일 수 있다. 셋째, 어린이집은 공공시설이며 국민의 조세로 지원받고 있다는 면에서 사회적 공공자원이다. 어린이집이 지역사회의 요구를 반영한 사회적 서비스를 제공하는 지역사회센터로서의 역할을 수행하여야 한다는 주장도 제기되고 있다(이민규, 2008). 어린이집은 공익성을 기반으로 하는 공적인 시설로 어린이집의 보육서비스는 차츰 영유아, 가족, 지역사회가 함께 상호 혜택을 입는 공익사업이어야 한다는 인식이 점차 보편화되었다. 즉, 영유아와 가족을 위한 보호, 교육과 더불어 사회복지 기능을 담당하는 보육사업으로의 보육 개념이 확대되고 있다. 구체적으로, 어린이집에서는 지역사회 주민을 대상으로 한 부모교실운영, 육아상담, 교재·교구 대여서비스 등을 통해 지역복지 실현에 기여할 수 있다.

정리하면, 영유아가 다니고 있는 어린이집은 지역사회 속에 있는 사회시설이라는 점에서 지역사회와 밀접한 관계가 있다. 어린이집은 지역사회와의 상호 연계에 의해서 효율적으로 운영될 수 있으며, 지역사회와의 연계를 통해 지역사회의 특성을 긍정적으로 받아들일 수 있다. 이를 통해 영유아와 가족의 건강한 성장과 발달 및 지역사회의 건전한 보육환경 조성 및 지역사회 통합을 도모한다.

2. 지역사회의 자원

모든 어린이집은 특정 지역사회 내에 위치하고 있으며 각 지역사회에는 어린이집과 교류하기 위한 방법으로 보육프로그램을 실시하는 과정에서 유용하게 활용될 수 있는 여러 자원들이 있다. 지역사회는 어린이집에 지역의 다양한 자원을 체험할 수 있는 기회를 제공하고 어린이집도 지역사회의 다양한 자원들과 협력하여 상호 간의 이해와 우호적인 관계를 유지하는 것이 필요하다. 지역사회 자원이란 삶을 영위하는 사회에 포함된 생물자원과 지속 가능한 이용 자원을 말한다. 어린이집에서 교사들이 활용할 수 있는 지역사회의 자원은 크게 다음과 같은 유형으로 분류된다(강선미, 2009; Gestwicki, 2004).

1) 물적 자원

물적 자원(material resources)은 현금, 현물과 같은 후원금, 지역사회의 다양한 시설과 자연, 지원받을 수 있는 다양한 물품 등을 지칭한다. 예를 들어, 지역 내 각종

〈표 12-1〉 물적 자원의 종류

종류	대표적인 예
후원금	• 현금, 현물
지역시설	• 공공기관: 구청, 주민센터, 은행, 소방서, 보건소, 사회복지관, 경로당 등 • 유통기관: 재래시장, 대형마트, 편의점, 백화점 등 • 운송수단: 지하철, 버스, 택시 등 • 자연: 공원, 인근, 산, 들, 하천, 강 등 • 기타: 건설현장, 종교시설, 동물원 등 • 놀이시설: 실내놀이터, 키즈 카페 등
물품	• 편의점, 마트: 종이상자 등 • 패스트푸드점: 종이컵, 포장용기 등 • 제조업체: 의류, 문구 등 • 주민센터, 학교: 책상, 의자 등

▶ 유아들이 우체국을 견학하고 있다.

가게들, 쇼핑센터, 지하철이나 버스 등의 운송수단 체계, 건설현장, 소방서, 공원과 휴식 공간, 종교시설, 동물원, 놀이시설 등 모든 자원들은 영유아에게 실질적이고 교육적인 경험을 제공해 주는 중요한 자원이다(〈표 12-1〉 참조). 또한 작은 미술용품, 종이상자, 다양한 질감의 작은 나무 조각, 장난감 등의 지원 및 기부는 보육활동을 풍성하게 해 주며, 재활용의 활성화에도 도움이 된다. 따라서 어린이집과 지역사회는 지역사회의 지원 및 기부 문화를 활성화시키는 데 노력해야 한다. 이를 위해 교사는 어린이집이 위치한 지역사회의 각종 기관이나 사업체들에 관한 정보를 구축하고 관리하여 자료들에 대한 지원 가능성을 타진해 볼 필요가 있다. 사업체들도 어린이집에 자료를 지원함으로써 사업체의 홍보 효과를 거둠과 동시에 지역사회 영유아들을 미래의 고객으로 확보하는 기회를 가질 수 있다.

(1) 어린이공원

▶ 공원에서 유아들이 탐색활동을 하고 있다.

어린이공원은 놀이와 휴식을 할 수 있으며, 놀이시설 및 보행, 각종 서비스를 위한 장소로 활용된다(사진 참조). 어린이공원은 어린이뿐만 아니라 성인이나 노인의 이용도 많다. 어린이의 놀이행위를 보

〈표 12-2〉 **연도별 어린이공원의 설치 현황** (단위: 개소, km²)

연도	생활권공원		어린이공원	
	개소	면적	개소	면적
2011	18,461	632.87	10,822	25.59
2010	18,008	609.83	10,726	25.40
2009	16,884	183.47	10,561	15.57
2008	15,754	173.85	10,246	13.61
2007	14,118	0.46	9,746	0.02

출처: 국토해양부 국토정책국 도시정책관 녹색도시과(각 연도). 「도시계획현황」; 임예지(2012에서 재인용). 지역 밀착형 보육지원시설을 위한 주민참여 계획연구. 연세대학교 대학원 석사학위논문.

호함과 동시에 부모도 함께 이용하고 있으며, 직장인에게는 도심 속 작은 휴식처의 역할을 함으로써 커뮤니티 형성에도 주요한 기능을 한다. 쉽게 접근할 수 있고 주민과 어린이들의 휴식과 놀이를 위한 공간으로, 어린이에게 이 공간은 타인과 접촉하면서 사회성을 함양하며 훌륭한 인격체로 성장할 수 있는 교육의 장소이기도 하다(이종국, 2012).

어린이공원은 「도시공원 및 녹지 등에 관한 법률」 제15조 1항에 의거 생활권공원 안의 어린이의 보건 및 정서생활 향상에 기여함을 목적으로 설치된 공원이다. 어린이놀이터와 조성에 있어 관련 법규와 설치기준이 다르지만 그 기능은 유사하므로 동일한 개념으로 사용되기도 한다(정진우, 2009). 지역의 중심에 있고 접근이 용이하므로 이용률은 다른 도시공원보다 높은 편이다. 하지만 어린이공원과 같이 도시 주거지 내 어린이들이 뛰어놀 수 있는 공간이 점차 부족해지고 있는 상황이다(이종국, 2012). 어린이공원은 2~12세의 어린이가 주 이용 대상으로 성인들과 동행 이용하는 것을 감안하며, 유치거리 250m, 면적 1,500m² 이상을 갖는 근린지구 내 어린이의 접근이 자유로운 곳에 출입구를 두되 사고의 위험성 및 주변과의 관계성을 검토하여 설치된다(이서연, 윤지영, 2010). 〈표 12-2〉에 제시된 연도별 어린이공원 설치 현황을 보면 2007년 9,746개에서 2011년 1만 822개로 11.0% 증가한 반면, 2007년 생활권공원 면적 0.46㎢에 비하여 어린이공원 면적은 0.02㎢로 4.5%였으며 2011년에는 4.0%로 감소하였다.

(2) 실내놀이터

실내놀이터는 건물의 내부에 위치해 어린이에게 언제나 자유로운 놀이활동이 이루어질 수 있도록 제공하는 장소다. 여기에는 기어오르기, 매달리기, 미끄럼타기 등 다양한 활동이 이루어질 수 있도록 복합놀이기구와 이동할 수 있는 자동차, 미끄럼틀과 책, 블록 등이 구비되어 있다(임예지, 2012). 실내놀이터는 최근 백화점, 병원 등 일상적인 기본생활 공간이 되는 상업공간 내 설치되어 차량이나 실외 위험요소로부터 분리되어 있다. 따라서 어린이 사고 위험 등의 우려를 덜어 주고 보호자가 자녀를 안심하고 맡길 수 있다. 실내놀이터에서 유아는 다양한 놀이를 체험하고 다른 유아와 자연스럽게 집단놀이를 하며 신체 및 사회적 활동을 통한 협동심을 기를 수 있다(사진 참조). 또한 장시간 보호자와 떨어져 있더라도 다양한 놀이시설을 이용하며 심리적 호기심을 충족시키고 재미있게 시간을 보내기도 한다(이윤홍, 2004). 실내놀이터는 1982년 Jack Pentes에 의해 야외놀이터에서 어린이 안전사고를 줄이고 외부 기후 변화에 상관없이 안전하게 놀 수 있는 여건을 마련하기 위해 처음 개발되었다. 우리나라에는 1994년 (주)소프트프레이 코리아가 플레이타임을 개점하여 처음 등장하게 되었다(이윤홍, 2004). 실내놀이터 형태로는 어린이집, 소규모 매장, 음식점 등에 설치된 작은 면적의 실내놀이터가 있고, 대형유통매장, 쇼핑시설 등에 유료로 운영되는 비교적 큰 실내놀이터도 있다. 실내놀이터는 설치 및 운영 업체가 영세하여 수시로 개업·폐쇄하는 업체가 많아 정확한 현황 파악은 어려우나, 조사자료(문자영, 2012)에 따르면 플레이타임 65개, 정글인 40개 등 약 150개 이상이 설치되어 있다(〈표 12-3〉 참조).

▶ 실내놀이터의 버블체험실에서 유아들이 버블을 만들고 있다.

〈표 12-3〉 **연도별 실내놀이터 설치 현황** (단위: 개)

연도	플레이 타임	정글인	아이타잔	플레이 월드	키즈키즈	리틀 콜럼버스	위드핀
2011	32	40	4	10	2	3	3
2012	65	40	17	10	12	3	3

출처: 각 시설업체 웹사이트; 임예지(2012). 지역밀착형 보육지원시설을 위한 주민참여 계획연구. 연세대학교 대학원 석사학위논문에서 재인용.

(3) 키즈 카페

키즈 카페는 기존의 실내놀이터와 카페의 개념이 합쳐진 신개념 놀이공간이다. 2~12세 어린이와 부모를 대상으로 운영되는 시설로 실내·외에 놀이시설을 갖추어 어린이가 노는 동안 부모는 차나 식사를 즐길 수 있는 공간이다. 키즈 카페는 어린이와 부모를 주 고객층으로 차별화된 편의시설과 카페 등을 제공하여 부모도 함께 즐길 수 있는 공간이다. 최근에는 어린이에게 교육 및 문화 체험의 기회를 주고, 부모에게는 각종 모임이나 회의 등의 장소로서의 기능을 하고 있다. 실내 놀이공간에서 어린이에게 세분화된 운동이 가능하게 하고, 신체기능의 발달을 촉진하고 또래집단과의 놀이를 가능하게 한다. 또한 교육 및 체험프로그램을 통해 어린이의 창의성 향상에 기여할 수도 있다. 부모에게는 자녀가 노는 동안 휴식을 취하거나 여가를 즐기며, 다른 부모와의 소통을 통해 여러 가지 정보를 교환할 수 있는 기회를 제공한다. 이처럼 키즈 카페는 기본적인 놀이와 카페의 기능 외에도 다양한 기능을 수반하여 어린이의 신체적·사회적 발달에 기여하고, 부모에게는 여가와 정보 교환 등의 기능 등을 제공하고 있다. 최초의 키즈 카페는 놀이시설 수준이 강화되었으며, 수준 높은 카페의 성격이 합쳐져 부모와 어린이가 휴식과 놀이를 할 수 있는 공간으로 자리 잡게 되었다(문자영, 2012).

설치 형태는 일반 상가에 입점하는 로드샵형과 대형 마트나 백화점 등에 입점하는 쇼핑센터 입점형으로 나눌 수 있다. 또한 인테리어 수준이 높아져 수준이 높은 전문업체가 시공을 맡아 하는 것이 일반적이며, 프랜차이즈 업체를 통한 운영이 보편화되고 있는 추세다. 키즈 카페도 수시로 개업 및 폐쇄하는 업체가 많아 정확한 파악은 어려우나, 조사자료(문자영, 2012)에 따르면 어린왕자 50개, 리틀 베어 23개 등 약 121개 이상을 찾아볼 수 있다(〈표 12-4〉 참조).

〈표 12-4〉 **연도별 키즈 카페 설치 현황** (단위: 개)

연도	어린 왕자	리틀 베어	롤리팝	네버 랜드	키즈콩	차일드 큐브	어린 농부 딸기가 좋아	키즈 투이	키즈 위즈	리틀 오챠드
2011	40	23	11	10	6	5	5	4	3	2
2012	50	23	11	10	6	6	6	4	3	2

출처: 각 시설업체 웹사이트; 임예지(2012). 지역밀착형 보육지원시설을 위한 주민참여 계획연구. 연세대학교 대학원 석사학위논문에서 재인용.

2) 인적 자원

▶ 청량리어린이집의 유아들이 금연 캠페인에 참가하고 있다(출처: 아시아경제, 2010. 11. 3.).

어린이집이 위치한 지역사회에는 다양한 사회문화적 특징을 가진 사람들이 살고 있다. 어린이집에서는 보육프로그램을 진행하는 과정 중에 지역사회의 다양한 인적 자원(people resources)을 적극적으로 활용함으로써 영유아에게 제공되는 활동을 보다 풍성하게 할 수 있다(〈표 12-5〉 참조). 활용 가능한 인적 자원으로는 의사와 간호사 등 어린이집에서 영유아들의 진료활동에 참여하거나 위생에 관한 교육활동을 직접 진행시켜 줄 수 있는 사람들, 그 밖에 경찰관이나 소방관 등 지역사회기관에 종사하는 사람들, 자원봉사자, 기타 일반 지역 주민으로 구성된다. 한편 영유아도 지역사회 인적 자원으로서의 역할을 할 수 있다. 예를 들어, 경제적으로 어려운 가정의 또래들이나 기관에 지원할 물품을 수집하고 알뜰장을 열어 자금을 모금하는 활동, 지역 양로원이나 고아원 방문 등의 활동을 통해 영유아들은 지역사회에 기여할 수 있는 인적 자원으로서의 역량을 키워 나가게 된다(강선미, 2009).

〈표 12-5〉 **지역사회 내 인적 자원의 종류**

종류	대표적인 예
분야 전문가	• 위생교육: 의사, 간호사, 보건소 직원 등 • 안전교육: 소방관, 경찰관, 군인 등 • 경제교육: 은행원, 우체부 등
지역 주민	• 전래동화: 할아버지, 할머니 등 • 기타: 대청소 지원 등
보육교사	• 부모교육: 예비부모교실, 부모상담, 편식예방 등
영유아	• 재롱잔치: 양로원 방문 • 모금활동 등

(1) 전문기관 및 전문가

▶ 보건소 직원이 어린이집을 방문하여 교육을 해 주고 있다.

어린이집에는 가정환경이나 발달적 특성이 또래들과 달라서 특별한 보호를 필요로 하는 영유아가 있다. 특수한 요구사항의 예로는 영유아의 개별적인 행동문제(예: 또래 영유아들에 비해 어떤 사물을 아주 무서워함)에서부터 부모의 이혼이나 학대, 질병에 이르기까지 다양하다. 따라서 원장과 교사는 영유아와 가족의 다양한 문제를 이해하고, 이들의 특수한 요구를 파악할 수 있는 능력을 길러야 한다. 즉, 어린이집에서는 영유아와 가족의 특정 문제를 도와줄 전문기관에 대한 실질적인 정보(예: 서비스 종류, 전화번호, 비용)를 가지고 있음으로써, 가족이 전문가를 찾아가 도움을 구하도록 격려해 주어야 한다. 또한 특수한 요구가 있는 영유아를 위해 관련 전문가와 협조하여 함께 문제를 해결하도록 노력해야 한다(여성가족부, 2006). 〈표 12-6〉은 대표적인 지역사회 전문기관 및 전문가를 보여 주고 있다.

〈표 12-6〉 **지역사회 전문기관 및 전문가**

대상	연계기관	전문가	내용	비고
장애아	장애인 복지관	상담원 치료사	• 부모교육 및 상담 • 음악치료, 물리치료, 언어치료 • 교육진단, 개별수업, 집단수업 • 표준화 검사	
영유아	아동상담 센터	상담원 치료사	• 놀이치료, 미술치료, 모래치료 • 부적응행동 완화 및 사회적응력 증진 • 심리적 안정감, 의사소통 능력, 사회성 증진	한국아동 상담센터
학대 영유아	아동학대 예방센터	아동학대 전문상담원	• 해당 지역 아동보호전문기관으로 아동학대 사례 조사 의뢰 • 의료기관, 상담치료기관, 복지시설과의 연계 유도	중앙아동학대 예방센터 아동학대 상담센터
가족 전체	가족상담 센터	상담전문가	• 심리검사 • 무료상담 • 가족치유세미나, 부부사랑세미나	한국가족상담 센터

가족 전체	사회 복지관	사회복지사 상담원 치료사	• 가정폭력상담 • 장애아가족을 위한 상담 및 서비스 • 기초생활지원서비스 • 밑반찬지원서비스 • 경제지원서비스	
	보건소	보건진료원 직원	• 각종 진료 및 예방접종 • 방문보건사업 • 선천성대사이상 검사, 발달 검사 • 성교육 및 모자보건	
	동사무소	사회 · 가정 복지 담당자	• 경감대상, 장애인복지카드 신청 • 기초생활지원서비스	
	구청	사회복지 담당자 장애인복지 담당 보건지도과	• 장애인지원, 장애인 편의시설, 장애인 복지관 관리 • 수급권자 책정 및 지원 • 자활지원사업 • 영유아지도 상담 및 평가 • 정신보건, 노인보건	

출처: 서영숙 외(2007). 보육과정. 경기도: 양서원.

(2) 자원봉사자

영유아는 지역 주민과 접촉함으로써 다양한 성인과 상호작용을 경험하게 된다. 영유아는 지역 주민과 주변 학교 학생들의 자발적인 보육참여를 통해 긍정적인 대인관계를 이해하고 유지할 수 있다. 예를 들어, 우리나라의 전통문화에 익숙한 노인들이 전통놀이인 실뜨기, 강강술래, 윷놀이, 전통의복과 관련된 경험을 위한 감물 또는 황토물 들이기, 전통 음식인 쑥범벅, 화전, 열무김치, 빈대떡 만들기 등에 참여하게 되면, 교사 경력이나 연령이 낮은 교사와 영유아들에게 도움을 줄 수 있다(정옥분 외, 2008).

▶ 관악구 자원봉사자들의 어린이집 장난감 소독 (출처: 아시아경제, 2009. 12. 24.).

어린이집은 본질적으로 가정과 지역사회의 협력이 요구되는 곳이므로 영유아를 보육하는 일차적인 역할과 함께 다양한 자원봉사 활동을 통해 지역사회 공동체 형성의 작은 구심점이 될 수 있다. 구체적으로 보육공간의 청결 유지, 각종 행사의 계획과 실행, 교재 및 교구 제작 등의 분야에 많은 인적 자원이 필요하나(김성희, 윤은수, 정정옥, 2008), 아쉽게

〈표 12-7〉 **어린이집 자원봉사활동 계획안 예시(청소년 봉사 대상)**

월	자원봉사 활동 내용	배치(명)	참여 일시	명단
3	• 자원봉사자 교육 및 OT • 텃밭(동물체험장) 만들기: 흙갈이, 퇴비 주기 • 실내 · 외(화장실) 대청소	매주 6~7명		
4	• 퇴비 주기 • 교구 세척	매주 3~4명		
5	• 알뜰시장놀이(바자회) 준비하기 • 각 반 대청소	매주 3~4명		
6	• 교구 세척 • 베란다 물청소	매주 3~4명		
7	• 가족 행사(아빠 일일캠프) 진행 보조 • 교구 세척	매주 3~4명		
8	• 교구 세척 • 물놀이 기구 정리 및 세척 • 각 반 대청소 • 각 반 교사 보조(아이들과 놀기) • 텃밭 잡초 뽑기 • 각반 교재 및 교구 정리 • 자원봉사자 활동 평가 회의	매주 3~4명		
9	• 민속놀이 한마당 준비 보조 • 실내 · 외(화장실) 대청소 • 창고 비품 정리	매주 3~4명		
10	• 가족운동회(마라톤대회) 준비 보조 • 교구 세척 • 대청소	매주 3~4명		
11	• 실외 놀이시설 세척 및 정리 • 베란다 청소 및 정리	매주 3~4명		
12	• 산타잔치 인형극 준비	매주 3~4명		
1	• 민속놀이 한마당(설날) 준비 보조 • 교구 세척 • 아이들과 신나게 놀기	주 2회 2~3명		
2	• 인형극 관람 나들이 보조 • 창고 비품 정리 • 화장실 청소 • 자원봉사자 평가 회의 및 만족도 조사	매주 2~3명		

출처: 김성희, 윤은수, 정정옥(2008). 보육시설 운영과 관리: 가족 및 지역사회 협력. 서울: 형설출판사.

도 어린이집 내 자원봉사의 활동은 아직 미비한 상태다. 〈표 12-7〉에 제시된 바와 같이, 어린이집에서는 봉사자를 관리함에 있어 사전에 계획된 봉사활동 계획안을 통해 일회성 봉사를 지양하고 체계적이고 의미 있는 봉사활동이 진행되도록 해야 한다.

(3) 보육교직원

어린이집은 지역사회로부터 지원을 받을 뿐 아니라 동네 청소, 노인정 방문, 지역 방치 아동을 위한 프로그램 등 지역사회에 봉사하는 기회를 가질 수 있다(여성부, 2005). 특히 어린이집에 근무하는 보육교사가 전문 지식을 바탕으로 지역 주민의 육아문제를 상담하거나 육아정보를 제공하여 지역사회의 건강한 육아환경에 기여할 수 있다. 이 외에 보육교직원은 그 지역에 위치한 양로원이나 고아원 방문, 환경보호를 위한 분리수거 실시에서부터 지역 발전을 위한 정보 교환, 경제적으로 어려운 이웃을 위한 물품 수집 및 자금 마련을 위한 알뜰시장 개최, 환경오염을 줄이기 위한 걷기 운동 동참, 지역사회의 축제 참여 및 자원봉사에 참여할 수 있다. 이러한 활동은 어린이집과 영유아 및 부모들에게 지역에 대한 애정을 고취시킬 수 있고, 나눔의 미덕을 깨달을 수 있게 하며, 더 나아가서는 영유아가 지역사회에 헌신할 수 있는 인적 자원으로 키워 나갈 수 있을 것이다(정옥분 외, 2008).

3) 문화적 자원

어린이집에서는 〈표 12-8〉에 제시된 바와 같이 지역사회가 가진 다양한 문화적 자원(cultural resources)을 활용할 수 있다. 지역사회의 문화적 자원에는 지역사회에서 주최하는 행사, 문화공연, 영유아를 대상으로 하는 각종 대회 등이 있다. 어린이집에서는 특색 있는 지역 문화에 참여하는 등 지역사회의 문화적 자원을 보육과정과 연계하여 영유아들이 풍성하게 체험할 수 있게 해 준다.

〈표 12-8〉 **지역사회 문화적 자원의 종류**

종류	대표적인 예
문화재	문화유적지, 미술관, 박물관, 문화회관 등
공연장	극장, 소극장 등
기타	우리 동네 그리기 대회, 한가위 전통놀이마당 등

(1) 어린이박물관

▶ 유아들이 어린이박물관 체험공간에서 물고기를 만지고 있다.

어린이박물관이란 3차원적 자료를 이용하여 호기심을 자극하고 학습 동기를 고취시키며 관련 프로그램을 제공함으로써 어린이의 요구와 흥미를 충족시키는 기관이다. 일반 박물관과 달리 소장품의 기능과 전시의 상호작용적 측면에서 일종의 교육센터로 교육적 목적과 함께 유형물을 전시하는 비영리 기관이다(정선영, 2001). 어린이박물관은 0~15세의 어린이를 주 대상으로 어린이 스스로 학습할 수 있는 기회를 제공하고 발달단계를 고려한 다양한 체험의 접근을 장려한다(사진 참조). 또한 지역사회와 문화 등에 대한 이해를 강화시키고 나아가 문화적 세계화를 도모한다(Leslie, 2012).

어린이박물관은 전시를 위한 전시 영역, 어린이 교육과 특별활동이 이루어지는 교육 영역, 관람객 편의시설을 위한 편의 영역, 복도, 계단 등의 공공 영역, 연구와 업무시설을 위한 연구 · 사무 영역, 관리 영역 등으로 구성된다(이재엽, 최윤경, 2008). 어린이박물관은 놀면서 배울 수 있는 장소로 어린이의 호기심을 자극하고 창의력을 증진시키며 지역사회로의 참여를 집중시켜 지역사회 내 다양한 관계를 조성하는 역할을 한다(이연숙, 임예지, 김광미, 2012). 1995년 설립된 삼성어린이박물관을 시작으로 2005년 5개관, 2006년 6개관, 2012년 경기도 어린이박물관이 설립되어 총 20개관이 운영되고 있다(〈표 12-9〉 참조). 어린이박물관은 주로 서울과 수도권에 집중되어 있으며, 각 지역의 어린이박물관들은 국립박물관의 전시실 형태로 운영되고 있다. 국립으로 운영되는 형태가 대부분으로 국립박물관에서는 국립경주박물관 어린이박물관과 같이 국립박물관에 소속된 경우가 많고, 사립으로 운영되는 어린이박물관은 독립적인 형태가 많다(국성하, 2010).

〈표 12-9〉 **우리나라 국립 및 사립 어린이박물관 현황**

개관 연도	박물관명	운영	소재지	개관 연도	박물관명	운영	소재지
1995	삼성어린이 박물관	사립	서울특별시	2006	국립광주박물관 어린이박물관	국립	광주광역시
1998	국립현대미술관 어린이박물관	국립	과천시		국립전주박물관 터치뮤지엄	국립	전주시
	국립청주박물관 어린이박물관	국립	청주시		국립김해박물관 체험학습실	국립	김해시
2003	국립민속박물관 어린이박물관	국립	서울특별시		국립생물지원관 체험학습실	국립	인천광역시
2004	딸기가 좋아	사립	파주시		롤링볼 어린이박물관	사립	서울특별시
2005	국립중앙박물관 어린이박물관	국립	서울특별시		티오비보	사립	부산광역시
	국립경주박물관 어린이박물관	국립	경주시	2007	헬로우 뮤지엄	사립	서울특별시
	인천어린이 박물관	사립	인천광역시	2008	국립과천과학관 어린이탐구체험관	국립	과천시
	캐니빌리지	사립	성남시	2010	독립기념관 독립운동체험관	사립	천안시
	재미난박물관	사립	인천광역시	2012	경기도 어린이박물관	국립	용인시

출처: 임예지(2012). 지역밀착형 보육지원시설을 위한 주민참여 계획연구. 연세대학교 대학원 석사학위논문.

3. 보육과정과 지역사회와의 협력

어린이집에서 유기적으로 지역사회와 협력을 하기 위해서는 보육과정에 대한 이해와 계획이 수반되어야 한다. 여기서는 대표적으로 누리과정 내 지역사회 연계 관련 내용을 살펴보고, 연간계획안 예시를 통해 실질적인 지역사회와의 협력계획, 그리고 어린이집 지역사회서비스의 영역에 대해 알아보고자 한다.

1) 3~5세 누리과정의 지역사회 연계 관련 내용

사회관계 영역은 유아가 자신을 알고 소중하게 생각하며 가족, 또래와 함께 지내는 방법뿐만 아니라 공동체에서 함께 살아가는 방법을 익히고 주변 세계에 관심을 가지고 적응해 나갈 수 있는 기초능력과 인성을 기르기 위한 영역이다. 사회관계 영역은 '나를 알고 존중하기' '나와 다른 사람의 감정 알고 조절하기' '가족을 소중히 여기기' '다른 사람과 더불어 생활하기' '사회에 관심 갖기'의 다섯 가지 내용 범주로 구성되어 있으며, 이 중에서 지역사회 연계와 관련된 영역은 '다른 사람과 더불어 생활하기'와 '사회에 관심 갖기'다(교육과학부, 보건복지부, 2013).

(1) 사회관계 영역의 세부 목표

유아기는 가족 외에 친구와 교사, 이웃 등 타인과의 사회적 관계가 확장되면서 상호작용이 빈번해지는 시기다. 이 시기는 다른 사람과 원만한 관계를 형성하고 협력할 수 있는 사회적 능력과 기술을 습득하기에 적합하다. 사회적 관계를 형성하는 데 필요한 질서, 배려, 협력 등 바른 인성을 기르는 것이 중요하며 전인발달이 이루어지는 것이 중요하다. 따라서 '다른 사람과 더불어 생활하기'에서는 사회적 존재인 유아가 친구와 협력하여 갈등이 발생할 경우 이를 긍정적으로 해결하는 방법, 교사와 이웃과도 협력을 도모하는 방법을 습득하도록 한다. 또한 유아가 정직, 배려, 예의, 공공규칙 등 사회적으로 중요하게 공유하는 가치를 실천하며 공동체 의식을 갖춘 민주 시민으로 성장하는 데 목표를 둔다.

유아기는 다름에 대한 편견 없이 다양한 문화를 경험하기에 적당한 시기다. 유아가 자신이 사는 동네, 지역사회, 우리나라에 대한 이해를 바탕으로 세계 다양한 나라와 문화에 대하여도 관심을 갖도록 할 필요가 있다. 따라서 '사회에 관심 갖기'에서는 유아가 자신이 속한 동네와 직업의 종류에 대해 알아보고자 한다. 또한 유아가 우리나라의 전통에 대한 이해와 자부심을 토대로 편견 없이 다양한 나라, 인종, 문화에 관심을 갖고 존중할 수 있도록 하는 데 목표를 둔다.

(2) 사회관계 영역의 세부 내용

'다른 사람과 더불어 생활하기'는 〈표 12-10〉에 제시된 바와 같이 친구와 사이좋게 지내기, 공동체에서 화목하게 지내기, 사회적 가치를 알고 지키기로 구성되어 있다. 친구와 사이좋게 지내기는 유아가 친구와 함께 놀이하고 협동하는 내용을 다룬

〈표 12-10〉 **'다른 사람과 더불어 생활하기' 의 내용 범주에 따른 연령별 세부 내용**

내용 범주	세부 내용		
	3세	4세	5세
친구와 사이좋게 지내기	친구와 함께 놀이한다.	친구와 협동하며 놀이한다.	
	나와 친구의 의견에 차이가 있음을 안다.	친구와의 갈등을 긍정적인 방법으로 해결한다.	
공동체에서 화목하게 지내기	-	도움이 필요할 때 다른 사람과 도움을 주고받는다.	다른 사람과 도움을 주고받고, 서로 협력한다.
	교사 및 주변 사람과 화목하게 지낸다.		
사회적 가치를 알고 지키기	-	정직하게 말하고 행동한다.	
	다른 사람의 소유물을 존중한다.	다른 사람의 생각, 행동을 존중한다.	다른 사람을 배려하여 행동한다.
	-	친구와 어른께 예의 바르게 행동한다.	
	약속과 규칙을 지켜야 함을 안다.	다른 사람과 한 약속이나 공공규칙을 지킨다.	
	-	자연과 자원을 아끼는 습관을 기른다.	

출처: 교육과학부, 보건복지부(2013). 3~5세 연령별 누리과정 해설서. 서울: 교육과학부, 보건복지부.

다. 또한 나와 친구의 의견에 차이가 있음을 알고 친구와의 갈등을 긍정적으로 해결하는 방법에 대해 알아보는 내용으로 이루어져 있다. 공동체에서 화목하게 지내기는 도움이 필요할 때는 다른 사람과 서로 도움을 주고받을 수 있으며 상호 협력할 수 있다는 것을 알아보는 내용이다. 또한 교사나 주변 사람들과 서로 화목하게 지내는 것이 중요하다는 것을 아는 내용으로 구성되어 있다. 사회적 가치를 알고 지키기는 정직하게 말하고 행동하며 다른 사람의 소유물과 생각, 행동을 존중하고 다른 사람을 배려해야 함을 알도록 하는 내용이다. 친구와 어른에게 예의바르게 행동하며 약속과 공공규칙을 지켜야 함을 알고 자연과 자원을 아끼는 습관을 기르는 것을 중점적으로 다룬다.

'사회에 관심 갖기'는 크게 지역사회에 관심 갖고 이해하기, 우리나라에 관심 갖고 이해하기, 세계와 여러 문화에 관심 갖기로 구성되어 있다(〈표 12-11〉 참조). 지역사회에 관심 갖고 이해하기는 지역사회에 대한 관심을 통해 우리 동네의 이름과 우리 동네가 갖고 있는 다양한 특성, 함께 어울려 사는 사람들과 동네 이웃의 다양한 직업 등 지역사회와 다양한 이웃들에 대한 구체적인 특성들을 알아보는 내용이다. 또한 일상생활에서 돈의 필요성과 쓰임새 등을 알아보는 것을 내용으로 한다.

〈표 12-11〉 **'사회에 관심 갖기'의 내용 범주에 따른 연령별 세부 내용**

<table>
<tr><th rowspan="2">내용 범주</th><th colspan="3">세부 내용</th></tr>
<tr><th>3세</th><th>4세</th><th>5세</th></tr>
<tr><td rowspan="3">지역사회에 관심 갖고 이해하기</td><td>우리 동네의 이름을 안다.</td><td colspan="2">우리 동네에 대해 알아본다.</td></tr>
<tr><td>우리 동네 사람들에 관심을 갖는다.</td><td>우리 동네 사람들이 하는 일에 관심을 갖는다.</td><td>다양한 직업에 관심을 갖는다.</td></tr>
<tr><td>-</td><td>물건을 살 때 돈이 필요함을 안다.</td><td>일상생활에서 돈의 쓰임에 대해 안다.</td></tr>
<tr><td rowspan="3">우리나라에 관심 갖고 이해하기</td><td>우리나라를 상징하는 것에 관심을 가진다.</td><td>우리나라를 상징하는 것을 안다.</td><td>우리나라를 상징하는 것을 알고 예절을 지킨다.</td></tr>
<tr><td colspan="2">우리나라의 전통놀이와 풍습에 관심을 갖는다.</td><td>우리나라의 전통, 역사, 문화에 관심을 갖는다.</td></tr>
<tr><td>-</td><td colspan="2">우리나라에 대해 자부심을 갖는다.</td></tr>
<tr><td rowspan="2">세계와 여러 문화에 관심 갖기</td><td>-</td><td>세계 여러 나라에 대해 관심을 갖는다.</td><td>세계 여러 나라에 대해 관심을 갖고, 서로 협력해야 함을 안다.</td></tr>
<tr><td>-</td><td>다양한 인종과 문화에 관심을 갖는다.</td><td>다양한 인종과 문화를 알아보고 존중한다.</td></tr>
</table>

출처: 교육과학부, 보건복지부(2013). 3~5세 연령별 누리과정 해설서. 서울: 교육과학부, 보건복지부.

우리나라에 관심 갖고 이해하기는 우리나라를 상징하는 것과 역사, 전통, 문화, 풍습 및 전통놀이에 대한 관심을 가짐으로써 우리나라에 대한 자부심을 갖는 것을 내용으로 한다. 세계와 여러 문화에 관심 갖기는 세계 여러 나라에 대한 관심을 통해 서로 협력해야 한다는 것을 경험하고, 다양한 인종과 문화에 대해 알아보고 존중하며 관심을 갖는 것을 내용으로 한다.

2) 지역사회와의 협력 연간계획안의 예

어린이집은 지역사회의 영유아 관련 단체, 대학, 연구소 등과 같은 지역사회의 전문기관이나 유관단체와의 협력관계를 통해 영유아에 대한 이론적 · 실제적 지식과 정보를 얻을 수 있다. 또한 대중매체를 통해서 지역사회와 의사소통을 활발히 하는 것도 지역사회 참여의 예가 된다(공인숙, 한미현, 김영주, 2005). 그 외에도 지역사회의 생활에 영향을 미치는 집단이나 기관, 위원회에 참여하는 방법으로 타 기관과 연대하거나 관련을 맺을 수 있다. 지역의 문화행사 등에 참여하는 것은 영유아와 가족,

어린이집이 지역사회의 공동체 의식을 형성하는 방법이 된다(이종신, 2003). 〈표 12-12〉는 어린이집에서 실시 가능한 지역사회와의 협력에 대한 연간계획안의 예시다.

〈표 12-12〉 **지역사회와의 협력에 대한 연간계획안 예시**

활동명	일시	관계기관	내용	인원
○○산, 산책	매주 1회	○○산	영유아의 체력단련 자연친화적인 사고의 확장	전체 영유아
실습생교육	연 2회	각 대학	4주간의 실습교육 영유아 관찰 및 유아교육	분기별 4명
동화구연	매주 1회	지역	다양한 자료를 이용하여 동화구연 실시 영유아들의 흥미 유발	지역 주민 1명
방역소독	월 1회	○○구청 보건소	영유아들의 위생을 위해 지역 내에 있는 보건소에서 방역을 실시함	보건소 3명
안전교육, 성교육	연 1회	○○구청 보건소	내 몸은 내가 지켜요 화재대피교육	보건소 2명
구강교육	연 1회	○○치과	올바른 양치질 방법 치아의 구조 치아에 좋은 음식, 나쁜 음식	우리들치과 4명
사랑의 동전 모으기	연 1회	○○구청	주위의 불우한 이웃을 알고 도와줌	전체 영유아
수재민 돕기	연 1회	○○구청	다른 사람의 아픔을 같이 나누고 도와줌	전체 영유아
소방서 견학	연 1회	○○소방서	화재교육, 화재대피교육 소방서가 하는 일 소방차 살펴보기	소방서 3명
초등학교 견학	연 1회	○○초등학교	어린이집과 초등학교의 차이점	초등학생 2명
지역 내 종합 복지관 견학	월 1회	○○복지관	저소득층 가정과 한부모 가정의 영유아들을 위한 지원 프로그램	해당 영유아
산타행사	연 1회	지역	지역 주민의 협조로 유아들에게 산타할아버지와의 좋은 추억을 만들어 줌	지역 주민 2명
카네이션 달아 드리기	연 1회	○○경로당	할아버지, 할머니의 사랑과 고마움 알기 카네이션 달아 드리고 안마 해 드리기	할아버지, 할머니 40명
부모교육	연 4회		어린이집과 가정의 연계	학부모 50명
장난감도서관 개방	매주 2회	○○어린이집	지역 주민에게 다양한 장난감, 도서, 비디오를 개방	지역 주민
장애아동 통합 수업	매주 1회	○○복지관	지역의 장애시설 등과 연계하여 장애아동에 대한 통합교육 모색과 교육 실시	

출처: 강선미(2009). 보육시설의 지역사회 연계 프로그램의 운영에 관한 연구. 건국대학교 교육대학원 석사학위논문.

3) 어린이집 지역사회서비스의 영역

어린이집에서 지역사회서비스의 영역은 지역사회봉사, 지역사회홍보, 지역사회참여, 지역자원 동원으로 구분한다(구미진, 2000; 백선희, 1999). 이러한 서비스들은 상황에 따라 영역별로 중복, 시행될 수 있다(〈표 12-13〉 참조). 먼저, 지역사회봉사는 지역사회 내의 한 집단이나 전체 지역사회를 위하여 서비스를 제공하는 것으로, 어린이집에서 아동, 가족, 지역사회를 대상으로 서비스를 제공할 수 있다. 이는 지역사회 내의 기관으로 어린이집의 의무를 다하는 방안이 되며, 영유아에게는 사회통합의 가치를 학습시키는 방법이다. 즉, 어린이집의 지역사회봉사는 지역사회기관으로 어린이집의 사회적 효용재로의 기능과 영유아 및 부모에게는 사회통합의 가치 습득, 지역사회복지 주체라는 목적을 달성할 수 있다. 제공 가능한 서비스로는 영유아의 지역사회봉사, 특별보육, 시설개방, 주민참여 프로그램, 지역사회 육아상담, 지역사회 교육 등이 있다.

지역사회홍보는 지역사회에 어린이집의 존재, 업무 등을 알려 어린이집 이용자에게 선택권을 주고 보육에 관한 관심을 갖게 한다. 최근 인터넷의 활성화로 어린이집의 홈페이지가 많이 증가되고 있으며, 이는 여러 정보를 습득할 수 있는 통로가 되고 있다. 지역사회홍보의 주된 목적은 어린이집의 홍보이기 때문에 간접적인 형태의 어린이집 지역사회서비스라고 볼 수 있다. 이러한 홍보가 보육에 대한 관심을 증대시키고 궁극적으로는 어린이집과 지역사회 간의 상호 이해를 돕는 기회가 되기 때문이다.

지역사회참여는 지역사회의 생활에 집단 또는 기관 및 위원회로서 참여함으로써 가정 및 어린이집과 지역사회 간의 원만하고 긴밀한 관계 형성에 기여한다. 예를 들어, 주민참여 프로그램은 지역 주민의 참여를 유도함으로써 지역사회 통합에 기여할 수 있다.

지역자원 동원은 지역사회참여를 통하여 연계된 자원을 효과적으로 활용함으로써 빈약한 어린이집 자원을 효과적으로 극복하여 서비스의 질적 향상을 도모한다. 예를 들어, 지역사회 자연환경, 시설의 활용, 지역인사의 초청, 어린이집연합회나 보육교사회 등과의 연계다.

〈표 12-13〉 **어린이집 지역사회서비스의 구체적인 프로그램 예시**

영역	서비스명	구체적 프로그램명	목표
지역사회봉사	영유아의 지역사회 봉사	양로원 재롱잔치	지역의 불우한 노인을 방문하여 유아들과 노인들이 함께함으로써 세대 간 교류의 경험을 가진다.
		사랑의 빵 모금하기	사랑과 도움이 필요한 사람들에게 관심을 가지고 도움이 필요한 사람을 돕는 일을 한다.
		깨끗한 세상 내가 만들어요	환경을 오염시키는 것을 이해하고 동네를 깨끗이 하기 위해 직접 노력한다.
	육아상담 특별보육	지역육아상담	지역 주민의 육아에 관한 고민을 전문적인 지식을 가지고 있는 어린이집의 교사와 상담할 수 있는 기회를 제공한다.
		어린이 극장	지역사회 아동을 위해 어린이집에서 어린이용 연극 등을 상영하여 지역사회 통합을 시도한다.
		놀이터 개방	인근 지역 아동에게 어린이집의 놀이터를 개방함으로써 지역 아동에게 문화공간을 제공한다.
		실내공간 개방	인근 지역 주민에게 실내공간을 개방하여 지역 화합의 장으로 활용한다.
		장난감과 도서 대여	어린이집이 보유하고 있는 교재 및 교구를 지역사회 아동에게 대여하여 다양한 교육자료를 경험하게 한다.
		장난감과 도서 대여	어린이집이 보유하고 있는 교재 및 교구를 지역사회 아동에게 대여하여 다양한 교육자료를 경험하게 한다.
		실습생 교육	미래 보육교사가 될 실습생들에게 현장경험의 장을 제공하여 보육교사 양성에 기여하며, 동시에 어린이집의 자원으로 활용한다.
		결식아동·결식노인 급식사업	어린이집의 시설과 인적 자원으로 지역사회 봉사를 할 수 있다.
	지역사회 교육	강연회 초대하기	강연회에 지역 주민을 초대하여 지역 주민에게 유아교육의 기회를 제공한다.
지역사회홍보	어린이집 홍보	어린이집 리플렛 만들기	어린이집의 영유아보육의 목적, 내용, 교사진들을 소개하는 어린이집 리플렛을 만들어 학부모를 비롯한 내방객과 지역사회에 대한 홍보 수단으로 이용한다.
		어린이집 소식지 만들기	어린이집의 다양한 프로그램과 소식들을 묶어 소식지를 만들어 부모, 지역 주민, 자원봉사자 등에게 전달함으로써 어린이집에 대한 지속적인 관심을 갖게 한다.
		자원봉사자를 모집합니다	보육프로그램 진행에 도움을 줄 수 자원봉사자를 모집하기 위해 지역사회에 홍보한다.
		어린이집에 대한 인터넷 홈페이지 등 통신, 인터넷 활용하기	어린이집 인터넷 홈페이지 제작 및 통신망을 이용하여 어린이집을 홍보한다.

지역 사회 참여	지역사회와의 연계	사회복지, 보건관련 기관의 연계	지역 내 활용할 수 있는 자원과 정보를 용이하게 확보하고 어떤 일에 대해 상호 협력한다.
		자녀육아에 관한 자료 게재하기	지역회보에 자녀육아에 관하여 어린이집이 지닌 자료를 게재한다.
	주민참여 프로그램	한가위 전통 놀이마당	한가위 민속명절을 기회로 지역 주민이 참여할 수 있는 놀이마당을 제공하여 어린이집에 대한 지역사회의 관심을 유도하고 지역사회의 화합을 위해 봉사한다.
		우리 동네 그리기 대회	지역의 다른 아동과 함께 그림 그리기 행사를 가짐으로써 지역사회에 대한 애착을 갖게 하고 지역 아동과의 유대감을 형성할 수 있다.
자원 동원	인적자원 활용	지역사회 인사 초대하기 (의사, 소방수, 군인, 우체부 등)	각자의 역할에 대해 알고 감사하는 마음을 가진다.
	사회문화 시설 활용	지역사회 시설 (우체국, 은행, 시장, 파출소, 소방서, 초등학교 등) 방문하기	지역사회에 대한 이해를 높인다.
	자연환경 활용	산책하기	인근 지역을 산책하며 지역에 대한 이해도를 높인다.
	모금활동	특별행사 기금 마련	특별한 행사를 벌이거나 실시할 때 모금을 한다.
	자원봉사	일일 자원봉사 교사	보육일과 운영에 일일교사로 참가하여 보육프로그램 진행을 돕고 보육에 대한 공동책임을 수행한다.
		교재·교구 만들기 환경정리 지원	보육프로그램 진행을 위한 지원을 함으로써 보육에 대한 공동책임을 수행한다.

출처: 구미진(2000). 보육시설 지역사회서비스에 대한 보육교사·학부모의 요구조사. 동덕여자대학교 여성개발대학원 석사학위논문.

제13장

보육교사의 발달과 자기관리

보육교사의 유능성은 보육교사의 경력과 밀접히 관련이 있는 것으로 보고되고 있다. 하지만 보육교사의 경력이 많다고 해서 전문성이 저절로 높아지는 것은 아니고, 유능한 교사로 성장하는 것은 더더욱 아니다. 그보다는 보육교사가 보육현장에서 어떠한 경험을 했고, 그 경험이 보육교사의 역할 수행에 어떠한 영향을 미쳤는지에 따라 보육교사의 유능성은 달라진다고 볼 수 있다.

보육교사로서의 성장과정에서 보육교사들은 양육 및 교육, 개인의 역할 등에 대한 가치관 및 태도를 발전시켜 나간다. 즉, 보육교사는 이전 경험과 지식, 그리고 현재의 경험과 교육을 통해 자신의 교육에 대한 가치관과 태도를 변화시켜 나가며 지속적인 발달과정을 거치게 된다. 또한 그 과정에서 보육교사로서의 경험들이 축적되고 개인적 삶에서의 경험과 사건에 의해 역할과 관심사가 변화하게 된다. 교사는 이러한 발달과정을 거치면서 매 단계마다 새로운 위기와 갈등을 경험하게 되며, 이러한 갈등을 해결하는 과정 속에서 보육교사로서 성숙단계에 이르게 된다. 이 장에서는 보육교사가 어떻게 발달해 나가고 보육교사의 발달단계마다 관심사가 어떻게 변화해 나가는지 살펴보고자 한다. 또한 보육교사의 자기관리와 관련하여 보육교사 건강의 중요성과 건강을 관리하는 방법에 대해 살펴보고자 한다.

1. 보육교사의 발달

오늘은 어린이집의 첫 수업이다. 내가 떨리는 마음으로 "선생님 보세요"라는 말을 하자마자 교실의 모든 아이들이 나를 빤히 쳐다보았다. 그다음은 무슨 말을 해야 할지 당황스럽기도 했다. 내가 작성했던 교안대로 하나씩 하나씩 해 나가는데, 아이들이 내가 하는 말에 귀를 기울이고 따라하는 모습을 보니 '아, 내가 어린이집 교사구나'라는 생각이 처음 들었다. 오늘 하루 많은 것을 한 것 같은데 어떻게 보냈는지 잘 기억이 나지 않을 정도로 긴장을 한 것 같다. 더 많은 준비를 해야겠다는 생각이 든다.

– '초임교사의 반성적 저널' 중에서

이 사례는 어린이집 초임교사가 첫 수업을 하고 난 후 기록한 내용이다. 초임교사 시절의 기억을 떠올려 보라고 하면 누구나 '당황스러움' '긴장' '갈등' '어려움' '실수' 등과 같은 단어를 쏟아놓는다. 이렇게 긴장과 실수의 연속이었던 초임교사 시절이 지나고 어린이집에서의 다양한 경험 및 외부 기관에서의 전문적인 교육을 통해 보육교사는 수용, 너그러움, 전문성 등과 같은 능력을 갖게 된다.

이처럼 보육교사들은 교직생활을 해 나가면서 교육철학과 교육이론, 교수기술뿐 아니라 교사로서의 자기이해적 측면이나 인간관계 등의 생태학적 측면에서도 다양한 변화를 경험하게 된다(조부경, 백은주, 고영미, 이삼덕, 2005). 즉, 교사는 자신이 처한 여러 가지 환경적인 여건과 끊임없이 상호작용하며 발달하게 된다. 교사는 성장 과정에서 경험한 것들과 이전 지식, 그리고 현재의 경험과 교육을 통해 자신의 교육에 대한 가치관과 태도를 변화시켜 가며 지속적인 발달과정을 거치게 된다. 여기에서는 우선 보육교사발달 및 발달 영역의 개념에 대해 살펴보고, 보육교사발달 단계와 각 단계에 따른 교사관심사의 변화에 대해 살펴본다.

1) 보육교사발달의 개념

교사발달이란 교사가 교직에 입문하여 교직생활을 떠날 때까지의 전 기간을 통하여 교사로서의 가치관과 신념, 지식과 기능, 행동 등이 변화되어 가는 일련의 과정이라고 할 수 있다(김영만, 2004). 교사발달이라는 개념과 관련하여 교사발달이 시작되는 시점은 초임교사로서 교직생활을 시작하는 순간부터로 볼 수 있으나 넓게 보면 교사양성교육을 받는 대학생활부터라고 볼 수 있다. 또한 교직생활과 관련된 제반 영역에서의 가치관, 신념, 태도, 지식, 기능 및 행동에 있어 양적 · 질적 변화는 반드시 긍정적이고 바람직한 변화만을 의미하는 것이 아니라 개인적 · 조직적 환경의 다양성으로 인해 때로는 부정적이고 바람직하지 못한 변화가 일어날 수 있다. 또한 교직생활과 관련된 제반 영역은 대체로 교과지도, 생활지도, 학급경영, 학부모와 지역사회와의 연계, 전문성 개발 등이 포함된다(이윤식, 1999). 따라서 교사발달이란 다양한 성향, 요구와 능력, 가치관, 목표를 가진 교사가 교직을 선택하고 교사로 임용되어 퇴직할 때까지 교직생활의 전 기간을 통해 교직생활과 관련된 제반 영역에서 경험하는 양적 · 질적 변화로 볼 수 있다. 이러한 측면에서 볼 때, 보육교사발달은 보육교사 양성교육을 받는 시기부터 어린이집에서 영유아를 교육하고 생활하는 전 기간 동안 교사문화에 익숙해 가면서 교직에 대한 태도, 지식, 가치, 신념 등이 변화하는 과정이다.

2) 보육교사발달의 영역

교사의 발달은 크게 효과적인 교수를 위한 지식과 기술의 발달, 교사의 개인적인 측면을 토대로 한 자기이해의 발달, 교사역할을 수행하는 직무환경과 관련된 생태학적 변화의 발달이라는 세 가지 측면에서 이루어진다(Hargreaves & Fullan, 1992, [그림 13-1] 참조). 즉, 전문적 지식 및 교수기술의 측면과 교사 자신의 신념, 관심사, 자아효능감과 같은 자기이해의 측면, 그리고 직무 환경 내에서의 인간관계, 직무만족도, 자신의 업무환경 조절능력과 같은 생태학적 측면을 통해 교사의 발달을 이해하고자 한 것이다.

이와 유사하게 Bell과 Gilbert(1994)에 따르면, 교사의 발달은 세 가지 주요한 측면, 즉 개인적 발달, 전문성 발달, 사회성 발달을 통해 이루어지는데([그림 13-2], 〈표 13-1〉 참조), 어느 한 측면에서의 발달이 제대로 이루어지지 않으면 다른 측면에서의 발달이 이루어지기 어렵다고 한다. 개인적 발달은 교사로서 변화과정에 대한 개인적 감정을 포함한다. 전문성 발달은 새로운 이론적 아이디어와 교수법을 받아들이는 것과 새롭게 받아들인 이론적 아이디어와 교수법에 대한 아이디어를 실시하고 평가하는 것을 포함한다. 사회성 발달은 새로운 방법으로 동료교사 및 학생들과 함께 일하는 것을 포함한다. 이러한 세 가지 발달은 상호 의존적이다.

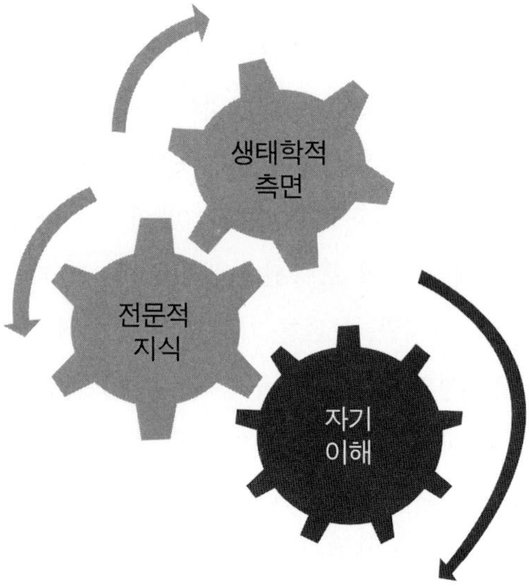

[그림 13-1] Hargreaves와 Fullan(1992)이 제시한 교사발달의 세 가지 측면

사회성 발달: 타인과 함께 협동하는 방법의 발달	전문성 발달: 교수에 관한 아이디어와 실제의 발달	개인적 발달: 자신의 감정에 주의를 기울임
사회성 발달 1: 고립을 문제로 인식	전문성 발달 1: 새로운 활동을 시도	개인적 발달 1: 나의 교수방법에서 문제가 되는 것을 받아들임
사회성 발달 2: 협동의 가치를 인식	전문성 발달 2: 아이디어와 교수 방법의 발달	개인적 발달 2: 제약조건이 되는 것들을 다룰 수 있게 됨
사회성 발달 3: 협동하는 방법을 시도	전문성 발달 3: 새롭게 습득한 활동들을 시도하고 발달	개인적 발달 3: 자신에 대한 신뢰감을 갖게 됨

[그림 13-2] 교사발달에 대한 개관

출처: Bell, B., & Gilbert, J. (1994). Teacher development as professional, personal, and social development. *Teaching and Teacher Education, 10*(5), 483-497.

〈표 13-1〉 **소모임과 저널 쓰기에 나타난 교사발달 영역의 예**

개인적 발달	아이들이 나를 선생님이라고 부를 때 세상이 환해지는 것 같아 기분이 좋구나. 아이들이 나를 선생님이라고 부를 때 웃음이 절로 나와 기분이 좋구나. 아이들이 나를 선생님이라고 부를 때 마음이 따뜻해져 기분이 좋구나. 아이들이 나를 선생님이라고 부를 때 에너지가 생기는 것 같아 기분이 좋구나. -D교사의 시 일부
전문성 발달	C교사: 아이들도 오래 앉아서 제 이야기 잘 들어주고, 또 제가 질문하면 여기저기서 발표하겠다고 손 들고 이런 모습 보니까 너무 뿌듯하고, 수업하는 것도 많이 는 것 같아요. 저 스스로 느끼기에, 시간도 빨리 가고 너무 재미있어요. E교사: 저는 조금 여유가 생긴 것 같아요. 초반에는 "뭐하지? 뭐하지? 이거 하는 거 맞나?" 그랬는데, 주간 짠 것도 수업 다 못했는데, 이제 여유가 있어서, 아이들 하고도 조금 수월해진 것 같아요.
사회성 발달	C교사: 회식을 했었거든요. 그때 조금 이야기하고 그래서 그 전보다 많이 좋아졌어요. E교사: 초반보다요. 말 한마디라도 챙겨 주려고 하고요. 그쪽에서 저희한테 해 주려고 해요. 연구자: 회식을 한 후에 좋아졌다는 거죠. 언제 회식을 했죠? E교사: 4월 말에요. C교사: 체육대회 하기 전에 체육대회 하고 난 후에 했어요. 시간이 지날수록 좋아지는 것 같아요. 3월보다 4월이 낫고, 4월보다 지금이 낫고요. 지금보다는 다음이 좋을 것 같고.

출처: 최예린(2014). 소모임과 저널쓰기에서 나타난 초임 보육교사의 어린이집 적응 과정. 열린유아교육연구, 19(3), 83-108.

보육교사는 보육교사로서 자신이 경험하는 여러 문제들을 해결해 나가면서 스스로에 대한 효능감을 갖게 되고(개인적 발달), 새롭게 도입되는 누리과정과 같은 새로운 보육 및 교육과정에 대한 지식과 교수-학습방법들을 습득해 나가면서 자신의 전문성을 발달시켜 나가게 되며, 동료교사나 선후임 교사과 함께 자신이 알고 있는 보육에 관한 정보들을 공유하며 함께 일하는 동안 사회성을 발달시키게 된다.

교사발달 과정에서 어떠한 성장과 변화가 나타나는지에 대해 여러 측면에서 연구가 이루어져 왔다. 1960년대와 1970년대에 이루어진 연구들은 교사의 교수행동을 중심으로 워크숍이나 현직 교육프로그램을 통해 교사의 전문성이 어떻게 발달되어 가는지를 밝히고자 하였다. 이와는 달리, 1980년대에는 질적 연구방법을 사용하여 교사의 교수행동 이면에 내재되어 있는 인지과정이나 신념 및 사고과정을 밝히는 데에 관심을 두었으며(Goodson, 1992), 최근에는 교사의 자아에 대한 개념이나 개인의 생활 및 생애사에 대한 이해(Cole & Knowles, 1995; More, 1996)와 교사발달을 위한 지원적인 교수상황을 강조하는 생태학적 측면(조부경, 백은주, 서소영, 2001; Kilgore, Ross, & Zbilowski, 1990)에 관심을 기울이게 되었다.

3) 보육교사발달의 단계

교사발달 단계에 대한 이론은 크게 교사의 연령과 경력에 따라 교사의 특성과 요구도가 달라진다는 직선적 · 순차적 모형과 교직 경력이나 연령과 상관없이 교사의 개인적 환경과 학교의 조직적 요인의 영향에 따라 순환적 · 역동적으로 발달한다는 순환적 · 복합적 모형으로 구분해 볼 수 있다.

(1) 직선적 · 순차적 모형

직선적 · 순차적 모형은 Fuller의 모형과 Katz의 모형이 대표적이다. 이 모형은 교사가 교직 경험이 쌓여 감에 따라 교수학습과 관련된 지식, 기능, 태도 등의 변화와 발달이 순차적이고 직선적으로 이루어진다고 본다.

① Fuller의 교사발달 단계

Fuller(1969)는 교사들이 교직생활을 하는 단계에서 그들의 관심사가 어떻게 변화해 가는지를 중심으로 발달단계를 구분하였다. 교사발달 단계를 교직 이전 단계, 초기 교직 단계, 후기 교직 단계로 구분하였고, 교직 경력에 따라 순차적으로 변화해 간다는 직선적 · 순차적 이론을 강조하였다. 교직 이전 단계는 교직에 특별한 관심이 없는 단계로 학생을 가르쳐 본 경험이 없는 실습 이전의 교사지망생들이 이에 속한다. 이때는 교직에의 참여가 상대적으로 적은 시기다.

초기 교직 단계는 자아에 대해 관심을 갖는 단계다. 초기 교직 단계를 보다 세부적으로 살펴보면, 1단계는 교직 오리엔테이션 단계로서 불확실성과 자신의 교직 부적합성이 주요 관심사이며, 2단계는 교실에서의 학생 지도 및 통제, 교사로서의 수용과 학생의 행동이 주요 관심사다. 3단계는 개별 학생(특히 문제학생)과 그들의 행동이 주요 관심사이며, 4단계는 학생들의 지식, 이해, 적용, 분석, 종합, 평가 능력을 향상시키기 위한 교수방법 또는 절차에 관심을 집중하는 단계다. 5단계는 학생들의 학습에 대한 흥미 도모, 가치관의 성장, 성격발달을 도모하기 위한 교수방법 및 절차에 관심을 집중하는 단계이며, 6단계는 개인적 · 전문가적 발달, 윤리적 문제, 학생들의 발달에 영향을 미치는 교실 안팎의 환경 등에 관심을 집중하는 단계

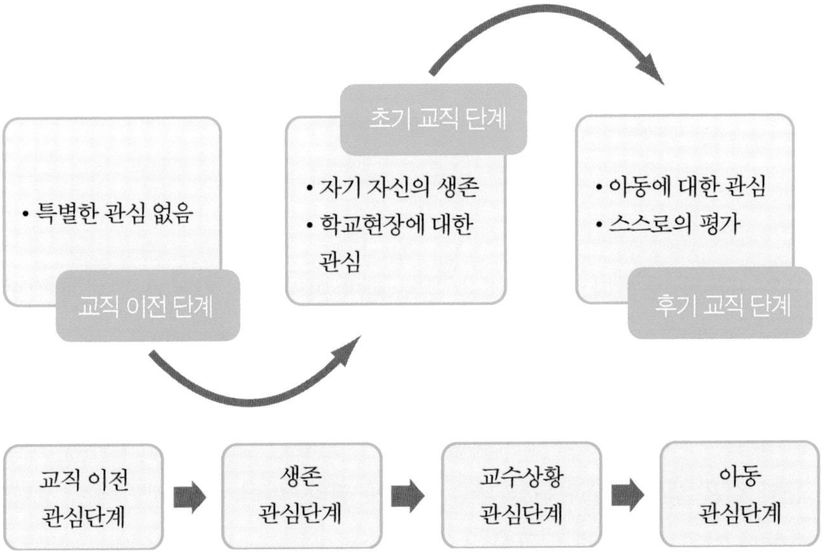

[그림 13-3] Fuller(1969)의 교사발달 단계와 Fuller와 Brown(1975)의 교사발달 단계

다. 후기 교직 단계는 학생에 대해 관심을 가지는 단계로 경험이 있는 교사들이 이에 해당된다(Fuller, 1969).

Fuller와 Brown(1975)은 이후 이를 수정하여 교직 이전 관심단계, 생존 관심단계, 교수상황 관심단계, 아동 관심단계의 4단계로 재정리하였다([그림 13-3] 참조). 이처럼 교사의 발달단계에 따라 교사의 관심 및 요구도가 변화하기 때문에 교사의 발달단계를 고려한 효율적이고 체계적인 교사교육이 필요하다.

② Katz의 교사발달 단계

Katz(1972, 1985)는 교직생활을 하는 과정에서 유아교사의 관심사가 어떻게 변화해 가는지에 초점을 두고, 전문성을 갖춘 유아교사로 성장해 가는 과정을 생존기, 강화기, 갱신기, 성숙기로 제시하였다([그림 13-4] 참조). 그는 각 시기마다 교사의 지식, 자기이해, 생태학적 발달에 따른 개별성을 고려한 교사교육 및 지원이 필요하다고 하였다.

생존기는 최초 1년에 해당하는 초임교사 시기로, 교사로서 적응하기 위한 직접적인 문제에 고민하게 된다. 예비유아교사에서 초임교사로 처지가 바뀐 교사는 자신의 책임을 다하기 위해 배우고 경험했던 것들을 현장에서 적용해 보려고 한다. 하지

[그림 13-4] Katz의 유아교사 성장과정

만 현장은 이론과 매우 다르다는 것을 알게 되며 여러 가지 갈등과 문제에 직면하면서 능력의 한계를 느끼고 좌절을 경험하기도 한다(조운주, 최일선, 2004; Abbott-Chapman, 2005). 다음에 제시된 교사의 예처럼 이 시기 교사들은 "오늘 하루를 어떻게 지내지?" "이번 주말까지 이것을 해낼 수 있을까?" "동료들이 나를 받아들일까?" 등과 같은 생존과 관련된 질문을 던지게 된다. 따라서 이 시기에는 경력이 많은 교사들의 지원, 이해, 격려 등이 초임교사들에게 도움이 될 수 있다.

네. 처음에 3월에는 정신적으로 힘이 들었어요. 그런데 4월부터는 몸이 힘들었고 잠도 별로 안 잤어요. 왜냐하면, 문서 작성하는 것이 처음이니까 모르고 듣긴 들어도 잘 모르잖아요. 프로그램 평가하는 것, 문서작성 하는 게 아주 쉬운 것 같아 보였어요. 처음이라고 쉬운 것 맡았는데도 그 쉬운 것도 굉장히 저는 어려웠거든요.

– 6월 강 교사 인터뷰

네. 쉽지 않았어요. 그래서 지난해 선생님이 어떻게 했는지 파트너 선생님이 보여 주셨어요. 작년에 이런 식으로 기록했으니까 이렇게 기록하면 된다. 이렇게요. 그리고 그것을 원장 선생님이 다시 수정해 주셨거든요. 처음엔 너무너무 어려웠어요. 어떤 상황을 어떻게 기록해야 하는지도 모르고 해서…….

– 11월 강 교사 인터뷰

출처: 원계선(2013). 초임 보육교사의 경험과 조직 적응과정에 대한 근거이론. 보육지원학회지, 9(2), 23-46.

▶ 강화기의 교사들은 영유아의 눈높이에 맞는 교육을 실시할 수 있게 되고, 아동의 개별적인 욕구에 관심을 가질 수 있게 된다.

강화기는 교사로서의 안정감과 자신감을 얻게 되는 시기로, 교사로서의 업무나 교수기술을 숙달하고 문제 유아와 상황에 관심을 기울이기 시작한다. 이 시기 교사들은 "부끄러움을 많이 타는 아이들을 어떻게 도와줄 수 있을까? 배우려고 하지 않는 아이들을 어떻게 도와줄 수 있을까?" 등과 같은 질문을 던지게 된다. 이 수준에서 교사들은 동료교사와의 감정적 공유와 경력교사의 풍부한 경험 및 전문가의 도움이 필요하다.

교직경력 3년이 되면 갱신기에 해당되는데, 교사들은 반복되는 자신의 일에 싫증을 느끼기 시작하며 다양한 프로그램에 대한 정보, 동료교사와의 만남, 수업참관, 전문가와의 상담 등을 통한 교사발달에 대한 요구가 생기게 된다. 이 시기 교사들은 "좀 더 다른 교재, 기술, 접근 혹은 아이디어는 없을까?" 등과 같은 질문을 던지게 된다. 이 시기 교사들은 다양한 프로그램에 참여하고, 자신의 수업을 녹화하여 자세히 살펴보기도 하며, 다른 동료의 수업에 참관하거나 기꺼이 발표수업을 진행하기도 한다.

교직경력이 5년 이상이 되면 성숙기에 해당되는데, 교사로서 자기 자신에 대해 생각하게 된다. 이 시기 교사들은 "나의 철학적 기초는 무엇이지?" "성장과 발달의 근원은 뭘까?" "교육적 결정은 어떻게 이루어지지?" 등과 같은 보다 심오하고 추상적인 질문을 던지게 된다. 이 시기 교사는 교직 전반에 대한 관심을 가지게 되며, 전문가협회나 세미나 참석, 학위취득의 기회, 폭넓은 독서, 다양한 분야의 전문가들과 상호 접촉을 통해 자신들의 요구를 충족시키게 된다(사진 참조).

▶ 성숙기의 보육교사는 보수교육 및 지속적인 교육 참여를 통해 자신에 대해 생각하게 된다.

③ 보육교사의 발달단계에 따른 관심사 및 요구도

교사의 관심사는 교사가 지각하고 있는 문제, 걱정거리, 요구라고 볼 수 있는데, 교사의 발달단계마다 각기 다른 관심사가 생기게 된다(Tsai, 1990). Watts(1980)는 교사의 경력에 따라 관심사의 수준을 두 가지로 분류하였다. 초임교사 시기는 자신이 교직에 부적합하다는 느낌을 강하게 가지고, 융통성이 부족하며, 즉각적인 문제에 초점을 맞추어 하루하루를 생존해 나가는 데 관심을 둔다. 중견교사 시기는 교사의 역할에 대한 자신감과 안정성이 증가하며, 보다 아동중심적인 관점을 갖게 되어 아동의 개별적인 욕구를 살필 수 있게 된다. 아동의 욕구에 대한 통찰력을 갖게 되고 '무엇을' '어떻게'보다는 '왜'라는 문제에 관심을 갖게 된다.

〈표 13-2〉에 제시된 바와 같이, 생존기, 강화기, 갱신기, 성숙기의 발달단계마다 교사가 갖는 관심사는 어느 정도 차이를 보인다. 교사의 관심사는 교사의 수업 및 수행에 직접적으로 영향을 미칠 뿐 아니라 유아의 흥미나 학습 결과에도 간접적으로 영향을 미친다는 점에서 상당히 중요하다.

〈표 13-2〉 **보육교사 발달단계에 따른 교사의 관심사**

교사발달 단계	관심사 범주	관심사 내용
생존기	규율	학급의 영유아 수에 관심 갖기 학급 통제나 훈육의 중요성 인식하기
	불충분한 시간	수업 준비를 위한 충분한 시간 할애하기
	불충분한 정보	영유아에 대한 적절한 수준의 기대 갖기 교사발달에 관한 정보 접하기 교수매체 제작 및 활용에 관한 정보 접하기 영유아에게 지도할 학습내용 지도하기 영유아의 기초 기술 평가하기

생존기	불충분한 교수기술	일과 계획 조직하기 수업활동 계획하기 수업상황에 따른 수업 내용 및 방법 조절하기 수업지도안 작성하기
	불충분한 준비	교사로서 나의 학력에 대한 적절성 생각하기
	인정	영유아로부터 인정받기 직장 동료로부터 인정받기 장학사로부터 인정받기 행정적 지원에 관심 갖기 학부모로부터 인정받기
강화기	학업	문제 영유아를 돕기 위한 프로젝트에 관심 갖기 유아교육기관에 오기 싫어하는 영유아 돕기 학습부진아 돕기
	행동	교사에게 의존적인 영유아 다루기 계속해서 우는 영유아 다루기 공격적인 영유아 다루기
	언어	영유아의 언어장애 관심 갖기
	인성	영유아의 긍정적 자아개념 증진하기
	유아문제 및 문제상황	특별한 요구를 가진 영유아 돕기 유아교육기관에서 부모 격리에 어려움을 겪는 영유아 돕기 영유아들이 보이는 갈등 해결하기 병약한 영유아 돕기 문제 영유아의 부모와 상담하기
갱신기	새로운 정보	다양한 영유아교육 프로그램에 관심 갖기 영유아교육 전문 잡지나 학습지 보기 영유아 정보를 교수법에 적용하기 연수에서 배운 새로운 지식 · 기술 적용하기
	새로운 기술과 접근	교수법에 관련된 자료 영화 · 비디오 시청하기 부모회 조직을 위한 새로운 방법 모색하기 프로그램의 목표 달성을 위한 새로운 방법 모색하기 영유아발달 이론 적용을 위한 다양한 방법 추구하기 시범학교 참관하기 영유아를 위한 새로운 과학 활동에 관심 갖기
	연구 프로젝트	현장연구 계획하기
	협회 및 워크숍 참가	보육관련 협회에 가입하기 보육관련 협회나 워크숍에 참여하기

성숙기	폭넓은 교양지식의 기초	교양지식을 위한 다양한 독서하기 다른 분야의 전문가와 만나기
	추상적 문제에 대한 탐구	세미나 참석하기 원아 모집 및 선발에 관한 윤리적 · 철학적 기초 갖기 성장과 학습의 특징 이해하기 교육정책의 이행 과정에 관심 갖기 근무하는 교육기관의 철학적 근거 알기 영유아교육의 역사와 철학 알기 급변하는 사회 속에서 교육기관의 역할과 기능 알기
	보다 나은 학업수행	학위과정에 등록하기

출처: Tsai, C. T. (1990). A survey of chinese kindergarten teacher concerns. Unpublished Doctoral Dissertation, University of Illinois.

심층면접과 참여관찰을 통해 초임교사가 원감이 되기까지 교사로서 성장하는 과정을 살펴본 연구(서동미, 전우경, 엄은나, 2008)에 따르면(〈표 13-3〉 참조), 교사의 경력이 늘어남에 따라 유아에 대한 이해, 수업에 대한 관점, 학부모와의 관계 및 동료교사와의 관계에 대한 관점이 변화되었다. 초임교사 시절에 교사는 유아들의 통제나 수업 진행 시 어려움으로 인해 상당히 고민하였고, 인간관계에 있어서도 선배교사들에게 지적당하는 것을 두려워하며 방어적이고 폐쇄적인 인간관계를 맺었으며, 학부모들과의 관계에서도 학부모의 의견을 수용하기보다는 교사 자신의 입장을 일방적으로 주장하는 방어적인 태도를 많이 보였다.

강화기인 2, 3년차 교사는 선배교사들과 개방된 인간관계를 맺고, 선배교사들로부터의 지원을 통해 다양한 정보를 받아들였으며, 원장의 지지와 교사로서의 성장에 대한 동기 덕분에 자기연수의 기회를 갖게 되었다. 이러한 지식의 확대와 다양한 교수-학습능력의 발달로 점차 유아를 통제하는 데 자신감을 갖게 되었고, 유아에게 좀 더 개방적인 환경을 제공할 수 있게 되었다.

갱신기인 3년 이후의 교사 시기에는 그동안의 교육 경험을 토대로 교사로서의 안정감과 자신감을 갖게 되고, 안정적인 학급운영 및 인간관계를 유지하게 되었다. 그리고 이 시기 교사는 유아와 학부모에 대한 이해와 수용성이 증가되었으며, 경력교사로서 후배교사들에게 자신의 지식과 경험을 나눌 수 있고 자신의 수업을 공개하는 데도 거리낌이 없었다.

〈표 13-3〉 교사로서의 성장과정 사례의 예

생존기 (1년~ 1년 반)	몇 시에 퇴근해야 할지 몰라서 6시에 퇴근 준비를 하고 눈치를 봤어요. 그런데 아무도 자리에서 안 일어나는 거예요……. 그때는 남의 눈치만 보면서 살았어요. 다른 선생님들은 척척 알아서 준비하는데 나는 무엇을 준비해야 하는지 알 수가 없었어요. 어버이날 꽃을 만들어서 5월 7일에 안 보냈다고 혼나기도 했어요. 안 혼나고 그냥 넘어가는 일이 없었어요. 그러다 보니 남들은 뭐하나 들여다보게 되는 거예요. (2006년 4월 교사면담) 잘할 수 있을 거라 생각했어요. 그런데 애들이 나를 쳐다보지 않으니 당황스럽고, 아이들에게 화도 나고 그랬어요. 그래도 내가 아동중심철학을 배운 사람인데 화도 못 내고 아이들이 알아서 스스로 할 수 있겠거니 기다려도 보고, 포기해서 혼자 울기도 하고요……. 이게 아닌가? 내가 무섭게 아이들을 통제하고 그랬어야 하는 건가? 갈등도 됐어요. (2006년 4월 교사면담)
강화기 (2~3년차)	주임선생님을 보면서 아이들을 잡는 기술을 배울 수 있었어요. 이름 안 불러 준다고 협박도 해 보고…… 바르게 앉은 사람의 이름을 먼저 불러 주니까 수업을 할 수 있었어요. 그때 내린 결론은 학교에서 배운 이론과 실제 아이들 다루는 기술은 다르다는 거였어요. (2006년 4월 교사면담) 수업 진행이 어려워서 주임선생님이나 경력선생님들에게 의지하게 되었어요. 손유희도 배우고 아이들 통제하는 법도 배우고…… 배우는 것이 많으니까 자꾸 물어보게 되고 그러자 편한 관계가 되었어요. (2006년 5월 교사면담)
갱신기 (3년 이후)	경력이 4년차가 되니까 수업에 대한 두려움은 없어지던데요. 수업할 때 아이들의 반응을 보고 예측할 수도 있고…… 아이들이 장난을 쳐도 예쁘다는 생각도 들고, 원래 애들은 이렇게 자라는 거지 싶었어요. 그래도 싸움하고 공격적인 애들은 마음으로 받아들여지지 않았어요. (2006년 5월 교사면담) 유치원에 적응이 되니까 전화할 여유도 생기고 부모들과 대화하는 것도 별로 두렵지 않았어요. 경력이 는다는 것이 뭔지, 학부모들의 이야기도 더 잘 들어주게 되고, 학부모의 마음이 되어 보려고 노력했어요. (2006년 5월 교사면담) 경력 6년이 되었을 때, 두 가지 고민이 생겼어요. 하나는 "내가 아이들에게 정말 좋은 교사일까? 교육적으로 올바른 수업을 하고 있는 걸까?" 하는 고민과 또 다른 하나는 "내가 유치원 교사밖에는 할 일이 없을까?" 하는 거였어요. 이런 고민은 뒤늦게 나의 직업에 대한 정체성에 대해 생각해 보게 했어요. 그때 1급 정교사 자격연수를 받을 기회가 주어졌는데 새로운 교육이론으로 나를 다질 수도 있었고, 내가 지금까지 해 왔던 수업이 과히 잘못되지 않았다는 자신감을 가질 수도 있었어요. (2006년 4월 교사면담)

출처: 서동미, 전우경, 엄은나(2008). 교사로 성장하는 과정을 통해 본 '좋은 교사'의 의미 탐색. 유아교육·보육행정학회지, 12(2), 261-303.

〈표 13-4〉 **보육교사의 발달단계와 훈련 요구도**

발달단계	훈련 요구도
4단계 성숙기	세미나, 학원, 학위과정, 책, 저널, 컨퍼런스
3단계 갱신기	컨퍼런스, 전문가 모임, 저널, 잡지, 영화, 교사센터
2단계 강화기	즉각적 도움, 전문가의 도움, 동료의 조언, 상담가
1단계 생존기	즉각적 지원과 기술적 도움
	1년 2년 3년 4년 5년

출처: Katz, L. G. (1972). Developmental stages of preschool teacher. *The Elementary School Journal, 73*(1), 50-54.

이후 교사에서 원감으로의 역할 변화는 역할 혼돈으로 인한 위기를 느끼게 하였고, 원감 위치에서의 새로운 역할에 대한 적응이 필요하게 되었다. 유아에 대한 이해와 교육에 대한 가치관, 학부모와의 관계 등과 같은 기본적인 교육철학에서의 변화가 아니라 달라진 지위에서의 새로운 인간관계 맺기, 교사장학의 방향 설정, 효율적이지 못한 의사소통에 따른 불안 등으로 인해 원감으로서의 적응에 어려움을 겪게 되었다. 이처럼 교사는 교사로서의 성장과정에서 다양한 경험을 통해 유아, 학부모 및 동료에 대한 관점, 교육에 대한 가치관 및 태도 등에서 변화를 경험하며 더욱 성숙해 감을 알 수 있다.

이처럼 교사들의 발달단계에 따라 교사의 관심사와 요구도가 달라지기 때문에 〈표 13-4〉에 제시된 것처럼 교사에게 제공되는 연수 및 교육방법도 차별화되어야 할 필요가 있다.

(2) 순환적 · 복합적 모형

순환적 · 복합적 모형은 교사발달 단계가 교직경력에 의해서도 변화하지만 현장의 다양한 조직적 환경 및 교사의 개인적 · 가정적 환경 등과 같은 다양한 요인들에 의해 복합적이고 역동적으로 변화한다는 관점을 취한다. 순환적 · 복합적 모형의 대표적인 예로 교사발달 사이클 모형에 대해 알아보고, 이러한 모형에서 교사의 발달에 영향을 미치는 요인에 대해 살펴본다.

① 교사발달 사이클 모형

Burke, Christensen과 Fessler(1984)는 교사의 개인적 환경과 교사를 둘러싼 조직적 환경에 영향을 받아 순환적으로 발달한다는 교사발달 사이클 모형(teacher career cycle model: TCCM)을 제시하였다([그림 13-5] 참조). 이 모형에서 교사발달은 불규칙적이고 역동적으로 이루어진다는 것을 강조하며, 교직경력에 상관없이 개인적 환경과 조직적 환경에 따라 교사들은 서로 다른 발달단계에 속할 수 있다고 본다. 즉, 이 모형에서는 교사가 경험하는 개인적 · 조직적 환경에 의해 교사가 발달하는 것으로 본다. 개인적 환경에는 가정, 긍정적 사건, 위기적 사건, 종래의 경험, 직업의 관심사, 개인적 성향 등의 요소가 포함되며, 조직적 환경은 학교 규정, 학교경영 형태, 사회적 신뢰, 사회적 기대, 전문 단체, 교원 노조 등의 요소가 포함된다.

교사발달 사이클 모형에서는 교사발달단계를 대학에서 교사교육을 받는 기간에 해당되는 교직이전(preservice) 단계, 교사로 임용된 초기에 일상적인 활동에 익숙해

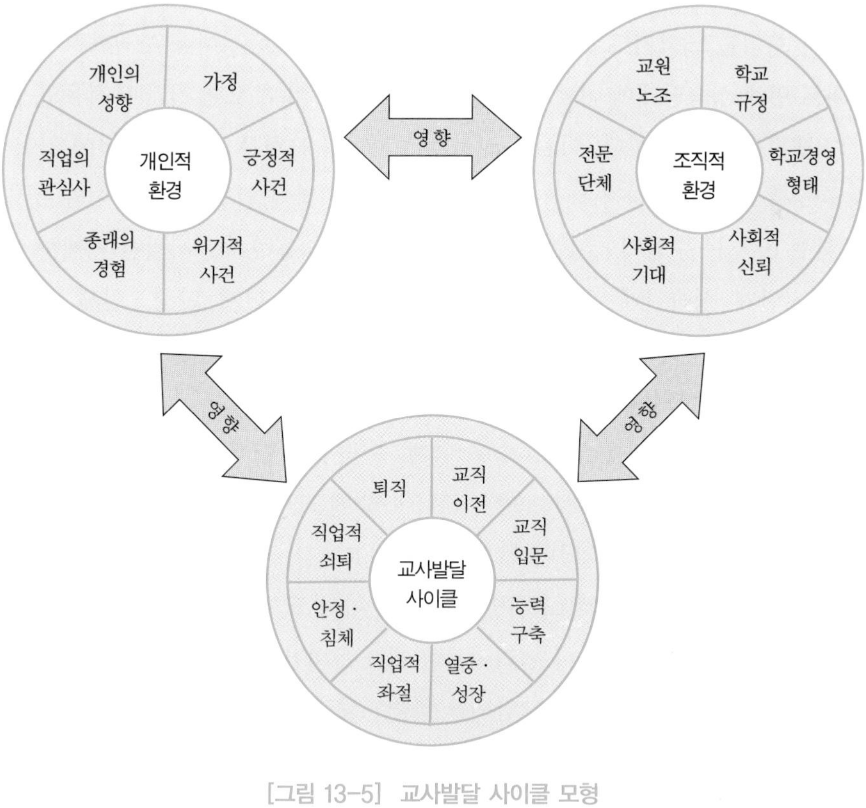

[그림 13-5] 교사발달 사이클 모형

출처: Fessler, R. (1985). A model for teacher professional growth and development. In P. J. Buke & R. G. Heideman (Eds.), *Career-long teacher education* (p. 193). Springfield, IL: Charles C. Thomas.

져 가는 교직입문(induction) 단계, 교수기술과 능력을 향상시키기 위해 새로운 교수자료, 방법, 전략 등을 탐색하는 능력구축(competency building) 단계, 직무상 높은 수준의 능력에 도달하여 전문가로서 지속적인 발전을 추구하는 열중 · 성장(enthusiastic and growing) 단계, 교사 자신의 일에 좌절과 회의를 느끼며 직무만족감이 낮아지면서 교직이직율이 높아지는 직업적 좌절(career frustration) 단계, 주어진 일과 대가에 따른 업무만을 수행하면서 현실안주나 현상유지에 머무르려고 하는 안정 · 침체(stable but stagnant) 단계, 교직을 떠날 준비를 하는 직업적 쇠퇴(career wind-down) 단계, 교직을 사임 또는 일시적 탈출을 하는 퇴직(career exit) 단계로 구분하였다. 이러한 교사발달 단계는 교사의 개인적 환경과 조직적 환경의 영향으로 인해 순환된다. 교사발달 사이클 모형의 8단계에서는 교사발달 단계가 교직이전 단계에서 시작하여 그다음 단계로 순차적으로 진행되는 것으로 해석해서는 안 된다. 또한 상위단계가 하위단계보다 반드시 바람직하거나 가치 있다고 보지 않는다.

실제로, 어떤 교사는 자신의 개인적 특성이나 현장의 환경적 특성과의 상호작용으로 인해 아주 이른 시기에 성숙한 단계에 이르기도 하지만, 환경의 변화로 인해 곧 좌절하거나 회의를 느끼기도 하고, 또 어떤 교사는 개인적 특성이나 조직환경 특성의 부조화로 인해 성숙단계에 이르기도 전에 퇴직하거나 아주 오랜 기간 부적응의 상태로 교직생활을 하기도 한다. 이처럼 교사발달 사이클 모형은 교사의 발달에 있어 개인적 특성뿐 아니라 환경적 특성을 반영하고 있다는 점에 의의가 있다. 이와 유사하게 윤홍주(1996)는 순환적 · 복합적 교사발달 모형을 적용하여 교사발달 단계를 생존단계, 성장단계, 성숙단계, 승진지향 단계 및 직업적 좌절 단계, 안정 · 침체 단계, 쇠퇴단계로 구분하여 제시하였다.

김영만(2004)은 현직 교사에게만 해당하는 단계를 선택하고, 예비조사를 통해 우리나라 교사들의 발달단계를 입문 · 수용 단계, 능력구축 단계, 열중 · 성장 단계, 안일 · 안주 단계로 구분하여 제시하였다. 〈표 13-5〉에 교사발달의 단계와 단계별 특징이 제시되어 있다. 교사의 발달단계에 따라 교사효능감, 적응유연성, 심리적 소진에 차이가 있는지를 살펴본 결과, 교사발달 단계에 따라 교사효능감과 적응유연성에는 차이가 있는 것으로 나타났으나 심리적 소진에는 유의한 차이가 없는 것으로 나타났다. 교사의 발달단계 중 3단계에 해당되는 열중 · 성장 단계와 2단계의 능력구축 단계의 교사는 적응유연성과 교사효능감이 높았으나, 4단계의 안일 · 안주 단계에 해당되는 교사들은 적응유연성이 가장 낮았고, 1단계에 해당되는 입문 · 수용 단계의 교사들은 교사효능감이 가장 낮은 것으로 나타났다(조민아, 이정화, 송소원, 장석진, 2010).

〈표 13-5〉 **교사발달 단계와 특징**

교사발달 단계	주요 특징
입문 · 수용 단계	학생과 동료교사들에게 인정받기 위해 노력하고, 능력은 부족하지만 항상 배운다는 자세로 적극적으로 교사생활을 한다.
능력구축 단계	자신의 학습지도 기술과 능력을 향상시키고자 노력하고, 새로운 교수자료, 방법, 수업전략을 추구하며, 전문성 향상에 노력한다.
열중 · 성장 단계	높은 수준의 단계에 도달하지만 여전히 발전을 위해 노력하며, 교직에 열정과 애정이 많고 협조적이다.
안일 · 안주 단계	기대되는 직무는 수행하나 자발적이지 못하고 수동적이며, 직무에 회의감을 갖고 있다.

출처: 강경석, 김영만(2004). 교사발달단계에 따라 교사의 직무능력이 직무만족에 미치는 영향 분석. 교육문화연구, 10, 1-33.

② 교사발달 관련 요인

교사발달 사이클 모형에서 교사의 발달과 관련된 요인은 교사의 개인적 배경이나 상황뿐 아니라 교사가 몸담고 있는 사회문화적 맥락, 즉 영유아보육기관과 관련된 조직적 요인 등을 포함한다. 교직발달에 영향을 미치는 개인적 요인으로는 가정, 긍정적 사건과 위기적 사건, 개인적 경험 및 관심사, 성향 등이 있으며, 교사를 둘러싼 조직적 요인으로는 기관 규정, 기관운영 형태, 기관 내의 신뢰감 등이 있다. 보다 거시적 측면의 조직적 요인은 보육기관에 대한 사회적 기대, 전문 단체, 교원 노조 등을 포함한다(박은혜, 2003). 보육교사발달에 부정적 영향을 미치는 개인적 · 조직적 환경의 특성을 정리한 것이 〈표 13-6〉에 제시되어 있다.

최근의 교사발달 관련 연구에서는 교사의 정서적 능력이 인지적 능력보다 교사 역할 수행에 더 중요한 영향을 미친다는 것을 강조하고 있다(염지숙, 2005). 특히 돌봄, 보살핌, 배려와 같은 영유아교육의 특성상 유아교사의 정서적 능력이 교육에 중요한 역할을 한다는 점에서 교육의 질과 유아교사의 정서를 연결시키고자 하는 접근이 대두되고 있다. 정서는 어떤 사건에 대해 개인마다 특정한 방식으로 느끼게끔 하는 주관적인 속성으로(정옥분, 정순화, 임정하, 2007) 눈에 보이지 않지만 개인의 생활 전반에 걸쳐 영향을 미치며, 인간의 논리적 사고, 판단, 의사결정, 행동 등에 많은 영향을 미친다. 예를 들어, 교사가 교육적으로 중요한 의사결정을 할 때, 당시의 혹은 그 문제에 대해 교사가 가지고 있던 정서가 의사결정에 영향을 미친다. 특히 보육교사는 돌봄과 보살핌 등의 '정서적 일'을 많이 수행하기 때문에, 보육교사의

〈표 13-6〉 **보육교사발달에 부정적 영향을 미치는 개인적 · 조직적 환경의 특성**

개인적 환경		조직적 환경	
가정 배경	• 어린이집에 대한 가정의 이해 및 지원 부족 • 어려운 가정 경제 • 장거리 출퇴근	어린이집 규정, 제도	• 업무, 담임 배정 • 타 직종에 비해 승진 기회 제한 • 근무성적 평가제도 • 당직 및 야간 연장 업무 • 어린이집 내 · 외 연수제도 • 주임교사 배정 규정
위기적 사건	• 가족의 질병 • 본인의 건강 및 체력 • 경제적 손실 • 부부문제(불화, 이혼, 사별 등) • 법률적 문제(교통사고, 사업경영 등/학생지도상 법률적 귀책문제 발생) • 출산에 따른 자녀양육 문제 • 결혼에 따른 생활환경 변화와 부담감 • 가족 간의 갈등 • 상위 학위과정 수강에 따른 부담감	근무 조건	• 어린이집 학급 규모 • 물리적 조건 • 수업 외의 업무부담 • 교수-학습 자료 부족 • 외부기관의 간섭(구청 및 위탁기관 등) • 낮은 임금 • 휴가 기간의 융통성 부족
이전 경험	• 불우한 어린 시절, 결손가정에서의 성장 • 교사양성 교육과정의 불충분한 이수 • 교직생활 중 불행한 사고 경험	관리자의 경영 행태	• 원장의 비합리적인 지도성 • 주임교사의 비합리적인 지도성 • 원장의 불공정한 교사 차별
직업 외 관심사	• 교직 수행에 무리가 되는 부업활동 • 과도한 취미활동 • 종교활동	조직 내 인간관계	• 출신학교, 출신지역 간의 갈등 • 교사 외 직원과의 갈등 • 선후배교사 간의 갈등 • 동료교사 간의 갈등
개인의 성향	• 개인의 가치관 • 개인의 성격(소극적 · 비사교적 · 교직 부적응적 성격 등)	사회적 신뢰 · 후원	• 정부의 보육투자 부족 • 교사에 대한 처우 미흡 • 학부모의 교사 경시 • 교사경시 정책

출처: 박은혜(2003). 유아교사론(p. 208). 서울: 창지사.

정서는 교사의 교직 수행에 중요한 역할을 한다.

2. 보육교사의 자기관리

보육교사는 양육과 교육자로서의 역할뿐 아니라 어린이집과 관련된 대부분의 업무를 담당하고 있기 때문에 상당히 바쁜 일과를 보내게 된다. 이러한 이유로 보육교사가 된 지 얼마 되지 않아 많은 보육교사들이 스트레스를 경험하고, 소진되며, 이직을 하는 경우가 종종 발생된다. 따라서 보육교사 스스로 자신의 전문성과 건강을 유지하기 위한 관리가 필요하다. 보육교사의 전문성 향상을 위한 자기관리는 앞서의 여러 장에서 살펴보았기 때문에 이 부분에서는 보육교사의 건강 유지를 위한 자기관리에 대해 살펴본다. 보육교사의 건강 유지와 관련하여 보육교사 건강관리의 중요성과 신체적 · 정신적 건강을 증진시키는 방법에 대해 알아본다.

1) 보육교사 건강관리의 중요성

보육교사는 하루일과의 대부분을 영유아와 생활하며 보내기 때문에 보육교사의 신체적 · 정신적 건강은 영유아의 일과에 상당한 영향을 미칠 뿐 아니라 영유아의 건강한 발달에도 영향을 미치게 된다. 호기심이 왕성하고 활동량이 많은 영유아와 적극적으로 상호작용하기 위해서는 무엇보다 교사가 신체적 · 정신적으로 건강해야 한다. 보육교사가 신체적인 질병이 있을 경우 수업 자체가 불가능하기 때문에 부모의 경우 영유아를 믿고 맡기는 것이 힘들어지고 영유아의 경우 신뢰관계가 형성되지 않은 낯선 사람과 생활을 해야 하기 때문에 불안이 높아진다. 또한 보육교사가 특별한 질병이 없더라고 정신적으로 지쳐 있거나 스트레스가 많을 경우, 영유아의 신호에

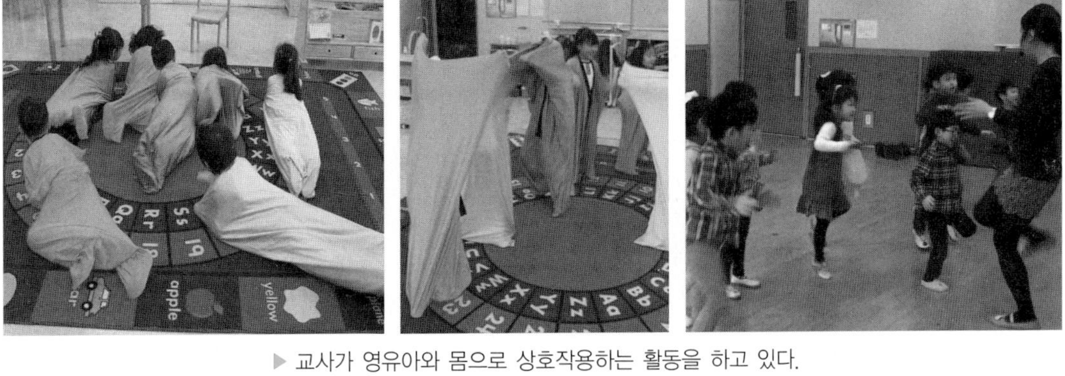

▶ 교사가 영유아와 몸으로 상호작용하는 활동을 하고 있다.

민감하지 않거나 부정적으로 반응하는 경우가 많다. 또한 보육교사는 영유아에게 건강한 삶의 모델이 되기 때문에 건강을 유지하기 위한 노력이 필요하다. 보육교사가 활기차고 적극적이면 그 반의 영유아도 활기차고 적극적이다. 반면 보육교사가 지쳐 있으면 그 반의 영유아도 무기력하거나 소극적인 경우가 많다. 따라서 보육교사가 일상생활 속에서 자신의 건강을 유지하기 위해 규칙적으로 운동을 하거나, 건강검진을 받고, 건강에 위협이 될 수 있는 요인들을 제거하기 위해 노력을 해야 한다.

2) 보육교사의 건강관리

보육업무상의 특징으로 인해 보육교사는 여러 가지 건강 문제에 노출되어 있다. 영유아와 함께 생활함에 따라 전염성 질환, 허리 건강, 스트레스 등에 취약하고, 이외에도 위생 관리와 관련하여 세척제, 살충제 등과 같은 유독성 물질에 노출될 가능성이 높다. 여기서는 보육교사의 신체적 · 정신적 건강을 증진시킬 수 있는 방법에 대해 살펴보고자 한다.

(1) 신체적 건강

신체적 건강과 관련하여 보육교사들은 주로 전염성 질병, 허리 건강 등의 위험에 노출되어 있다(Aronson, 2002). 보육교사는 여러 영유아들을 돌보기 때문에 감염성 질병에 노출되기 쉽고, 다른 유아나 동료교사에게 감염성 질병을 옮길 가능성도 높다. 따라서 보육교사는 전염성 질병을 예방하기 위해 반드시 예방접종을 받아야 한다. 기관에서는 보육교사 채용 전 보육교사가 전염성 질병이 있는지의 여부를 반드시 확인해야 하고, 수시로 보육교사의 건강에 문제가 없는지를 확인해야 한다.

전염성 질병이 퍼지는 것을 예방하기 위해서는 무엇보다 손을 청결하게 하는 것이 중요하다. 손만 청결하게 잘 씻어도 전염성 질병의 70% 이상은 예방이 가능하다. 특히 보육교사는 영유아의 상처를 다룰 때, 영아의 기저귀를 갈아 줄 때, 여러 오염물질을 다룰 때, 음식을 다루기 전후에는 일회용 라텍스 장갑을 끼는 것이 바람직하다. 장갑을 벗은 후에도 즉시 손을 닦는 것이 중요하다([그림 13-6] 참조).

교사가 전염성 질병에 걸렸을 경우에는 즉시 격리하여 휴식을 취하게끔 하는 것이 중요하다. 이는 보육교사 자신뿐 아니라 다른 교사와 영유아를 보호하기 위한 조치로서, 기관에서는 보육교사를 대치할 수 있는 대체교사를 확보해야 한다.

보육교사들이 주로 호소하는 증상 중 하나가 등과 허리의 통증이다. 특히 영아반

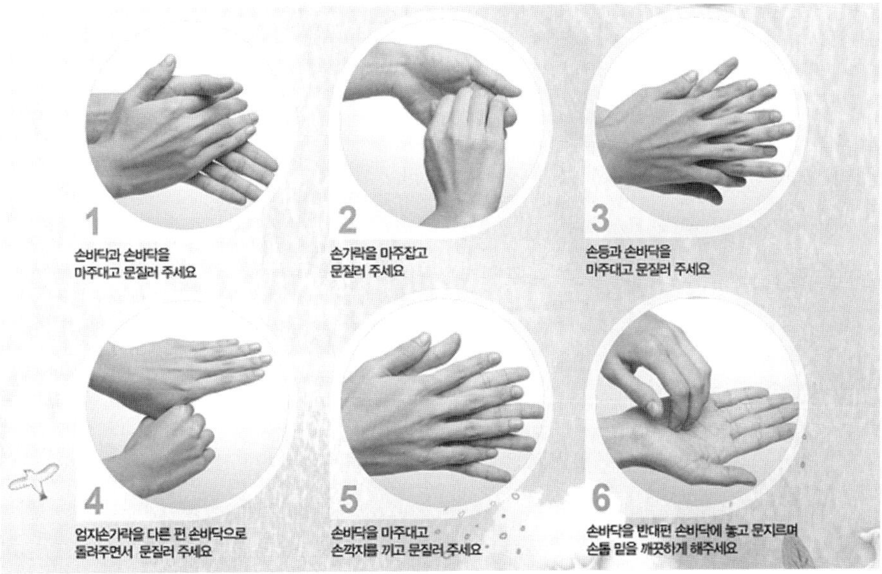

[그림 13-6] 전염병 예방을 위한 손 씻기

출처: 인터넷 환경일보(2014. 7. 2.). 올바른 손씻기로 건강한 여름 나세요!. http://www.hkbs.co.kr/?m=bbs&bid=local3&uid=305066.

보육교사의 경우, 영아를 하루에 수십 번 안거나 들어 올리는 행동을 하게 된다. 영유아와 상호작용하는 동안에도 영유아와 눈을 맞추기 위해 자세를 낮추거나 유아용 의자에 자주 앉아 있게 된다. 또한 무거운 책이나 교구 등을 옮기는 경우도 많다. 이러한 행동들은 실제로 보육교사의 허리와 등에 상당한 무리를 줄 수 있다. 다음과 같은 방법들은 보육교사의 허리 건강에 도움이 될 수 있다([그림 13-7] 참조).

- 유아와 이야기를 나눌 때에는 유아와 눈을 맞추기 위해 몸을 기울이기보다는 무릎을 굽혀 몸을 낮추거나 의자에 앉아 이야기하는 것이 바람직하다.
- 의자에 앉을 때에는 등을 받치고 바른 자세로 앉는다. 앉기 위해 몸을 구부리거나 앉은 자세에서 일어서야 할 경우 갑자기 움직이기보다는 고정된 사물에 의지해서 천천히 움직이는 것이 등에 무리를 덜 주게 된다. 너무 오래 앉아 있는 것은 좋지 않으니 가끔씩 일어나서 스트레칭을 하거나 주위를 걷는 것이 좋다.
- 오랜 시간 서 있는 것은 등 건강에 좋지 않다. 서 있을 때에는 배에 힘을 주는 것이 좋다.

• 영유아를 들어 올리기 위해 몸을 낮출 경우 허리를 굽히기보다 무릎을 구부린다. 무릎을 구부리면 허리를 구부릴 때보다 등이 받는 압력을 줄일 수 있다. 또한 최대한 영아 가까이에서 들어올리는 것이 좋다. 물건을 움직일 때에도 들어 올리는 것보다는 가능한 한 밀어서 움직이는 것이 바람직하다.

[그림 13-7] 보육교사의 허리 보호를 위한 올바른 자세

출처: 코메디닷컴(2009. 6. 16.). 허리통증 없애는 바른 자세. http://news.naver.com/main/read.nhn?mode=LSD&mid=sec&sid1=103&oid=296&aid=000000249.

(2) 정신적 건강

스트레스는 환경에 대한 개인적 지각과 자신이 바라는 것 간에 상당한 차이가 있을 때 발생하는 심리적인 과정이다(Daniels, 1996). 보육교사는 공립 유치원, 초·중·고등학교 교사에 비해 낮은 임금과 과중한 업무, 부족한 행정적 지원을 받고 있으며, 직업에 대한 낮은 인지도에 비해 막중한 역할 부여나 지나친 요구로 인해 많은 스트레스를 느끼고 있다(조성연, 2004). 보육교사는 영유아를 안전하게 보호하는 역할뿐 아니라 전문적 지식을 가지고 가르치는 교육자로서의 역할, 어린이집에서 일어나는 다양한 일들을 처리하는 행정관리자로서의 역할을 수행해야 한다. 이처럼 다양한 역할을 동시에 수행함에 따라 역할갈등이나 스트레스를 경험하게 된다.

보육교사가 경험하는 스트레스는 교사의 정신적·신체적 건강을 저해하는 요인이 된다. [그림 13-8]은 교사의 직무스트레스 유발 요인과 그에 따른 부정적 영향을 제시하고 있다. 스트레스를 많이 받게 되면 흡연, 음주, 난폭성 등과 같은 행위적 측면에 문제가 발생될 수 있고, 불면, 우울증, 소진 등과 같은 심리적 문제가 발생될 수 있으며, 심장병, 위장병, 두통 등과 같은 질병에 걸릴 위험성이 높아진다.

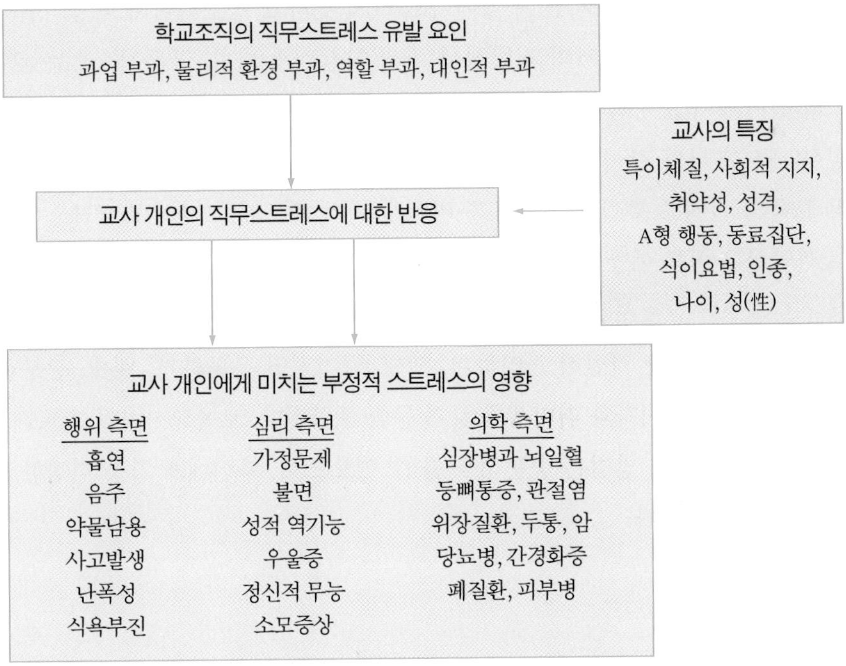

[그림 13-8] 교사의 직무스트레스 유발 요인과 부정적 영향

출처: 강정삼(1993). 교사의 직무스트레스와 예방관리전략. 교육학연구, 31(3), 151-171.

특히 보육교사의 스트레스는 소진과 밀접한 관련이 있는 것으로 보고되고 있다(조성연, 2005). 소진은 직무스트레스의 장기적인 누적으로 인해 나타나는 만성적인 반응이다(Borg & Riding, 1993). 스트레스원에 노출되거나 스트레스가 장시간 지속될 경우 신체는 환경 변화에 적응하기 위하여 보유하고 있는 에너지를 모두 동원하게 되는데, 이러한 과정에서 소진과 더불어 다양한 신체적 증상이 수반된다. 일반적으로 소진은 주어진 과업에 대한 이상이 너무 높았다가 현실 상황의 여러 제약 등으로 인하여 자신을 무능력하게 느끼고 대상에 대해 무관심하게 되는 현상으로 귀착된다(Bakker, Demerouti, & Schaufeli, 2006). 교사가 소진될 경우 정서적 고갈, 비인간화, 개인적 성취감이 상실되는 것으로 보고되고 있다(Maslach, 2002). 정서적인 힘이 고갈되었다고 느끼는 교사는 자신이 전에 할 수 있었던 일을 더 이상 할 수 없다고 느끼게 되고, 학생들을 부정적이고 냉소적으로 대하며, 자신이 아무리 노력해도 만족스러운 결과를 낳지 못할 것이라고 생각해서 자신의 일을 무의미하게 보게 된다. 이러한 증상은 행동으로 나타나 잦은 지각, 조퇴, 사기 저하 등으로 이어져 보육교사는 아침에 출근하기를 꺼리게 되고, 업무 시간 중에는 자주 시간을 확인하게 되며, 영유아나 학부모와의 접촉을 미루거나 전형화하고 자기방어적 태도와 경직성을 보이게 된다. 또한 보육교사는 수업에 집중하지 못하고 냉소적이며 이질적인 행동을 하게 되어 보육교사로서의 적합성에 대해 의심하게 되며, 궁극적으로는 보육서비스의 질이 낮아질 수밖에 없다.

앞서 제시한 바와 같이, 보육교사의 스트레스는 보육교사의 건강과 직결될 뿐 아니라 보육의 질에도 부정적인 영향을 미치게 되기 때문에 교사의 스트레스원을 제대로 파악하고 이를 예방 혹은 감소시키기 위한 노력이 필요하다. 일상적인 생활 속에서 스트레스를 감소시킬 수 있는 방법으로는, 첫째, 친구나 가족과 함께 이야기를 나누기, 둘째, 시간을 적절히 관리하기, 셋째, 규칙적인 운동하기, 넷째, 충분한 수면 취하기, 다섯째, 여가와 취미생활 갖기 등이 포함된다. 보육교사마다 스트레스에 대처하거나 해소하는 방법은 충분히 다를 수 있으므로, 자신에게 가장 적절한 방법을 찾는 것이 중요하다.

보육교사의 건강 문제를 해결하는 데 도움이 될 수 있는 방법

- 지속적인 건강 평가: 전염성 질환, 허리부상, 발진, 스트레스
- 건강을 위한 복지정책의 제공: 휴가, 병가, 건강보험 등
- 어린이집 내에 보육교사가 휴식을 취할 수 있는 사적인 공간 마련
- 교사의 휴식과 대치에 대한 배려
- 다리와 허리에 무리가 가지 않도록 물건이나 유아를 드는 방법 교육
- 질병에의 노출을 줄이고 성인과 영유아의 건강을 예방하고 유지하는 데 도움이 되는 건강 정책 수립

제14장

보육교사 평가와 지원

어린이집에서 보육의 질을 결정하는 요인 중 가장 중요한 것은 보육교사와 원장 등 보육교직원의 질적 수준이라고 해도 과언이 아니다. 특히 보육과정 운영에 있어 보육교사의 결정권이 크고, 보육교사의 전문적인 능력과 인성은 영유아의 발달 및 학습에 상당한 영향을 미치므로 보육교사에 대한 평가는 매우 중요하다. 하지만 보육기관에서 이루어지고 있는 대부분의 평가는 단지 미리 설정한 특정 목표가 달성되었는지의 여부만을 알아보거나 유아나 기관의 현재 상태가 어떠하다는 보고에서 끝나는 것이 대부분이라 보육교사들은 평가의 필요성이나 중요성을 제대로 인식하지 못하고 있다. 보육교사 평가의 목적은 교사로서의 역할을 수행하는 데 필요한 전문적인 능력을 개발하고 궁극적으로는 영유아의 긍정적 발달을 촉진함으로써 전반적인 보육의 질을 높이기 위한 것이다. 이러한 점을 고려해 볼 때 보육교사의 질적 수준을 높이는 데 기여할 수 있는 평가방법의 도입이 절실하다. 나아가, 보육교사는 현장에서의 다양한 경험 속에서 지속적으로 발달해 간다. 보육교사의 전문성을 높이기 위해서는 지속적인 평가도 중요하지만 보육교사의 역량을 키워 나가는 데 도움이 될 수 있는 지원체계의 확립도 중요하다. 이 장에서는 보육의 질 향상이라는 궁극적인 목표하에 보육교사의 전문성을 높이는 데 기여할 수 있는 보육교사의 평가와 지원체계에 대해 살펴보고자 한다.

1. 보육교사 평가

피하고 싶은 것, 두려움, 점수, 시험, '잘한다, 못한다'를 나누는 기준, 평가인증, 노력, 준비, 피드백, 성취, 자기발전……

이러한 단어들은 '평가' 하면 떠오르는 것들에 대한 보육교사들의 의견 중 일부다. 성취, 자기발전 등과 같은 평가의 긍정적 가치에도 불구하고, 대부분의 보육교사들은 엄격한 평가 절차와 긍정적 혹은 부정적일 수 있는 평가 결과로 인해 평가 그 자체를 부담스러워하는 것이 현실이다. 하지만 보육교사 평가의 목적, 그 기준과 절차가 명료하고 평가 결과가 보육교사에게 명확하게 전달되어 보육교사의 자기발전에 기여할 수 있다면 보육교사는 보다 적극적으로 평가에 임하게 될 것이다. 여기서는 보육교사 평가의 개념 및 목적에 대해 살펴보고, 보육교사 평가와 관련된 영역에 대해 알아본 후, 보육교사의 질적 수준을 높일 수 있는 다양한 평가방법에 대해 알아본다.

1) 보육교사 평가의 개념 및 목적

평가는 계획된 목적에 맞게 정보를 체계적으로 수집하고 분석하는 과정이다. 무엇을 평가하느냐에 따라 수집되고 분석되는 정보에는 차이가 있지만 평가를 하는 목적은 유사하다. 평가과정을 통해 현재의 상태를 진단하거나 미리 계획했던 내용이 어느 정도 잘 수행되었는지를 확인함으로써 계획했던 내용의 적절성이나 타당성을 파악할 수 있고, 더불어 더 좋은 내용을 구성할 수 있는 토대를 마련하게 된다. 이런 측면에서 평가는 복잡 다양한 실제를 다루어야 하며, 무엇이, 어떤 상황에서, 누구에게, 어떻게 적합한지를 분석함으로써 이후의 의사결정을 돕는 역할을 한다(Schwandt, 2003).

일반적으로 교사평가란 교육과정 실행과 교수활동에 관한 다양한 정보와 학급운영, 영유아지도, 부모 및 대인관계에 대한 정보를 수집하여 교사의 역할에 대한 가치를 매기며 보육교사의 전문성을 증진시키고 책무성을 강화하기 위해서 지원과 피드백을 제공해 주는 것이다(최일선, 조운주, 2010). 이와 관련하여 보육교사평가 목적을 보육교사의 측면, 영유아의 측면, 기관의 측면으로 나누어 살펴볼 수 있다. 보육교사의 측면에서는 보육교사의 개인적 특성 및 성향, 전문적 지식, 기술, 태도 등을 평가하고 반성하게 하여 개인적 자질 및 교수능력 등의 전문성을 향상시키는 것이다. 영유아의 측면에서는 교사의 전문성 향상을 통해서 질 높은 보육교육 서비스를 유아들에게 제공하여 교육의 질을 향상시키는 것이고, 기관의 측면에서는 교사 서비스의 향상을 통한 기관의 신뢰성을 향상시키는 것이다(최일선, 조윤주, 2010).

보육교사는 영유아의 학습과 발달에 중요한 영향을 미치며, 프로그램의 질을 결정하는 가장 중요한 요인이다. 현행 표준보육과정이나 누리과정의 편성, 운영체계를 살펴보면, 보육과정의 권한이 교사에게 가장 많이 부여되어 있기 때문에 보육교사의 전문적 자질이 교육의 질을 좌우한다고 해도 과언이 아니다. 따라서 보육교사는 영유아에게 '무엇을 어떻게 가르쳐야 할 것인가'에 대해 늘 고민하고 해답을 얻는 작업을 반복하는 반성의 과정을 가져야 한다. 보육교사의 전문적인 능력과 인성은 영유아의 발달 및 학습에 지대한 영향을 미치기 때문에 반성적 사고를 통해 자신의 전문성을 신장시켜야 하고, 반성적 사고의 결과를 또 다시 보육과정 운영에 반영해야 한다.

이러한 측면에서 볼 때 보육교사 평가란 교수활동 등 보육 전반에 걸쳐 관련된 정보를 수집하고 그 가치를 해석하여 보육교사의 전문성 신장과 발전을 촉진하는 것이다. 이는 궁극적으로 보육교사를 체계적으로 관리하고 개선을 도모하여 보육의 질을 향상시키는 것이다. 보육교사 평가는 교사로서의 역할을 수행하는 데 필요한 전문적인 능력 개발과 자질 향상을 위해, 궁극적으로는 영유아의 긍정적 발달을 촉진함으로써 전반적인 보육의 질을 높이기 위해 반드시 필요하다.

다음은 효율적인 보육교사 평가가 이루어지기 위해 평가를 운영하는 과정에서 고려해야 할 점이다.

- 평가에 앞서 평가의 범위와 한계를 사전 평가자 교육을 통해 결정해야 한다.
- 교사는 평가에 대한 필요성을 자율적으로 인식하고 평가과정에 대한 구체적인 논의를 함께 거쳐야 한다.
- 평가는 평가과정에 참여하는 사람에 따라 달라질 수 있기 때문에 최대한 객관성을 유지하기 위한 노력이 필요하다. 즉, 평가 내용을 구체화하여 평가자에 따라 다르게 평정되거나 해석되는 일이 없도록 해야 하고 평가자의 주관이 개입되지 않도록 해야 한다.

- 한 가지 평가척도에 의존하기보다는 다양한 방법의 평가를 병행하는 것이 바람직하다.
- 보육교사에 대한 평가는 교사의 자발적인 참여가 중요하다. 교사평가에는 교사와 학교위원회, 부모, 지역사회가 함께 참여해야 하며, 특히 교사가 평가 시스템에 주도적으로 참여해야 교육과 학습목표를 달성할 수 있다(Nolan & Hoover, 2011).
- 언제 실행할 것인지, 평가 결과를 어떻게 활용할 것인지, 교육공동체 안에서 합의하여 진행할 수 있는 여건이 먼저 전제되어야 한다.

2) 보육교사 평가의 영역

이 부분은 보육교사의 '무엇을 평가할 것인가'와 관련된다. 현재 우리나라의 초·중등학교와 공립 유치원에서는 교원능력개발을 위한 평가가 시행 또는 시범 적용되고 있다. 일반교사의 평가 영역은 크게 학습지도와 생활지도로 구분되고 있다. 학습지도 영역에서는 수업준비, 수업실행, 평가 및 활용의 요소로 구성되어 있으며, 생활지도 영역에서는 개인생활지도, 사회생활지도, 학생지원의 요소로 구성되어 있다(교육과학기술부, 2010).

보육교사만을 위한 평가척도는 아직 많지 않기 때문에 유아교사 평가척도의 내용 및 영역에 대한 선행연구를 기초로 살펴보면, 박은혜 등(2010)의 연구에서는 유아교사 평가 영역에 교육과정 운영(교육계획/교수매체 및 환경구성/유아와의 상호작용/평가 및 활용), 학급운영 및 분장업무 수행(생활지도/가정과의 연계/분장업무 수행), 전문성 계발(교직윤리 및 교사로서의 품격/관계형성 및 의사소통/전문성 향상을 위한 노력) 등을 포함하고 있다.

최일선과 조운주(2010)의 유아교사평가 척도에서는 개인특성(건전한 인성/교직 사명감/윤리의식), 유아 이해 및 지원(유아학습 발달특성 이해/가정·사회·경제·문화적 환경 이해/유아 존중, 잠재력 발휘, 개인요구 수용), 교수(교과 전문지식 습득/교육과정 이해 및 구성, 개발/수업 계획 및 준비/수업운영, 수업평가), 환경관리 및 학급지원(적절한 학급환경 조성과 문화 조성/자율적 문제해결과 의사결정 지원/민주적 학급관리, 운영), 대인관계(구성원과 효과적인 의사소통/구성원들과 협력), 전문성 계발(교육 실천 연구 및 향상/연수 프로그램과 활동 참여/평생학습의 노력) 등을 다루고 있다.

김은희와 황해익(2006)의 유아교사 평가척도에서는 교수활동 계획, 교수활동 실행, 교수활동 평가, 상호작용, 가정과 지역사회 연계, 행정적인 능력 등을 평가한다. 백은주와 조부경(2004)의 유아교사 평가척도에서는 지식과 기술발달(물리적 환경구성/유아에 대한 이해/교사-유아의 상호작용/교육과정 계획 실시평가), 자기이해발달(교사로서 자신에 대한 태도/자신감/개인적 측면의 자신에 대한 태도), 생태적 발달(동료교사와의 관계/부모 및 지역사회와의 관계/물적 지원 환경 조성) 등을 평가한다. 선행연구를 기초로 보육교사 평가 영역을 정리해 보면, 교직 인성, 보육과정 계획 및 운영, 영유아에 대한 이해, 전문성 발달, 업무관리 영역, 가정 · 지역사회 연계 등이 포함된다고 볼 수 있다.

이와 더불어 현재 시행되고 있는 평가인증 지표 항목에서 교사평가 요소를 살펴보면, 보육환경, 운영관리, 보육과정, 상호작용과 교수법, 건강과 영양, 안전 등 6영역이다. 평가인증 지표 영역에서 보육교사평가와 관련 있는 하위영역 및 항목을 〈표 14-1〉에 제시하였다.

〈표 14-1〉 **보육교사 평가와 관련된 평가인증 지표 영역**

평가지표	하위영역	항목
보육환경	어린이집 환경	보육실의 공간 배치
	보육활동 자료	신체활동 자료, 언어활동 자료, 자연탐구활동 자료 예술활동 자료, 역할놀이 및 쌓기활동 자료
운영관리	가족과의 협력	어린이집과 가정 간의 의사소통, 어린이집에서의 부모참여
	지역사회와의 협조	지역사회와의 협력, 영유아와 가족의 문제에 대한 이해와 지원
보육과정	보육활동 계획과 구성	보육계획안의 수립, 보육활동 계획의 균형과 진행 자유선택활동의 시간과 운영, 실외활동의 시간과 운영 일과의 통합적 운영, 일상생활 관련 활동 보육과정 평가 및 영유아 활동관찰
	보육활동	신체활동, 언어활동, 기본생활 관련 활동, 사회관계 증진 활동 자연탐구활동, 예술활동, 역할놀이 및 쌓기활동

상호작용과 교수법	일상적 양육	즐거운 식사(수유)와 간식, 편안한 분위기의 낮잠 자연스러운 배변 경험
	교사의 상호작용	영유아를 존중하고 평등하게 대하기 영유아의 요구와 질문에 대한 민감한 반응 긍정적인 방법의 행동 지도, 자유놀이의 교사참여 또래 간 긍정적인 상호작용의 격려 영유아 간의 다툼이나 문제 상황 개입
	교수법	교수법의 효과적인 사용, 동기유발과 호기심의 장려
건강과 영양	청결과 위생	실내공간의 청결, 개별 침구의 사용과 관리 보육실의 환기, 채광, 조명, 온도 관리 놀잇감의 청결관리, 영유아와 보육교사의 청결 유지
	질병관리	아프거나 다친 영유아의 보호 영유아와 보육교직원의 건강관리
	급식과 간식	영유아를 위한 급식, 영유아를 위한 간식
안전	실내외 시설의 안전	보육실의 안전관리, 실내외 놀잇감의 안전관리, 실내외 위험한 물건의 보관
	영유아의 안전 보호	영유아에 대한 성인의 보호, 영유아에 대한 안전한 인계과정 어린이집의 안전한 차량운행, 안전교육과 정기적인 소방훈련

3) 보육교사 평가의 방법

교사평가를 통해 자신의 교수활동을 성찰해 봄으로써 교수-학습방법을 개선할 수 있을 뿐 아니라 객관적인 평가과정이나 평가 결과를 토대로 전문성을 높일 수 있는 기회를 가지게 된다. 교사평가 방법은 누가 교사를 평가하느냐에 따라 교사의 자기평가, 동료나 외부관찰자 평가, 시험제도, 유아의 수행능력 측정, 전문가의 참관 또는 학부모 조사 등으로 구분할 수 있다(Goodwin & Driscoll, 1980). 또한 어떠한 방법으로 평가할 것인가와 관련해서 체크리스트나 평정척도 등과 같은 구조화된 평가, 표본식 기술이나 일화기록을 사용하는 서술식 관찰기록, 보육교사의 언어적 상호작용분석에 효과적인 비디오 · 오디오 기록, 교사 자신의 실천 행위에 대해 다양한 글쓰기를 하는 저널 쓰기, 보육교사의 개념적 이해 범위와 수준을 파악할 수 있는 개념도, 목표를 가지고 결과물들을 지속적으로 선별해서 수집하고 조직하는 포트폴리오를 통한 평가 등이 있다. 이러한 여러 방법 중 교사들이 바람직하게 여기며 보편적으로 많이 활용되고 있는 자기평가를 중심으로 살펴보고자 한다.

교사의 자기평가는 자신의 행동, 인격의 특성을 자기 스스로 평가하는 것으로, 전문가로서의 자신을 인식하는 수단이 된다(교육학사전편찬위원회, 1992). 교사의 자기평가는 일정한 평가양식을 통해 자신의 강점과 약점을 인식함으로써 스스로의 수행능력을 발전시킬 수 있는 가장 바람직한 방법으로 인식되고 있다(Goodwin & Driscoll, 1980). 또한 장학이나 다른 평가에 비해 평가 결과를 다시 보육과정 계획에 반영시킴으로써 보육과정의 운영이 보다 효율적으로 이루어지게 할 수 있다는 장점이 있다(최혜진, 황해익, 2005). 교사평가 중 자기평가를 강조하는 이유는 다음과 같다. 첫째, 자기평가를 사용하였을 때 교사는 자신의 활동을 개선할 책임을 스스로 갖게 된다. 둘째, 전문적 능력을 증진시키고자 하는 교사는 자기평가를 평가 모델 중 가장 적합한 모형으로 간주한다. 셋째, 자기평가의 궁극적 목표는 더 좋은 수업진행과 전문적 능력 향상이므로 교사의 변화하고자 하는 동기를 지속적으로 유발하게 된다(Brighton, 1965).

자기평가 방법에서는 평정척도를 이용한 방법이 가장 많이 사용되고 있으나(황해익, 최혜진, 김남희, 2003), 최근 들어서는 포트폴리오를 활용하거나 멀티미디어를 활용한 자기 수업평가 등도 사용되고 있다(한상진, 2001). 여기에서는 평정척도, 반성적 저널 쓰기, 포트폴리오를 활용한 자기평가에 대해 알아보고자 한다.

(1) 평정척도를 활용한 교사평가

평정척도는 특정 행동의 출현 유무뿐 아니라 행동의 질적인 특성이나 행동 출현의 빈도를 평가하고자 할 때 사용된다. 평가자에게 특정 준거를 제시하여 가능한 한 객관적이고 일관성 있게 평정함으로써 행동의 특성을 점수화할 수 있다는 장점이 있다. 유아교사나 보육교사의 자기평가 도구들은 주로 교사의 개인적 자질이나 역량, 교수활동 능력, 교직 전문성 등을 스스로 평정하는 데 목적을 두고 있다. 교사자기평가에 많이 사용되는 도구의 예로 황해익 등(2003)의 교사자기평가척도를 들 수 있다. 이 척도는 교사의 자질을 일반적 특성과 전문적 특성으로 구분한다(〈표 14-2〉 참조). 보육교사의 일반적 특성은 신체, 인성, 교양 및 지적 능력 영역을 포함하고 있고, 전문적 특성은 교직에 대한 태도, 교육기술, 전문적 지식을 포함하고 있다.

이 외에 새로운 보육과정 도입에 따라 보육교사가 보육과정을 제대로 운영하고

〈표 14-2〉 **보육교사의 자기평가척도 예**

평가 영역		문항	전혀 그렇지 않다	그렇지 않다	보통이다	그렇다	매우 그렇다
일반적 특성	신체	신체적 건강					
		활동성					
		예의바른 태도					
		바른 자세					
	인성	적극성					
		정서적 안정감					
		자제력					
		협동심					
		융통성					
		성실성					
		사려성					
		긍정적인 인간관					
		공정성					
		정직성					
	교양 및 지적 능력	풍부한 지식					
		순발력					
		유창, 명료한 언어 사용					
		창의력					
전문적 특성	교직에 대한 태도	교직에 대한 사명감					
		교육활동에 대한 열의					
		전문성 신장에 대한 노력					
		책임감					
		교직에 대한 신념					
		직업윤리					
		보육과정 재구성능력					
	교육 기술	보육과정 실천능력					
		부모와 전문가를 참여시키는 능력					
		교육내용, 교육자료, 교수방법 및 유아의 발달에 대한 평가능력					
		활동에 대한 적절한 자극 및 개입					
		교재 · 교구 제작 및 다양한 활동능력					
		교육능력을 다양하고 균형 있게 제공하는 능력					
		교육활동을 융통성 있게 운영하는 능력					

전문적 특성	전문적 지식	소속기관의 교육철학에 대한 이해					
		보육과정에 대한 지식					
		생활지도 및 상담지식					
		영유아의 발달단계와 특성에 대한 지식					
		교육활동을 위한 다양한 교수방법에 대한 지식					
		실내외 환경구성에 대한 지식 정도					
		평가에 대한 지식					

출처: 황해익, 최혜진, 김남희(2003). 유아교사의 자기평가척도개발연구. 열린유아교육연구, 7(4), 69-93.

있는지를 스스로 평가해 볼 필요성이 증가되었다. 최근 들어 김은정과 황해익(2014)은 누리과정 운영에 대한 자기평가 도구를 개발하였는데(〈표 14-3〉 참조), 이 척도는 보육교사나 유아교사가 누리과정을 계획 · 실행 · 평가하는 과정이 적절한지 스스로 평가하는 데 초점을 두고 있다(사진 참조). 이 척도는 교사전문성, 누리과정 계획, 누리과정 실행, 누리과정 평가인 4개의 평가준거와 누리과정 이해, 유아이해, 수업전문성, 목표설정, 수업설계, 수업내용 전달, 수업환경 조성, 교사의 태도, 피드백, 평가 등 10개 영역으로 구성되어 있다.

이 외에도 보육교사의 자질 및 전문성을 객관적으로 평가할 수 있는 평가도구를 지속적으로 개발함으로써 보육인력의 전문성을 높이고 나아가 보육의 질적 수준도 향상시켜야 한다.

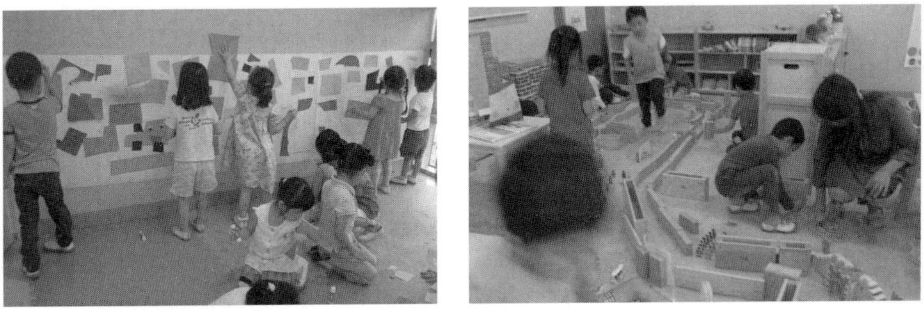

▶ 보육교사의 수업 장면을 기록으로 남겨 보육교사의 수업방식이나 교수자료를 평가해 볼 수 있다(출처: 남서울대학교 아동연구소).

〈표 14-3〉 누리과정 운영에 관한 유아교사 자기평가척도의 예

평가 준거	평가 영역	평가지표
교사 전문성	누리 과정 이해	• 누리과정에서 제시한 5개 영역별 목표를 이해하고 있는가? • 누리과정에서 제시한 5개 영역별 내용 체계 및 세부 내용을 이해하고 있는가?
	유아 이해	• 유아의 신체 · 정서 · 사회 · 인지 등의 발달단계를 파악하고 있는가? • 유아의 태도, 흥미에 대해 이해하고, 가정환경, 사전 경험에 대해 파악하고 있는가?
	수업 전문성	• 교사 자신만의 교수기법이나 방식, 교수자료 등을 개발하여 활용하고 있는가? • 수업의 과정을 분석하고 해석할 수 있는 기본적인 지식과 능력을 지니고 있는가?
누리 과정 계획	목표 설정	• 생활주제-주제-소주제가 교육과정 관련 요소에 근거하여 연계성 있게 선정되었는가? • 일일교육 · 보육목표는 연간, 월간, 주간 등의 계획안을 바탕으로 지식, 기능, 태도의 성취가 일어날 수 있도록 구체적으로 진술하였는가? • 유아의 경험, 발달 및 학급 실정을 고려하여 일일교육 · 보육목표, 활동목표를 연계성 있게 설정하였는가? • 활동목표를 고려하여 활동의 유형(대 · 소집단활동 vs 개별활동, 동적 활동 vs 정적 활동, 실내활동 vs 실외활동, 교사주도활동 vs 유아주도활동)을 설정하였는가?
	수업 설계	• 교육활동에 알맞은 시간을 배분하고, 활동에 맞게 크기, 동선, 안전 등을 고려한 공간을 구성하였는가? • 활동목표에 적합한 대 · 소집단활동 및 개별활동을 선택하여 계획하였는가? • 활동목표 및 내용에 적합한 활동자료 및 교수-학습매체를 선정하였는가? • 유아의 특성을 고려하여 활동에 적합한 교수-학습방법을 선택하였는가? • 활동방법을 선택하고 계획할 때 활동의 특성을 고려하였는가?
누리 과정 실행	수업 내용 전달	• 유아의 수준에 맞는 언어를 사용하였는가? • 유아들의 사고를 촉진하는 여러 가지 방법(예: 설명, 자료 제시, 실험하기, 탐색하기, 추론하기, 토의하기 등)을 제공하였는가? • 유아의 지식, 경험, 능력, 활동내용에 따라 다양한 수준의 질문을 활용하였는가? • 유아들의 다양한 반응을 이끌어 내기 위하여 개방적 질문 및 폐쇄적 질문을 적절하게 활용하였는가?
	수업 환경 조성	• 유아들이 활동의 내용을 이해하고 응용할 수 있는 충분한 시간을 제공하였는가? • 유아들이 활동에 대해 질문, 응답할 기회를 제공하였는가? • 활동에 흥미가 없거나 소극적인 유아들을 배려하였는가?

	수업 환경 조성	• 유아가 자율적으로 문제를 해결하도록 촉진하는 분위기를 제공하였는가? • 활동과정에서 유아들 간에 양보, 배려, 존중, 협력이 일어날 수 있는 분위기를 조성하였는가? • 유아의 내적 동기를 자극할 수 있는 흥미로운 질문을 활용하였는가?
누리 과정 실행	교사의 태도	• 유아 개개인에게 많은 관심을 가지고 있으며 그들을 가치 있는 하나의 인격체로 존중해 주었는가? • 유아들의 개인적인 경험 및 의사결정을 존중해 주고 긍정적이며 신뢰할 수 있는 관계를 형성하도록 노력하였는가? • 전개하고자 하는 활동의 내용 및 방법에 대하여 자신감과 열정을 지녔는가? • 유아의 수준을 고려하여 학습 성취에 대한 기대수준을 설정하였는가? • 유아들에게 목표 성취에 대한 자신감을 북돋아 주는 비언어적 표현(긍정적인 언어나 미소 짓기, 안아 주기, 토닥거리기 등)을 제공하였는가? • 유아의 관심 영역에 대해 공감하고 이를 격려하며 표현할 기회를 제공하였는가? • 유아의 흥미, 가치, 태도 등 유아의 요구에 민감하게 반응하였는가? • 유아의 창의적인 표현을 인정하고 격려하였는가?
	피드백	• 유아 개개인의 요구와 수준에 적합한 피드백 방법이나 유형을 활용하였는가? • 유아의 반응에 대해 즉각적으로 다양한 피드백을 제공하였는가? • 유아의 활동 전반에 걸쳐 구체적인 피드백을 제공하였는가? • 언어적 피드백과 비언어적 피드백(표정, 몸동작, 손짓, 머리 끄덕이기 등)을 상황에 따라 적절하게 사용하였는가?
누리 과정 평가	평가	• 연간, 월간, 주간, 일일교육 · 보육목표로부터 평가목표가 추출되었는가? • 평가목표 및 평가내용에 따른 적절한 평가방법을 선정하였는가? • 평가내용과 누리과정 영역별 내용이 일관성이 있는가? • 유아의 교육목표 성취를 평가하기 위한 합리적이고 객관적인 평가기준을 설정하였는가? • 유아의 개별활동, 유아의 발달적 진보를 알아보기 위한 다양한 평가계획 및 구체적인 일정을 수립하였는가? • 자신의 일과계획, 일과운영, 교수-학습방법 등 누리과정 운영에 대한 평가계획 및 일정을 수립하였는가? • 평가 결과를 지속적 · 체계적으로 기록하여 유아지도에 활용하였는가? • 평가 결과에 대해 수집된 정보를 교수-학습활동 개선에 활용하였는가? • 평가 결과를 학부모 및 동료교사와 공유하여 다음 계획에 활용하였는가? • 교사 자신이 계획한 누리과정을 실행하고 있는지, 실행과정에서 계획과 달라진 내용을 기록하고 있는지를 스스로 점검하였는가?

출처: 김은정, 황해익(2014). 누리과정 운영에 관한 유아교사자기평가척도 시안 개발을 위한 델파이조사연구. **열린유아교육연구, 19**(1), 19-49.

(2) 반성적 저널 쓰기를 통한 교사의 자기평가

교사의 전문성을 높이기 위해서는 교사가 유아를 가르치는 것에 관한 지식도 필요하지만 교사 스스로에 대해 반성적으로 생각해 볼 수 있는 시간을 갖게 하는 것도 중요하다(Wade & Yarbrough, 1996). 이러한 과정 속에서 유아의 관심과 흥미를 발견할 수 있고, 유아와 교사가 무엇을 느끼고 경험하는지에 대해 생각해 볼 수 있기 때문이다. 즉, 교사 스스로 자신의 수업에 대해 반성적으로 생각하고 기록해 보는 것은 결국 질 높은 보육을 제공할 수 있는 원동력이 될 수 있다(임현주, 이대균, 2010).

반성적 저널 쓰기는 교사 스스로 다양한 문제 상황을 보다 객관적으로 인식하고, 이를 해결하기 위한 방법이나 대안을 보다 효과적으로 발견하고 실천하는 데 도움이 된다(Boud, Keogh, & Walker, 1985). 반성적 저널 쓰기는 전문적인 사고와 반성을 위한 강력한 배움의 도구로서 개인의 사고, 느낌 그리고 반성에 초점을 두어 ① 자신이 알고 있는 것, ② 자신이 느낀 것, ③ 자신이 무엇을 하는지(그것을 어떻게 하는지), ④ 왜 그것을 하는지를 통해 반성적 사고를 기른다(Yinger, 1981). 저널 쓰기는 교사들의 전문성 발달에 유용하며, 문제를 해결 하는 도구(Clark, 1981)로서 반성적 사고를 촉진하는 데 중요한 교수전략(원미경, 강승희, 2001)이 된다. 다음에 제시된 예처럼, 교사는 반성적 저널 쓰기를 통해 영유아와 함께 했었던 활동들에 대해 다시 생각해 봄으로써 영유아를 대하는 태도나 자신의 수업방식이 적절했는지를 평가해 볼 수 있게 된다. 더불어 앞으로의 보육활동을 계획하고 운영하는 데에도 도움을 얻을 수 있다.

> 과학실험을 처음 해 보았다. 물소리를 들을 때 아이들은 아무도 이야기하지 않았고 그 작은 소리를 듣기 위해 정적이 흘렀다. 물소리를 비교하는 것이 어려울 줄 알았는데 어떤 소리가 크고 작은가를 금방 구별하였다. 그래서 큰 그릇 → 주전자 → 컵 → 접시에 물을 넣고 빨대로 바람을 불면 어떻게 변하고 어떤 소리가 나는지 소리 비교까지의 활동으로 확장했다. 아이들은 내가 생각한 것보다 훨씬 똑똑하다. 수업을 좋아하니 나도 신난다. 다음 수업에도 참고해야겠다.
>
> -E교사 저널, 2010. 4. 23.

하루하루 일지를 쓰며 수업에서의 평가와 유아 관찰 등을 뒤돌아보며 아이들의 재미있는 수업에 대해 회상할 수 있었다. 또한 교수활동을 하며 순간순간 번득이는 확장 활동 등이 생각나고, 또 다른 접근, 또 다른 아이들의 참여를 위한 유도를 생각하며 나의 생각의 범위가 넓어져 감을 느꼈다. 활동을 하며 아쉬웠던 부분에 대해서는 개선의 방법을 생각해 본다. 처음엔 쓸 이야기가 별로 없었는데 점점 수업에 대한 계획, 평가 등에서 쓸 말이 많아진다.

-D교사 저널, 2010. 7. 28.

출처: 임현주, 이대균(2011) 원장의 수업 멘토링을 통한 교사의 자기수업 평가 경험과 의미. 열린유아교육연구, 16(4), 309-337.

(3) 포트폴리오를 활용한 교사평가

포트폴리오는 시간의 흐름에 따른 전문적 성장, 지속적인 학습, 발달과 변화를 나타내는 결과물을 수집하고 선별하여 체계적으로 조직한 것으로, 능력의 성취와 진보를 살펴보는 것이다(Beck & Eear, 2009). 교사가 필요한 능력과 전문성을 충족시켜 가고 있는지의 과정적 측면과 결과적 측면을 동시에 확인할 수 있다. 포트폴리오 평가는 유아-교사 상호작용, 유아의 실제적인 학습결과와 동기 증진 등 지식과 실제를 연결시킨다. 그리고 교사 스스로 포트폴리오 내용과 제시방법을 선택 · 결정하고 평가과정에 활동적으로 참여하게 함으로써 자율적인 평가가 가능하다. 또한 다른 사람과 자신의 성취에 대해 소통하고 공유하는 특성도 갖는다. 포트폴리오 평가의 특성은 자기평가와 발전에 대한 긍정적 태도를 갖게 한다는 것이다(Adamy & Milman, 2009; Chang, Tseng, Chou, & Chen, 2011). 이러한 측면에서 볼 때 교사 포트폴리오 평가는 교사의 전문적 지식과 기술을 평가하기 위해 사용되는 종합적 평가 방법이다(van der Schaaf, Stokking, & Verloop, 2005).

교사 포트폴리오 평가의 장점을 살펴보면 다음과 같다. 첫째, 교사의 신념이나 철학을 확고히 하는 데 도움을 주며, 교직에 대한 긍정적인 인식을 증진시킬 수 있다. 둘째, 수업을 적극적으로 구성하는 능력을 신장시킨다. 셋째, 교사는 반성적인 실천자로서 수업의 질을 향상시킬 수 있을 뿐 아니라 지속적이고 비판적인 성찰을 통해 변화를 이끌어 낸다. 넷째, 기존의 수업이론이나 수업방법을 답습하기보다는 교육과정의 특성과 자신의 장점에 적절한 수업을 위해 협력적인 교사문화를 형성한다. 다섯째, 교사의 수행에 대해 진정한 평가가 이루어진다(Freidus, 2002; Zeichner & Wray, 2001). 하지만 포트폴리오 평가에서 장점으로 여겨지는 자료 해석의 다양성과 맥락적 특성 고려 등과 같은 요인은 역으로 평가의 신뢰성에 문제로 제기되기도 한다. 즉, 포트폴리오 평가에는 교사의 역량, 포트폴리오 평가에 사용된 기준, 평가자의 특성, 평가자의 해석 등과 같은 복잡한 요인이 포함되기 때문에 포트폴리오 평가의 정확한 기준이 요구된다.

1990년대 이후 교사교육의 방향이 교사에게 보편적인 이론이나 원리를 교육실제에 그대로 적용하도록 가르치기보다는 경험에 기초한 교육 실제에 대해 반성적 사고를 할 수 있는 능력을 갖추도록 하는 방향으로 전환되면서 포트폴리오에 대한 관심이 증가하기는 하였다. 하지만 여전히 현직교사들은 포트폴리오의 개념과 목적을 제대로 이해하지 못하는 경우가 많고 포트폴리오 제작과 같은 적용과정을 이해하는 데도 어려움을 경험하는 것으로 나타났다(김경철, 홍정선, 2003; 유수경, 황해익, 2006). 교사 포트폴리오 평가는 단순히 보여 주기 위해 치장하는 것이 아니라 목적을 가지고 다양한 자료를 통해 교사 자신의 학습과 성장을 기록하는 것이다(Stone, 1995). 따라서 이러한 자료들이 효과적으로 수집되기 위해서는 일정한 단계가 필요하다. 학자들마다 단계 설정에서는 약간씩 차이가 있기는 하지만, 보편적으로 학습 및 교육경험 진술, 포트폴리오 제작과정 계획, 관련 자료 조사, 수행과 결과 수집, 자료 선정 및 구성, 평가와 전시 단계를 거친다. 각 단계에서 이루어지는 보다 구체적인 내용은 〈표 14-4〉와 같다.

〈표 14-4〉 **교사 포트폴리오 평가 적용의 예**

단계	내용	
학습 및 교육경험 진술	교사 자신의 교육경험 되돌아보기	• 학생 시절 가장 기억에 남는 선생님, 그 이유, 받은 영향 적어 보기 • 가장 좋지 않았던 사건 적어 보기
	교사 자신의 보육경험에 대한 반성	• 교사가 되어 가장 보람된 일에 대해 적어 보기 • 교사로서 가장 어려운 점 적어 보기
	보육과 교육을 위한 자신의 생각 정리해 보기	• 좋은 교사가 되기 위해 갖추어야 할 것 적어 보기 • 영유아를 위해 하고 싶은 일 적어 보기 • 위의 내용을 바탕으로 교사로서의 신념과 철학에 대해 적어 보기

포트폴리오 제작과정 계획	포트폴리오에 담을 주제 선정하기	• 주제 선정의 이유 쓰기 • 주제 선정과 관련된 핵심 문제 적어 보기
	전문성 계발을 위한 제작과정 세우기	• 주제와 관련하여 교사가 이루어야 할 목표 설정하기 • 주제와 관련하여 학생이 이루어야 할 목표 설정하기 • 목표달성을 위한 구체적인 교사의 활동 계획 세우기 • 자료수집에 대한 계획 세우기
관련 자료 조사	주제와 관련된 자료를 조사하고 그 자료에 대한 자신의 느낌과 생각 정리하기	
수행과 결과 수집	주제에 따른 수업일정 및 활동 계획하기	
	수행에 따른 자료수집 계획하기	
	수업 적용하기	• 수업 수행 후 저널 쓰기
	공개수업을 위한 수업계획 및 수행	• 수업계획안 작성하기 • 공개수업 및 수업 비디오 촬영 • 수업 비디오 분석 및 평가
자료 선정 및 구성	포트폴리오 목차 정하기	
	주제와 목차에 적합한 자료 선정 및 조직하기	
평가와 전시	포트폴리오에 대한 자기평가	
	교사 포트폴리오 전시	

출처: 유수경, 황해익(2006). 유아교사의 전문성 신장을 위한 교사 포트폴리오 적용 프로그램 개발. 열린유아교육연구, 11(6), 219-248.

4) 보육교사 평가의 시기

보육교사 평가의 방법뿐 아니라 평가 시기도 중요한 요인이다. 언제 평가할 것인가는 평가의 목적에 따라 달라지는데, 보육교사의 교수능력 및 전문성 향상을 위해서인지, 혹은 보육교사의 승진을 위해서인지에 따라 평가의 시기와 횟수는 달라질 수 있다. 보육교사에 대한 평가는 연 1회, 학기 말, 분기별 또는 수시로 진행할 수 있다. 예를 들어, 보육교사가 운영하고 있는 누리과정이 제대로 계획되고, 실행되고, 어디까지 달성되었는지 알고 싶다면 누리과정의 한 주제가 끝날 때마다 스스로 평가해 볼 수 있다. 이러한 평가를 통해 보육교사는 누리과정이 제대로 수행되고 있는지, 수행능력이 개선되고 있는지를 알아볼 수 있고, 누리과정을 수행하는 주체로서 자신의 전문성을 높일 수 있게 된다.

한편, 유아교사를 대상으로 교사평가에 대한 요구도 조사 결과(남미경, 손원경,

2003)를 살펴보면 학기 말과 연 1회 평가에 대한 요구가 60% 이상이었고, 9% 정도가 수시로 평가를 원하는 것으로 나타났다. 이러한 결과는 유아교사들이 교사평가가 자기반성이나 교수능력 개선 및 전인적 발달을 위한 자료로 활용될 수 있다는 점에서는 동의하지만, 한편으로는 평가를 번거롭고 힘든 과정으로 인식하고 있는 것을 반영하는 것이다. 이러한 점을 고려해 볼 때 무엇보다 보육교사에게 교사평가의 필요성과 중요성을 재인식시켜 주는 것이 필요하다. 더불어, 기관에서는 보육교사의 적극적 참여를 유도하기 위해 보육교사와의 협의하에 평가 시기를 정하는 것이 바람직하고, 일단 교사평가가 시작되면 일관성 있게 지속적으로 평가할 필요가 있다.

5) 보육교사 평가의 활용 방안

교사를 어떻게 평가할 것인가도 중요하지만 교사의 평가자료를 어떻게 활용할 것인지를 결정하는 것 또한 중요한 일이다. 평가 결과는 교사 자신의 발전에 도움이 되어야 한다. 단순히 평가를 위한 평가가 아니라 교사의 전문성과 보육의 질을 높이기 위한 자료로 활용되어야 한다. 즉, 보육교사 평가의 목적은 보육교사의 전문성 향상을 도모함으로써 궁극적으로는 영유아에게 제공되는 보육의 질을 높여 영유아의 발달을 도모하는 것이다. 유아교사를 대상으로 평가 결과가 어떻게 활용되기를 원하는지에 대해 조사한 결과, '교사의 자기반성 자료'(45.9%), '교사의 교수능력 개선 자료'(31.7%), '교사의 전인적 발달'(7.7%) 등과 같은 교사발달 측면에 활용되기를 원하는 비율이 높은 반면, '담임교사 결정 자료'(3.8%)나 '유아교육기관의 질 관리'(1.6%)와 같은 행정적인 측면에 활용되는 것은 선호하지 않았다(남미경, 손원경, 2003).

교사평가는 교사의 사기 및 동기 유발과 밀접하게 관련되어 있고 영유아 및 보육기관에 미치는 영향이 크기 때문에, 교사평가가 이루어지기 전에 교사들에게 어떤 준거로, 어떤 방법에 의해 평가되는지를 분명히 밝혀야 한다. 또한 평가 결과의 공개와 관련하여 대부분의 보육교사들이 교사평가를 교사 본인에게만 알리는 것을 선호하고 있기는 하지만 명확한 준거하에 교사평가의 결과를 투명하게 공개한다면 더욱 신뢰할 수 있는 평가 결과가 될 것이다. 평가를 능력 있는 교사와 무능력한 교사를 구별하는 척도로 사용하기보다는 우수한 교사를 격려하여 동기 유발을 하고, 부족한 부분이 있는 교사는 전문성 신장과 관련하여 장학이나 연수, 멘토링 등을 연계함으로써 교사의 전문성을 높이는 자료로 활용하는 것이 바람직하다.

2. 보육교사 지원

보육교사에 대한 지원은 수업에 필요한 지식, 기술을 보조하는 교육적 측면에서의 지원과 자신감 향상, 자존감 고양, 자기신뢰 강화 등과 같은 심리적 지원, 처우개선비, 인건비 지원 등과 같은 재정적 지원 등으로 구분해서 살펴볼 수 있다. 보육교사로서의 경력과 경험이 증가함에 따라 요구되는 지원에서는 약간씩 차이가 있을 수 있으나 전문성 향상을 위한 교육, 적정 수준의 인건비 보조 등은 보육교사의 질을 확보하는 데 필수적인 요소로 볼 수 있다.

보건복지부의 보육지원사업 또는 정책은 크게 어린이집 설치 및 운영, 보육교직원(자격, 관리, 보수교육 및 양성교육), 어린이집 평가인증, 3~5세 누리과정, 보육예산 지원, 보육정보센터 지원 등으로 구분할 수 있다(보건복지부, 2014b). 이 중 보육교직원의 지원과 관련된 부분으로는 보육교직원 자격 및 관리 지원사업, 3~5세 누리과정지원, 보육예산지원 등이 있다. 여기서는 보육교사의 전문성 향상을 위한 교육적 지원으로서 보수교육 및 장학에 대해 간략히 살펴보고, 재정적 지원 측면에서 처우개선비와 인건비 보조 등을 중심으로 살펴본다.

1) 보육교사를 위한 교육적 지원

보육교사를 위한 교육적 지원은 시 · 도에서 이루어지는 보수교육과 어린이집 내에서 이루어지는 장학으로 구분해서 살펴볼 수 있다.

(1) 보육교직원 보수교육

보육교직원의 보수교육은 보육교직원의 자질 향상을 위해 실시하는 교육으로서 보육에 필요한 지식과 능력을 유지 · 개발하기 위하여 보육교직원이 정기적으로 받는 직무교육과 보육교사가 상위 등급의 자격 3급 → 2급, 2급 → 1급을 취득하기 위해 받아야 하는 승급교육 및 어린이집 원장의 자격을 갖추기 위하여 받아야 하는 사전직무교육을 말한다(보건복지부, 2014b). 보육교사는 보수교육을 통해 스스로의 전문성을 향상시킬 수 있을 뿐 아니라 보육현장에 적용할 수 있는 지식, 정보, 기술들을 필요한 시점에 배움으로써 보육교사로서의 자긍심과 전문성을 유지시킬 수 있게 된다.

〈표 14-4〉 일반직무교육 보수교육 내용

영역	교과목	시간
보육기초	보육정책 동향 이해 아동학대와 아동권리 이해 보육교사 역할과 윤리	6
발달 및 지도	관찰일지 작성 및 발달검사의 활용 영유아기 뇌발달의 이해와 조기교육 영유아 부적응행동지도 장애아 통합환경에서의 교수실행 및 참여 지원	8
영유아교육	표준보육과정의 이해 연령별 보육프로그램의 운영 다양한 보육프로그램의 이해 교구 · 교재의 개발과 활용 영유아를 위한 교수-학습방법의 실제	10
영유아 건강, 영양 및 안전	영유아 건강관리 영유아 영양과 급식관리 실제 안전관리와 응급처치	6
가족 및 지역사회 협력	부모교사 의사소통 방법의 이해와 실제 다문화가정 영유아 보육의 실제 지역사회 자원 연계 방법	6
보육사업의 운영	보육실습지도의 실제 원내 교사교육의 계획과 실행	4

출처: 보건복지부(2014b). 2014년도 보육사업안내.

일반직무교육의 경우, 현직 보육교사는 보육업무 경력이 만 2년이 경과한 경우와 직무교육을 받은 해부터 2년이 경과한 해에 보육교사 직무교육을 받아야 한다. 직무교육 보수교육 내용을 살펴보면, 보육기초, 발달 및 지도, 영유아교육, 영유아의 건강 · 영양 및 안전, 가족 및 지역사회 협력, 보육사업의 운영 등 6개 영역으로 구성되어 있다(〈표 14-4〉 참조).

특별직무교육은 영아를 담당하는 보육교사, 장애전담 보육교사, 혹은 방과후보육을 담당하고 있는 보육교사들의 전문성을 높이기 위한 교육이다. 〈표 14-5〉에는 특별직무교육의 보수교육 내용이 제시되어 있다. 영아 · 장애아 · 방과후보육을 담당하고자 하는 보육교사 및 어린이집 원장은 사전에 영아 · 장애아 · 방과후보육 직무교육을 받거나 채용 후 6개월 이내에 직무교육을 받아야 한다.

승급교육의 경우, 보육교사 3급 자격을 취득한 후 보육업무 경력이 만 1년 이상

〈표 14-5〉 **특별직무교육 보수교육 내용**

영역	영아보육	장애아보육	방과후보육	시간
보육 기초	• 현대사회 변화와 영아보육 • 영아보육과정의 이해 • 성·가정폭력 방지교육 (아동학대 내용 포함)	• 장애인 복지와 보육정책 • 장애아 보육과정의 이해 • 성·가정폭력 방지교육 (아동학대 내용 포함)	• 현대사회 변화와 방과후보육 • 방과후보육의이해 • 성·가정폭력 방지교육 (아동학대 내용 포함)	4
발달 및 지도	• 영아발달의 특성 • 영아 일상생활 지도 • 영아행동 관찰과 평가 • 영아 감각 및 대·소근육발달 지도	• 장애아발달의 특성 • 장애아 진단과 평가 • 장애아 일상생활 지도 • 장애아 감각통합과 신체활동 지도	• 아동발달 • 아동 일상생활 지도 • 문제행동 수정과 지도	6
영유아 교육	• 놀이를 통한 사회성발달 • 놀이를 통한 정서발달 • 놀이를 통한 언어발달 • 놀이를 통한 인지발달 • 프로그램 및 교재·교구 개발 • 표준보육과정	• 놀이 및 사회성 지도 • 장애아 의사소통 지도 • 장애아 음악치료 • 장애아 미술치료 • 프로그램 및 교재·교구 개발 • 표준보육과정 • 학습 및 과제 지도	• 놀이 및 사회성 지도 • 아동언어교육 • 아동독서교육 • 아동예체능교육 • 프로그램 및 교재·교구 개발 • 표준보육과정	8
건강·영양 및 안전	• 영아 보건·안전관리 (필수) • 영아 영양관리 및 식생활지도	• 장애아 보건·안전관리 (필수) • 장애아 영양관리 및 식생활지도	• 초등학생 보건·안전관리(필수) • 초등학생 영양관리 및 식생활지도	6
가족 및 지역 사회 협력 등	• 부모교육, 상담, 협력 • 지역사회와의 협력 • 평가인증	• 부모교육, 상담, 협력 • 지역사회와의 협력 • 평가인증	• 부모교육, 상담, 협력 • 지역사회와의 협력 • 평가인증	4
보육 사업 운영	• 영아 보육교사의 역할과 자세 • 어린이집 운영과 관리 • 정보화교육	• 장애아 보육교사의 역할과 자세 • 어린이집 운영과 관리 • 정보화교육	• 방과후 보육교사의 역할과 자세 • 어린이집 운영과 관리 • 정보화교육	8
기타	• 인간관계 및 리더십 훈련 • 영아 보육세미나 및 사례발표	• 인간관계 및 리더십 훈련 • 장애아 보육세미나 및 사례발표	• 인간관계 및 리더십 훈련 • 방과후 보육세미나 및 사례발표	4

출처: 보건복지부(2014b). 2014년도 보육사업안내.

경과한 자는 2급 승급교육을 받을 수 있고, 보육교사 2급 자격을 취득한 후 보육업무 경력이 만 2년 이상 경과한 자는 1급 보육교사 승급교육을 받을 수 있다. 현직 보육교직원이 직무교육 및 승급교육을 이수한 경우 예산의 범위 내에서 국가 및 지방자치단체에서 보수교육 비용을 지원해 주고 있다.

(2) 장학

장학이란 'superior'와 'vision'의 합성어로 '높은 곳에서 우수한 사람이 본다'는 뜻으로 과거에는 감독의 의미가 강했지만, 최근 들어서는 교육활동의 개선을 위해 교원을 대상으로 하여 이루어지는 지도, 조언활동을 의미한다. 장학이라는 용어는 사용하는 사람의 입장이나 시대적인 배경에 따라서 감독, 지도 등의 의미로 사용되어 왔으나, 이제는 그 의미가 점차 변화되어 교사, 장학자, 학습자 모두의 성장을 위한 전문적이고 체계적인 활동을 의미한다(이은화, 1996). 전통적 장학은 교사의 성장보다는 '평가 기능'이 강조되었지만, 20세기 이후 '도움을 주고 개선하기 위한' 장학의 개념으로 변화되었다. 장학의 목적은 교사의 발달수준을 파악하여 필요한 도움을 제공하고, 교사의 교수행동의 변화를 꾀하는 것이다(조부경, 백은주, 서소영, 2001).

우리나라의 경우 긴 보육시간과 업무 과중, 대체교사의 부족 등으로 인해 보육교사들이 필요한 지식과 정보를 습득하기에 어려움이 따르기 때문에 장학을 통해 보완되어야 할 필요가 있다. 보육교사는 대상 연령 및 기관의 다양성 등으로 인하여 교직생활을 하는 동안 교육에 대한 가치관, 신념, 태도, 지식, 기능, 행동에 있어 양적으로든 질적으로든 많은 변화와 발달을 보이는데, 이러한 변화가 바람직하게 이루어지기 위해서는 반드시 적절한 장학지도가 수반될 필요가 있다(조혜경, 2006; Caruso & Fawcett, 1999).

하지만 보육교사의 전문성 향상을 위한 공식적인 장학 전문기구가 없기 때문에 현장교사를 중심으로 어린이집 여건에 따라 자체적으로 이루어지는 자율장학이 더욱 절실하다(고영미, 2007; 이근주, 2004). 어린이집 자율장학은 단위 어린이집이 주체가 되어, 어린이집 구성원들이 스스로 계획하고 실천해 가며, 원장과 원감(주임교사)을 중심으로 보육교직원들이 공동노력을 통하여 이루어지는 과정(이윤식, 1999)으로, 장학을 통해 교수-학습 측면에서 교사의 전문성을 높일 수 있도록 지원해 주어야 한다. 교사의 전문성을 돕는 장학은 장학을 필요로 하는 교사와 장학요원이 함께 참여하는 협력적인 활동이어야 한다(Reiman & Thies-Sprinthall, 1998). 여러 연구

〈표 14-6〉 어린이집 교사의 장학 경험을 통한 변화

장학에 대한 마음 준비: 막연한 걱정과 부담으로 시작	이야기 나누기, 아이들과 이야기를 한다는 것은 솔직히 힘든 일이다. 그동안 해 왔던 날짜, 요일, 날씨는 잘하는데 뭔가 주제를 가지고 이야기를 한다는 건 힘들다. 아이들이 아직 발음도 정확하지 않고 단어도 아직 모르고 가끔 답답해서 내 가슴을 칠 때도 있다. 이 아이들을 데리고 연구수업을 어찌해야 하나 걱정이다. -C교사의 저널, 2009. 4. 9.
장학실행에 따른 교사의 소진: 주어진 과중한 업무, 끝도 없는 일	오늘 하루 너무도 정신이 없었다. 내일은 휴일인데 연구 수업 준비를 해야 한다. 2009년은 이번 주 말고는 이제 휴일이 없다고 하는데, 휴~ 주말에도 내일도 일만 해야 한다. 쉬는 게 쉬는 게 아니다. 마음이 불편한 걸……. -E교사의 저널, 2009. 5. 4.
장학과정 중 교사의 정서 변화: 떨림에서 점차 익숙해짐	얼굴은 빨개지고 말은 헛나오고 머릿속이 멍해졌다. 수업이 어떻게 끝났는지 모를 정도로 빨리 지난 10분, 정말 스피드하다. -C교사의 저널, 2009. 4. 23. 사실 다른 것은 다 괜찮은데 녹음기가 부담돼서……, 내가 어떤 말을 했는지도 모르고 지나가는데 녹음기가 있으면 계속 남아서 그런가. -B교사의 저널, 2009. 3. 25.
장학 후 느끼는 교사의 긍정적 변화	아무튼 어제 새벽에 자다 깨다 하면서 내내 긴장했던 내 마음을 알았는지 우리 아이들이 오늘 생각보다 훨씬 더 잘해 주었다. 너무 적극적으로 참여해서 나도 많이 신났다. 부담되던 것이 하나 끝나니까 진짜 좋다. 아이들이 계속 오늘만 같으면 좋을 텐데……. -B교사의 저널, 2009. 3. 25.

출처: 임현주, 이대균(2010). 어린이집교사의 장학 경험과 그 의미, **열린유아교육연구**, 15(3), 213-241.

(박은혜, 김명순, 2002; 윤영미, 2002; 임현주, 이대균, 2010)에서 어린이집과 교사 자신이 주체가 되어 계획, 실행할 수 있는 자율적인 장학이 효과가 있음을 보여 주고 있다. 〈표 14-6〉에는 어린이집 교사의 장학 경험을 통한 변화의 예가 제시되어 있다.

비슷한 맥락에서 최근 들어 발달적 장학의 효율성이 강조되고 있다. 발달적 장학이란 교사의 발달단계에 기초하여 점진적이고 협동적인 교수활동을 제공하는 것이다. 발달적 장학은 교사의 개별적인 학습 및 발달적 요구에 따라 지원과 자극을 차별화하고 다양한 교수방법을 습득하며 확장시키는 과정이다(박은혜, 1999). 발달적 장학은 임상장학모형에 인간발달과 개인차에 대한 관점을 적용시킴으로써, 교사 개인의 발달수준과 수행능력, 장학 상황에서의 대인관계에 초점을 맞추고 있으며, 장학사가 교사 각자의 잠재력을 최대한 이끌어 낼 수 있는 장학의 방법을 찾을 수 있

게 도움을 준다(Glickman, 1990; Siens, 1996). 즉, 교사들이 스스로 수업 개선에 대한 결정을 내리고 교사 자신을 자율적인 학습자로 인식하게 하여 보다 발전적인 방향으로 스스로 노력할 수 있는 기회를 제공한다는 것이다. 이때 교사의 개별적인 특성을 반드시 고려해야 한다. 일례로, 교사의 직무 수행 수준과 추상적 사고능력에 따라 장학 유형을 달리해야 한다. 직무 수행 수준과 추상적 사고능력이 높은 교사는 비지시적 장학 유형으로부터 도움을 얻을 수 있는 반면, 직무 수행 수준과 추상적 사고능력이 낮은 교사는 지시적 장학으로부터 도움을 받을 수 있다. 한편, 열의는 있으나 문제에 초점을 두지 못하는 교사나 문제해결 능력을 가지고는 있으나 실제 적용시키지 못하는 교사에게는 협동적 장학이 가장 효과적이라고 한다(Glickman, Gordon, & Ross-Gordon, 2001).

발달적 장학을 단계별로 살펴보면([그림 14-1] 참조), 교사와 장학요원 간의 관계를 확립하고, 교사의 발달수준과 세부 관심사를 토대로 장학의 목표와 계획을 수립

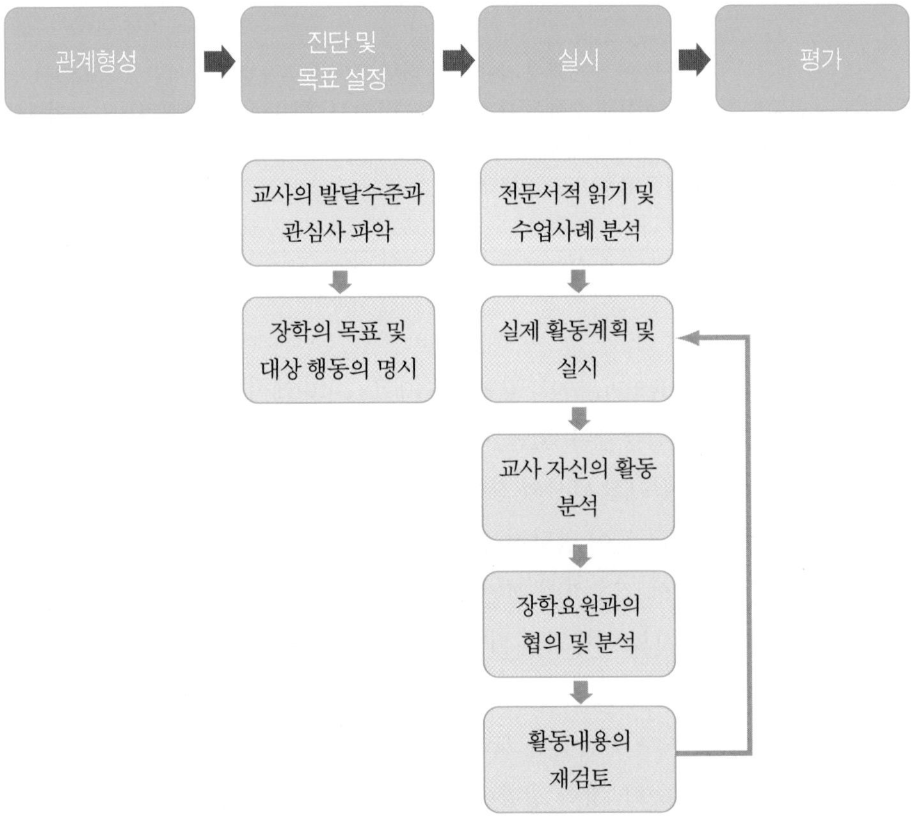

[그림 14-1] 발달적 장학의 단계

한 후 장학을 실시하며, 최종적으로 장학활동 전반에 대한 평가를 하는 과정으로 이루어진다(조부경, 백은주, 2001). 요컨대, 발달적 장학에서는 교사의 발달수준에 맞는 장학을 실시하는 것뿐 아니라 궁극적으로는 교사의 주도성을 높이는 데 초점을 둔다.

2) 보육교사를 위한 재정적 지원

보육의 질적 성장을 기치로 발표된 최근의 정책은 보육인력의 전문성 제고 및 처우개선을 정책과제로 설정하였으나 보육교사 자격강화 및 관리에 초점을 두고 있다. 새싹플랜, 아이사랑플랜 등을 통해 교사 임금 현실화, 대체교사 인력 지원, 근무환경이 열악한 보육교사에게 특별수당 지원, 초과근무수당 지원비 지급 추진 등의 세부 추진 과제를 설정하였지만, 보육교사 처우 개선과 관련된 정책은 정책의 우선순위에서 밀려나 소홀하게 다루어지고 있는 것이 현실이다(황옥경, 2012).

2015년 기준 보육교사를 위한 처우개선비 지원정책을 살펴보면 다음과 같다(보건복지부, 2015). 정부지원 어린이집 교직원 처우개선비 지원정책은 보육교직원의 처우개선을 통한 보육교직원의 사기 진작 및 유능한 보육인력 확보로 보육서비스의 질 향상을 도모하는 데 목적을 둔다. 어린이집 교직원 개인별 계좌로 입금되는데, 평가인증 어린이집의 경우 원장, 특수교사, 치료사는 매월 1인당 15만 원, 어린이집 1급 교사의 경우 1인당 18만 원, 2 · 3급 교사 및 누리과정 담당교사는 매월 1인당 30만 원을 지원한다.

민간어린이집 보육교사 처우개선비 지원정책은 민간어린이집 보육교사의 열악한 처우개선으로 사기 진작 및 유능한 보육인력 확보를 통한 보육서비스의 질 향상을 도모하는 데 목적을 둔다. 정부지원 어린이집과 마찬가지로 어린이집 교직원 개인별 계좌로 입금된다. 평가인증 어린이집의 경우, 반담당 보육교사, 특수교사, 치료사에게 매월 1인당 20만 원, 누리과정 담당교사에게 매월 1인당 30만 원을 지원한다. 특수근무수당 지원정책은 취약보육의 활성화와 장애아 · 영아 · 다문화 교사의 전문성 향상을 위해 일정 수준에 도달한 전문교사에게 수당을 지원함으로써 보육교사의 사기 진작 및 보육서비스의 질 향상을 도모하는 데 목적을 둔다. 영아 전문교사에게 매월 5만 원을 지원하며, 다문화 전문 교육과정을 이수하고 다문화 아동반을 담당하는 다문화 전문교사에게 매월 5만 원을 지원한다. 보육교사교육원에서 운영 중인 장애아 전문 교육과정을 이수했거나, 특수교사 및 치료사로 정규인력으로 채용되어 장애아반을 담당하는 보육교사에게 매월 10만 원을 특수근무수당으로 지원한다.

보육교사 대체인력 인건비 지원정책은 보육교사의 출산, 질병, 경조사 등 발생 시 중단 없는 보육서비스 제공으로 보육서비스의 질 향상을 도모하는 데 목적을 둔다. 지급대상 및 지급일 수는 단기연가 4일 이내, 직무교육 5일 이내, 승급교육 10일 이내, 병가는 1주 이상 연간 60일 이내, 본인 및 배우자 및 직계존비속 사망의 경우 5일 이내, 출산휴가는 90일 이내다. 2015년 현재 대체교사 인건비는 국공립 어린이집의 경우 대체인력교사의 호봉을 준수하여 차등 지급하며 인력 파견에 대한 비용을 전액 지원한다.

대체교사 인건비는 반드시 관내 보육정보센터에서 운영하는 인력풀을 활용할 경우 지급하며, 대체교사는 근로자로서 일 8시간 근무를 원칙으로 한다. 지역별 보육정보센터 인력풀을 활용하여 어린이집 원장이 채용하고, 관계서류를 첨부하여 사유발생 완료 후 10일 이내에 시 · 군에 지급 신청해야 한다. 원장은 대체교사 근무 종료일까지 관할 보육부서에 대체교사 채용사항을 신고해야 한다.

이처럼 2004년 「영유아보육법」 개정을 기점으로 어린이집 보육교직원 자격관리 강화와 보육교사 처우개선 및 근로환경 개선을 통해 보육교사 전문성 제고 및 처우가 개선되고 있다. 보수수준 개선, 대체교사 인력지원 확대, 보육교사에게 특별수당 지원, 초과근무수당 지원비 지급 등과 같은 지원정책이 추진되었다. 그럼에도 불구하고 보육교사를 대상으로 보육교사의 근무와 처우에 대해 인터뷰를 실시한 결과, 자신이 근무하는 업무량과 시간에 비해 충분한 대우를 받지 못하고 있으며 초과수당이나 퇴직금에 대해서도 지불되지 않는 경우가 빈번한 것으로 나타났다(이숙희, 2007). 비슷한 맥락에서 보육교사를 대상으로 중점적으로 추진해야 할 보육지원정책에 대해 조사한 결과, 보육교직원들은 보육교사 처우 및 자질 개선이 시급하다고 인식하였다(이금주, 2013). 보육교직원의 처우 또한 어린이집의 설립유형에 따라 차이가 있는 것으로 보고되고 있다(유희정, 이연승, 강민정, 2012). 특히 민간 및 가정 어린이집의 경우, 보육교사의 급여, 시간외수당 지급, 출산휴가 대체형태 등과 같은 측면에서 상당히 열악한 것으로 나타났다. 보육교사의 처우 개선을 위해 교사의 복무규정에 따른 급여, 휴가, 근무 시간이 제공되어야 하며, 그렇지 못한 경우 시간외 근무수당과 출산휴가 시 대체교사 투입이 제대로 이루어질 수 있는 행정체계와 시스템을 구축해야 할 것이다.

보육교사 처우 개선과 자질 개선 문제는 보육의 질과 직접적인 관련이 있는 정책이다. 보육의 질을 높이기 위해서는 무엇보다 우수한 보육교사를 고용하는 것이 필요하며 이를 위해서는 보육교사에 대한 처우도 현실화되어야 할 것이다. 보육교직원의 처우 실태에 대한 정기적인 조사를 통해 보육교사들의 만족도를 높일 수 있는 재정적 지원이 이루어져야 할 것이다.

제15장

보육교사직의 변천과 과제

보육교사의 자질과 수행력은 영유아들이 경험하는 보육의 질을 좌우한다. 우수한 자질과 수행력을 갖춘 인력을 보육교사직으로 유입하고 양질의 교사역할을 수행하도록 지원하기 위해서는 보육교사직에 대한 사회적 인식이나 처우 또한 이에 상응하게 개선되어야 한다. 최근까지 영유아보육 분야에서 직업으로서의 보육교사, 보육교사의 근무여건이나 전문성 등에 대한 관심과 논의는 보육서비스 자체나 서비스의 수혜자인 영유아에 대한 지원이나 관심에 비해 상대적으로 미약하였다. 근무여건이나 근로시간, 보수 체계, 휴식, 근로계약 등에 대한 개선 노력 또한 활발하지 못하였다. 이는 결과적으로 우수한 예비 보육인력들의 보육교사직 선택을 주저하게 만들고, 보육교사직이 전문적 직업으로서 성장하기 어렵게 만들었다.

이 장에서는 이러한 문제를 극복하고 보육교사직이 보다 발전하고 전문직으로 발돋움하기 위해 해결해야 할 과제들을 살펴보고자 한다. 이를 위해 먼저, 직업으로서의 보육교사가 어떻게 변화하게 되었는지에 대해 살펴보고, 최근 보육교사의 사회적 · 경제적 처우 등을 포함한 현황에 대해 살펴보고자 한다. 이러한 현황을 바탕으로 처우 개선의 필요성과 구체적 처우 개선 방안을 모색해 볼 것이다. 다음으로, 보육교사직이 전문직으로 성장하기 위해 보육교사 개개인이 갖추어야 할 소양과 수행력, 보육교사들이 집단으로서 해결해야 할 과제들에 대해 생각해 보고자 한다.

1. 보육교사직의 변천과 개선 방향

여기서는 보육교사직의 현황을 파악하기 위해 보육교사라는 공식 명칭을 사용하기 이전부터 최근까지 보육교사직의 변천에 대해 살펴보고자 한다. 특히 보육교사직 및 국가자격제도로서의 보육교사 자격증에 영향을 미친 「영유아보육법」 제정 전과 후로 구분하여 자격제도의 변천 과정에 대해 알아본다. 또한 최근 보육교사직에 대한 사회적 · 경제적 처우를 살펴보고, 처우 개선의 중요성 및 바람직한 개선 방향에 대해 간략히 소개한다.

1) 보육교사직의 변천

2015년 현재 보육교사는 국가에서 그 전문성을 인정하고 공인된 자격증을 부여하는 국가제도에 따른 자격이다. 「영유아보육법」에서는 보육교사를 1, 2, 3급으로 구분하여 그 자격을 규정하고 있고, 보육교직원인 어린이집 원장의 자격도 별도로 규정하고 있다. 이러한 보육교사제도는 1991년 1월 제정된 「영유아보육법」에 의한 것으로 처음에는 소정의 교육과정을 이수하게 하는 인정제도였으나, 2004년 개정된 「영유아보육법」에 의해 국가자격증제도로 변화하게 되었다. 여기서는 이러한 보육교사제도의 변천과정에 대해 「영유아보육법」 제정 전과 후로 구분하여 간략히 알아볼 것이다.

(1) 「영유아보육법」 제정 전 보육교사직

우리나라 보육서비스의 시작은 1921년 태화기독교사회관에서 빈민가정의 자녀를 맡아서 돌보아 준 것이라고 볼 수 있다. 이때는 빈민구제사업의 일환으로 부모가 맡긴 영유아를 보호한다는 탁아(託兒)의 의미가 강했다. 해방과 한국전쟁을 거치면서 장기간 보호를 필요로 하는 아동들이 증가했고, 이러한 아동들을 돌보기 위한 시설과 제도, 인력 등이 필요하게 되었다. 1961년 제정된 「아동복리법」에서는 영유아를 돌보기 위한 탁아시설에 대한 설치기준과 직원 배치, 보육시간, 내용 등에 대해 규정하였다. 하지만 당시 탁아시설에 근무하는 교사에 대한 기준은 별도로 제시하지 않았고, 시설장의 경우도 '아동복리시설을 관리 운영하는 자'라고만 간략히 규정되어 있었다. 따라서 이 시기에 탁아시설에서 영유아를 돌보는 교사나 시설장은

▶ 1983년 봉천새세대 새마을유아원 졸업식 사진(출처: 국가기록원의 보관 자료, http://theme.archives.go.kr/)

특별한 자격이 없어도 탁아시설 운영이나 근무에 관심이 있는 사람이라면 누구나 그 일을 담당할 수 있었다. 「아동복리법」이 전면 개정되어 1981년에는 「아동복지법」이 시행되었지만, 여전히 영유아를 돌보는 보육교사에 대한 특별한 자격기준은 마련되지 못하였다.

영유아의 보육 및 교육에 종사하는 교사에 대한 규정이 처음으로 언급된 것은 1982년 제정된 「유아교육진흥법」에서였다. 이 법에 따르면 새마을유아원의 시설 종사자로 원장과 교사, 보육사를 두도록 하였다. 원장과 원감 및 교사는 각각 「교육법」에 의한 유치원의 원장 · 원감 및 교사의 자격을 가진 자로, 보육사는 대통령령이 정한 보육사의 자격을 가진 자로 명시하였다. 이후 1989년 「아동복지법 시행령」을 개정하여 영아반에 배치하는 보육사에 대한 법적 자격기준을 제시하였다. 당시 새마을유아원 영아반에는 보육사 3급 이상의 자격을 가진 자를 영아반 보육사로 배치할 수 있었다. 「아동복지법 시행령」에서 제시한 보육사 3급의 자격은 고등학교 또는 이와 동등 이상의 학교를 졸업하고, 보건사회부장관이 실시하는 자격검정시험에 합격한 자로 명시되어 있었다. 이처럼 「영유아보육법」 제정 전에는 보육교사직에 대한 독자적인 자격제도를 찾아보기 어려우며, 영아반의 보육을 담당했던 보육사의 최소 자격요건 또한 영유아 보육의 전문성을 보장하기에 상당히 미흡한 수준이었다.

(2) 「영유아보육법」 제정 후 보육교사직

보육서비스를 보다 체계적이고 효율적으로 제공할 필요성이 사회적으로 대두됨에 따라 1991년 「영유아보육법」이 제정되었다. 「영유아보육법」에서는 보육을 위한 교사제도가 언급되었는데, 보육시설의 장과 보육교사에 대한 자격기준이 각각 제시되었다. 당시의 시설장 자격기준에는 사회복지사, 간호사, 유치원 및 초등학교, 중등학교 정교사 등 다양한 전공자로 사회복지 혹은 유아교육 관련 업무 경력이 있을 시 보육시설 시설장의 자격을 인정받을 수 있도록 되어 있었다. 보육교사 자격기준은 "대학(전문대학을 포함한다) 또는 이와 동등 이상의 학교에서 보건복지부령이 정하는 유아교육 또는 아동복지에 관련된 학과를 전공하여 졸업한 자, 혹은 고등학교 또는 이와 동등 이상의 학교를 졸업한 자로서 보건복지부령이 정하는 교육훈련시설에서 소정의 교육과정을 이수한 자" 로 규정하였고, 1급과 2급으로 나누어 등급별 구체적 자격기준도 명시하였다. 하지만 기본적으로 보육교사 자격은 영유아보육과 관련된 과목을 이수하면 자격을 취득한 것으로 보는 인정제도였으므로, 보육교사 자격증이 부여되지는 않았다. 이처럼 보육시설장이나 보육교사로의 진입은 상당히 개방되어 있었다. 따라서 보육의 질을 높이기 위해 보육교사의 전문성을 뒷받침할 수 있는 제도적 보완이 필요하게 되었다.

2004년 「영유아보육법」이 전면 개정됨에 따라 보육교사 및 시설장의 자격기준 및 자격 취득조건이 강화되고, 보육교사 국가자격증제도가 실시되었다. 2005년부터는 국가에서 보육교사자격을 검정하고 자격증을 교부하게 되었고, 등급도 1, 2, 3등급으로 세분화하게 되었다. 또한 등급별 자격기준과 보육교사 자격 관련 교과목 및 학점, 교육훈련시설의 교과목 등을 새로 정비하였다. 특히 보육교사의 보수교육을 강화하여 전문성을 신장하고자 하였다. 이어 2007년부터는 시설장에 대해서도 자격기준을 개정하고 국가에서 자격을 검정하고 자격증을 교부하기 시작하였다. 따라서 2007년 이후에는 보육교사나 어린이집 원장 모두 국가에서 제도적으로는 그 전문성을 인정하고 공인된 자격증을 부여하는 자격이 되었다고 볼 수 있다.

2) 보육교사직의 처우와 개선 방향

가정 밖 영유아들의 보육과 교육을 최일선에서 담당하는 보육교사들의 처우는 유사 관련 직종인 유치원 교사들과 비교할 때 차이가 있다. 사회나 정부 관련 부처에서는 이러한 처우를 개선하기 위해 노력하고 있으나 아직까지 실효를 거두지는 못한 실정이다. 여기서는 보육교사직의 사회경제적 처우를 알아보고, 처우 개선의 중요성 및 개선 방향을 알아보고자 한다.

(1) 보육교사직의 처우

교원의 경우 「교육기본법」이나 「교육공무원법」, 「사립학교법」과 함께 「교원지위 향상을 위한 특별법」에 의거해 법적 지위를 확보하고 그에 따른 처우를 보장받고 있다. 보육교사는 '교사'라는 명칭은 사용하고 있지만, 「교육공무원법」에 따른 지위를 가지고 있는 유치원 교사와 달리 교원으로 인정받지 못하고 있다. 보육교사의 법적 지위와 관련해 「영유아보육법」, 「영유아보육법 시행령」, 「영유아보육법 시행규칙」 및 지방자치단체의 자치법규인 보육조례에서 보육교사의 법적 지위에 대해 언급하고 있다. 「영유아보육법」에서 교사의 자격기준과 임면 절차 등을 명시하여 보육교사가 법에 의하지 않고 함부로 쫓겨나거나 불이익을 당하지 않도록 하였으나, 정부에서는 여전히 보육교사의 자격 강화와 관리에 보다 초점을 두고 이를 우선적으로 다루고 있는 실정이다. 따라서 보육교사의 지위를 규정하고 있는 별도의 법은 찾아보기 힘들다. 보육교사의 신분은 일반종사자, 즉 노동자에 해당하는 신분보장을 받고 있다. 즉, 「근로기준법」과 「남녀평등고용법」 규정에 적용을 받고 있으며, 정년이나 근무조건, 급여 산정 등에 있어서 보육교사로서의 전문성을 인정받지는 못하고 있다.

2015년 4월 어린이집 통합정보시스템에 등록된 어린이집 총 4만 3,100개소 가운데 어린이집 유형 및 지역규모 등을 고려해 표집한 4,046개 어린이집을 대상으로 실시한 2015년 보육실태조사(보건복지부, 2016)에 따르면, 보육교사 보수는 평균 184만 원(기본급 약 147만 원, 수당 35만 원), 주 5일 근무기준의 평균 일일근무시간은 8시간 42분으로 나타났다. 〈표 15-1〉에 제시되었듯이, 2009년 보육실태조사 결과에 비해 2012년 조사에서는 임금이 평균 17만 원 정도 상승하고, 2015년 조사에서는 그 전 조사대비 임금이 평균 약 29만 원 정도 상승하여 증가세를 보이고 있다. 또한 하루 평균 근무시간은 2004년 10시간 1분에서 2009년 9시간 30분, 2012년 9시간 28분, 2015년에는 8시간 42분으로 나타났다. 따라서 근무시간이 점차 짧아지고 있는 추세이지만 1일 8시간을 근무시간 기준으로 제시한 것에 비해 아직 상당히 길다는 것을 알 수 있다(〈표 15-2〉 참조).

〈표 15-1〉 **전국 보육실태조사에 나타난 보육교사 임금 현황** (단위: 만 원)

구분	2009년			2012년			2015년		
	급여	수당	총액	급여	수당	총액	급여	수당	총액
전체	126.1	12.3	138.4	131.4	23.7	155.0	147.8	36.5	184.3
국공립	155.0	12.3	167.3	162.8	25.5	188.3	173.6	36.8	210.4
민간	113.8	12.6	126.4	121.7	23.8	145.5	128.4	35.0	163.4
가정	101.9	12.4	114.3	115.5	22.3	137.8	118.4	32.1	150.5
직장	154.0	12.4	168.4	157.6	31.3	189.0	169.1	49.1	218.2

출처: 보건복지부(2013). 2012 전국보육실태조사—어린이집 조사보고. 서울: 보건복지부 육아정책연구소; 보건복지부(2016). 2015 전국보육실태조사—어린이집 조사보고. 서울: 보건복지부 육아정책연구소.

〈표 15-2〉 **전국 보육실태조사에 나타난 보육교사 하루 근무시간 평균**

구분	2009년	2012년	2015년
전체	9시간 30분	9시간 28분	8시간 42분
국공립	9시간 36분	9시간 39분	8시간 36분
사회복지법인	9시간 30분	10시간 2분	9시간 6분
민간	9시간 30분	9시간 41분	8시간 42분
법인단체	9시간 54분	9시간 56분	8시간 48분
가정	9시간 12분	9시간 13분	8시간 30분
직장	9시간 54분	10시간	8시간 54분

출처: 보건복지부, 한국여성정책연구원(2009). 2009년 전국보육실태조사-보육시설 조사보고서; 보건복지부(2013). 2012 전국보육실태조사-어린이집 조사보고. 서울: 보건복지부 육아정책연구소; 보건복지부(2016). 2015 전국보육실태조사-어린이집 조사보고. 서울: 보건복지부 육아정책연구소.

(2) 보육교사직의 처우 개선 정책

우리 사회 내 보육인력의 전문성 제고나 처우 개선의 필요성을 절감하고 정부에서도 제1차 중장기보육 기본계획인 여성부의 '새싹플랜'(2006~2010년)이나 보건복지부의 '아이사랑플랜'(2009~2012년)에 교사 처우 개선 정책을 포함한 바 있다(〈표 15-3〉 참조). 새싹플랜에서는 기본보조금과 보육교사 보수수준을 연계하여 급여 인상을 유도하였다. 이후 아이사랑플랜에는 보육교사 급여수준 현실화 및 근로환경 개선을 골자로 하는 교사 처우 개선 정책을 포함하였고, 이를 위해 보육교사 임금 현실화, 대체교사 인력 지원, 근무환경이 열악한 보육교사에 특별수당 지원, 초과근무수당 지원비 지급 추진 등의 세부 과제를 설정하였다. 이후 제2차 중장기보육 기본계획(2013~2017)의 6대 추진과제 중 양질의 안심 보육 여건 조성 과제에 보육인력의 역량 지원 강화 및 처우 개선을 포함하였다. 이러한 일련의 노력을 통해 보육교사의 월 평균 급여 및 근로시간 등을 포함하는 근로환경 및 처우가 점진적으로 개선되고 있으나, 기관유형 및 규모, 지역에 따른 차이가 여전히 존재하고 있다. 따라서 추후 이러한 격차를 해소하고자 하는 노력이 필요하다.

정부의 제1차 중장기보육 기본계획에서 보육교사 처우 개선과 관련된 정책의 한계에 대해 살펴보면 다음과 같다(황옥경, 2012). 첫째, 보육교사의 실질적인 임금 상승에 대한 정책을 찾아보기 어렵다. 새싹플랜이나 아이사랑플랜은 임금을 상향 조정하기보다는 각종 수당을 지급하는 형태로 교사의 경제적 처우를 개선하고자 시도하였다. 하지만 이는 수당 항목의 변화나 예산 확보 여부, 지방자치단체의 상황 등

〈표 15-3〉 **새싹플랜과 아이사랑플랜에 제시된 보육교사 처우 개선 관련 정책**

새싹플랜 (2006~2010)	아이사랑플랜 (2009~2012) 2009년 발표	아이사랑플랜 (2009~2012) 2010년 시행계획	아이사랑플랜 (2009~2012) 2011년 시행계획
과제 4: 아동 중심의 보육환경 조성 중 '보육인력 전문성 제고 및 처우 개선' • 대학의 보육교사 양성교과목(학점)을 12과목(35학점)에서 15과목(42학점)으로 상향 조정 • 2007년부터 시설장 국가자격증 제도 시행 • 기본보조금과 보육교사 보수수준을 연계하여 급여 인상 유도 과제 5: 보육서비스 관리체계 강화 중 '보육관리재단' 설치 검토 • 급증하는 보육업무에 전문적으로 대응하고 보육시설 안전관리, 종사자 경력관리 등을 효율적으로 수행하기 위함	과제 4: 보육인력 전문성 제고 1) 보육종사자 자격관리 강화 • 보육종사자 보수교육 내실화 • 양성 및 보수 교육과정 평가 관리체계 마련 • 보육실습 기준 마련 • 보육인력의 자격변동에 관한 정보를 연계하여 보육종사자 자격관리 강화 • 중장기적 자격체계 정비 방안 연구 2) 보육교사 급여수준 현실화 및 근로환경 개선 • 보육교사 임금 현실화 • 대체교사 인력 지원 • 근무환경이 열악한 보육교사에게 특별수당 지원 • 초과근무수당 지원비 지급 추진	과제 4: 보육교사 전문성 및 자긍심 제고 1) 보육종사자 자격관리 강화 • 자격 및 양성 · 보수교육 체계 개선 • 교육기관 평가제도 및 운영지원시스템 개발 • 보육실습지침 보급 및 교육 2) 보육교사 처우 및 근무환경 개선 • 보육교사의 휴가, 보수교육 등 불가피한 공백 해소를 위한 대체교사 인력 지원 • 농어촌 보육교사에게 특별근무수당(월 11만 원) 지원 확대 • 우수 보육시설에 대해 근무환경 개선 사업비 지원	과제 4: 보육인력 전문성 강화 1) 보육시설 종사자 자격관리 강화 • 보육시설장 및 보육교사 전문성 강화: 「영유아보육법」 시행령 및 시행규칙 개정을 통해 시설장 및 보육교사 전문성 강화를 위한 자격제도 개선 2) 보육교사 처우 개선 • 국공립 보육시설 보육교사 보수수준 개선 • 대체교사 인력 지원 • 농어촌 특별수당 지원 • 우수 보육시설 근무환경 개선비 지급

출처: 황옥경(2012). 보육교사의 처우 현황과 개선방안: 보수 체계를 중심으로. 한국보육지원학회지, 8(3), 249-272.

에 따라 개선 여부가 달라지므로 안정적이라고 보기 어렵다. 둘째, 교사 처우 개선을 위한 정책에 일관성이 없다. 다시 말해, 보육교사직의 지속적인 수요와 양질의 서비스를 고려할 때 보육교사의 처우에 대한 중장기적인 실행 계획이 필요하다. 하지만 지금까지 제시된 처우 개선 관련 정책은 모두 대체교사 인력지원이나 근무환경 개선, 특별수당 지급 등과 관련된 단편적 개선책에 머무르고 있다. 셋째, 자격 강화에 따른 보육교사 처우 개선책이 마련되지 못하였다. 정부의 보육교사 자격요건 강화는 학력과 학과전공을 규정하기보다는 단순히 취득학점을 상향하는 수준에 그

쳤다. 따라서 보육교사 자격취득의 최저학력 요건이 낮은 것은 여전히 열악한 임금 수준에 영향을 미치고 있다.

제2차 중장기보육 기본계획(2013~2017)에는 양질의 안심 보육 여건 조성 과제의 일환으로 보육교사와 관련된 내용이 포함되었다. 예를 들어, 0~2세반 교사와 3~5세반 교사 간 처우개선비 격차 단계적 해소, 표준보육비용 계측 시 적정 임금 수준 반영, 평가인증에 보육교사의 처우 관련 지표 반영, 대체교사 지원 확대 등을 통해 보육교사의 처우를 개선하고자 하는 방안이 제시되었다.

(3) 보육교사직 처우 개선 방향

▶ OECD(2012)의 Start Strong III: Implementing Policies for High Quality Early Childhood Education and Care 한국어판 번역본

영유아보육에 있어 보육교사의 질과 역할이 중요하다는 점은 국내외 전문가들의 주장에서도 재차 확인되고 있다. 일례로, 2012년 노르웨이에서 열린 OECD 회원국의 '유아교육과 보육의 질 제고 사업 장·차관 및 주요 관계자 회의(Start Strong III: Implementing Policies for High Quality Early Childhood Education and Care)'에서는 양질의 유아교육과 보육을 위해서는 정부 차원의 지속적인 투자가 중요하다는 점을 강조하였다. 이 회의에서는 각 나라에서 수행할 수 있는 효과적인 정책수단 다섯 가지를 제시하였다. 여기에는 유아교육과 보육의 질에 대한 목표와 규정 설정, 교육과정 및 표준 개발과 실행, 교사 자격기준과 훈련 및 근무여건 개선, 가족과 지역사회의 참여, 자료수집과 연구 및 모니터링이 포함되어 있다. 교사와 관련된 항목에서는 유아의 교육이나 보육을 담당하는 교사가 영유아의 건강한 발달과 학습에 핵심적 역할을 하므로, 교사 자격과 교육, 전문가로서의 발달과 근무여건의 개선 관련 사항에 대해 언급하였다.

구체적으로 살펴보면, 먼저 교사는 영유아에게 양질의 교육적 환경을 만들어 줄 수 있는 능력을 갖추어야 한다. 즉, 영유아들 간 상호작용이나 영유아와 교사 간 상호작용을 이끌고, 다양한 교수전략을 사용할 수 있어야 한다. 이를 위해 교사가 되기 위해 보다 전문화된 교육을 받아야 하고, 교사가 된 후에도 지속적인 교육과 훈련을 받는 것이 필요하다. 나아가, 교사의 근무여건도 유아교육과 보육의 질에 큰 영향을 미칠 수 있다. 즉, 교사 대 영유아 비율과 학급규모, 급여 및 혜택, 근무시간과 직무부담, 근속률, 물리적 환경, 관리자의 유능성과 지지 등의 요인은 교사의 직업에 대한 만족도나 이직률과 밀접히 관련된다. 따라서 이들 요인을 개선시킴으로써 교사의 직업 만족도를 높이는 동시에 근속률을 높여 유아교육 및 보육 서비스의 질을 향상시킬 수 있다(OECD, 2012). 이는 바꾸어 말하면, 보육현장에서 요구되는 교사의 역량이 제대로 발휘되기 위해서는 임금이나 보상체계를 포함한 근로여건의 개선과 교사 간 또는 교사와 관리자 간 상호적 지원체계 및 시스템 등이 중요함을 의미한다.

우리나라의 경우, 보육관련 예산책정과 비중의 측면에서 볼 때, 그간의 정책적 노력으로 부모대상 보육비용 지원과 기관 중심 지원 비중은 높아진 반면, 보육교사 처우 개선을 위한 비중은 상대적으로 매우 적은 것으로 보고되었다. 예를 들어, 2012년 전체 보육예산 중 보육료 지원액은 78%를 차지했으나, 보육교사 종사자 인건비 예산비율은 14%에 못 미쳤다(황옥경, 2012). 이러한 점은 2012년 보육실태조사 결과에서도 두드러지게 나타났다. 즉, 보육교사들의 약 91%는 자신의 직업에 대해 보람을 느끼고 있다고 응답하였지만, 사회적 인식에 대해서는 약 60%의 보육교사들이, 급여수준에 대해서는 약 40%의 보육교사들이 불만족한다고 답해 사회적 · 경제적 처우에 대한 불만이 높은 것으로 보고되었다. 따라서 보육관련 전문가들은 이러한 문제점을 보완하고, 개선하기 위해 다음과 같은 정책적 노력이 필요하다고 제언하고 있다(최윤경, 2013; 황옥경, 2012).

첫째, 보육교사의 임금 수준을 상향조정하는 것과 동시에 학력과 자격급수가 반영된 임금체계가 마련되어야 한다. 즉, 학력과 자격급에 따른 초임의 차이를 반영하고, 동일 학력 및 경력의 유치원 교사에 준하는 임금 수준을 점차 확보해야 한다. 그렇지 못하면, 우수한 보육인력의 보육교사 진입을 어렵게 하고, 보육교사의 유출을 가속화할 수 있다. 나아가, 임금체계에 수당 항목이 보다 구체적으로 명시되어야 한다. 즉, 보육교사의 임금 산정 시 내역과 수당이 보다 구체적으로 설계되어야 한다. 예를 들어, 기본급과 수당, 지원금 등의 임금체계가 명확히 제시되어야 하고, 처우개선비 형태의 지방자치단체별 지원금보다는 기본급의 비중과 직무를 반영한 수당체계의 강화로 조정될 필요가 있다.

둘째, 교사의 공간 마련, 근로시간의 구성과 같은 근로환경이 개선되어야 한다. 급여실태가 양호하고 비급여 만족도가 높을수록, 현재 급여와 미래 희망급여가 높을수록 이직과 전직, 퇴직 의향이 낮은 것으로 나타났다. 즉, 경력이나 학력 연한에 따라 호봉승급이 잘 이루어지고 업무량, 휴가일 준수, 근무환경, 퇴직금 적립, 고용계약서 작성 등과 같은 비급여 만족도가 높은 보육교사는 향후 근속의지가 상대적으로 높았다. 특히 1일 8시간 근무, 대체교사 가능성, 교사 근무시간의 탄력 운용 등에 대한 요구가 높았다(최윤경, 김재원, 2011). 따라서 교사 처우 개선과 관련해 정부와 지방자치단체의 적극적인 관여와 평가인증지표로 반영할 필요가 있다. 즉, 평가인증지표에 교사임금과 근로환경 관련 항목을 단계적으로 강화하여 우수 경력교사의 비율과 교사 근속률이 높아지도록 할 수 있을 것이다.

셋째, 보육기관의 규모, 유형, 지역에 따른 차이 등 보육교사 간 실질임금 수준의 차이를 완화할 수 있는 제도적 정비와 관심이 필요하다. 기관의 규모나 유형, 지역 등에 관계없이 모든 어린이집이 정부의 지원과 규제의 정책 범주 안에 들도록 하는 노력을 해야 할 것이다. 특히 정부 미지원 어린이집 교사의 인건비 관련 규정을 마련해 보육교사의 최저임금을 보장하고 초과근무 수당을 합법적으로 지급해야 할 것이다. 또한 교사의 임금에 대한 계약을 체결하는 과정과 임금 수준에 지방 정부가 관여하거나 모니터링하는 방안 등에 대해 고려해야 한다.

넷째, 보육교사의 자격체계 및 양성과정을 강화하고, 지속적인 현직 교육(재교육)을 제공하여 교사의 질적 수준을 향상시키는 지원체계를 구축해야 한다. 이와 함께 노동시장의 수급 상황을 고려하여 교사의 경제적 · 사회적 처우를 높이는 정교한 정책이 설계되어야 할 것이다.

2. 보육교사직의 발전을 위한 과제

직업으로서 보육교사의 큰 장점 중 하나는 잠재력이 풍부한 영유아들의 발달을 가까이에서 지원하며 이들의 성장을 통해 내적 보람을 느낄 수 있다는 것이다. 즉, 영유아와 함께하고 이들의 성장을 지켜보는 것 자체에서 보육교사직의 수행에 대한 보람과 자긍심을 경험할 수 있다. 나아가 개개 영유아의 바람직한 발달과 성장은 추후 그 사회의 구성원으로서, 중요한 인적 자원으로서의 가치 및 역할 수행으로 이어진다는 측면에서 보육교사의 역할이 중요함을 알 수 있다. 이러한 중요성에 대해 보육교사 개인 차원의 인식과 노력뿐 아니라 사회구성원들의 공감대가 형성되고 정책적 지원이 합해진다면 보육교사는 보다 전문적 직업으로 발전할 수 있을 것이다.

통계청에서 분류하는 제6차 개정 한국표준직업분류에 따르면, 보육교사는 '대분

류: 전문가 및 관련 종사자'로 분류되고 있다. 하지만 2015년 현재까지도 전문직으로서의 보육교사, 즉 보육교사직의 전문성에 대해서는 여전히 많은 논란이 있다. 여기서는 보육교사직이 전문직으로 발전하기 위해 필요한 노력과 구체적 과제에 대해 알아보고자 한다.

1) 보육교사 개인의 과제

전문가적 자질과 위상을 갖춘 보육교사로 발전하기 위해 가장 먼저 노력해야 할 사람들은 보육교사 자신이다. 즉, 보육교사 스스로 전문성을 신장하기 위해 전문가로서 보육교사가 지닌 중요성을 인식하고 역할 수행을 위해 요구되는 태도와 자질, 능력을 갖추기 위해 지속적으로 노력해야 한다. 어느 직업이건 자격증을 막 취득해서 해당 직종에 입문한 사람들을 숙련된 전문가로 간주하지는 않는다. 자격증은 해당 직종의 업무를 수행함에 요구되는 최소한의 능력을 갖추었다는 것을 의미한다고 볼 수 있다. 더욱이 2015년 현재 보육교사 양성과정을 고려할 때, 한 개인이 보육교사가 되기 위한 교육과정을 이수하고 자격증을 취득했다는 것은 보육교사로서 최소한의 필요조건을 갖추었다는 것으로 해석할 수 있다. 다시 말해, 자격증 취득이 전문성을 갖춘 양질의 보육교사임을 나타내는 것은 아니다. 전문성을 갖춘 양질의 보육교사가 되기 위해서는 먼저 보육교사 자신의 직업에 대한 책임 있는 인식과 지속적인 계발 노력, 다양한 현장 경험, 효율적인 의사소통을 바탕으로 한 적절한 관계 형성, 지속적인 학습 등이 요구된다.

(1) 직업적 책무 인식과 수행 노력

다음은 양질의 보육과 교육을 수행하기 위해 모든 영유아 보육교사들이 전문가로서 잘 인식해야 하고 수행할 수 있어야 하는 것이 무엇인지를 요약해 놓은 것이다. (NAEYC, 1993).

- 영유아발달에 대해 이해하고 이러한 지식을 실제 보육에 적용할 수 있어야 한다.
- 영유아의 행동을 관찰하고 평가해 보육과정 및 방법을 계획해야 한다.
- 영유아에게 안전하고 건강한 환경을 만들고 이를 잘 유지해야 한다.
- 영유아의 사회적 · 정서적 · 인지적 · 신체적 유능성 등을 포함해 발달과 학습의 전 분야를 증진시킬 수 있도록, 영유아에게 발달적으로 적합한 보육과정을

계획하고 수행해야 한다.

- 영유아를 지원해 주는 관계를 형성하고 영유아 지도와 집단 관리에 있어 발달적으로 적합한 기법을 실행해야 한다.
- 영유아의 가족과 긍정적이고 생산적인 관계를 형성하고 유지해야 한다.
- 개개 영유아는 가족, 문화, 사회적 맥락을 고려할 때 가장 잘 이해될 수 있다는 것을 인식하고 개개 영유아의 발달과 학습을 지원해야 한다.
- 전문적인 영유아보육에 대해 이해하고 전문가적 입장에서 이를 잘 수행해야 한다.

영유아 보육전문가로서 앞서 제시한 이러한 요소들을 효과적으로 실행하기 위해 보육교사는 영유아 및 아동의 발달과 관련된 지식과 능력을 갖추어야 한다. 각 연령대의 영아 및 유아의 특성, 발달적 문제나 학습 문제를 보이는 영유아의 특성 등에 대해서도 충분한 지식이 필요하다. 이러한 전문적인 지식이나 기술을 획득하기 위해서는 보육현장에서의 실습이나 보육 경험 및 고도의 전문성을 갖춘 선임 전문가의 지도가 필요하다. 예를 들어, 어느 한 연령대의 영유아만을 지도하는 것이 아니라, 영아반 교사, 3세 유아반 교사, 4세 유아반 교사로서의 역할을 수행하는 것과 같이 다른 연령대의 영유아를 직접 보육하는 경험을 통해 보육전문가로서 요구되는 지식과 기술을 획득할 수 있다.

또한 보육교사들이 영유아 보육전문가로서 자리 잡기 위해서는 영유아와의 관계뿐 아니라 영유아의 부모나 동료 보육교사들, 영유아 보육관련 전문가 및 단체들과 생산적인 관계를 형성하고 유지할 수 있어야 한다. 영유아의 부모나 가족들과 효과적으로 의사소통할 수 있고, 보육 전문가 집단의 한 구성원으로 효율적으로 일할 수 있으며, 영유아의 발달이나 학습, 복지를 지원하는 다른 전문가나 단체들과 잘 의사소통할 수 있어야 한다.

(2) 지속적인 학습 노력

보육교사직에 진입한 후, 보육전문가로서의 소양을 갖추고 유지하는 데는 현장경험뿐 아니라 보다 심화된 지속적인 교육을 받는 것도 매우 중요하다. 전문적 직업의 발달은 계속해서 진행 중인 과정이어야 하므로, 보육교사는 이미 습득해 수행하고 있는 직업적 지식이나 기술에 새로운 것들을 추가하여 수행능력을 지속적으로 발전시킬 수 있어야 한다. 특히 오늘날과 같이 급변하는 사회나 직업 환경의 변화를 고

〈표 15-4〉 **영유아 보육교사가 고려할 수 있는 지속적인 학습의 형태**

구분	종류
공식적 학습	• 대학이나 대학원에 입학하여 학습 • 인터넷을 이용한 사이버교육 수강 • 관련 전문가 협회나 지역공동체 차원에서 제공하는 연수 참가 • 학회 참가
비공식적 학습	• 개인적 학습 • 자기성찰 • 토론집단 참여 • 인터넷 리스트서브를 통한 정보 구독 • 해당 분야 멘토와의 작업 • 보육관련 현장 내 경험 축적

려할 때 자신이 속한 직업 환경에서 계속해서 학습하는 것은 그 어느 때보다 중요하다고 볼 수 있다. 모든 직업 분야의 지식이나 기술 등은 지속적인 연구를 통해 진일보하게 된다. 해당 분야의 최신 연구 결과는 어떤 경우에는 현장의 경험을 통해 보육교사들이 이미 알고 있는 지식에 대해 과학적 증거를 제시해 주기도 하고, 어떤 경우에는 오랫동안 받아들여졌던 지식이 잘못된 것임을 알려 주기도 한다. 따라서 어떤 분야의 전문가라면 자신의 직무에 영향을 미칠 수 있는 새로운 정보나 경향, 쟁점들에 대해 잘 알고 있어야 한다.

지속적인 학습의 형태는 상당히 다양하다. 보육교사는 이들 학습 기회를 통해 영유아보육과 관련된 새로운 지식과 기술을 습득할 수 있다. 〈표 15-4〉는 보육교사가 자격을 유지하거나 승급을 위해 의무적으로 받아야 하는 보수교육을 제외한 계속된 학습의 형태에 대해 간략히 소개한 것이다(Council on Children and Families, 2015).

보육교사가 직업적 전문가로서의 발달이나 개인적 만족을 위해 할 수 있는 공식적 학습 기회로 특수대학원이나 일반대학원 혹은 대학에 등록하여 학점과 상급 학위를 취득하는 경우를 들 수 있다. 학점을 취득하는 방식은 최근 온라인으로 사이버 강의를 제공하는 고등교육기관이 늘어남으로써 선택의 폭이 더 넓어졌다. 학점 취득 방식은 아니지만, 보육관련 전문가 단체나 협회 차원에서 특정 주제에 관해 제공하는 단기간의 연수나 세미나에 참여하는 방법도 있다. 또한 보육관련 학회에서 매년 개최하는 학술대회에 참석하는 것도 해당 분야의 최신 정보를 접할 수 있는 좋은 기회가 된다. 이처럼 공식적 방식으로 학습을 한 경우는, 학점을 취득하는 방식이건

이수증을 받는 방식이건 간에 보육교사가 이를 자신의 보육관련 이력에 추가할 수 있다.

보육교사가 비공식적으로 학습을 계속할 수 있는 기회도 다양하다. 개인적 학습이란 보육교사가 최신의 관련 문헌을 읽거나 하는 방식으로 자기주도적으로 공부하는 것이다. 보육관련 전문가 단체의 일원이라면 관련 논문이나 서평, 최근의 쟁점들을 받아보게 되는데, 이러한 자료들을 살펴보고 공부해 자신이 관심을 가지고 있는 분야에 대한 지식을 심화하는 것을 말한다. 자기성찰(self-reflection) 방식은 자신의 행동을 평가하고 분석하며, 새로운 기술을 적용하는 과정을 통해 학습하는 것을 말한다. 즉, 보육교사가 새로운 정보나 지식을 학습한 후, 자신이 현장에서 수행한 보육 경험을 고려해 새로운 정보나 지식, 기술을 현장에 적용하고자 하는 과정이 자기성찰을 통한 학습에 해당된다. 집단토론 방식은 소수의 보육교사들로 구성된 한 집단에서 영유아나 보육 관련 도서를 선정해 각자 읽은 후 해당 도서에 대한 자신들의 견해에 대해 토론하는 것이다. 인터넷 리스트서브를 통해 보육이나 영유아 관련 정보를 구독하거나 소셜네트워크에 참여해 직업 관련 정보를 주고받는 것도 가능하다. 끝으로, 매우 값진 비공식적 학습방식은 경험이 많고 믿을 수 있으며 현명한 멘토를 찾아서 멘토와의 관계를 형성하는 것이다. 멘토를 통해 영유아 및 보육 관련 정보를 입수하고, 보육교사 자신의 아이디어에 대한 피드백을 받으며, 직업상 문제 및 쟁점 혹은 딜레마에 대해 논의할 수 있다.

2) 보육교사 집단의 과제

보육교사직이 사회 내 전문적 직업으로 자리 잡기 위해서는 보육교사 개개인의 독자적 노력만으로는 충분하지 않다. 전문직으로서의 성장을 위한 과제에서 개인 차원에서는 실현하기 어렵지만, 집단이나 단체의 차원에서는 목표의 달성이 보다 수월하고 효과적인 경우가 많다. 따라서 보육교사 개개인의 노력을 지원하고 결집할 수 있는 통합된 전문적 단체로서의 힘이 필요하다. 한국보육진흥원에서 제공한 2014년 보육통계 자료에 따르면, 2014년 4/4분기 자료를 기준으로 어린이집 원장과 보육교사 자격증을 모두 포함한 보육교직원 국가자격증을 취득한 사람의 수는 약 117만 명이다. 이들 중 현직 종사자의 비율은 22.4%로 보고되었다. 즉, 현직에 종사하는 어린이집 원장 약 4만 3,500명, 보육교사 약 21만 8,500명, 총 약 26만 2,000명으로 집계되었다. 이러한 수치는 2001년 현직 종사자 수인 6만 4,018명에 비할 때 4배 이상 증가한 것이다. 따라서 자격증을 취득하거나 현직에 종사하고 있는 보육교직원의 수를 고려할 때 양적인 팽창을 넘어 질적인 수준을 높일 수 있도록 보육교직원들의 전문적 직업발달을 지원하고 권익을 보호할 전문적 협의회나 단체의 적극적 활동이 뒷받침되어야 한다.

전문적 협의회와 같은 보육교사 단체는 내부적으로는 보육교직원이 직업적 책무를 성공적으로 수행할 수 있도록 지원하고, 외부적으로는 보육교직원의 권익과 복지를 증진시키기 위해 노력해야 한다. 이들 단체에 요구되는 내부적 역할에 대해 살펴보면, 기본적으로 보육교사가 자신의 직업에서 담당해야 하는 책임과 의무를 충분히 인식하고 이를 성실히 수행하도록 독려해야 한다. 이를 위해 여러 가지 형태로 직무와 관련된 전문적이고 실제적인 정보를 제공할 수 있다. 또한 보육교사나 어린이집 원장과 같은 보육교직원이 자격증을 취득한 이후에도 지속적으로 자기계발과 전문성 신장을 위해 노력할 수 있는 기회를 알리며 공식적 · 비공식적 학습참여를 독려할 필요도 있다. 나아가, 보육교직원의 직업상 고충이나 문제를 파악하고 이를 개선하기 위한 노력을 해야 한다.

보육교사 단체의 외부적 역할에 대해 살펴보면 다음과 같다. 첫째, 보육교사직의 대외적 이미지 개선을 위해 노력해야 한다. 영유아의 부모나 지역사회 구성원들이 양질의 보육교사들의 사회적 기여에 대해 충분히 인식할 수 있도록 알리고 좋은 이미지를 갖도록 하는 것도 중요하다. 이는 추후 자질과 능력을 갖춘 인력들이 보육교사직을 선택하도록 하는 데에도 영향을 미침으로써 인력 양성의 선순환이 이루어지는 데 도움이 된다. 더불어 보육교사의 현 처우와 기여도를 알림으로써 정책적 지원을 받을 수 있는 분위기를 형성할 수 있을 것이다. 둘째, 보육관련 전문가 단체에서는 보육교사가 전문가로서 성장하기 위한 지속적인 교육을 받고자 할 때 이러한 기회가 보다 용이하고 이를 위한 사회적 · 경제적 지원이 가능하도록 힘써야 한다. 현장에 근무하고 있는 보육교사들의 지속적인 재교육을 도모하기 위해 지역공동체나 고등교육기관, 협회 등의 협조를 요청할 수 있을 것이다. 셋째, 전문가 단체에서는 영유아 발달과 보육, 보육교사들에 관한 과학적 연구들이 적극적으로 수행될 수 있도록 협력해야 한다. 그 결과, 축적된 연구 결과들이 다시 보육현장으로 환원되어 영유아의 발달 결과 및 보육교사의 전문성 증진을 도모하도록 노력해야 한다.

보육교사의 전문역량을 강화하고 보육교사의 권익과 복리증진을 도모하기 위한 단체의 예로 2013년 설립된 '한국보육교사협회'를 들 수 있다(사진 참조). 이 협회에서는 보육교사의 권익과 복지를 증진시키기 위한 사업, 보육교사의 역량강화를 위

▶ 한국보육교사협회 홈페이지. http://www.kaet.co.kr/

한 교육, 보육관련 학술연구 및 정책 개발, 보육관련 단체와의 교류 협력, 보육교직원을 위한 공제회 사업 등을 계획하고 있다. 하지만 2015년 현재 이와 같이 공식적으로 등록된 보육교사 및 보육교직원 단체는 거의 찾아보기 힘들며, 이들의 활동도 아직은 시작 단계다. 따라서 보육교사가 전문가 집단으로서의 역량을 발휘하기 위해서는 공식적인 단체가 증가하고, 이들의 활동도 보다 적극적이고 전문화되어 단체로서의 내·외부적 역할을 충실히 수행할 수 있어야 할 것이다.

참고문헌

강경석, 김영만(2004). 교사발달단계에 따른 교사의 직무능력이 직무만족에 미치는 영향 분석. 교육문화연구, 10, 1-33.

강란혜(2006). 보육교사의 전문성 인식과 교사효능감 및 직무만족도에 관한 연구. 직업교육연구, 25(1), 71-88.

강선미(2009). 보육시설의 지역사회 연계 프로그램의 운영에 관한 연구. 건국대학교 교육대학원 석사학위논문.

강선보(1983). 실제적 교육관에서 본 교사-학생간의 관계본질에 관한 연구: 마르틴 부버의 「만남」의 철학을 중심으로. 한국교육개발원 연구보고서. KD83-10-01-01(KD).

강정삼(1993). 교사의 직무스트레스와 예방관리전략. 교육학연구, 31(3), 151-171.

고동섭(2001). 유아교육과 신입생의 특성. 이화여자대학교 대학원 석사학위논문.

고려대학교 민족문화연구원(2014). 다음 사전. http://www.daum.net

고영미(2007). 보육시설 내 교사 장학프로그램. 한국유아교육 · 보육행정학회 학술발표대회 논문집, 81-84.

공인숙, 한미현, 김영주(2005). 보육학개론. 서울: 교육과학사.

교육과학기술부(2010). 국가수준의 유치원 평가 체계화 연구.

교육과학부, 보건복지부(2013). 3~5세 연령별 누리과정 해설서.

교육학사전편찬위원회(1992). 교육학대사전. 서울: 교육서관.

구미진(2000). 보육시설 지역사회서비스에 대한 보육교사 · 학부모의 요구조사. 동덕여자대학교 여성개발대학원 석사학위논문.

국립국어원(2014). NAVER 국어사전.

국성하(2010). 어린이박물관 교육프로그램 개발 및 실천 사례 연구: 국립민속박물관 어린이박물관 교육프로그램을 중심으로. 박물관교육연구, 5, 105-128.
국제뉴스(2014. 5. 28.). 강남구, '부모 모니터링단' 운영. http://www.gukjenews.com/news/articleview.html?indxno=101062
권경연(1980). 한국 아동의 구문발달(1). 한국교육개발원 연구보고 117집.
권석만(2004). 인간관계 심리학. 서울: 학지사.
김경선(2003). 어린이집에서의 부모교육 운영실태와 원장의 부모교육에 대한 인식. 대진대학교 대학원 석사학위논문.
김경철, 홍정선(2003). 포트폴리오 평가에 대한 사립 유치원 관리자들의 인식. 열린유아교육연구, 7(4), 271-289.
김구(2010). 지역공동체 재창조를 위한 지역정보화의 방향과 과제에 관한 탐색. 한국지역정보화학회지, 13(2), 1-21.
김명희, 박혜경(2014). 보육교사의 성인애착, 효능감, 훈육방식과 유아의 문제행동간의 관계연구. 한국유아교육 · 보육행정연구, 18(1), 156-186.
김미정, 이숙희(2008). 통합적 음악감상 활동에 기초한 유아의 정서지능 프로그램의 개발 및 효과. 미래유아교육학회지, 15(4), 443-467.
김미해, 옥경희(2012). 유아의 공격행동에 대한 교사의 사회화-양육목적, 귀인, 효능감의 영향력. 사회연구, 22(1), 43-68.
김병숙(2007). 직업심리학. 서울: 시그마프레스.
김성희, 윤은수, 정정옥(2008). 보육시설 운영과 관리: 가족 및 지역사회 협력. 서울: 형설출판사.
김영만(2004). 교사발달단계와 교사의 직무능력 및 직무만족간의 관계 연구. 인하대학교 대학원 박사학위논문.
김은설, 박수연(2010). 보육시설장 · 교사 윤리강령 개발 연구. 서울: 한국보육시설연합회 · 육아정책연구소.
김은설, 안재진, 최윤경, 김의향, 양성은, 김문정(2009). 보육종사자 전문성제고 방안 연구. 서울: 육아정책연구소.
김은정, 황해익(2014). 누리과정 운영에 관한 유아교사자기평가척도 시안 개발을 위한 델파이 조사연구. 열린유아교육연구, 19(1), 19-49.
김은희, 황해익(2006). 유치원 교사의 직무 전문성 자기평가준거 개발연구. 열린유아교육연구, 11(3), 285-307.
김지은, 안선희(2009). 영아교사의 전문성 인식에 영향을 미치는 관련 변인 연구. 열린유아교육연구, 14(2), 197-216.
김창복(1998). 동반자적 부모참여 프로그램에 의한 활동중심 학습이 유치원과 초등학교 1학년 아동의 수학적 능력에 미치는 효과. 중앙대학교 대학원 박사학위논문.
김혜숙, 박선환, 박숙희, 이주희, 정미경(2013). 인간관계론. 경기: 양서원.
나석희, 이현진(2012). 어린이집 교사들이 보육경험과정에서 겪는 인간관계의 어려움과 해결방안. 유아교육학논집, 16(1), 69-94.
남미경, 손원경(2003). 유아교사 평가 척도의 사용실태와 요구도 조사. 유아교육논총, 11, 115-

137.
문자영(2012). 키즈 카페의 유형별 실내 공간 특성과 이용자 만족도에 관한 연구. 한양대학교 대학원 석사학위논문.
문혁준(2000). 아동의 기질적 특성과 부모의 훈육방법. 대한가정학회지, 38(6), 29-41.
민성혜, 신혜원, 김의향(2013). 보육교사론(3판). 경기: 양서원.
박선경(2011). 농촌마을 공동체 학습 활동의 생태학적 분석: Y시 행군 평생학습마을을 중심으로. 평생학습사회, 7(1), 129-152.
박은혜(1999). 교사의 발달에 적합한 장학의 이론과 실제. 서울: 정민사.
박은혜(2003). 유아교사론. 서울: 창지사.
박은혜, 김명순(2002). 유치원 자율장학에 대한 유아교사들의 인식 및 요구. 교육과학연구, 33(1), 171-185.
박은혜, 김수연, 김희진, 김희태, 박정선, 이균, 이희경, 조부경, 조형숙, 황해익, 김미석, 김은(2010). 유아교육선진화 기반조성사업-유치원 교원 양성 임용 체제 개선 방안. 서울: 육아정책연구소(미간행).
박화윤, 최재숙(2002). 유치원에서의 부모 자원봉사활동에 대한 원장, 교사, 부모의 인식. 한국영유아보육학, 29, 221-242.
배종숙(2003). 어린이집 부모교육의 운영실태. 중앙대학교 교육대학원 석사학위논문.
박종효(1993). 아동의 정의개념 발달에 관한 연구. 서울대학교 대학원 석사학위논문.
백선희(1999). 아동보육 사회서비스 프로그램 개발과 평가. 중앙대학교 대학원 박사학위논문.
백은주, 조부경(2004). 유치원 교사의 전문성 발달 수준 자기 평가 도구 개발. 유아교육연구, 24(4), 95-117.
보건복지가족부, 한국여성정책연구원(2009). 2009년 전국보육실태조사—보육시설조사보고서.
보건복지부(2008). 유아보육 프로그램 1-12.
보건복지부(2012). 2012 보육실태조사 결과 발표.
보건복지부(2013). 2012 전국보육실태조사—어린이집 조사보고. 서울: 보건복지부 육아정책연구소.
보건복지부(2014a). 2014 어린이집 평가인증 안내(40인 이상 어린이집).
보건복지부(2014b). 2014년도 보육사업안내.
보건복지부(2014c). 영유아 보육법령집.
보건복지부(2015). 2015년 이렇게 달라집니다: 주요 제도 변경 사항 안내.
보건복지부, 육아정책개발센터(2012). 전국보육실태조사.
보건복지부, 중앙육아종합지원센터(2011). 2011년 어린이집 부모참여 사례 공보 수상집.
보건사회부, 한국행동과학연구소(1991). 영 · 유아 보육프로그램 총론 1(총론). 서울: 보건사회부.
서경숙(2007). 보육교사직에 대한 보육교사의 인식. 중앙대학교 사회개발대학원 석사학위논문.
서동명, 김숙령(2006). 음악극 활동이 유아의 정서지능에 미치는 영향. 열린유아교육연구, 11(3), 309-325.
서동미, 전우경, 엄은나(2008). 교사로 성장하는 과정을 통해 본 '좋은 교사' 의 의미 탐색. 유아교육 · 보육행정학회지, 12(2), 261-303.
서영숙, 서혜전, 정영희, 양영아, 안소영, 이종현, 남미선(2007). 보육과정. 경기: 양서원.
성기중(1987). 직업윤리. 서울: 형설출판사.
손세란(2007). 보육시설 만 1, 2, 3세 학급에서의 어머니-교사 관계에 대한 상호인식 분석. 이화여자대학교 대학원 석사학위논문.
신경혜(1994). 아동용 수용검사 도구에 의한 학령 전 아동의 언어발달 수준평가. 세종대학교 대학원 석사학위논문.
신은희(2003). 보육교사교육원 졸업생의 입학동기와 교육만족도에 관한 연구. 숙명여자대학교 대학원 석사학위논문.
신지연(2004). 2세 영아의 어머니와 보육교사에 대한 복합애착과 사회 · 정서적 행동. 서울여자대학교 대학원 박사학위논문.
심의보(1995). 직업윤리. 서울: 백산출판사.
심정선(2012). 보육교사의 전문성 증진을 위한 실천적 보육장학모형 개발과 적용. 중앙대학교 대학원 박사학위논문.
아시아경제(2010. 11. 3.). 청량리어린이집 어린이들의 금연 캠페인. http://www.asiae.co.kr/news/view.htm?idxno=2010110313401685225
안선희, 김지은(2010). 영아 보육교사의 자질 및 역할과 전문성에 관한 심층사례 연구. 대한가정학회지, 48(3), 87-97.
여성가족부(2006). 보육시설 평가인증 지침서(21인 이상 보육시설). 서울: 여성가족부 보육재정팀.
여성부(2005). 보육시설 평가인증을 위한 조력 프로그램 개발 연구. 서울: 여성부 보육지원과.
염지숙(2005). 유아교육현장에서 돌봄의 실천과 한계. 유아교육연구, 25(5), 147-171.
원계선(2013). 초임 보육교사의 경험과 조직 적응과정에 대한 근거이론. 보육지원학회지, 9(2), 23-46.
원미경, 강승희(2001). 예비유아교사의 반성적 사고력 향상에 대한 저널쓰기의 효과. 수산해양교육연구, 19(3), 429-440.
유미림, 탁수연(2010). 예비 영유아교사의 교직선택동기와 만족기대의 인식. 한국보육학회지, 10(1), 127-141.
유수경, 황해익(2006). 유아교사의 전문성 신장을 위한 교사 포트폴리오 적용 프로그램 개발. 열린유아교육, 11(6), 219-248.
유영달, 이희영, 김용수, 이동훈, 하도겸, 유채은, 박현주, 천성문, 이정희, 박성미, 이희백(2013). 인간관계의 심리: 행복의 열쇠. 서울: 학지사.
유일영, 유현정(2010). 학령전기 아동의 어머니가 인지한 아동의 문제행동 관련요인. 아동간호학회지, 16(2), 112-119.
유희정, 이미화(2004). 보육교사의 근무환경 및 실태분석. 한국여성개발원.
유희정, 이연승, 강민정(2012). 어린이집 설립유형에 따른 운영 및 교사처우 실태에 대한 분석: 부산광역시 보육실태 조사를 중심으로. 유아교육연구, 32(4), 181-202.
윤기영(2005). 원장과 교사를 위한 유아교육기관에서의 학부모 탐구. 경기: 양서원.

윤영미(2002). 어린이집 자율 장학의 운영 실태와 활성화 방안에 관한 연구. 한국외국어대학교 석사학위논문.

윤홍주(1996). 교사발달단계 및 직능발달 요인에 관한 연구. 서울대학교 대학원 석사학위논문.

이경선(2000). 보육의 질에 영향을 주는 관련 변인 연구. 성균관대학교 대학원 박사학위논문.

이경화, 성영혜, 윤석희, 이신동(1999). 부모교육. 서울: 학문사.

이경희(2005). 어린이박물관에서의 미술감상을 위한 체험적 전시의 인기도 및 효과에 관한 연구. 박물관학보, 9, 35-58.

이근주(2004). 어린이집 자율장학의 실태와 활성화 방안에 관한 연구. 중앙대학교 사회개발대학원 석사학위논문.

이금주(2013). 보육지원정책에 관한 보육교직원들의 인식 분석-경기도 파주시 소재 어린이집을 중심으로. 연세대학교 대학원 석사학위논문.

이미혜, 최미숙(2010). 자연친화적 유아미술교육 프로그램 개발 및 효과. 유아교육연구, 30(2), 33-56.

이민규(2008). 보육시설의 지역연계 활성화 방안. 동국대학교 행정대학원 석사학위논문.

이민진, 이완정(2014). 온라인 교육기관을 통한 보육교사 자격취득 동기와 진로의사결정수준. 한국보육지원학회지, 10(1), 81-94.

이병록(2011). 보육교사의 인간관계가 직무만족에 미치는 영향. 한국사회복지행정학, 13(2), 1-21.

이서연, 윤지영(2010). 발달학적 측면에서의 어린이공원 놀이시설물 특성에 관한 연구. 디자인학연구, 23(5), 111-114.

이수정(2008). 보육교사의 직업선택동기, 전문성 인식 및 역할수행에 관한 연구. 남서울대학교 대학원 석사학위논문.

이숙희(2007). 보육교사 근무 및 처우에 관한 분석-표적집단 인터뷰를 중심으로. 미래유아교육학회지, 14(3), 69-96.

이연숙, 임예지, 김광미(2012). 기부네트워크 구축 거점으로서 어린이박물관의 잠재성 분석 연구: 시카고 어린이박물관 사례를 중심으로. 한국생태환경건축학회지, 12(3), 3-11.

이영실, 임정문, 유영달(2011). 정신건강론. 서울: 창지사.

이윤식(1999). 장학론. 서울: 교육과학사.

이윤홍(2004). 국내 부동산 금융시간의 활성화 방안에 관한 연구. 경기대학교 국제문화대학원 석사학위논문.

이은화(1996). 유아교사론. 서울: 양서원.

이은화(1998). 부모교육의 목적. 한국부모교육학회(편). 부모교육학. 서울: 교육과학사.

이재엽, 최윤경(2008). 국내 박물관 건축의 공간구성 특성에 의한 시대적 변화양상에 관한 연구. 한국문화공간건축학회논문집, 23, 71-78.

이종국(2012). 어린이공원 리모델링을 통한 지역커뮤니티 활성화에 관한 연구: 광주광역시 하남 제1어린이공원을 중심으로. 한국청소년시설환경학회지, 10(2), 117-129.

이종신(2003). 아동보육의 지역사회서비스프로그램 실천에 관한 연구. 가톨릭대학교 교육대학원 석사학위논문.

이지훈(2012). 유아교사와 부모의 동반자적 협력관계와 의사소통. 경남대학교 교육대학원 석사학위논문.

이찬주(2002). 어머니-유아교사 관계에 대한 상호 인식 연구. 중앙대학교 대학원 석사학위논문.

이희승 편(1994). 국어대사전. 서울: 민중서관.

인터넷 환경일보(2014. 7. 2.). 올바른 손씻기로 건강한 여름 나세요!. http://www.hkbs.co.kr/?m=bbs&bid+local3&uid=305066

임양미(1994). 어머니 양육방식의 관련요인. 연세대학교 대학원 석사학위논문.

임예지(2012). 지역밀착형 보육지원시설을 위한 주민참여 계획연구. 연세대학교 대학원 석사학위논문.

임재택(1996). **전문직 보육교사의 역할과 자세**. 부산: 부산대학교 보육교사교육원.

임현주, 이대균(2010). 어린이집교사의 장학 경험과 그 의미. **열린유아교육연구**, 15(3), 213-241.

임현주, 이대균(2011) 원장의 수업 멘토링을 통한 교사의 자기수업 평가 경험과 의미. **열린유아교육연구**, 16(4), 309-337.

전남련, 권경미, 김덕일(2005). **유아관찰평가의 이론과 실제**. 서울: 양서원.

전북도민일보(2014. 3. 12.). [건강 365] 우울증. http://www.domin.co.kr/news/articleView.html?idxno=1017236

정갑순(1996). **부모교육론**. 서울: 창지사.

정미라, 이희선, 노은호(2004). 유아교육기관의 지역사회 문화교육 실시 현황과 교사의 인식. **유아교육연구**, 24(1), 241-258.

정범모(1962). 교직의 전문성. 오천석(편). **교직과 교사**. 서울: 현대교육총서출판사.

정선영(2001). 지역사회 정신장애인을 위한 통합재활프로그램의 개발과 효과에 관한 연구. 이화여자대학교 대학원 박사학위논문.

정옥분(2002). **아동발달의 이해**. 서울: 학지사.

정옥분(2008). **아동학 연구방법론**. 서울: 학지사.

정옥분(2012). **영아발달**. 서울: 학지사.

정옥분, 권민균, 김경은, 김미진, 노성향, 박연정, 손화희, 엄세진, 윤정진, 이경희, 임정하, 정순화, 정현희, 최형성, 황현주(2008). **보육학개론**. 서울: 학지사.

정옥분, 권민균, 김경은, 김미진, 노성향, 박연정, 엄세진, 윤정진, 임정하, 정순화, 황현주(2009). **보육과정**. 서울: 학지사.

정옥분, 정순화, 임정하(2007). **정서발달과 정서지능**. 서울: 학지사.

정일환, 권상혁(1995). **교사론**. 서울: 교육출판사.

정지웅, 이성우, 정득진, 고순철(2000). **지역사회학**. 서울: 서울대학교출판부.

정진선, 문미란(2011). **인간관계의 심리: 이론과 실제(제3판)**. 서울: 시그마프레스.

정진우(2009). 이용자 참여를 통한 어린이공원 재생. 전남대학교 대학원 석사학위논문.

정하성(2002). 주5일제 시행과 청소년여가 활동지도. **평택대학교 논문집**, 659-685.

조경자, 이현숙(2005). 유아교육과 학생들의 전공 선택 동기와 유아교사직에 대한 인식. **미래유**

아학회지, 12(1), 289-312.
조명한(1982). 한국 아동의 언어획득 연구. 서울: 서울대학교출판부.
조민아, 이정화, 송소원, 장석진(2010). 교사의 발달 단계에 따른 교사효능감, 적응 유연성, 심리. 적 소진의 차이. 교원교육, 26(1), 93-111.
조부경, 백은주(2001). 발달적 장학을 통한 유아교사의 과학교육에 대한 관점 및 교수실제의 변화과정. 유아교육연구, 21(1), 269-291.
조부경, 백은주, 고영미, 이삼덕(2005). 유치원 교사의 전문성 발달 수준을 고려한 현직 교육 프로그램 모형 개발. 교수-학습 개선 및 자료 개발, 2(1), 1-74.
조부경, 백은주, 서소영(2001), 유아교사의 발달을 돕는 장학. 서울: 양서원.
조성연(2004). 보육교사의 직무만족도와 직무스트레스. 한국영유아보육학, 36, 23-44.
조성연(2005). 보육교사의 직무만족과 소진. 한국생활과학회지, 14(1), 69-79.
조성윤(1992). 한국 유아의 언어습득과 그 발달과정에 대한 고찰. 단국대학교 대학원 석사학위논문.
조수철, 신민섭(2006). 소아정신병리의 진단과 평가. 서울: 학지사.
조운주, 최일선(2004). 사립 유아교육기관 초임교사들의 갈등 및 안정에 대한 이해. 유아교육연구, 24(1), 71-93.
조혜경(2006). 어린이집 보육교사를 위한 장학에 대한 연구. 일립논총, 12, 107-118.
주간동아(2013. 6. 10.). 두 토끼 잡는 여성경제활동. http://weekly.donga.com/docs/magazine/weekly/2013/06/07/201306070500010/201306070500010_1.html
중앙육아종합지원센터(2014). 어린이집설치운영길라잡이. 서울: 경성문화사.
최광희(2004). 부모-교사의 동반자적 협력관계로서의 부모 참여에 대한 교사의 인식. 경성대학교 교육대학원 석사학위논문.
최영희(1993). 기질과 환경간의 조화로운 합치 모델 검증 연구(1): 조화로운 합치정도와 양육태도. 한국심리학회지: 발달, 6(2), 217-226.
최예린(2014). 소모임과 저널쓰기에서 나타난 초임 보육교사의 어린이집 적응 과정. 열린유아교육연구, 19(3), 83-108.
최윤경(2013). 보육교사 처우에 비추어 본 보육 발전 방안. 월간 복지동향, 176, 26-33.
최윤경, 김재원(2011). 보육교직원의 보수체계 개선방안 연구. 서울: 육아정책연구소.
최일선, 조운주(2010). 유아교육평가의 이론과 실제. 서울: 창지사.
최혜진, 황해익(2005). 유치원 교사와 보육 교사의 자기평가에 대한 비교연구. 열린유아교육연구, 10(1), 187-208.
최희양(2001). 영유아의 전문성 인식과 보육환경과의 관계. 건국대학교 교육대학원 석사학위논문.
코메디닷컴(2009. 6. 16.). 허리통증 없애는 바른 자세. http://news.naver.com/main/read.nhn?mode=LSD&mid=sec&sid1=103&oid=296&aid=0000002949
한국보육시설연합회(2002). 영유아보육업무 길라잡이. 서울: 보건복지부 한국보육시설연합회.
한국보육시설연합회, 육아정책연구소(2010). 보육시설장 · 교사 윤리강령 개발 연구. 서울: 한국보육시설연합회.

한상진(2001). 유아교사 포트폴리오 평가 모형 개발을 위한 기초연구. 부산대학교 대학원 석사학위논문.

한윤경(2007). 유아의 정서지능과 사회성발달을 위한 그림책을 활용한 미술 프로그램 개발에 관한 연구. **열린유아교육연구**, 12(3), 295-316.

허린강, 이완정(2011). 보육교사를 대상으로 한 동기부여적 자아개념척도 타당화 연구. **한국보육지원학회지**, 7(3), 239-257.

허혜경, 박인숙(2010). 보육교사의 자질과 직무태도가 보육의 질에 미치는 영향. **한국영유아보육학**, 64, 21-41.

황경애, 김현주(2005). 영아보육교사의 전문성 인식과 역할 수행에 관한 연구. **전주산업대논문집**, 44, 109-128.

황옥경(2012). 보육교사의 처우 현황과 개선방안: 보수 체계를 중심으로. **한국보육지원학회지**, 8(3), 249-272.

황해익, 최혜진, 김남희(2003). 유아교사의 자기평가척도개발연구. **열린유아교육연구**, 7(4), 69-93.

Abbott-Chapman, J. (2005). *Let' s keep our beginning teachers!* Principal matters: The official journal of the secondary principals' Associations of Australia, 2005, Summer, 2-4.

Adamy, P., & Milman, N. B. (2009). Focusing on change in individual teachers' practice over time: An evaluation model for electronic portfolios in teacher education. In P. Adamy & N. B. Milman (Eds.), *Evaluating electronic portfolios in teacher education* (pp. 111-118). NC: Information Age Publishing.

Ainsworth, M. D. S. (1983). Patterns of infant-mother attachment as related to maternal care: Their early history and their contribution to continuity. In D. Magnusson & V. L. Allen (Eds.), *Human development* (pp. 26-45). New York: Academic Press.

Alexander, K. L., & Entwisle, D. R. (1988). Achievement in the first 2 years of school: Patterns and processes. *Monographs of the Society for Research in Child Development, 53*(2, Serial No. 218).

Allison, N. (1999). Pre-k possibilities. *American School & University, 71*(12), 106-108.

Aneshensel, C. S., & Succoff, C. A. (1996). The neighborhood context of adolescent mental health. *Journal of Health and Social Behavior, 37*, 293-310.

Anglin, J. M. (1993). Vocabulary development: A morphological analysis. *Monographs of the Society for Research in Child Development, 58* (10, Serial No. 238).

Aronson, S. S. (2002). *Model child care health policies.* Rosemont, PA: Healthy Child Care Pennsylvania.

Asendorpf, J. B. (1991). Development of inhibited children' s coping with unfamiliarity. *Child Development, 62*(6), 1460-1474.

Asendorpf, J. B., & Meier, G. H. (1993). Personality effects on children' s speech in everyday life: Sociability-mediated exposure and shyness-mediated reactivity to social situations. *Journal of Personality and Social Psychology, 64*(6), 1072-1083.

Bailey, D. B., & Wolery, M. (1992). *Teaching infants and preschoolers with disabilities* (2nd ed.). New York: Merrill.

Baker, J. A. (2006). Contributions of teacher-child relationships to positive school adjustment during elementary school. *Journal of School Psychology, 44*(3), 211-229.

Bakker, A. B., Demerouti, E., & Schaufeli, W. B. (2006). The socially induced burnout model. In A. M. Columbus (Ed.), *Leading edge research in cognitive psychology*. New York: Nova Science.

Banks, M. S., & Salapatek, P. (1983). Infant visual perception. In M. M. Haith & J. J. Campos (Eds.), *Handbook of child psychology* (Vol. 2): *Infancy and developmental psychobiology*. New York: Wiley.

Bardapurkar, A. S. (2006). Experience, reason and science education. *Current Science, 90*(6), 758.

Bates, J. E., Pettit, G. S., Dodge, K. A., & Ridge, B. (1998). Interaction of temperamental resistance to control and restrictive parenting in the development of externalizing behavior. *Developmental Psychology, 34*(5), 982-995.

Bauer, P. J., & Mandler, J. M. (1992). Putting the horse before the cart: The use of temporal order in recall of events by one-year-old children. *Developmental Psychology, 28*(3), 441-452.

Baumrind, D. (1991). Effective parenting during the early adolescent transition. In P. A. Cowan & E. M. Hetherington (Eds.), *Advances in family research* (Vol. 2). Hillsdale, New Jersey: Erlbaum.

Baumrind, D. (2012). Authoritative parenting revisited: History and current status. In R. Larzelere, A. S. Morris, & A. W. Harist (Eds.), *Authoritative parenting*. Washington, DC: American Psychological Association.

Beck, R. J., & Eear, S. L. (2009). Teacher' s self-assessment of reflection skills as an outcome of e-folios. In P. Adamy & N. B. Milman (Eds.), *Evaluating electronic portfolios in teacher education* (pp. 1-22). NC: Information Age Publishing.

Bell, B., & Gilbert, J. (1994) Teacher development as professional, personal, and social development. *Teaching and Teacher Education, 10*(5), 483-497.

Belsky, J. (2001). Developmental risks (still) associated with early child care. *Journal of Child Psychology and Psychiatry, 42*(7), 845-859.

Berk, L. E. (1996). *Infants, children, and adolescents* (2nd ed.). Needham Heights, MA: Allyn & Bacon.

Birch, S. H., & Ladd, G. W. (1997). The teacher-child relationship and children's early school adjustment. *Journal of School Psychology, 35*(1), 61-79.

Bjorklund, D. F. (1995). *Children's thinking: Developmental function and individual differences* (2nd ed.). Pacific Grove, CA: Brooks/Cole.

Black, B., & Logan, A. (1995). Links between communication patterns in mother-child, father-child, and child-peer interactions and children's social status. *Child Development, 66*(1), 255-271.

Borg, M. G., & Riding, R. J. (1993). Occupational stress and job satisfaction among school administrators. *Journal of Educational Administration, 31*(1), 4-21.

Bornstein, M. H. (1995). Parenting infants. In M. H. Bornstein (Ed.), *Handbook of parenting* (pp. 3-41). Mahwah, NJ: Erlbaum.

Boud, D., Keogh, R., & Walker, D. (1985). *Reflection, turning experience into larning.* London: Kogan Page.

Bower, T. G. R. (1979). *Human development.* San Francisco: Freeman.

Bredekamp, S., & Copple, C. (1997). *Developmentally appropriate practice in early childhood programs.* Washington, DC: National Association for the Education of Young Children.

Bridges, L., & Grolnick, W. (1995). The development of emotional self-regulation in infancy and early childhood. In N. Eisenberg (Ed.), *Social development: Review of child development research* (pp. 185-211). Thousand Lakes, CA: Sage.

Brighton, S. (1965). *Increasing Your accuracy in teacher evaluation.* Englewood Cliffs, NJ: Prentice Hall.

Buber, M. (1977). 나와 너(*Ich und Du*) (표재명 역). 서울: 문예출판사. (원저는 1954년에 출간).

Bullock, M. (1985). Animism in childhood thinking: A new look at an old question. *Developmental Psychology, 21*(2), 217-226.

Burgess, K. B., Wojslawowicz, J. C., Rubin, K. H., Rose-Krasnor, L., & Both-LaForce, C. (2006). Social information processing and coping strategies of shy/withdrawn and aggressive children: Does friendship matter? *Child Development, 77*(2), 371-383.

Burke, P., Christensen, J., & Fessler, R. (1984). *Teacher career stages: Implications for staff development* (fastback 214). Bloomington, IN: Phi Delta Kappa.

Buttermore, E. D., Thaxton, C. L., & Bhat, M. A. (2013). Organization and maintenance of molecular domains in myelinated axons. *Journal of Neuroscience Research, 91*(5), 603-622.

Cairns, R. B., & Cairns, B. D. (1994). *Lifelines and risks: Pathways of youth in our time.* New York: Cambridge University Press.

Campbell, S. B. (1990). *Behavior problems in preschool children: Clinical and developmental issues.* New York: Guilford Press.

Campbell, S. B., Shaw, D. S., & Gilliom, M. (2000). Early externalizing behavior problems: Toddlers and preschoolers at risk for later maladjustment. *Development and*

Psychopathology, 12(3), 467-488.

Caples, S. E. (1996). Some guidelines for preschool design. *Young Children, 51*(4), 14-21.

Caruso, J. J., & Fawcett, M. T. (1999). *Supervision in early childhood education: A developmental perspective*. New York: Teachers College Press, Columbia University.

Chang, C. C., Tseng, K. H., Chou, P. N., & Chen, Y. H. (2011). Reliability and validity of Web-based portfolio peer assessment: A case study for a senior high school's students taking computer course. *Computers & Education, 57*(1), 1306-1316.doi:10.1016/j.compedu.2011.01.014

Chess, S., & Thomas, R. (1984). *Origins and evolution of behavior disorders*. New York: Brunner/Mazel.

Chen, X., & Rubin, K. H. (1995). Family conditions, parental acceptance, and social competence and aggression in Chinese children. *Social Development, 3*(3), 269-290.

Choi, S., & Gopnik, A. (1995). Early acquisition of verbs in Korea: A cross-linguistic study. *Journal of Child Language, 22*(3), 497-530.

Clark, C. M. (1981). Reflective journal writing: Practice. In R. J. Yinger & C. M. Clark (Eds.), *Reflective journal writing: Theory and practice* (pp. 20-29). MI: Institute for Research on Teaching.

Clark, M. S. (1985). Implications of relationship type for understanding comparability. In W. Ickes (Ed.), *Compatible and incompatible relationships*. NY: Basic Book.

Clements, D. H. (2001). Mathematics in the preschool. *Teaching Children Mathematics, 7*(5), 270-275.

Coie, J. D., & Dodge, K. A. (1983). Continuities and changes in children's social status: A five-year longitudinal study. *Merrill-Palmer Quarterly, 29*(3), 261-282.

Cohen, L. B., & Younger, B. A. (1984). Infant perception of angular relations. *Infant Behavior and Development, 7*(1), 37-47.

Cole, A. L., & Knowles, J. G. (1995). Crossing boarders for teacher development: Narratives of exchange teachers. In D. Thomas (Ed.), *Teachers' stories: Narratives of teacher development* (pp. 121-151). Buckingham, UK: Open University Press.

Cole, P. M. (1986). Children's spontaneous control of facial expression. *Child Development, 57*(6), 1309-1321.

Conger, R. D., Conger, K. J., Elder, G. H., Jr., Lorenz, F. O., Simons, R. L., & Whitbeck, L. B. (1992). A family process model of economic hardship and adjustment of early adolescent boys. *Child Development, 63*(3), 526-554.

Cooper, C. L., & Marshall, J. (1978). Sources of managerial and white collar stress. *Stress of Work*, 81-105.

Copple, C., & Bredecamp, S. (2006). *Basics of developmentally appropriate pratice: An introduction for teachers of children 3 to 6*. Washington, DC: NAEYC.

Council on Children and Families. (2015, February 10). Professional development. Retrieved from http://www.earlychildhood.org/cdrg/cont_ed.cfm

Craig, R. C., Liliana, J. L., Paula, J. F., Joshua, A. M., & Nicole, R. B. (2006). Temperament in context: Infant temperament moderates the relationship between perceived neighborhood quality and behavior problems. *Journal of Applied Developmental Psychology, 27*(5), 456-467.

Cratty, B. J. (1986). *Perceptual and motor development in infants and children* (3rd ed.). Englewood Cliffs, NJ: Prentice-Hall.

Crockenberg, S., & Litman, C. (1990). Autonomy as competence in 2-year-olds: Maternal correlates of child defiance, compliance and self-assertion. *Developmental Psychology, 26*(6), 961-971.

Crook, C. K. (1987). Taste and olfaction. In P. Salapatek & L. Cohen (Eds.), *Handbook of infant perception* (Vol. 1): *From sensation to perception*. New York: Academic Press.

Daniels, K. (1996). Why aren't managers concerned about occupational stress? *Work & Stress, 10*(4), 352-366.

De Shipper, J. C., Stolk, J., & Schuengel, C. (2006). Professional caretakers as attachment figures in daycare centers for children with intellectual disability and behavior problem. *Research in Developmenral Disabilities, 27*(2), 203-216.

Dempster, F. N. (1981). Memory span: Sources of individual and developmental differences. *Psychological Bulletin, 89*(1), 63-100.

Denham, S. A. (1986). Social cognition, prosocial behavior, and emotion in preschoolers: Contextual validation. *Child Development, 57*(1), 194-201.

Dishion, T. J., Duncan, T. E., Eddy, J. M., Fagot, B. I., & Fetrow, R. (1994). The world of parents and peers: Coercive exchanges and children's social adaptation. *Social Development, 3*(3), 255-268.

Dix, T., Gershoff, E. T., Meunier, L. N., & Miller, P. C. (2004). The affective structure of supportive parenting: Depressive symptoms, immediate emotions, and child-oriented motivation. *Developmental Psychology, 40*(6), 1212-1227.

Dobson, V., & Teller, D. Y. (1978). Visual acuity in human infants: A review and comparison of behavioral and electrophysiological studies. *Vision Research, 18*(11), 1469-1483.

Dodge, K. A., Pettit, G. A., & Bates, J. E. (1994). Socialization mediators of the relation between socioeconomic status and child conduct problems. *Child Development, 65*(2), 649-665.

Dunn, J., & McGuire, S. (1992). Sibling and peer relationships in childhood. *Journal of Child Psychology and Psychiatry, 33*(1), 67-105.

Eckerman, C. D., Davis, C. C., & Didow, S. M. (1989). Toddlers' emerging ways of achieving social coordinations with a peer. *Child Development, 60*(2), 440–453.

Eichorn, D. H. (1979). Physical development: Current foci of research. In J. D. Osofsky (Ed.), *Handbook of infant development*. New York: Wiley.

Eisenberg, N., Fabes, R. A., Nyman, M., Bernzweig, J., & Pinuelas, A. (1994). The relations of emotionality and regulation to children's anger-related reactions. *Child Development, 65*(1), 109–128.

Elicker, J., Noppe, I. C., Noppe, L. D., & Fortner-Wood, C. (1997). The Parent-Caregiver Relationship Scale: Rounding out the relationship system in infant child care. *Early Education & Development, 8*(1), 83–100.

Epstein, J. L. (1993). Theory to practice: School and family partnership leads to school improvement and student success. In C. L. Fagnano & B. Z. Werber (Eds.), *School, family, and community interaction* (pp. 39–52). Boulder, CO: Westview.

Essa, E. (1996). *Introduction to early childhood education* (2nd ed.). Boston: Delmar Publishers.

Estes, L. S. (2004). *Essentials of child care and early education*. Boston, MA: Allyn & Bacon.

Fabes, R., Eisenberg, N., Karbon, M., Bernzweig, J., Speer, A., & Carlo, G. (1994). Socialization of children's vicarious emotional responding and prosocial behavior: Relations with mother's perceptions of children's emotional reactivity. *Developmental Psychology, 30*(1), 44–55.

Feeney, S. D., Christiansen, D., & Moravcik, E. (1983). *Who am I in the lives of children?* (2nd ed.). New York: Macmillan.

Feinman, S., Roberts, D., Hsieh, K., Sawyer, D., & Swanson, D. (1992). A critical review of social referencing in infancy. In S. Feinman (Ed.), *Social referencing and the social construction of reality in infancy*. New York: Plenum.

Feldman, R. S. (2001). *Child development* (2nd ed.). NJ: Prentice-Hall.

Fessler, R. (1985). A model for teacher professional growth and development. In P. J. Burke & R. G. Heideman (Eds.), *Career-long teacher education* (p. 193). Springfield, IL: Charles C. Thomas.

Finders, Q., & Lewis, C. (1994). Why some parents don't come to school. In K. Ryan & J. Cooper (Eds.), *Kaleidoscope: Readings in education* (11th ed.) (pp. 126–131). Boston: Houghton Mifflin Company.

Fine, M. J. (1980). *Handbook on parent education*. New York: Academic Press.

Fischer, K. W., & Rose, S. P. (1995, Fall). Concurrent cycles in the dynamic development of the brain and behavior. *SRCD Newsletter*, pp. 3–4, 15–16.

Flavell, J. H., Friedrichs, A., & Hoyt, J. (1970). Developmental changes in memorization processes. *Cognitive Psychology, 1*(4), 324–340.

Fox, N. A., Rubin, K. H., Calkins, S. D., Marshall, T. R., Coplan, R. J., Porges, S. W., Long, J.

M., & Stewart, S. (1995). Frontal activation asymmetry and social competence at four years of age. *Child Development, 66*(6), 1770-1784.

Freidus, H. (2002). Teacher education faculty as supervisors/advisors/facilitators: Playing multiple roles in the construction of field work experiences. *Teacher Education Quarterly, 29*(2), 65-76.

Friend, M., & Davis, T. (1993). Appearance-reality distinction: Children's understanding of the physical and affective domains. *Developmental Psychology, 29*(5), 907-913.

Fullan, M., & Hargreaves, A. (1992). Teacher development and educational change. In M. Fullan & A. Hargreaves (Eds.), *Teacher development and educational change.* London: Falmer.

Fuller, F. F. (1969). Concerns of teachers: A developmental conceptualization. *American Educational Research Journal, 6*(2), 207-226.

Fuller, F. F., & Bown, O. H. (1975). Becoming a teacher. In K. Ryan (Ed.), *Teacher education, the seventy-fourth yearbook of the National Society for the Study of Education* (pp. 25-52). Chicago: University of Chicago Press.

Galinsky, E., Shinn, M., Phillips, D., Howes, C., & Whitebook, M. (1992). *Parent/teacher relationships.* New York: Families and Work Institute.

Garbarino, J., & Kostelny, K. (1996). The effects of political violence on palestinian children's behavior problems: A risk accumulation model. *Child Development, 67*(1), 33-45.

Gerber, E. B., Whitebook, M., & Weinstein, R. S. (2007). At the heart of child care: Predictors of teacher's sensitivity in center-based child care. *Early Childhood Research Quarterly, 22*(3), 327-346.

Gestwicki, C. (2004). *Home school, and community relations.* Thomson: Delmar Learning.

Glickman, C. D. (1990). *Supervision of instruction: A development approach* (2nd ed.). Boston, MA: Allyn & Bacon

Glickman, C. D., Gordon, S. P., & Ross-Gordon, J. M. (2001). *Supervision and instructional leadership* (5th ed.). Needham Heights, MA: Allyn & Bacon.

Gnepp, J., & Hess, D. L. R. (1986). Children's under-standing of verbal and facial display rules. *Developmental Psychology, 22*(1), 103-108.

Goldenberg, C. N. (1989). Making success a more common occurrence for children at risk for failure: Lesson from Hispanic first-graders learning to read. In J. F. Allen & J. M. Mason (Eds.), *Risk makers, risk takers, risk breakers: Reducing the risks for young literacy learns* (pp. 48-79). Portsmouth, NH: Heinemann.

Goldfield, B. A., & Reznick, J. S. (1990). Early lexical acquisition: Rate, content, and vocabulary spurt. *Journal of Child Language, 17*(1), 171-183.

Goodson, I. F. (1992). Sponsoring the teacher's voice: Teachers' lives and teacher development. In A. Hargreaves & M. G. Fullan (Eds.), *Understanding teacher development* (pp. 110-

121). New York: Teachers College Press.

Goodwin, W. L., & Driscoll, L. A. (1980). *Handbook for measurement and evaluation in early childhood education.* San Francisco: Jossey-Bass.

Gottlieb, G. (1991). Experiential canalization of behavioral development: Theory and commentary. *Developmental Psychology, 27*(1), 4-13.

Gowen, J. W. (1995). *The early development of symbolic play. Young Children, 50*, 75-81.

Greenman, J. (1988). *Caring spaces, learning places: Children's environments that work.* Redmond, WA: Exchange Press Inc.

Gross, A. L., & Ballif, B. (1991). Children's understanding emotion from facial expressions and situations: A review. *Developmental Review, 11*(4), 368-398.

Grotberg, E. (1983). *Integration of patent education into human service programs, parent education and public policy.* Norwood, NJ: ABLEX.

Hamre, B. K., & Pianta, R. C. (2001). Early teacher-child relationships and the trajectory of children' s school outcomes through eighth grade. *Child Development, 72*(2), 625-638.

Hamre, B. K., & Pianta, R. C. (2005). Can instructional and emotional support in the first-grade classroom make a difference for children at risk of school failure? *Child Development, 76*(5), 949-967.

Hannah, G. G. (1982). *Classroom spaces and places.* California: Pitman Learning.

Hargreaves, A., & Fullan, M. (1992) *Understanding teacher development.* New York: Teachers College Press.

Harms, T., Clifford, R. M., & Cryer, D. (1998). *Early childhood environment rating scale.* New York: Teachers College Press.

Harris, P. L. (1989). Developmental changes in children's understanding of singles, multiple, and blended emotion concepts. In C. Saarni & P. Harris (Eds.), *Children's understanding of emotion.* Cambridge, England: Cambridge University Press.

Hartup, W. W., & Laursen, B. (1993). Conflict and context in peer relations. In C. H. Hart (Eds.), *Children on playgrounds* (pp. 44-84). Albany, NY: State of New York Press.

Hay, D. F., & Ross, H. S. (1982). The social nature of early conflict. *Child Development, 53*(1), 105-113.

Holmberg, M. C. (1980). The development of social interchange patterns from 12 to 42 months of age. *Child Development, 51*(2), 448-456.

Honig, A. S. (2002a). *Secure relationships: Nurturing infant/toddler attachment ain early care settings.* Washington, DC: National Association for the Education of Young Children.

Honig, A. S. (2002b). Twenty tips for growing a baby's brain. Paper presented at the 2002 National Association for the Education of Young Children(NAEYC) Annual

Conference(New York, NY, Nov. 20-23, 2002).

Howes, C., & Ritchie, S. (1999). Attachment organizations in children with difficult life circumstances. *Development and Psychopathology, 11*(2), 254-268.

Howes, C., & Ritchie, S. (2003). *A matter of trust: Connecting teachers and learners in the early childhood classroom.* New York: Teachers College Press.

Howes, C., Rodning, C., Galluzzo, D., & Myers, L. (1988). Attachment and child care relationships with mother and caregiver. *Early Childhood Research Quarterly, 3*(4), 403-416.

Huberman, M. A. (1993). *The lives of teachers.* New York: Teachers College Press.

Huttenlocher, P. R. (1994). Synaptogenesis, synapse elimination, and neural plasticity in the human cerebral cortex. In C. A. Nelson (Ed.), *Threats to optimal development: Integrating biological, psychological, and social risk factors: Minnesota symposia on child psychology* (Vol. 27, pp. 35-54). Hillsdale, NJ: Erlbaum.

Inan, H. Z. (2009). The third dimension in preschool: Preschool environments and classroom design. *European Journal of Educational Studies, 1*(1), 55-66.

Jalongo, M. R. (2006). *Early childhood language arts* (4th ed.). Boston: Allyn & Bacon.

Janowsky, J. S., & Finlay, B. L. (1986). The outcome of perinatal brain damage: The role of normal neuron loss and axon retraction. *Developmental Medicine and Child Neurology, 28*(3), 375-389.

Johnson, B., & Christensen, L. (2004). *Educational research: Quantitative, qualitative, and mixed approaches* (2nd ed.). Boston: Peraon Education.

Johnson, M. H. (1998). The neural basis of cognitive development. In D. Kuhn & R. S. Siegler (Ed.), *Handbook of child psychology* (Vol. 2): *Cognition, perception, and language* (5th ed., pp. 1-49). New York: Wiley.

Johnson, S. L., & Birch, L. L. (1994). Parents' and children's adiposity and eating styles. *Pediatrics, 94*(5), 653-661.

Johnston, J. Q., McKeown, E., & McEwen, A. (1999). Choosing primary teaching: The perspectives of males and females in training. *Journal of Education for Teaching, 25*(1), 55-64.

Jourard, S. M. (1971). *Self disclosure: An experimental analysis of the transparent self.* NY: Wiley-Interscience.

Kagan, J. (1994). *Galen's prophecy: Temperament in human nature.* New York: HarperCollins Publishers.

Kagan, J. (1999). Temperament and reactions to unfamiliarity. In K. L. Freiberg(Ed.), *Annual editions: Human development* 99/00 (27th ed., pp. 53-57). New York: McGraw-Hill.

Kagan, J., Snidman, N., & Arcus, D. (1998). Childhood derivatives of high and low reactivity in infancy. *Child Development, 69*(6), 1483-1493.

Kalleberg, A. L. (1977). Work value and job rewards: A theory of job satisfaction. *American Sociological Review, 42*(1), 124-143.

Katz, L. G. (1972). Developmental stages of preschool teacher. *The Elementary School Journal, 73*(1), 50-54.

Katz, L. G. (1985). The education of preprimary teachers. In L. G. Katz (Ed.), *Current topic in early childhood education* (pp. 209-228). NJ: Ablex Publishing.

Katz, L. G. (1988). Issues in the preparation of teachers of young children. *Elements, 19*(2), 11-14.

Katz, L. G., & Goffin, S. G. (1990). Issues in the preparation of teachers of young children. In B. Spodek & O. Saracho (Eds.), *Yearbook in early childhood education* (Vol. 1): *Early childhood teacher preparation* (pp. 192-208). New York: Teachers College Press.

Katz, L. G., & Schery, T. (2006). Including children with hearing loss in early childhood programs. *Young Children, 61*(1), 86-95.

Keane, S. P., & Calkins, S. D. (2004). Predicting kindergarten peer social status from toddler and preschool problem behavior. *Journal of Abnormal Child Psychology, 32*(4), 409-423.

Keenan, K., & Shaw, D. (1997). Development and social influences on young girls' early problem behavior. *Psychological Bulletin, 121*(1), 95-113.

Kellogg, R. (1970). Understanding children's art. In P. Cramer (Ed.), *Readings in developmental psychology today*. Delmar, CA: CRM.

Kerns, K. A., Klepac, L., & Cole, A. K. (1996). Peer relationships and preadolescents' perceptions of security in the child-mother relationship. *Developmental Psychology, 32*(3), 457-466.

Kilgore, K., Ross, D., & Zbilowski, J. (1990). Understanding the teaching perspectives of first-year teachers. *Journal of Teacher Education, 41*(1), 28-38.

Klaus, R. A., & Gray, S. W. (1968). The educational training program for disadvantaged children: A report after five years. In *Monographs of the Society for Research in Child's Development*. Chicago: University of Chicago Press.

Kolb, B. (1995). *Brain plasticity and behavior*. Mahwah, NJ: Erlbaum.

Kolb, B., & Fantie, B. (1989). Development of the child' s brain and behavior. In C. R. Reynolds & E. Fletcher-Janzen (Eds.), *Handbook of clinical child neuropsychology*. New York: Plenum Press.

Kopp, C. B. (1989). Regulation of distress and negative emotions: A development view. *Developmental Psychology, 25*(3), 343-354.

Kreutzer, M. A., Leonard, C., & Flavell, J. H. (1975). An interview study of children' s knowledge about memory. *Monographs of the Society for Research in Child*

Development, 40 (1, Serial No. 159).

Kuczynski, L., & Kochanska, G. (1990). Development of children's noncompliance strategies from toddlerhood to age 5. *Developmental Psychology, 26*(3), 398-408.

La Paro, K. M., Pianta, R. C., & Stuhlman, M. (2004). The classroom assessment scoring system: Findings from the prekindergarten year. *The Elementary School Journal, 104*(5), 409-426.

Ladd, G. W., & Burgess, S. R. (1999). Charting the relationship trajectories of aggressive, withdrawn, and aggressive/withdrawn children during early grade school. *Child Development, 70*(4), 910-929.

Leslie, S. (2012). A case study from 100 years at Boston children's museum. 경기도어린이박물관 주최. 국제세미나—미래지향적 어린이박물관의 역할—발표집 (pp. 55-82).

Leventhal, T., & Brooks-Gunn, J. (2000). The neighborhoods they live in: The effects of neighborhood residence on child and adolescent outcomes. *Psychological Bulletin, 126*(2), 309-337.

Lewis, M., & Brooks, J. (1978). Self-knowledge and emotional development. In M. Lewis & L. A. Rosenblum (Eds.), *The development of affect* (pp. 205-226). New York: Plenum.

Lewis, M., Alessandri, S. M., & Sullivan, M. W. (1992). Differences in shame and pride as a function of children's gender and task difficulty. *Child Development, 63*(3), 630-638.

Lewis, M., Stanger, C., & Sullivan, M. W. (1989). Deception in 3-year-olds. *Developmental Psychology, 25*(3), 439-443.

Lortie, D. C. (2003). 교직 사회: 교직과 교사의 삶 (진동섭 역). 서울: 양서원. (원저는 1975년에 출간).

Lowrey, G. H. (1978). *Growth and development of children* (7th ed.). Chicago: Year Book.

Ludemann, P. M. (1991). Generalized discrimination of positive facial expressions by seven- and ten-month-old infants. *Child Development, 62*(1), 55-67.

Ludemann, P. M., & Nelson, C. A. (1988). Categorical representation of facial expressions by 7-month-old infants. *Developmental Psychology, 24*(4), 492-501.

MacFarlane, A. (1975). Olfaction in the development of social preferences in the human neonate. In *Parent-infant interaction* (CIBA Foundation Symposium No. 33), Amsterdam: Elsevier.

Main, M., & Solomon, J. (1986). Discovery of an insecure-disorganized/disoriented attachment pattern. In T. B. Brazelton & M. W. Yogman (Eds.), *Affective development in infancy* (pp. 95-124). Norwood, NJ: Ablex.

Main, M., & Solomon, J. (1990). Procedures for identifying infants as disorganized/disoriented during the Ainsworth Strange Situation. In M. T. Greenberg, D. Cicchetti, & E. M. Cummings (Eds.), *Attachment in the preschool years: Theory, research, and intervention* (pp. 161-182). Chicago: University of Chicago Press.

Mandler, J. M. (1988). How to build a baby: On the development of an accessible representational system. *Cognitive Development, 3*(2), 113-136.

Mandler, J. M. (1990). Recall of events by preverbal children. In A. Diamond (Ed.), *The development and neutral bases of higher cognitive functions.* New York: New York Academy of Sciences.

Mangelsdorf, S. C., Shapiro, J. R., & Marzolf, D. (1995). Developmental and temperamental differences in emotion regulation in infancy. *Child Development, 66*(6), 1817-1828.

Maslach, C. (2002). Understanding burnout: Definitional issue in analyzing a complex phenomenon. In U. S. Paine (Ed.), *Job stress and burnout* (pp. 29-41). Beverly Hills, CA: Sage.

Maslow, A. H. (1954). *Motivation and personality.* New York: Harper.

Mayesky, M. (1995). *Creative activities for young children* (5th ed.). Albany, NY: Delmar.

McLoyd, V. C. (1998). Socioeconomic disadvantage and child development. *American Psychologist, 53*(2), 185-204.

Moffitt, T. E. (1993). Adolescence-limited and life-course-persistent antisocial behavior: A developmental taxonomy. *Psychological Review, 100*(4), 674-701.

Moore, G. T. (1996). How big is too big? How small is too small? *Child Care Information Exchange, 96*(7), 21-24.

More, R. C. (1996). Constructing a narrative of teacher development: Piecing together teacher stories, teacher lives, and teacher education. Unpublished doctoral dissertation, University of New Orleans, New Orleans.

Morgan, B., & Gibson, K. R. (1991). Nutrition and environmental interactions in brain development. In K. R. Gibson & A. C. Petersen (Eds.), *Brain maturation and cognitive development: Comparative and cross-cultural perspectives* (pp. 91-106). New York: Aldine De Gruyter.

Mumme, D. L., Fernald, A., & Herrera, C. (1996). Infants' responses to facial and vocal emotional signals in a social referencing paradigm. *Child Development, 67*(6), 3219-3237.

NAEYC (1993). *A conceptual framework for early childhood professional development. A position statement of the National Association for the Education of Young Children.* Washington, DC: NAEYC.

NAEYC (2005). *Code of ethical conduct and statement of commitment.* Washington, DC: NAEYC.

NAEYC (2010). *2010 NAEYC standards for initial and advanced early childhood professional preparation programs.* Washington, DC: NAEYC.

NAEYC (2011). *NAEYC Code of ethical conduct and statement of commitment.* Washington, DC: NAEYC.

Nelson, K. (1973). Structure and strategy in learning to talk. *Monographs of the Society for*

Research in Child Development, 38 (1-2, serial No. 149).

Newcombe, N. (1996). *Child development: Change over time* (8th ed.). Harper Collins College Publishers.

Nolan, J., & Hoover, L. (2011). *Teacher supervision and evaluation: Theory into practice* (3rd ed). New York: Wiley and Sons.

OECD (2012). Start Strong III: A Quality Toolbox for Early Childhood Education and Care. OECD Publishing.

Parten, M. (1933). Social play among preschool children. *Journal of Abnormal and Social Psychology, 28*(2), 136-147.

Pehrson, K. L., & Robinson, C. C. (1990). Parent education: Does it make a difference? *Child Study Journal, 20*(4), 221-236.

Piaget, J. (1962). *Play, dreams, and imitation in childhood.* New York: Norton.

Piaget, J., & Inhelder, B. (1956). *The child's conception of space.* London: Routledge & Kegan Paul.

Pianta, R. C. (1999). *Enhancing relationships between children and teachers.* Washington, DC: American Psychological Association.

Pianta, R. C., & Walsh, D. J. (1996). *High-risk children in schools: Constructing sustaining relationships.* New York: Routledge.

Pianta, R. C., La Paro, K. M., Payne, C., Cox, M. J., & Bradley, R. (2002). The relation of kindergarten classroom environment to teacher, family, and school characteristics and child outcomes. *Elementary School Journal, 102*(3), 225-238.

Pianta, R. C., Steinberg, M. S., & Rollins, K. B. (1995). The first two years of school: Teacher-child relationships and defections in children' s classroom adjustment. *Development and Psychopathology, 7*(2), 295-312.

Pierce, E. W., Ewing, L. J., & Campbell, S. B. (1999). Diagnostic status and symptomatic behavior of hard-to-manage preschool children in middle childhood and early adolescence. *Journal of Clinical Child Psychology, 28*(1), 44-57.

Prescott, E. (1987). The environment as organizer of intent in child-care setting. In C. S. Weinstein & T. G. David (Eds.), *Space for children: The built environment and child development.* New York: Plenum Press.

Rakic, P. (1991). Plasticity of cortical development. In S. E. Brauth, W. S. Hall, & R. J. Dooling (Eds.), *Plasticity of development.* Cambridge, MA: Bradford/MIT Press.

Rallison, M. L. (1986). *Growth disorders in infants, children, and adolescents.* New York: Wiley.

Reiman, A., & Thies-Sprinthall, L. (1998). *Mentoring and supervision for teacher development.* New York: Longman.

Repacholi, B. M. (1998). Infants' use of attentional cues to identify the referent of another person' s emotional expression. *Developmental Psychology, 34*(5), 1017-1025.

Rimm-Kaufman, S. E. (1996). Infant predictors of kindergarten behavior: The contribution of inhibited and uninhibited temperament types. Unpublished dissertation.

Rimm-Kaufman, S. E., Early, D. M., Cox, M. J., Saluja, G., Pianta, R. C., Bradley, R. H., & Payne, C. (2002). Early behavioral attributes and teacher's sensitivity as predictors of competent behavior in kindergarten. *Journal of Applied Developmental Psychology, 23*(4), 451-470.

Rimm-Kaufman, S. E., Pianta, R. C., & Cox, M. J. (2000). Teachers' judgements of problems in transition to kindergarten. *Early Childhood Research Quarterly, 15*(2), 147-166.

Rosen, W. D., Adamson, L. B., & Bakeman, R. (1992). An experimental investigation of infant social referencing: Mothers' messages and gender differences. *Developmental Psychology, 28*(6), 1172-1178.

Rosenstein, D., & Oster, H. (1988). Differential facial responses to four basic tastes in newborns. *Child Development, 59*(6), 1555-1568.

Rothbart, M. K., & Jones, L. (1998). Temperament, self-regulation, and education. *School Psychology Review, 27*(4), 479-491.

Rovee-Collier, C. K. (1987). Learning and memory. In J. D. Osofsky (Ed.), *Handbook of infant development* (2nd ed.). New York: Wiley.

Rubin, K. H., Burgess, K. B., Dwyer, K. M., & Hastings, P. D. (2003). Predicting preschoolers' externalizing behaviors from toddler temperament, confict, and maternal negativity. *Developmental Psychology, 39*(1), 164-176.

Rubin, K. H., Fein, G., & Vandenberg, B. (1983). Play. In Paul H. Mussen (Ed.), *Handbook of child psychology* (Vol. 4): *Socialization, personality, and social development.* New York: Wiley.

Rubin, K. H., Hastings, P., Chen, X., Stewart, S., & McNichol, K. (1998). Intrapersonal and maternal correlates of aggression, conflict, and exter-nalizing problems in toddlers. *Child Development, 69*(6), 1614-1629.

Rubin, K. H., & Krasnor, L. (1980). Changes in the play behaviors of preschoolers: A short-term longitudinal investigation. *Canadian Journal of Behavioral Science, 12*(3), 278-282.

Rubin, K. H., & Mills, R. S. L. (1988). The many faces of social isolation in childhood. *Journal of Consulting and Clinical Psychology, 56*(6), 916-924.

Rudasill, K. M., & Rimm-Kaufman, S. E. (2009). Teacher-child relationship quality: The role of child temperament and teacher-child interactions. *Early Childhood Reserch Quarterly, 24*(2), 107-120.

Russell, A., & Russell, G. (1996). Positive parenting and boys' and girls' misbehavior during a home observation. *International Journal of Behavioral Development, 19*(2), 291-

308.

Rydell, A., Bohlin, G., & Thorell, L. B. (2005). Representations of attachment to parents and shyness as predictors of children's relationships with teachers and peer competence in preschool. *Attachment and Human Development*, *7*(2), 187–204.

Saarni, C. (1984). An observational study of children's attempts to monitor their expressive behavior. *Child Development*, *55*(4), 1504–1513.

Saarni, C., Mumme, D., & Campos, J. (1998). Emotional development: Action, communication, and understanding. In W. Damon (Series Ed.) & N. Eisenberg (Vol. Ed.), *Handbook of child psychology* (Vol. 3): *Social, emotional, and personality development* (5th ed., pp. 237–309). New York: Wiley.

Saracho, O. N. (1988). A study of the roles of early childhood teacher. *Early Childhood Development and Care*, *38*(1), 43–44.

Schickedanz, J. A., York, M. Z., Stewart, I. S., & White, D. A. (1990). *Strategies for teaching young children*. New Jersey: Prentice-Hall.

Schneider, W., & Bjorklund, D. F. (1997). Memory. In D. Kuhn & R. S. Siegler (Eds.), *Cognitive, language, and perceptual development* (Vol. 2). In B. Damon (General Ed.), *Handbook of child psychology* (pp. 467–521). New York: Wiley.

Schneider, W., & Pressley, M. (1997). *Memory development between 2 and 20* (2nd ed.). Mahwah, NJ: Erlbaum.

Schwandt, T. A. (2003). 'Back to rough ground!' Beyond theory to practice in evaluation. *Evaluation*, *9*(3), 353–364.

Segal, M., Bardige, B., Woika, M. J., & Leinfelder, J. (2011). *All about child care and early education: A comprehensive resource for child care professionals* (2nd ed.). NJ: Pearsin Education.

Shaffer, D. R. (1999). *Developmental psychology: Childhood and adolescence* (5th ed.). California: Brooks/Cole.

Shamir, B., House, R. J., & Arthur, M. (1993). The motivational effects of charismatic leadership. *Organizational Science*, *4*(4), 577–594.

Shaw, D. S., Winslow, E. B., & Flanagan, C. (1999). A prospective study of the effects of marital status and family relations on young children's adjustment among African American and Caucasian families. *Child Development*, *70*(3), 742–755.

Shepherd, W., & Eaton, J. (1997). Creating environments that intrigue and delight children and adults. *Child Care Information Exchange*, *9*, 42–47.

Siens, C. (1996). Developmental supervision and reflective thinking of teachers. *Journal of Curriculum and Supervision*, *11*(4), 299–319.

Smilansky, S. (1968). *The effects of sociodramatic play on disadvantaged preschool children*. New York: Wiley.

Smith, P., & Connolly, K. (1981). *The behavioral ecology of the preschool.* Cambridge, England: Cambridge, England University Press.

Spodek, B., & Saracho, O. N. (1993). *Right from the start: Teaching children ages three to eight.* Boston: Allyn & Bacon.

Sroufe, L. A., Fox, N. E., & Pancake, V. R. (1983). Attachment and dependency in developmental perspective. *Child Development, 54*(6), 1615-1627.

Stafford, L., & Bayer, C. L. (1993). *Interaction between parents and children.* Thousand Oaks, CA: Sage.

Stamp, L. N., & Groves, M. M. (1994). Strengthening the ethic of care: Planning and supporting family involvement. *Dimensions of Early Childhood, 22*(2), 5-9.

Stein, N. L., & Trabasso, T. (1989). Children's understanding of changing emotional states. In C. Saarni & P. L. Harris (Eds.), *Children's understanding of emotion.* Cambridge, England: Cambridge University Press.

Steiner, J. E. (1979). Human facial expressions in response to taste and smell stimulation. In H. W. Reese & L. P. Lipsitt (Eds.), *Advances in child behavior and development* (Vol. 13). New York: Academic Press.

Stifter, C. A., Coulehan, C., & Fish, M. (1993). Linking employment to attachment: The mediating effects of maternal separation anxiety and interactive behavior. *Child Development, 64*(5), 1451-1560.

Stipek, D., Rosenblatt, L., & DiRocco, L. (1994). Making parents young allies. *Young Children, 49*(3), 4-9.

Stone, S. J. (1995). Teaching strategies: Portfolios: Interactive and dynamic instructional tool. *Childhood Education, 71*(4), 232-234.

Sullivan, K. (2000). *The anti-bullying handbook.* New York: Oxford University Press.

Tanner, J. M. (1990). *Fetus into man: Physical growth from conception to maturity* (2nd ed.). Cambridge, MA: Harvard University Press.

Tanner, J. M., Whitehouse, R. H., Cameron, N., Marshall, W. A., Healy, M. J. R., & Goldstein, H. (Eds.). (1983). *Assessment of skeletal maturity and prediction of adult height* (2nd ed.). London: Academic Press.

Tsai, C. T. (1990). A survey of chinese kindergarten teacher concerns. Unpublished Doctoral Dissertation, University of Illinois.

Thomas, K. (1984). Intercultural relations in the classroom. In M. Craft (Ed.), *Education & cultural pluralism* (pp. 57-77). London: Palmer Press.

Thompson, R. A. (1998). Early sociopersonality development. In W. Damon & N. Eisenberg (Eds.), *Handbook of child psychology* (Vol. 3, 5th ed., pp. 25-104). New York: John Wiley & Sons.

van den Boom, D. C. (1995). Do first-year intervention efforts endure? Follow-up during toddlerhood of a sample of Dutch irritable infants. *Child Development, 66*(6), 1798-1816.

van der Schaaf, M. F., Stokking, K. M., & Verloop, N. (2005). Cognitive representations in raters' assessment of teacher portfolios. *Studies in Educational Evaluation, 31*(1), 27-55.

Von Hofsten, C. (1983). Catching skills in infancy. *Journal of Experimental Psychology: Human Perception and Performance, 9*(1), 75-85.

Vondra, J., & Belsky, J. (1993). Developmental origins of parenting: Personality and relationship factor. In T. Luster & L. Okagaki (Eds.), *Parenting: An ecological perspective*. Hilsdale, NJ: Erlbaum.

Wade, R. C., & Yarbrough, D. B. (1996). Portfolios: A tool for reflective thinking in teacher education? *Teaching and Teacher Education, 12*(1), 63-79.

Wagonseller, B. R. (1992). The evolution of family resource movement. In S. L. Kagan & B. Weissbourd (Eds.), *Putting families first: America's family support movement and the challenge of change*. San Franciso: Jossey-Bass.

Watson, A. C., Nixon, C. L., Wilson, A., & Capage, L. (1999). Social interaction skills and theory of mind in young children. *Developmental Psychology, 35*(2), 386-391.

Watts, H. (1980). Starting out, moving on, running ahead. San Francisco, CA: Teachers' Centers Exchange.

Weiser, M. G. (1991). *Infant/toddler care and education*. New York: Macmillan.

Werner, E. E. (1996). Vulnerable but invincible: High risk children from birth to adulthood. *European Child & Adolescent Psychiatry, 5*(1), 47-51.

Wicks-Nelson, R., & Israel, A. C. (2000). *Behavior disorders of childhood* (4th ed.). NJ: Prentice-Hall.

Wilson, R. A. (1996). Environmental education programs for preschool children. *Journal of Environmental Education, 27*(4), 28-33.

Wolery, M. (2004). Assessing children' s environments. In M. McLean, M. Wolery, & D. B. Bailey Jr. (Eds.), *Assessing infants and preschoolers with special needs* (pp. 204-235). Upper Saddle River, NJ: Merrill.

Wolf, D. (1990). Being of several minds: Voices and versions of the self in early childhood. In D. Cicchetti & M. Beeghly (Eds.), *The self in transition: Infancy to childhood* (pp. 183-212). Chicago: University of Chicago Press.

Yinger, R. J. (1981). Reflective journal writing: Theory. In R. J. Yinger & C. M. Clark (Eds.), *Reflective journal writing: Theory and practice* (pp. 2-19). MI: Institute for Research on Teaching 252 Efickson Hall.

Yussen, S. R., & Bird, J. E. (1979). The development of metacognitive awareness in memory, communi-cation, and attention. *Journal of Experimental Child Psychology, 28*(2),

300-313.

Zeichner, K., & Wray, S. (2001). The teaching portfolio in US teacher education programs: What we know and what we need to know. *Teaching and Teacher Education, 17*(5), 613-621.

Zeman, J., & Garber, J. (1996). Display rules for anger, sadness, and pain: It depends on who is watching. *Child Development*, *67*(3), 957-973.

Zigler, E., & Berman, W. (1983). Discerning the future of early childhood intervention. *American Psychologists*, *38*(8), 894-906.

국가기록원 http://www.theme.archives.go.kr
네이버국어사전 http://www.naver.com
미국보육정보 및 기술지원 센터 http://www.nccic.acf.hhs.gov
보육인력 국가자격증 http://chrd.childcare.go.kr
캐나다보육협회 http://www.cccf-fesge.ca
한국보육교사협회 http://www.kaet.co.kr
한국보육진흥원 http://www.kcpi.or.kr
한국보육진흥원 블로그 http://blog.naver.com/kcpiorkr
호주 영유아교육 및 보육협회 http://www.earlychildhoodaustlia.org.au

찾아보기

〈인명〉

〈내용〉

저/자/소/개

정옥분(Chung, Ock Boon)

미국 University of Maryland 박사과정 졸업(인간발달 전공)

현 고려대학교 사범대학 명예교수

고려대학교 의료원 안암병원, 구로병원, 안산병원 어린이집 고문

김경은(Kim, Kyoung Eun)

고려대학교 대학원 박사과정 졸업(아동학 전공)

현 남서울대학교 아동복지학과 교수

남서울대학교 아동연구원장

김미진(Kim, Mee Jean)

고려대학교 대학원 박사과정 졸업(아동학 전공)

전 고려대학교 의료원 안암병원 어린이집 원장

노성향(Rho, Sung Hyang)

고려대학교 대학원 박사과정 졸업(아동학 전공)

전 경기도가족여성연구원 정책개발실 연구위원

현 대구대학교 사회과학대학 가정복지학과 교수

박연정(Park, Youn Jung)

고려대학교 대학원 박사과정 졸업(아동학 전공)

전 고려대학교 교육대학원 유아교육전공 겸임교수

현 고려대학교 의료원 구로병원 어린이집 원장

엄세진(Eom, Se Jin)

고려대학교 대학원 박사과정 졸업(아동학 전공)

전 고려대학교 의료원 안암병원 어린이집 원장

강남대학교 평생교육원 및 보육교사교육원 전임교수

현 부산디지털대학교 보건경영교육학부 아동보육학전공 조교수

임정하(Lim, Jung Ha)

고려대학교 대학원 박사과정 졸업(아동학 전공)

전 미국 뉴욕 주립대학교(SUNY at Buffalo) 소아청소년정신과 연구교수

현 고려대학교 가정교육과 교수

고려대학교 생활과학연구소 소장

정순화(Chung, Soon Hwa)

고려대학교 대학원 박사과정 졸업(아동학 전공)

전 동덕여자대학교 보육교사교육원 전임교수

현 고려대학교 가정교육과 교수

보육교사론

Teacher Education in Early Childhood

2015년 8월 20일 1판 1쇄 발행

2017년 1월 20일 1판 2쇄 발행

지은이 • 정옥분 · 김경은 · 김미진 · 노성향 · 박연정 · 엄세진 · 임정하 · 정순화

펴낸이 • 김진환

펴낸곳 • (주) 학지사

04031 서울특별시 마포구 양화로 15길 20 마인드월드빌딩

대표전화 • 02)330-5114 팩스 • 02)324-2345

등록번호 • 제313-2006-000265호

홈페이지 • http://www.hakjisa.co.kr

페이스북 • https://www.facebook.com/hakjisa

ISBN 978-89-997-0741-4 93370

정가 21,000원

파본은 구입처에서 교환해 드립니다.

이 도서의 국립중앙도서관 출판시도서목록(CIP)은 서지정보유통지원시스템 홈페이지(http://seoji.nl.go.kr)와 국가자료공동목록시스템(http://www.nl.go.kr/kolisnet)에서 이용하실 수 있습니다.
(CIP제어번호: CIP2015018570)